电子商务系列教材

网上支付与电子银行

（第三版）

张　波　任新利　主　编

姚慧丽　孟祥瑞　副主编

华东理工大学出版社
EAST CHINA UNIVERSITY OF SCIENCE AND TECHNOLOGY PRESS
·上海·

图书在版编目(CIP)数据

网上支付与电子银行/张波,任新利主编.—3版.—上海:华东理工大学出版社,2012.8(2013.8重印)

(电子商务系列教材)

ISBN 978-7-5628-3318-5

Ⅰ.①网… Ⅱ.①张…②任… Ⅲ.①因特网-应用-银行业务-高等学校-教材 Ⅳ.①F830.49

中国版本图书馆CIP数据核字(2012)第137936号

电子商务系列教材

网上支付与电子银行(第三版)

主　　编 / 张　波　任新利
责任编辑 / 李国平
责任校对 / 李　晔
出版发行 / 华东理工大学出版社有限公司
地　　址:上海市梅陇路130号,200237
电　　话:(021)64250306(营销部)
传　　真:(021)64252707
网　　址:press.ecust.edu.cn
印　　刷 / 上海展强印刷有限公司
开　　本 / 787 mm×1092 mm　1/16
印　　张 / 16.5
字　　数 / 400千字
版　　次 / 2007年8月第1版
2012年8月第3版
印　　次 / 2013年8月第2次
书　　号 / ISBN 978-7-5628-3318-5
定　　价 / 29.80元

联系我们:电子邮箱 press@ecust.edu.cn
官方微博 e.weibo.com/ecustpress
淘宝官网 http://shop61951206.taobao.com

前言

20世纪90年代以来，随着计算机、网络和通信技术的蓬勃发展，在基于互联网平台的新型商务处理方式——电子商务的推动下，网上支付、电子银行、在线交易、电子支付系统等如雨后春笋般纷纷涌现。近年来，网上银行借助信息技术，在全世界范围内得以迅速发展，这对传统银行而言无疑是一场重大的变革：不仅使传统银行在发展中跟上了网络经济的发展步伐，而且让人们真正感受到了一种前所未有的与时代脉搏同步的银行服务理念。

电子商务包括资金流、信息流、物流和商流等四种基本流。其中，资金流的处理是传统商务也是电子商务的重要环节。在经济全球一体化和社会日益信息化、网络化的大趋势下，资金流的处理手段必须借助计算机技术和网络技术以及通信技术加以变革，以支持电子商务的跨区域、高效率拓展。互联网的方便性、易用性、即时性、互动性以及友好的交互界面，为电子商务资金流处理的高效率提供了很好的技术支撑，但若要从整体上体现电子商务的低成本、高效率、超时空和个性化特征，必须使资金流的处理快捷、安全，也就是说要有效地实现网上支付与电子银行的快捷、安全。

现代科学技术的发展将传统银行与通信技术相连接，为银行的可持续发展提供了很好的机遇。同时，也向我们提出了培养复合型人才的更高要求。在网络经济和电子商务的发展过程中，网上支付和电子银行显得尤为重要。因此，造就一支深谙科技和金融业务的高素质的、复合型的金融人才队伍也就显得尤为迫切。本书的编写目的就在于为高等学校电子商务、信息管理、财务管理、工商管理以及计算机相关专业提供一本系统全面介绍网上支付与电子银行的运行方式及其原理的教材，也为从事相关专业的工作人员提供参考，以满足社会对复合型电子商务人才和金融人才培养的需要。

网上支付与电子银行在我国兴起的时间不长，为便于学习，使教材更具系统性、全面性和条理性，我们注重理论与实践的紧密结合，力求使本书在知识结构上完整、在内容上先进实用。本书的结构是这样安排的：第 1 章，绪论，讲述网络经济、金融业与电子商务的关联以及网上支付与电子银行的兴起；第 2 章，讲述银行电子化的发展及其趋势；第 3 章，讲述电子货币及其理论研究；第 4 章，讲述电子支付系统；第 5 章，讲述与网上支付相关的内容，包括网上支付方式、网上支付系统和金融安全认证等；第 6 章，讲述与电子银行相关的内容；第 7 章，网上银行，主要阐述网上银行与传统银行的异同以及网上银行的发展与监管、风险与管理等。按照这样的体系安排教材的编写，应该说还只是在探索，我们希望听取不同意见，以便今后修订再版时使本教材的体系更为合理、内容更加充实、适用性更好。

本书由张波（安徽理工大学）编写第 1 章，第 2 章，姚慧丽（洛阳师范学院）编写第 3 章，第 4 章，张宏亮（西南科技大学）、张波编写第 5 章，第 6 章，任新利（山西大学商务学院）编写第 7 章。刘鹤、杜鹏、程元栋、曹营、沈长霞、杨德传、李铁锋、许忠、毛一卿、丁明智、张浩、吴刚、韩磊、陶静、刘丽丽、樊春利、李逸平、吴子珺、刘彩霞、董民强等也参与了本书的部分编写或对编写提供了帮助。

本书是第三版，基本上保持了原版的结构，书中的数据资料等尽可能选用近两年的数据；增加了 5.7 节“第三方支付”内容，在每章开头增设了“案例引入”，以使本书更适用于广大读者。

在本书编写过程中，虽然尽了很大努力，但是“网上支付与电子银行”作为一门新兴课程，其发展迅速、知识更新快，不尽如人意的地方在所难免，欢迎广大读者批评指正。

为方便教学，作者制作了配套的电子课件、模拟试卷及答案（20 套），如有需要，请发电子邮件联系。E-mail：gpli@ecust.edu.cn

编 者

2012.2

目　　录

第1章　绪　　论

【学习目标】

- 了解网络经济、电子商务及网络金融之间的关系
- 了解支付方式与支付系统的演变
- 理解结算、支付与信用的含义
- 了解传统支付方式及传统支付方式的局限性
- 熟悉网上支付与电子银行的兴起及其面临的挑战
- 掌握网上支付在电子商务中的地位与作用

【案例引入】

招商银行最早是一个以对公业务为主的批发性银行，个人储蓄虽然也有，但是份额几乎可以忽略不计，而且与对公业务一样，那时候招商银行个人银行业务仅仅限制在深圳甚至是蛇口这么一个地区范围之内。但随着20世纪90年代初国内经济的“过热”，银行对公业务风险越来越大，呆账率很高，特别是北方的企业更是让不少银行“伤透了心”。而当时招商银行刚好完成了第二次增资扩股，正是手里拿着股东的钱雄心勃勃准备走出深圳，走向全国的时候。招商银行根据外部环境必须另寻出路。

那时个人储蓄很稳定，个人存款在整个国家资金盘子里占了50%以上，是一个相当诱人的市场。另外个人贷款的信用要远远好过不少企业。比如当时深圳，一年差不多有五六十个亿的个人住房按揭就做得很火爆，风险也很小，几乎很少人到了月份不来交钱。对这一切，招行决定加强个人金融服务的念头。首先搞了一个深圳储蓄夜市的试点，大获成功，进而得出结论：只要有好的服务，而且人家都知道你有好的服务，个人银行业务这条路就可以走通。

1995年2月招商银行成立了针对个人银行业务的储蓄信用卡部，主推“一卡通”。1996年6月，“一卡通”实现了全国联网通存通兑。1998年，招商银行经调查发现：国内信用机制不健全，而国外在短短几年内，没有透支功能的电子借记卡的发行速度已经超过了信用卡几十倍的情况，认为借记卡很有可能在中国会更有前途。而恰好“一卡通”这个载体有足够的空间和能力来完成借记卡的任务。于是，招商银行在信用卡上主动示弱，而把自己全部的精力放到了独辟蹊径去建立一个中国最早也是最好的电子借记卡网络之上。实际上，在这个问题上招行对自己的优势和劣势看得很清楚。人们获取信用卡这种需要较高“成本”的产品的时候，往往会选择全国性的大行，招行在这方面没有优势。但是招商银行自身的架构却是非常适于开发借记卡这类同样非常讲究网络和信息共享的产品。招商银行根据其优势，大力开发以电子技术为依托的安全高效的结算网络、电子货币产品，完善硬件设施，并在业务竞争中实现赶超的技术手段，做到柜台业务电子化、资金结算电子化。积极引进、应用新科学、高技术，早起步、高起点、高质量，加快电子化建设，完善信息和银行业务网络，发展电子银行业务，创造科技优势。

如果说在现实世界,招商银行与传统大行相比,在资产上还差得很远,那么在应用新技术和开发新的业务上,招行却远远走在前头。特别是在互联网领域,目前招商银行网上对公和对私业务的交易量已经把国内其他银行远远地甩在后边。在这个新的世界里,招商银行变成了领跑的"大行"。

信息技术的发展将掀起新时代的数字革命,它将彻底改变经济增长方式以及世界经济格局,带领企业进入数字经济时代。数字经济是以知识为基础的经济,是以应用知识、添加创意为核心的经济。数字时代使一切信息都数字化,数字化可以使现实世界虚拟化。随着网络无国界的延伸,以及知识无国界的影响,数字经济必定是全球化的经济。经济全球化的本质就是交易自由化,互联网则是以信息自由、资本自由为基础的交易自由的根本实现之道,技术、资本同途同轨,互联网是自由资本拓展无疆界商业,是进行全球扩张的划时代利器。网络将在很大程度上改变未来国际政治格局和全球权力中心的位置。

1.1 电子商务与网络经济

美国管理学权威彼得·德鲁克认为:"在现代经济中,知识正成为真正的资本与首要的财富。"知识经济(Knowledge Economy)在现实经济活动中主要表现为两种发展趋势:一是信息化,二是全球化。电子商务作为信息化与全球化的热点,正在演变成一股巨大的经济力量。1993 年以来,国际互联网由军事领域向商务领域的扩张性应用导致了一种全新经济形态——网络经济的产生,它标志着人类社会在 20 世纪末开始从后工业社会向信息社会迈进。以现代信息技术和互联网为基础发展起来的网络经济,不仅改变着宏观经济的运行模式、规则和传统经济理论,而且影响着微观经济主体的思维理念、行为模式、行为准则和相互联系方式。网络环境下的经济形式有其自身的功能和特征,网络经济是在信息化网络时代产生的一种崭新的经济现象,表现为互联网条件下的生产、交换、分配、消费等经济活动,以及生产者、消费者、金融机构和政府职能部门等主体的经济行为。当然,网络经济的研究范围要比电子商务更大、更广泛。

网络经济的发展不是一蹴而就的。从世界范围来看,网络经济的发展是一个循序渐进的过程。

2000 年 4 月,由 Morgan Stanley 投资银行的 21 位证券分析师组成的 Internet 研究小组针对网络经济曾经提出一份详尽的分析报告(报告内容详见 www.msdw.com 或 webevents.broadcast.com/cioconf),归纳出网络经济发展初期的主流趋势:

- 1994 年互联网基础设施建设;
- 1995 年商业化浏览器正式推出;
- 1996 年大量门户网站建立;
- 1997 年以 B2C 为代表的电子商务蓬勃兴起;
- 1998 年以企业电子化开始,B2B 形式的电子商务兴盛;
- 1999 年 ASP 服务开始全面推广;
- 2000 年,互联网泡沫破灭;
- 2002 年三大门户相继实现盈利,纳斯达克全线飘红;

● 从2002年至今,信息化发展突飞猛进,信息技术渗透到经济和社会各领域,传统行业纷纷加入到电子商务领域中;

● 网络经济已经成为当今社会生产力发展的必然趋势。

随着网络经济的发展,作为网络经济主力军的电子商务也已迅猛地发展。在2008年,全球经常使用互联网的用户达到14亿户,约占全球总人口的四分之一,而14亿网民当中,将近50%会进行网上购物活动,预计到2012年时,全球网民总数量(以独立访问用户量为标准)将超过19亿户,将近全球总人口的三分之一。据Goldman Sachs发布的数据显示,2010年全球电子商务规模为5 725亿美元,平均增速为19.4%;预计到2013年全球电子商务销售额将接近万亿美元,达到9 630亿美元。2010年中国电子商务交易额达4.5万亿元人民币,同比增长22%。其中B2B市场交易额达到3.8万亿元人民币,网上零售市场交易规模达5 131亿元人民币。而2000年中国电子商务交易总额仅为771.6亿元人民币,其中B2B电子商务交易额为767.7亿元人民币。

在国外,电子商务也在发展,美国、日本、韩国等均是如此。目前,美国企业近70%的业务行为在Internet完成,日本与欧洲企业也有近50%的业务行为在Internet完成。其中,美国B2B电子商务在全球范围内发展最为迅速,据统计,在最近四年中,美国B2B电子商务市场交易额始终占据全球B2B市场交易额的50%以上。另外,韩国国家统计局报告显示,2011年韩国电子商务交易额达到999万亿韩元(约合人民币5.59万亿元),比5年前的2006年翻了一番,相当于国内生产总值的80%,占国内消费的41%;而日本电子商务占国内消费的比重达到25%。

一切事实都表明,电子商务与网络经济依然具有不可小觑的发展动力。

1.2 电子商务与金融业

1.2.1 电子商务给金融业带来新的机遇

电子商务的发展改变了传统金融业赖以生存的经营环境,给网络金融业的发展带来巨大的机遇,金融业将是网络经济的最大受益者,也将成为网络经济最持久和强大的推动力。一方面,电子商务的迅猛发展所产生的支付结算需求将给金融业带来无限商机,无论是对于传统的交易,还是新兴的电子商务,资金的支付都是完成交易的必要环节,所不同的是,电子商务强调支付过程和支付手段的电子化。金融业作为电子化支付和结算的最终执行者,起着联结买卖双方的纽带作用,网上银行所提供的电子支付服务是电子商务信息沟通、资金支付和商品配送三大环节中的关键要素。随着电子商务的快速发展,金融机构网上支付、在线投资等业务将大有可为。同时,随着金融电子化、网络化的快速推进,金融服务正向着任何时间(Anytime)、任何地点(Anywhere)、任何方式(Anyhow)的3A目标发展,未来的金融业完全有能力抓住电子商务带来的巨大商机。另一方面,作为网络经济最活跃的参与者、最大的受益者,金融业必将成为电子商务乃至新经济持久而强大的推动力量。因为,首先,网络金融本身就是信息经济的重要组成部分,离开了包括金融业在内的具体产业的增长,新经济的发展将是不可能的。经济决定金融,金融反过来推动经济增长,这一货币金融学的古老原则仍将对新经济发挥作用。其次,网络金融,特别是银行网上支付是电子商务实现的必要条件，高效、便捷、安全的网上金融服务是新经济车轮快速前进的润滑剂。第三，网络金融的发展对信息业不断提出更高、更多的需求，从而进一步推动信息业和整个新经济的前进步伐，信息技术的发展令金融业焕发出新的生命力，而随着金融业变革和发展的深入，对信息科技又产生了崭新的需求，为其打开了更深远的发展空间。

1. 电子商务使金融业降低成本、增加收益、增强竞争力

据国际管理顾问公司 Booz - Allen & Hamilton 进行的调查，在 2005 年，Internet 银行的每笔交易成本平均为 13 美分或更低，使用银行本身软件的个人电脑银行处理一笔交易的平均成本则为 26 美分，电话银行服务的每笔平均成本为 54 美分，银行分支机构服务的每笔平均成本为 108 美分。这表明，银行每处理一笔交易的费用，虚拟形态的网络银行的成本比物理形态的分行的成本低一百多倍。在美国网络银行的开办费只有传统银行的 1/20，网络银行的业务成本只有传统银行的 1/12。传统银行的成本占收入的比例一般为 60%，而网络银行的这一比例仅为15%～20%。难怪 Citigroup, Chase Manhattan, Wells Fargo, Royal Bank of Canada, Bank of America 等一批老牌传统商业银行纷纷调整营业方式，加快开展网络金融业务。

同样的情形也发生在证券业。传统的证券营业部一次性投资至少在 500 万元左右，一些实力雄厚的公司甚至高达数千万，月均营业费用也就相应在几十万元以上。但若证券公司开展网上交易，就不必多开营业部，整个证券公司的交易成本就可以大幅度降低，而客户人数和交易量则大幅提高。美国嘉信理财的成功就是一个例子。

总之，电子商务的应用使金融机构大大降低了经营成本，这是网络金融得以出现并迅速发展的最主要原因。

2. 电子商务使金融业超越时空限制

传统的金融业务采取的是“柜员—客户”接触，在固定营业网点、固定营业时间内办理业务的方式，这种模式使离固定网点较远的客户感到享受银行的服务费时费力，极为不便，也使那些在营业时间外需要享受银行服务的客户得不到满足。电子商务的广泛应用改变了以往单一的有形金融市场办理业务方式，促进了无形市场的形成和发展，使客户无论是在家中、办公室还是远在异地他乡都可以享受金融业的在线服务。同时，客户可以享受每周 7 天、每天 24 小时的不间断服务，而不必顾虑银行何时下班。电子商务把终端与服务器处理集成化了，不仅能同时办理交易、信贷、投资、保险、理财等多种传统金融业务，而且还能不断地增加新的金融服务或其他信息服务。在经济全球化的背景下，网络可十分容易地进行不同语言之间的转换，这为金融业拓展跨国业务又提供了有利条件，使客户坐在家中就可以随时在世界任何一家金融机构办理证券投资、期货交易、购买保险、存取款等网络金融业务。

3. 电子商务使金融业拥有更广阔的国际市场

电子商务的全球化特征加速了全球经济一体化的进程，可以轻而易举地实现全球金融的一体化。据国际电信联盟数据，截至 2010 年底，全球互联网用户已突破 20 亿人，手机用户则超过 50 亿人，可见其市场之广阔。同时，Internet 上的信息具有高度公开性、共享性和及时性，当各种相同或相似的金融产品价格趋同时，将充分体现出市场规律的作用，市场价格将充分反映市场的供需状况。任何金融机构都有机会在 Internet 上扩大市场占有率。金融业发展靠的不再是网点、资金，而是先进科技所增加的竞争力。

4. 电子商务进一步巩固金融业的支付结算地位

虽然金融业的支付体系在社会支付体系中的地位受到非金融机构强有力的挑战，但是

只要金融机构及时抓住机遇,积极改善其目前支付体系的现状,那么金融机构的支付体系将仍能保持自己的优势,依然会像以往一样备受社会和公众的偏爱和推崇。在电子商务发展中,银行支付系统仍将发挥不可替代的作用,主要原因在于:第一,在国民经济体系中,金融机构尤其是商业银行一直并将继续担当金融中枢的角色,全社会的每一个经济单元——政府机关、公共机构、工商企业、家庭和个人都是通过商业银行建立资金往来关系的,如果没有商业银行的参与和推动,电子商务无疑是空中楼阁;第二,伴随着电子化、网络化的潮流,银行业已经在支付手段、电子化和金融服务网络化方面奠定了一定的基础,取得了较强的人才、资金、技术和信息优势,不仅最有可能率先实现网络化经营,成为电子商务最积极的参与者,而且最有能力影响其他行业应用电子商务的进程和水平,从而成为电子商务发展的最有力的推动者;第三,数百年的发展使银行业树立了稳健、诚信的良好社会形象,构造了安全、快捷、发达的支付网络,这些客观存在的优势决定了银行支付体系仍将是网络经济交易方式的首选;第四,交易者的信用状况及其维护是电子商务发展的关键前提之一,而银行恰恰是社会信用的经营者,在维护社会信用秩序方面比较具有优势。从这个角度讲,银行在电子商务体系结构中仍将担当网络支付结算服务的主要角色。

5. 电子商务促进金融机构向全能服务型方向发展

电子商务的特征使其能够融合银行、证券、保险等行业经营的金融市场,减少各类金融企业对同样客户的重复劳动,拓宽银行等金融机构进行金融产品功能的解捆和综合的创新空间,向客户提供更多的"量体裁衣"式的金融服务。因此,金融机构将从事全能金融业务,诸如网上个人理财、网上投资、网上股票买卖、网上贸易融资、网上按揭、网上保险、网上存贷款、国际结算、证券经纪等服务。

6. 电子商务改变金融业的传统管理模式

传统金融机构的管理模式一般采用直线型的逐级下辖一定范围的模式,这种模式效率低,对金融市场的反应滞后。金融机构应用电子商务将使金融业的管理模式发生根本性的改变,使管理手段得到前所未有的规范。金融业要应用电子商务手段重新设计业务流程,强化风险控制和风险保障机制,减少管理环节,节省管理成本,以此提高管理水平,从而实现管理机制的高效运转,有助于完成"银行再造"。

1.2.2 金融业的发展方向——网络金融

金融业"数字经济"的新思潮,突出地表现为在金融全球化、金融创新和以 Internet 为代表的信息通信现代化和市场自由化的思潮将成为主流。金融信息以数字化的形式,通过 Internet 能够以最短的时间和最低的成本得到处理。这一"数字经济"新思潮促使以商业银行为主的金融机构加快经营管理的数字化、网络化建设,适应金融服务的多样化与复杂化。

电子商务在挑战和改变传统金融业的同时,也使金融业成为电子商务的最大受益者。网络金融这一新概念因此应运而生。所谓网络金融,又称电子金融(e-finance),从狭义上讲是指在国际互联网(Internet)上开展的金融业务,包括网络银行、网络证券、网络保险等金融服务及相关内容;从广义上讲,网络金融就是以网络技术为支撑,在全球范围内的所有金融活动的总称,它不仅包括狭义的内容,还包括网络金融安全、网络金融监管等诸多方面。它不同于传统的以物理形态存在的金融活动,它是存在于电子空间中的金融活动,具有形态虚拟化、运行方式网络化的特征。它是信息技术特别是互联网技术飞速发展与现代金融相结合的产物，是网络时代适应电子商务(e－commerce)发展的金融运行模式。随着网络金融业的高速发展，它也必将成为网络经济和电子商务最持久和最强大的推动力。

在社会经济生活中，金融业最重要的作用就是信用中介、支付中介和金融服务。

金融业经过多年的经营，取得了很好的信用，这是金融业最宝贵的财富，所以在电子商务领域里，具有深厚基础的金融业是电子商务领域中不可或缺的一个重要角色。

从电子商务发展的过程也可以看出，如果没有价值的转移，商务活动就失去了最终的意义。而价值的转移，不能离开银行或者是金融机构的积极参与。当金融业通过CA中心的形式为电子商务提供信用保障，并为电子商务提供可靠的支付手段的时候，电子商务才会得到迅速、规范的发展。

因此，一方面金融业要充分地利用现有资金管理的能力，为企业，特别是为大型集团企业提供良好的财务管理，提高企业的资金运用效率，降低资金成本；另一方面，要利用金融业已经形成的风险管理的经验和体系，降低企业本身在资金运用中可能存在的风险。

网络金融的发展策略：

- 在业务体系上，必须积极创新，完善服务方式，丰富服务品种，提高服务质量；
- 在经营方式上，应该把传统营销渠道和网络渠道紧密结合起来，走“多渠道并存”的道路；
- 在经营理念上，实现从以产品带动发展到以客户促进发展的转变；
- 在战略导向上，必须整合各金融机构之间的关系，实现综合化的网络金融门户式的服务；

金融业将朝着以金融品牌为主导、以全面服务为内涵、以互联网络为依托、以物理网络为基础的电子化、综合化、集团化、全球化、一体化的全能服务机构的方向发展，金融业将在与新经济的紧密契合中找到自己的位置——发展网络金融。

专题一：　网络金融对传统金融市场的“威胁”

当美国证券网站风行“踢开你的经纪人”这样的口号时，美国最大的证券经纪商美林公司宣布将提供网上贴现交易，这标志着金融网络化的一次重大进步。美林公司董事长兼首席执行官戴维·科曼斯基说，这可能是20世纪70年代以来我们作为一个组织作出的最重要的决定。对于美林公司提供网上金融交易服务，美国国内争论激烈，甚至有反对意见认为这是“美国金融生活的严重威胁”。数十年来，美林公司形成了一支由1.4万人组成的全国经纪人网络，他们为投资者提供投资建议，并通过安排证券交易获得丰厚的佣金。然而，随着其他券商纷纷提供网上交易服务，美林公司迫于巨大的竞争压力不得不考虑提供网上交易服务。当美林公司为客户提供每笔离线交易收取100～400美元佣金的时候，嘉信理财对客户的每笔离线交易只收取28.5美元，从而吸引了大批的中小投资者。这样，美林公司开始对客户的每笔在线交易收取29.95美元的费用。然而，作为与美林公司这样的大券商相竞争的重要手段之一，部分在线券商对客户的每笔在线交易最低只收取5美元的费用。此外，美林公司开户的最低资金为2万美元，而部分在线券商或网络经纪人只收取几千美元就允许开户。根据美林公司的估计，激烈的竞争和网络风险使美林公司的部分经纪人损失了18%的收入。

在美国从事网上证券交易的公司中，嘉信理财和TD WATERHOUSE是较为典型的两家网上折扣券商。嘉信理财是美国最大的网上证券公司，业务量约占全美折扣证券公司业务量的22%。嘉信理财站点不仅可以为客户提供新闻、即时行情以及寻找符合自身需要的各种共同基金等。可以看出，网上嘉信理财希望为客户提供全能性质的证券服务。

1.3 支付方式与支付系统的演变

1.3.1 结算、支付与信用

结算是指结清债权和债务关系的经济行为，也可定义为经济活动中的货币收支行为。结算是伴随商品经济发展的一种重要的经济行为。

原始社会“以物易物”的商品交换，实际上也是一种结清债权债务的行为，而其采用的支付手段是“以物易物”。随着人类社会的进步，货币作为交换的媒介是支付手段发展的一次重大的飞跃，它的发展历经了实物货币、贵金属货币、纸币等不同形式。当交易的过程是“一手交钱，一手交货”，即货币即时清算时，它其实是商品经济社会的较为低级的一种结算方式。随着商品经济的发展，赊销、信用、银行先后出现，使交易环节和支付环节可以分离，极大地促进了交易的繁荣，这种以银行信用为基础的货币给付行为被称为支付结算。此时的支付形式多种多样，包括现金、支票、托收承付、委托收付、信用卡等。可见，一般意义上的结算包含了货币即时结算和支付结算两种，前者是伴随着商品交易的同时进行的现金交换，而后者是指以银行为中介的货币收支，包括与交易过程分离的现金支付，这也是结算发展最主要的形式。

支付是指为清偿商品交换或劳务活动引起的债权债务关系，将资金从付款人账户转移到收款人账户的过程。支付源于交换主体之间的经济交换活动，但由于银行信用中介的介入，最终演化为银行与客户之间、银行开户行之间的资金收付关系，而银行之间的资金收付交易，又必须通过中央银行的资金清算，才能最终完成整个支付过程。支付系统则是由提供支付服务的中介机构、管理货币转移的法规以及实现支付的技术手段组成的整体，用以偿清经济活动参与者在获取实物资产或金融资产时所承担的债务。随着经济的不断发展和IT技术的应用，人们对支付系统的运行效率和服务质量的要求越来越高，现在电子支付的发展也随之日趋成熟，支付系统的现代化指日可待，如处理非现金支付工具的电子资金转账系统在发达国家已被广泛应用，传统支付方式正面临着前所未有的巨大冲击。

信用是现代市场经济的一个基本构成要素，现代市场经济中各种经济主体之间错综复杂的经济联系全靠信用关系来维系。商业信用和银行信用是最基本的信用形式，伴随金融市场的发展和完善以及经济发展的要求，依托金融市场的信用形式和消费信用也迅速发展起来，从而构建起一个完备的信用体系。信用在市场经济中之所以得以广泛发展，在于其具有融资、促使货畅其流的功能，它发挥着调剂资金余缺和节约费用的作用，大大地提高了商品流通的效率和资金的使用效率；它能够扩大投资总量和增加消费总效用，并有利于优化资源配置。支付与信用的关系十分密切，正是由于商业信用和银行信用的产生，才促使了交易环节与支付环节的分离，才产生了以银行为中介的支付结算体系。一定的信用关系和信用制度是支付体系得以建立和完善的基础，同时，支付体系的完善和发展也能促进信用体系的进一步发展。与支付有关的信用体系的建立与完善涉及以下因素：

(1) 支付承诺。在信用关系良好的国家，有时凭一纸签名或口头承诺就可实现支付，这是因为大家都遵守这样的信用规则，故无须多加防范，从而降低了支付成本。要完善支付系统，必须改善人与人之间的信用关系，提高支付承诺的地位。使用法律和制度来规范信用关系是最有效的手段。

(2) 违法必惩。对不守信用的违法者应采取严厉制裁，使之所失远大于其所得。

(3) 信用累积制度。支付系统在进行支付服务时，不应该仅处理有关的支付，对于其附属的个人信息也应重视。对个体信息的积累、分析、处理可作为银行判断其信用程度的依据，当客户重新选择银行时，应要求出示前开户行的资信证明，将以前的信用状况带到新开户行去进行信用积累。这种积累制度体现了信用价值，以前的信用状况是以后获取支付服务的依据，它有利于鼓励人们保持良好的信用记录，从而促进整个信用体系的良性循环。

(4) 身份认证。信用体系中一定要有身份认证，它一方面供权威的认证机构考核支付参与者，另一方面也约束支付参与者保持良好的支付习惯。权威认证机构对参与者的认证及证书的发放，能以较低的成本迅速建立一个身份认证体系，从而保证支付体系顺利的发展成熟。

1.3.2 支付系统的演变

现代化支付系统是商业银行为广大客户提供全面金融服务、中央银行为各商业银行提供支付资金最终清算服务的综合性金融服务系统。从20世纪80年代始西方国家陆续采用实时全额支付系统以来，以小额差额支付系统为基础、以大额全额支付系统为主干的混合支付体系已成为潮流，支付系统的建设也不再被单纯地视为技术性的，而是和货币政策的执行、金融监管的实施一道成为央行三大职能之一。支付、支付工具及支付系统的演变和发展是与人类社会的发展演变过程相一致的。

1. 原始社会的支付方式：以物易物的支付方式

在原始社会中支付是以最原始的交换方式进行的，即便有交换，也是一种直接的以物易物、交换过程和支付过程同时发生，这时不存在支付工具。

2. 自然经济社会中的支付方式：以货币为媒介，实行等价交换

自然经济社会中对应的是以实体货币为媒介的支付方式。这时的交换是以某种物质(主要是贵金属)作为一般等价物进行交换，货币由此产生。交换和支付是同时发生的，货币作为支付工具，初级的支付系统已形成。

3. 工业经济时代的支付方式：建立以银行信用为主的支付系统

工业化经济社会对应的是以银行信用为主的支付系统。在工业化经济社会中，信息传播媒体多样化，各种形式的信息收集、加工、传播的壁垒被打破，信息具有了社会化的性质。作为信用中介的银行则在社会交换和支付中起到了关键的作用。最为典型的支付工具——支票应运而生。买方将资金存入银行，在商品购买过程中，用银行的信用工具——支票进行支付，而卖方则通过支票得到所售商品的资金。商品的交换过程与支付过程发生分离，产生各种具有银行信用性质的支付工具，如支票、汇票、本票等。此时比较完善的支付系统已经建立。

4. 网络经济社会的支付方式：金融电子化系统

知识经济社会全方位信息加工对应的是电子化、网络化的现代支付方式。在当今社会中，由于信息化技术的不断发展，信息采集、加工、储存和传递依靠计算机、现代化通信手段，由此产生多媒体以及网络等多种现代化的信息技术。整个社会商品交换极度扩大，而与之

相应的支付方式也发生了革命性的进步,产生了现代化的支付系统——金融电子化系统。这时的支付系统将使整个社会的支付实现自动化、快速化和安全化,支付工具以电子货币和信用工具为主,随着电子商务的兴起,产生了与之对应的网络银行。

人类文明的不断发展,社会的不断进步,科学技术的日新月异,促使了支付方式从原始的实物对换到现代的无纸化支付的巨变。这一变化的标志就是金融电子化。金融电子化实际是20世纪下半叶,随着信息技术的发展以及在金融业的广泛应用而兴盛起来的。它的发展不但极大地改变了金融业的面貌,扩大了金融业务品种,而且正在改变人们的经济生活方式和社会生活方式。

专题二:　美国纳斯达克交易系统

美国纳斯达克股票交易所是全球规模最大和最成功的二板市场,自建立之初就采用了先进的计算机网络系统进行信息管理。通过这一网络及其遍布于全球各地的终端提供报价,买卖双方可以基于该系统的交易平台随时随地地进行交易。这就摆脱了传统的主板市场必须在一个固定的交易场所通过经纪商进行交易的模式,从而大大降低了市场参与者的交易成本。与小型的地方性的场外交易相比,纳斯达克股票交易所具有规模大、透明度高、交易过程充分以及可及时检测和监管等优点。结果,纳斯达克交易所兼有主板市场和场外市场的优点,既可降低费用又能控制风险,从而较好地解决了费用—风险这一阻碍交易有效进行的问题。

1.4　网上支付与电子商务发展的关联

只要有交易发生,必然引起资金流流动,而资金流的流动具体体现为商务伙伴间的支付与结算活动。因此,支付是电子商务流程中最为关键的组成部分。目前存在很多支付结算方式,如现金、支票、邮汇、电汇等。随着经济全球化的深入与信息社会中客户不断增长的个性化需要,这些支付结算方式在效率、安全、方便、跨时空等方面存在诸多局限性与弊端,成为电子商务发展的瓶颈之一,限制了电子商务的大规模拓展。

1.4.1　传统支付结算的发展和方式

支付是为了清偿商务伙伴间由于商品交换和劳务活动引起的债权、债务关系,由银行所提供的金融服务业务,而这种结清债权和债务关系的经济行为就称为结算。因此,支付与结算涵义基本相同,支付与结算可以直接理解为支付结算或支付。在我国《票据法》和《支付结算办法》中规定,支付结算的涵义是指单位、个人在社会经济活动中使用票据、信用卡和汇兑、托收承付、委托收款等结算方式时进行货币级支付及资金结算的行为。通俗地说,就是一方得到另一方的货物与服务后所给予的货币补偿,以保证双方的平衡。

由以上定义可以看出,支付结算有以下四个特征:

第一,支付结算必须通过中央银行批准的金融机构进行。这与一般的货币给付及资金清算行为明显不同。

第二,支付结算是一种基于一定法律形式而进行的行为。

第三,支付结算的发生取决于委托人的意志。

第四，支付结算实行统一和分级管理相结合的管理体制。中央银行负责制定统一的支付结算制度，组织、协调、管理和监督所发生的支付结算工作。

支付结算活动是随着商品社会及商品经济的发展而发展的，其变化过程如下。

1. 物物交换

在货币产生以前的以物易物的社会中，物物交换既是一种原始的商品交换行为，也是一种结清债权、债务的行为，可以从广义上把这种行为称为最原始意义上的结算，其中采用的支付手段是“以物易物”。例如原始社会里以马换食品是一种物物交换。

2. 货币支付

物物交换的支付结算方式受到物的很大限制，因为并不是一方就一定具有对方所愿意接受的东西，物的活动范围也有限制，也不容易做到等值交换，造成交易的不活跃，范围与规模均很小。人们开始需求一个等价的中间物，作为交换的媒介。

当货币作为交换的媒介物出现后，这种用货币支付来交换物品的行为才是具有现代意义的货币结算。货币依次出现过实物货币（如牛羊）、贵金属货币（如金银）、纸币（如人民币、美元、欧元）等不同的形式，在交易时采用“一手交钱，一手交货”的即时支付结算方式，因此，称其为货币即时结算。这是商品经济社会低级的结算方式。其中采用的主要结算方式就是“现金”支付，即纸币支付结算。

现金支付即“一手交钱，一手交货”，它最大的特点就是简单易用、便携、直观。现金支付也有缺点，一是流通中的磨损，二是易失、易盗、易伪造等，三是不安全，比如当 SARS 肆虐北京期间，现金成了最危险的病毒携带物之一，给人们的生命健康带来很大威胁。但总体而言，现金支付这种方式比较简单，常用于企业或个体对个体消费者的商品零售过程。

物物交换与货币支付存在一个共同的特点，就是交易与支付环节在时间与空间上不可分离，虽然直接，但限制了商务活动的规模和区域，不利于交易的繁荣发展。在商品经济快速发展的需求背景下，出现了以银行为中介的支付结算方式。

3. 银行转账支付结算方式

随着近代商品经济的不断繁荣，特别是西方产业革命以来，工业经济发展迅速，各类结算方式先后产生，使原本融为一体的交易环节与支付环节能够在时间上和空间上分离开来，进一步促进了交易的繁荣。是什么使交易环节与支付环节能够很好地分离而又保证贸易的顺利、安全、可靠地进行呢？这主要是因为作为支付结算中介的银行的存在。这种以银行信用为基础，借助银行为支付结算中介的货币给付行为（即分离出来的支付环节），称为银行转账支付结算方式。其中，信用维护着市场中井井有条的交易秩序，由此可见支付与信用的关系十分密切。正是由于商业信用与银行信用的产生，才促进了交易环节与支付环节的分离，产生了以银行为中介的支付结算体系，它们也是商品经济社会的基础。此时的货币不仅包括现金还包括存款等，而其中采用的支付手段就更加丰富，包括现金、支票、本票、汇票、汇兑、委托收付、信用卡、信用证等。结算又可分为两类：一类是支付人发起的结算，如现金支付、汇兑等；另一类是接收人发起的结算，这种方式下付款人的确认就有了决定性的意义，于是要求有一些确认的手段，如支票、商业汇票、银行汇票等。这个阶段世界经济发展迅速，已逐步跨入工业经济社会，而通过银行的转账支付结算方式则成为商务活动中最主要的支付手段，直到现在依然如此。目前我国企业与企业之间就主要应用银行的纸质支票进行支付结算。

这种通过银行转账的支付结算方式，也称为非现金结算或票据结算方式。如果贸易双方在银行都开设了资金账号，那么支付者就没有必要把钱先从银行取出支付给接收者，由接收者再把钱存到银行。比如，支付者提供一张支票，向银行说明接收者及要支付的款额，接收者可持支票直接去银行兑换现金，或者把支票交给银行，由银行直接把需要支付的款额从支付者的账号转到接收者的账号上。这样就减少了中间许多的无效劳动与费用，提高了资金流通的效率并且节省了成本。目前通过银行的资金转账支付结算是国际上最主要的资金支付结算方式，其类型主要可以归结为五类，下面分别作简要介绍。

(1) 信用卡支付结算

用户到银行开设资金账号，在账号里存钱并且提供一定的信用证明后，便可收到银行发行的信用卡。当用户利用信用卡通过银行专线网络进行商务支付时，资金便通过银行中介从信用卡对应的资金账号中划拨到对方的银行资金账号上，从而完成付款。这种方式应用比较普遍，常用于个人的商务资金结算中。

(2) 资金汇兑

资金汇兑通常称为企业间的汇款，也可用于个人，主要通过银行作为中介进行，是指企业(或汇款客户)委托银行将其款项支付给收款人的结算方式，故也称为银行汇款。这种方式便于汇款客户向异地的收款人主动付款，适用范围十分广泛。资金汇兑一般分为信汇和电汇两种，信汇是以邮寄方式将汇款凭证转给外地收款人指定的汇入行；而电汇则是以电报方式将汇款凭证转发给收款人指定的汇入行。一般来讲，电汇的速度要比信汇的速度快，但收费稍贵一点。例如，A 企业想通过资金汇兑方式向 B 企业付款，其业务流程示意图如图 1-1所示。这种资金汇兑方式，在进行业务处理时，支付者的开户行在向接收者的开户行转账前，首先看其账号下有没有可供支付的款额，因此避免纸质支票支付时不能兑现的可能性，降低了不确定性与风险。

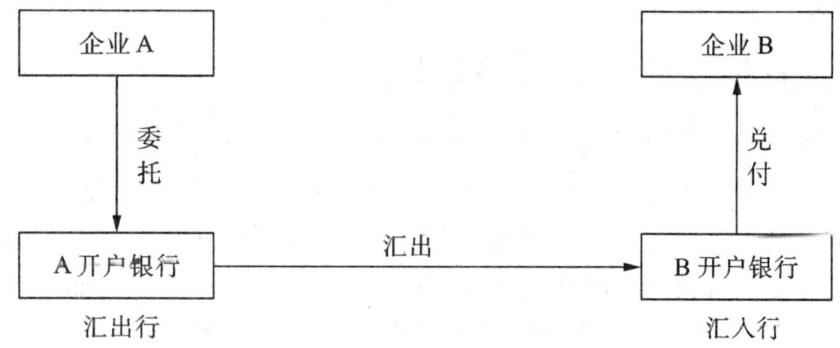

图 1-1 资金汇兑业务流程示意图

(3) 支票支付结算

支票支付结算主要是指纸质支票的支付结算，是目前我国企业间最常用的支付结算方式，其本质上就是银行提供的一种特殊纸质的基于特殊格式与使用规则的支付结算工具。其基本应用过程为：支付者从资金开户行领取支票，支付者给接收者开出支票；接收者将支票存入自己的开户银行，银行给接收者上账且把支票交给支付者的开户银行要求清算；支付者的开户银行在验证支票没有问题后给支付者下账，若有问题，则把支票退回接收者的开户银行。支票用起来很方便，可以处理较大金额的支付；缺点是涉及面广，加大了各银行和交易部门的开支，而且存在纸质支票支付有时不能兑现的风险性，因而有一定风险，如空头支票等。例如，企业 A

向企业 B 使用支票支付结算，其支票支付结算业务流程如图 1-2 所示。

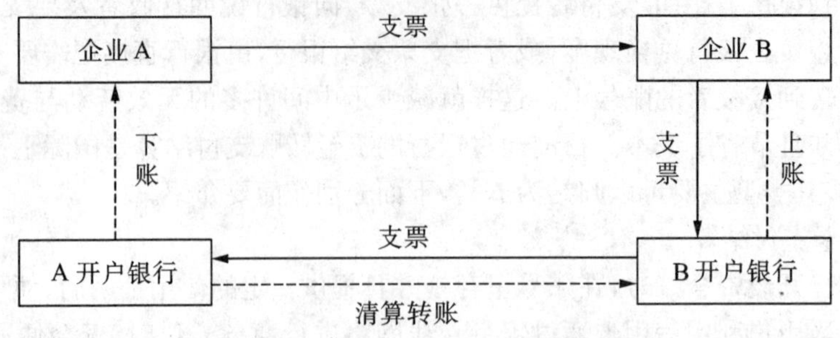

图 1-2　支票支付结算业务流程示意图

(4) 自动清算所 ACH(Automatic Clearing House)支付

ACH 系统的运作类似于支票支付，区别在于其支付结算指令均为电子形式，常用于同城银行之间的支付结算。

(5) 电子资金转账 EFT(Electronic Funds Transfer)

邮政汇兑与 ACH 系统对于中小额的支付比较理想，但对于企业间或银行间的大额支付结算的安全性却不够高，还需要增加其他辅助过程，对支付结算过程进行仔细检查，并且支票支付结算的效率、成本也不太理想。结合计算机、通信网络与专业软件的应用，金融电子化逐步实施，电子资金转账(EFT)被研发并且逐步完善应用，以电子信息代替传统的纸质介质，大大提高了支付结算的效率，降低了各参与方的运作成本。

ACH 与 EFT 应用已逐渐脱离了传统的支付结算性质，出现具备现代支付结算方式电子化、自动化、网络化处理的特点，这正是后面章节要介绍的网络支付、电子银行与网络银行业务的发展基础。

1.4.2　传统支付结算方式的局限性

上述几类支付结算方式是伴随商品经济的发展而逐步出现的，现金支付结算(如金子、银子)在中国有几千年的历史，随着英国的产业革命，银行的出现大大促进了商品经济的发展与繁荣，人类进入工业经济社会。这时，商务的规模、覆盖范围、涉及对象、运作的复杂程度等均大大增加，为了解决这些问题，相应出现了诸多支付结算方式。而计算机技术、通信技术、信息处理技术的进步，基于专线网络的金融电子化工具逐步在银行业得到应用，信用卡支付、电汇、EFT 等支付结算方式的出现，在一定程度上提高了银行业务处理的自动化。在信息网络时代，电子商务逐渐成为企业信息化与网络经济的核心。但这些工业经济时代里的传统支付结算方式在电子商务交易中暴露出许多弱点：

(1) 运作速度与处理效率比较低。大多数传统支付与结算方式涉及人员、部门等众多因素，牵扯许多中间环节，并且大部分依靠手工处理，支付结算效率低下。

(2) 大多数传统支付结算方式在支付安全上也有问题，伪币、空头支票等现象造成支付结算的不确定性和商务风险的增加，特别是跨区域远距离的支付结算。一些传统支付结算方式，如现金、支票，有时还带来人身安全的威胁，比如纸质现金与支票等均是病毒的高危携带者。

(3) 绝大多数传统支付结算方式应用起来并不方便，各类支付介质五花八门，发行者众多，使用的辅助工具、处理流程与应用规则和规范也均不相同，这些给用户的应用造成了困难。即使信用卡、电汇、EFT 等电子支付结算方式，也由于基于不同银行各自异构的金融专业网络和系统，系统和网络之间不能交互，其使用范围有一定的局限性。

(4) 传统的支付结算方式由于涉及较多的业务部门、人员、设备和复杂的业务处理流程，运作成本较高。特别像邮政汇兑、支票等方式，需要设置专业柜台和人员处理，造成资源浪费。

(5) 传统的支付结算方式，包括目前一些电子支付方式在内，为用户提供全天候、跨区域的支付结算服务并不容易。随着社会的进步和商品经济的发达，人们对随时随地的支付结算、个性化支付服务需求日益强烈，比如网间支付及支付信息的查询等。

(6) 传统的支付结算方式特别是我国企业比较流行的纸质支票的应用并不是一种即时的结算，企业资金的回笼有一定的滞后期，因而增加了企业的运作资金规模；现金的过多应用给企业的整体财务控制造成一定的困难，也不利于国家控制金融风险，且给偷税漏税、违法交易提供了方便。

1.4.3　支付——电子商务发展的瓶颈之一

随着人类进入 21 世纪，跨入网络经济社会，商品经济向全球化和一体化方向发展。在这种背景下，高效准确、快捷安全、全天候、跨区域的商务是人们追求的目标。资金流是商务运作模式的核心环节，是政府、商家、客户最为关心的对象，其运作的好坏直接影响到商务处理的效果。因此，政府、企业以及家庭个人对资金流的运行效率和服务质量的要求也越来越高。在这种背景下，借助信息网络技术的进步，促使完成资金流的支付结算系统不断从手工操作走向电子化、网络化与信息化。尤其是 20 世纪中后期以 Internet 为代表的信息网络技术在各行各业以及家庭的大规模普及应用，电子商务这个崭新商务形式的出现与发展，使人们对支付结算系统的高服务质量需求更加迫切。

资金流是决定电子商务能否安全顺利、方便快捷、低成本开展的关键环节，其流动与处理的效率、成本高低直接关系到电子商务开展的成败，这就对支撑电子商务资金流流动的支付结算方式提出了更高的要求。

由于电子商务主要基于 Internet 开展，而 Internet 的特点就是随时随地、方便易用、即时交互并且结合多媒体传递，这些为电子商务的信息流、商流(如电子合同)、物流信息的交互与共享、全天候跨区域与低成本处理提供了很好的技术支撑；但要整体上体现电子商务的低成本、高效率与个性化，还要使其资金流也能得到快速的自动化的网上处理。对传统支付结算方式的局限性分析知道，传统的支付结算方式不能充分满足高水平的电子商务的发展需求，现金、纸质支票等不但应用范围有限，结算速度较慢，而且不太安全。即使一些较为现代化的电子支付结算方式，如信用卡支付、EFT 等，目前也只是应用在专用金融网络上，不但应用上不太方便，而且由于商务交易系统与支付系统的分离，给商务实体的运作特别是企业增加了很多不确定性与经营风险，而且影响效率，增加了企业与银行的支付结算成本。所以，传统的支付结算方式不能满足电子商务的支付结算需要。此外，像现金等支付结算方式还带有太多的传统习惯，人们喜欢并且习惯于“一手交钱，一手交货”，而电子商务提倡“虚拟支付”，增加了电子商务推广的难度与成本。结果，在信息流、资金流、物流信息等基本可在网上进行方便快捷的传递、处理的情况下，资金流处理的支付与结算问题成为电子商务发展的瓶颈之一。

现阶段，中国电子商务的发展还不尽理想，这与我国目前较低的金融电子化与信息化水平、悠久而固执的传统支付结算习惯等息息相关。而电子商务是网络经济的核心内容，是发展趋势。基于 Internet/Intranet 的网络支付结算方式的发展与应用也是必然的。当然，这并不意味着以手工作业为主的传统支付结算体系中应用的各种支付结算手段会被淘汰，因为这些支付结算工具都各有利弊，在某个阶段也分别适用于不同的领域，满足了不同的用户需求。像现金支付结算，具有面对面、简单灵活的特点，对大量的文化层次较低的公民或在基础设施较差的农村等，还较为适合。

随着电子商务的兴起，支付与结算也必须适应网络环境的特点加以变革与更新；目前存在的这些传统支付结算手段都是支付结算长期发展的选择，在一定的范围内都有其生命力，不能立即放弃目前的支付手段而只顾创新。可行的方式是，在现阶段把电子商务与传统的支付结算手段进行有效的结合创新，即"鼠标＋水泥"的实施模式。过分追求一步到位的全自动化与网络化资金支付结算并不一定得到用户的肯定，在我国更是如此，如 Sina，Sohu 等网上商城提供的支付结算方式很多，有网上的也有传统的，便是这个道理。读者应能观察到，这些电子商务网站中，网络支付方式的种类越来越多，网络支付结算的份额也越来越大，正体现出支付网络化的发展趋势。尤其是中国与东南亚在 2003 年 3～7 月的 SARS 肆虐期间，人们对电子商务的渴望与热情，其中包含的对电子或网络支付结算方式的需求，正是电子商务、网上支付与电子银行发展的巨大动力。

专题三：

2008 年，中国工商银行与万事达国际组织正式发行了国内首张 EMV 芯片卡，这标志着全球性的"EMV 迁移之风"已"兵临中国城下"，中国 9 亿张银行磁条卡整体升级大势已定。据悉，Visa、MasterCard 以及 JCB 三大国际信用卡巨头是此次全球 EMV 迁移的主要推动方，而他们力推该标准的主要原因就在于日益猖獗的信用卡犯罪。由于磁条卡薄弱的安全性，只需简单的"圈套"就可以利用其"偷"钱。例如在 POS 机附近安装复制器就可以轻易地拷贝磁条卡信息，从而制造伪卡进行盗刷。而针对银行卡的网络攻击也越来越多，例如"网络钓鱼"、秘密安装恶意的"按键侧录程序"，可以在用户使用电脑的同时向外发送报告，让所有操作"一览无余"。

此次工行率先完成了芯片卡发卡工作，并同时完成了 EMV 收单的改造。而国内其他银行也已陆续启动了 EMV 改造工作。目前中国农业银行和中国银行已经开始了其 EMV 终端的改造，东亚银行也从 POS 机改造和终端升级方面开始了全面改造，很多银行都将"EMV"作为了近几年的工作重点。在国内，虽然芯片卡很难短时间内取代所有的磁条卡，但可以预计，未来几年内中国将有数量巨大的 EMV 终端被激活。据了解，在国际上 EMV 标准的 IC 卡已经在很大程度上得到了普及。

由于 MasterCard 和 Visa 组织在全球范围内启动了风险转移政策，规定亚太区从 2006 年 2 月开始，发生信用卡诈骗之后，将由发卡行和收单行中未采取 EMV 迁移的一方承担责任，也就是说在处理卡交易时，一旦遭遇欺诈行为，非 EMV 标准金融机构和商户将承担所有责任。因此近几年，中国周边的国家已先后完成了 EMV 迁移，MasterCard 提供的数据显示，曾经信用卡诈骗横行的马来西亚由于采用了 EMV 迁移，其伪卡诈骗率下降了 90%。

1.5 网上支付与电子银行的兴起

在网络经济时代里，企业和客户等多方需要更有效率、更快捷安全、成本更低的支付结算方式，Internet 的普及应用，导致了网上支付与电子银行的兴起。电子商务伙伴间的支付结算活动若采取以 Internet 为平台的支付结算方式，可以充分发挥电子商务的高效率与低成本运作等特点，也可以说，网上支付与电子银行是电子商务业务流程中最为关键的组成部分。

1.5.1 网上支付与电子银行的兴起

电子商务主要基于 Internet 平台进行，Internet 号称“信息高速公路”，高速度、交互性强、简单易用且运作成本低是其基本特点。在讲究效率、成本与个性化的电子商务环境中，如果依赖传统的支付结算方式，诸如现金、支票、银行汇票等，付款及清偿的流程将成为网上交易的瓶颈，失去了电子商务的本来面目。比如，货到付款，虽然省去了网上付款的设置成本，却存在付款的延迟与不确定性，不仅回笼资金慢，而且增加人力与资金支出；会员制消费虽然保证客户身份的确定性，但也带来了客户群的局限性及交易范围的有限性；基于专线网络的银行支票划拨转账虽说也算便利，但目前结算速度还比较慢，并且容易产生网上诈骗的情形；信用卡支付介绍很方便，但是目前基于银行的专用网络平台运作其成本高并且不能随时随地地方便应用；电汇、邮汇等需要在银行专用柜台作专业处理，或要由专用软件的专业人员处理，因而营业区域有限，成本较高而且也不能随时随地进行，等等。

传统的网络支付结算方式包括一些电子支付方式在内，很大程度上不能满足随时随地、低成本、易用自助、个性化与大量的即时在线支付等要求。特别是在 B2C 电子商务中不能实现即时在线支付，这意味着商务交易环节与支付结算环节脱离，很多时候增加了商务的运作成本与不确定性，这在面对人数众多的普通消费者时更是如此。借助 Internet，目前电子商务中的信息流、商流、物流信息的交互与共享，全天候跨区域与低成本处理有了很好的技术平台支撑，但是若要整体上体现电子商务的低成本、高效率、随时随地与个性化的优势，基于与前面的信息流、商流等同样的技术平台的资金流处理是一个良好的策略，因为这样做，效率与效益就得以体现，商务的不确定性也减少了。这个技术平台主要就是 Internet，使电子商务中的资金流能够得到即时、快捷的网上处理，当然在后台还需要银行专用金融网络的支持。

所谓网上支付与电子银行，可以理解为电子支付(Electronic Payment)的高级方式。它以电子商务为商业基础，以商业银行为主体，使用安全的主要基于 Internet 平台的运作平台，通过网络进行的、为交易的客户间提供货币支付或资金流转等的现代化支付结算手段。从上面可以看出，基于 Internet 的即时网络支付是电子商务的关键环节，高水平电子商务发展的需求直接导致网络支付结算的兴起。

总体而言，由于信用卡等网络支付工具既具有纸质现金的价值特征，又能在网络上方便传送支付指令，还能满足现代人们的高效率快节奏的商务需求，所以随着电子商务的深入发展，网络支付将是一个极有潜力的发展点。与此相应，网络支付工具的进一步成熟与丰富，将开辟更加广阔的网上市场和应用服务空间。

今后的趋势将如一句俚语所言：“过去的穷人口袋里没钱，现在富人口袋里没钱，今后大家口袋里都没有钱，因为各种各样的电子货币及其他网络支付工具将引起货币形式的又一场革命。”

1.5.2 网上支付与电子银行的简况

网上支付与电子银行的运作是一个体系运作，网上支付与电子银行系统一般包括计算机网络系统(Internet)、网络支付工具、安全控制机制等。近几年来，随着电子商务的开展与不断完善，特别是信息安全技术的进步，网络支付结算方式也在不断发展与完善中，类型也越来越多，它主要包括信用卡网络支付、智能卡、电子现金、电子支票、电子钱包、电子汇兑、网络银行等方式。这些网络支付结算工具的共同特点，都是将现金或货币无纸化、电子化和数字化，应用以 Internet 为主的网络进行资金信息的传输、支付和结算，辅以网络银行，实现完全的网络支付。

为适应电子商务的发展，西方发达国家与一些新兴工业化国家在网络支付结算工具的研发与应用中日趋积极，以通过电子货币进行即时的网络支付结算为特点的网上金融服务已在世界范围内开展。例如，网上消费、网络银行、个人理财、网上投资交易、网上炒股等网络金融服务逐步成为人们熟悉的新兴领域。在全球推动商业自动化的计划中，商家与厂商间通过电子订货网络联系，用电子货币来支付各种款项。

网络支付结算工具在我国的应用也日趋积极广泛，特别经过 SARS 灾难后，政府管理机构、企业与消费者更加认识到建设以网络支付结算工具为代表的电子化货币支付结算体系的迫切性。经过多年的努力，我国国家现代化支付系统(CNAPS)的建设取得很大进展，国有商业银行也建设了各自的信用卡网络支付系统与网络银行系统。中国人民银行电子联行系统、同城清算系统已在全国大中城市得到普及，全国银行卡交换网络建设初具规模，以各发卡行的行内授权系统为基础，银行卡信息交换总中心和城市银行卡分中心的建立为银行卡跨行交易创造了条件，带“银联”标志的信用卡已经普及应用。所有这些都为我国电子商务的发展提供了必要的条件。随着我国互联网和电子商务的快速发展，中国电子支付的市场规模发展非常迅速。从 2005 年到 2010 年，电子支付呈现疯长的态势，交易额连年翻番：2008 年中国电子支付的市场规模为 2 743 亿元，2009 年为 5 766 亿元，2010 年达到 10 858 亿元，环比增长 96%。据艾瑞咨询预测，到 2012 年，中国电子支付行业交易规模将超 2 万亿元。

1.5.3 网上支付与电子银行面临的挑战

在电子商务业务处理中实现在线支付，需要采用得到银行支持的网络支付工具的支持，还要通过银行专用支付清算网络和支付系统才能完成。例如，信用卡网络支付以其普及面广、方便、快捷、安全等优点成为人们网上消费支付的重要手段，由此形成完善的全球性信用卡计算机网络支付与结算系统，使“一卡在手、走遍全球”成为可能。

然而，现阶段网络支付结算方式还面临许多挑战。

(1) 信用不足、相关知识缺乏致使企业与客户普遍对网络支付结算的安全性、方便性持怀疑态度，对采用网络支付方式持谨慎、甚至是消极状态。

在我国，长期以来信用体系发育程度低，失信现象普遍，造成了目前的信用失灵。例如，企业间的三角债务依然呈逐年增长势头，据估计已占到贸易额的 5%以上，在最近的几次全国性商品交易会上，甚至出现很多国内企业宁可放弃大量的订单和客户，也不愿采用信用结算的交易方式，而电子商务与网络支付结算则建立在信用的基础上。这一现象说明，目前在我国个人信用基本属于很低层次的，企业信用体系也是刚起步，“无商不奸”的传统观念一直影响到如今。在欧美国家，企业间的信用支付方式已达80%以上，纯粹的现金交易越来越少，在个人信用方面，信用卡普遍成了储蓄卡。目前国内个人信贷规模尚不及企业信贷规模的1%，而在发达国家，这一比例大约是30%左右。更多的原因是人们对电子商务，特别是网络支付的相关知识如运作模式、业务流程、安全控制机制等缺乏了解，致使目前客户普遍对网络支付结算的安全性、方便性持怀疑态度，大量企业与个人对网络支付持谨慎心态，甚至是消极状态。因此，加强企业与消费者对网上支付与电子银行的了解是发展电子商务的首要任务之一。

(2) 网上支付与电子银行是电子商务双方支付结算处理的主要方式，这就需要改变过去传统的支付结算习惯。但由于这种方式很多商家、客户难以适应和接受，往往抵制电子商务。

人本质上是抵制自身的变化的，对于我国这样具有悠久历史与深厚传统习惯的国家，更是如此。这方面需要在观念与实践上加以引导，善于利用某些事件来改变人们的观念。

(3) 网上支付与电子银行需要一个完善的技术平台和管理机制，中间应用了很多高科技技术，目前很多银行的技术与管理控制能力还不足以支撑网上支付结算的可靠运转。这包含许多影响因素，主要包括网络建设、带宽、传输过程中数据安全问题和国家管理体制等问题。其中特别是安全问题，比如黑客的攻击，全球或全国缺乏一个统一、权威的CA认证中心，容易造成交叉认证和混乱。此外，各个商业银行推出的网络支付方案各不相同，例如，银行直接参与的信用卡非SET机制电子商务支付系统和SET机制安全支付系统方案，都有银行在使用，这必将造成开发上的重复浪费，也无法保证信用卡处理的统一问题。这些都给用户带来了使用上的困惑，复杂度也提高了。当然，随着技术的进步与业务发展的需要，银行的技术与管理控制能力正大大加强。

(4) 电子商务中网上支付与结算采用的方式是否确实能做到低成本、快捷方便、安全可靠，还有待观察。特别在国内，诸多银行研发的网络支付结算工具如信用卡支付结算等各自为战，难以联合使用。这些自成体系的银行卡纷纷设法与网站联盟推出网上支付结算业务，客观上造成信用卡只能用于网内结算，不能用于网间结算，这就大大制约了网上支付结算业务的发展，也给用户带来诸多不便。这方面需要一个发展过程，例如，中国银行上海分行与交通银行上海分行签订互相代理对方的信用卡业务，就是国内银行卡向理想的通用方向迈进的一个信号，“银联”的成立与推广应用加速了网间结算进程。为适应网络经济中电子商务的发展要求，要么Internet商务公司接纳多家银行卡，要么多家银行卡可以统一结算，而后者给用户带来了方便，也节省了企业的运营成本，是理想的方式。

总之，资金流是电子商务的核心流程与关键环节，基于网上支付与电子银行的资金流运转不畅将直接影响电子商务的发展水平与发展规模，是目前电子商务发展的瓶颈之一，在我国尤其如此。Internet的推广，中国比美国晚了4年，而对于电子商务的拓展，中国比美国仅仅晚了2年8个月，但发展到现在，电子商务的实际情况却已有了天壤之别。美国早在1993年就已有2.4万家企业使用电子数据交换(EDI)。随后，美国所有的大公司都实现了办公自动化，一些跨国公司还实现了虚拟办公室。目前，美国企业的信息化建设已经进入了比较高级的阶段。例如，美国有60%的小企业、80%的中型企业、90%以上的大企业已借助互联网广泛开展商务活动，企业已有近70%的业务行为是在互联网上完成的。在欧洲，企业也有近50%的业务行为在网上完成。相比之下，中国实现上网的企业只占到所有企业的

20%～30%，利用网络开展经营活动的企业就更少，在实现上网的企业中，多数所做的工作也仅是在网上开设了主页和E-mail地址，既没有充分利用网络资源，更没有借助网络开展商务活动。有的企业网站长时间不更新信息，成为名副其实的“空站”。究其原因，网上支付与电子银行应用上的滞后是中国电子商务发展滞后的主要因素。这就使电子商务高效率、低成本的优点得不到充分发挥。为了改善这种状况，包括中国在内的许多国家已经开始重视网上支付与电子银行的发展和研究。

思考题

1. 电子商务给金融业带来哪些新的机遇？
2. 什么是结算、支付、信用？
3. 简述支付系统的演变发展过程。
4. 银行转账支付结算方式有哪些？
5. 传统支付结算方式有哪些局限性？
6. 网上支付与电子银行面临什么样的挑战？

第 2 章 银行电子化

【学习目标】

- 了解国内外银行电子化的产生和意义
- 了解实现银行电子化过程中遇到的困难
- 掌握银行电子化系统的分类及特点
- 熟悉我国银行电子化的现状与发展趋势
- 熟悉我国银行电子化的发展阶段

【案例引入】

1987 年在深圳成立的招商银行(简称招行),资产规模在我国银行业排第六,但还只能算是小银行,它的资产还不到中国工商银行的 1/30。但它也有扬眉吐气的地方,平均发展速度、累计实现利税、资产质量、服务水平、金融业务及其产品创新、网上银行发展速度及其水平等均在国内银行业居于领先地位。目前,开展电子商务的商家中,95%的商家选择了招行的一卡通付款。

近年来,招行已连续三年登上英国《银行家》杂志"世界 25 家最佳资本利润率银行"的排行榜。在《欧洲货币》杂志"亚洲最大 100 家银行"中,招行的股本回报率排名全亚洲第一。招行还在美国《环球金融》杂志被评为"中国本土最佳银行"。

据已公布的数字表明,招行的资产占中国银行业资产总量的 1.5%,网点数占全国银行机构网点数的 0.1%,雇员数占银行职工人数的 0.3%,平均利润在中国银行业所点的百分比却达到 8%。也就是说,招行一个员工创造的价值相当于其他银行 20 个员工的水平。

早在 20 世纪 60 年代,美国、日本等发达国家的银行业就已开始银行电子化的建设,将计算机这一新兴科技成果引入银行业。经过几十年的发展形成了行内、跨行甚至跨国界的银行管理信息系统网络,建立了开放型、全方位、全天候的电子化银行。我国银行电子化的发展,相对发达工业国家而言起步较晚,从 70 年代开始至今不过短短的 30 年左右历程,但发展速度较快。目前一些大中型城市的银行电子化建设已接近发达国家的水平。银行电子化的不断完善和发展,为网络银行的兴起创造了良好的条件。目前,网络银行是国际上最新的银行服务形式,也是近年国内商业银行开发建设的新热点。

2.1 概述

银行业是商品经济的产物。自从 1580 年在意大利威尼斯诞生第一家银行起,随着商品交换、货币流通的迅速扩大,以及国际贸易的迅速发展,银行业获得了空前飞速的发展,银行业的地位、作用日益加强,其工作效率和货币流通能力成为整个经济发展速度的重要决定因素之一。科学技术是人类现代文明的基石,是社会发展的推动力。20 世纪 50 年代计算机的发明及广阔的应用前景为银行业的发展奠定了坚实的基础，一些大银行纷纷将这一新技术运用于银行业务的改革和银行业工作方式的更新，从此银行业迈出了电子化的步伐，使具有数百年历史的银行业发生了根本性的变革。

2.1.1　银行电子化的产生及发展

1. 国外银行电子化的产生与发展

(1) 美国银行业金融电子化

美国作为信息技术极为发达的国家，在银行业竞争加剧以及客户多元化需求的压力下，大力发展金融电子化事业，不断开拓新的服务领域，投入巨资建立了以计算机网络为支撑的全开放、全方位、全天候的现代化银行体系，取得了世人瞩目的成就，造就了美国银行业在世界的领先优势。总体来看，大致可分为以下四个典型阶段。

第一阶段：20 世纪 60 年代的后台电子化。1946 年，世界第一台电子数字计算机在美国宾夕法尼亚大学诞生，并逐渐在军事、科技、金融等重要领域得到应用和推广。银行业也在这时期迈入电子化的最初阶段。此时，应用的软件多以改善会计系统为主，在后台更新账目和打印报表。因此，这一时期被称为"后台电子化时期"。

第二阶段：20 世纪 70 年代的前台电子化。20 世纪 70 年代，随着计算机领域"上机—终端"概念的提出，银行业计算机应用逐步从后台延伸到前台。这种以主机处理为中心的终端连接方式，可在终端上输入客户的交易信息，由主机响应并处理。这种模式的应用在很大程度上提高了前台的工作效率。但银行应用软件并未对业务流程加以优化，仍是以银行手工模式为其设计基础，计算机只是帮助人工流程提高效率。

第三阶段：20 世纪 80 年代的网络化发展。网络技术的兴起在信息技术的发展史上具有划时代的重要意义。网络系统快捷、方便、无时空限制的特性，使得人类得以自由地进行信息沟通，真正实现"地球村"的梦想。银行业敏锐地觉察到了这一技术在银行业广阔的应用前景。20 世纪 80 年代信息技术成本大幅降低，也为银行业大面积推广应用信息技术提供了有利条件。这一时期，美国银行业不但实现了银行内部的联网，而且将网络延伸到商业公司内部的财会部门和超级市场，开始推广 ATM、POS 及电话银行、企业银行等。区域网和全国性网(如 Master Cmd 网络和 Cmp 网络等)也取得了很大的发展。许多银行开始更新、评估和改进 20 世纪 60、70 年代开发的应用软件，如增加应用系统的安全性和更新账户的及时性，开始开发分散的客户信息系统(CIS)。

第四阶段：20 世纪 90 年代以来，美国银行业利用外部集成服务来增加以前内部信息技术处理的价值，通过综合内外各方面的资源，从各种专业角度打破银行原有的常规进行创造性的思考，更加注重创新，使新的金融产品和服务不断涌现。银行金融产品的创新越来越取决于业务与信息技术的结合，这一趋势已成为美国乃至全世界银行业的未来发展主旋律。20 世纪 90 年代"企业再造"浪潮的兴起，揭开了银行业利用信息技术改造银行业务流程的序幕。这一革命性的转变，标志着美国银行业金融电子化已逐步向深层次发展挺进。

M 架构理论是美国银行业金融电子化发展理论的代表，该理论由美国麦台锡公司提出，全称为"M1—M2—M3 架构理论"。

M 架构理论的主要观点如下：

① M1 层技术属于提供这些技术的厂商而非银行，该层的技术、产品比较成熟和普及。

M1 层的关键是银行如何吸收、消化厂商的技术而提高处理效率，以及选择标准的处理体系结构与平台，并努力制造规模效益。

② M2 层主要用于开发银行内部应用软件，提高业务人员使用电脑的技术，把银行的策略通过 M2 层投向市场。美国银行业从早期的实践经验得出结论，M2 层的软件不值得自己动手开发，而应在市场上购买。

③ M3 层反映需求和信息技术的结合，是销售、决策和业务的分析和管理。该层是银行制胜的关键及投资的重点。应尽量能使该层的作用发挥到最大。否则，M1、M2 层的投资效益就不明显。

(2) 日本银行电子化历程

比起美国银行，日本银行电子化稍有滞后，但紧跟计算机技术、通信技术和金融工程发展步伐，为日本金融事业称雄亚洲起到了举足轻重的作用。日本银行界一般把全国计算机系统划分为行内系统(Inner Bank System)和跨行系统(Inter Bank System)。下面简单介绍跨行系统。

日本的银行计算机体系由不同规模的成员组成，各自独立，各银行拥有自己的网络和应用系统，通过统一的数据格式提供连接。现行的系统又分为实时联机系统(on-line system)和跨行支付系统，跨行支付系统又包括全银系统、清算系统、外汇日元结算系统、日本银行金融网络等。

① 实时联机系统(on-line system)。实时联机系统类似国内的通存通兑系统，但它的意义、范畴和功能更广些。日本是个现金社会，20 世纪 60 年代，银行曾经大力提倡以支票来进行支付，但效果不佳，支票或汇票的利用不普遍。1972 年以后，银行首先在储蓄账户间实现电子支付(直接借贷业务)，取得很好效果，现金需求大量减少。在此基础上银行大力推广提款机和自动柜员机的使用(能转账)，并逐步建立起行内和跨行计算机支付系统，为客户的储蓄账户支取和转账提供电子手段，形成了 on-line 系统的第一阶段，受到广大客户的欢迎，迅速得以发展，逐步实现本行的通存通兑。1975 年，各主要银行完成第二阶段的“综合联机系统”，实现了综合储蓄业务的电子化。这个阶段使银行可以用计算机处理综合的银行业务，提高了效率，减少了人工和成本，为 ATM 和其他金融终端机的联网奠定了基础。1985 年以后，实时联机系统的建设进入了第三阶段。该阶段的目的在于完善第二阶段的系统，提高实时联机系统的可管理性和可扩展性，扩大联机业务(国际结算，证券买卖，信息处理等)。

② 跨行支付系统。日本的跨行系统基本是和各行的实时联机系统同时发展，目前有效运作的系统包括：

a. 全银系统。日本全国银行协会 1973 年建成了一个横跨全国的联行系统——全国银行数据通信系统(简称全银系统)，该系统是一个实时的资金转账系统，为民间金融机构提供一个跨行的转换中心。全银系统的建成是日本银行实现电子化的里程碑。全银系统 1979 年完成第二次扩展，1983 年完成通信协议标准的制定，统一了数据接口，为各行计算机系统的连入和数据交换提供了保证。

b. 清算系统。日本的清算系统由地方银行协会经营，它实际上是个地域性的汇票、支票清算机构。至 1997 年遍布全国有 182 个清算中心，其中东京清算中心最大。日本的众多银行系统都已经实现了计算机化，但到目前为止，清算中心只有东京实现了计算机自动化，其他中心发展比较缓慢，与我国目前的情况类似。从 1998 年开始，各清算中心根据情况逐步实现电子化。

c. 日本银行金融网络。日本银行是日本的中央银行,各金融机构间的结算通过在日本银行所开的联行账户实现。为提高效率,日本银行于 1988 年 10 月建立了日本银行金融网络,又称日银网。1989 年 3 月,该系统实现了外汇和日元的清算,1990 年 5 月,该系统完成政府债券应用系统的集成。

其中,樱花银行是日本的十大都市银行之一,是关西地区最大的银行,其银行电子化程度相当高。其计算机系统由三个计算机中心构成:关西地区一个,新神户中心;关东地区两个,东京大和中心和东京目黑中心。三个中心相互独立处理不同业务系统,又互为备份。它们经受住了阪神大地震对它们的可靠性的检验。

综观发达国家银行电子化的发展历程不难看出,发达国家银行电子化主要基于三个层面的信息系统:

(1) 银行业内部的信息系统。主要以银行会计为依据的银行内部业务处理,即技术先进且相互协调的柜台业务服务网络和以银行经营管理为目标的银行管理系统网络。这类系统功能完善,不仅大大提高了银行的工作效率,而且大大加强了银行的管理决策科学化程度。

(2) 银行业之间的信息系统。随着银行各项业务之间交往的频繁,银行间的支票、汇票等转账结算业务量急剧上升,资金清算的及时、有效处理成为提高银行经营管理效率的一个重要措施。建立银行间统一的、标准化的资金清算系统,就能够实现快速、安全的资金清算。如美国联邦储备体系的电子转账系统(Federal Reserve Wire Transfer System,FEDWIRE)、日本银行金融网络系统(BOJ-NET,简称日银系统)、美国清算所同业支付系统(CHIPS)、环球银行间金融电讯协会(SWIFT)等。这些系统的建立既降低了交易成本,又加快了交易速度,还能为客户提供各种新的银行服务。

(3) 银行业与客户之间交付的信息系统。银行推出了面向大众的各类自动服务,建立了自动客户服务系统网络,包括银行与企业客户之间建立企业银行,银行与社会大众之间建立电话银行、家庭银行、自助银行、网络银行,通过各类终端为客户提供各类周详、多样、自助的银行服务。

2. 我国银行电子化的产生与发展

我国银行电子化的发展,相对发达工业国家而言起步较晚,从 20 世纪 70 年代开始至今不过短短的三十年左右历程,但发展速度较快。目前一些大中型城市的银行电子化建设已接近发达国家的水平。我国银行电子化建设经历了三个重要的、具有历史意义的发展阶段。

(1) 第一阶段:起步阶段。20 世纪 70 年代中后期到 80 年代初,以中国银行引进第一套 RICOH-8 型主机系统为标志,我国银行电子化建设进入试点。这一阶段的主要特征是以计算机替代手工操作,采用脱机批处理方式进行大量繁琐的账务处理工作,旨在提高银行业务的工作效率和准确性,实现了对公业务、储蓄业务、联行对账业务、编制会计报表等日常业务活动的自动化。虽然这仅仅是限于某些地区的某几个分行的试点,但它为计算机应用的全面推广、快速发展积累了经验,奠定了基础。不过这一阶段的计算机处理能力和应用系统开发都十分有限。

(2) 第二阶段:推广应用阶段。从 20 世纪 80 年代后期到 90 年代初,商业银行以全面实现柜台业务处理计算机自动化为目标,开发了许多业务应用系统,这一阶段主要还是以计算机替代手工操作为主,进一步在大中城市推广应用各类柜台业务处理系统。各行纷纷引进一大批更高性能的计算机主机,用以扩大业务处理范围,增强业务处理能力,并在此基础上分别建立自己的联网系统,实现了本行系统内活期储蓄的通存通兑。计算机广泛应用于门市业务、资金清算、银行计划统计、信贷管理等各项业务,基本实现了各行、各营业网点之间的业务联网处理,摆脱了手工处理的落后状况。中国银行于1985年率先加入了SWIFT,使国际间的清算在我国的银行信息系统中也得到了实现,银行电子化初具雏形。

(3) 第三阶段:发展创新阶段。20世纪90年代中期至今,是我国银行电子化建设发展的高潮,不仅体现在计算机数量规模的扩大上,而且还体现在网络框架建设的统一性和标准性上,更主要是体现在应用的深度和广度上都有极大的拓展。这一阶段我国初步搭起了中国银行电子化、信息化的基础框架,逐步形成了安全、高效、规范的银行电子化服务体系,基本实现了业务操作计算机化、支付结算电子化、信息处理网络化和管理及办公自动化,同时还通过不断完善业务的集中处理,利用互联网技术与环境,加快金融创新,逐步开拓了网上金融服务,包括网上银行、网上支付等。

1991年4月1日中国人民银行卫星通信电子联行系统的正式运行,它标志着我国银行电子化运行进入了网络化时代。一些大中城市还建立了各种形式的自动化同城票据交换系统,有以大中型机为处理中心的集中式网络,也有以小型机为中心,将各独立营业网络互联而成的分布式网络。继中国银行之后,各大商业银行也纷纷加入SWIFT,大大提高了资金清算和国际结算的质量、速度和水平。此外,随着应用水平的不断提高,各级网络系统愈加成熟完善,各行纷纷推出了20世纪90年代国际流行的自助银行、电话银行及网络银行等新型银行服务形式。商业银行电子化运营的网络化、从注重替代手工转向注重增强服务和产品创新是这一阶段的基本特征,也是现阶段和今后发展的主流趋势。

从我国电子银行发展历史可以看出,尽管我国电子银行建设起步与发达国家相比晚了近二十年,但其发展迅猛,因此,尽管我国在银行电子化建设的规模和应用深度上同发达国家之间还存在着一些差距,但就应用广度而言,则与发达国家基本相当。

3. 银行电子化的发展历程

银行的电子化进程应该说是从20世纪50年代中期应用计算机开始的。从20世纪60年代初开始,随着信息技术的飞速进步并且大规模进入民用行业,EFT系统就像雨后春笋般地建立起来,它们使老的银行业务以惊人的速度实现了电子化,几乎将一切手工业务操作变为电子操作,同时还不失时机地开发了许多新的自助银行服务。银行的电子化进程到现在为止已经经历了几十年,根据IT技术与银行业务处理方式的不同特点,大约经历了将手工操作转为计算机处理、提供自助银行服务、提供金融信息服务和提供网络银行服务四个发展阶段。随着网络经济时代电子商务的发展需求,第四个阶段即网络银行将成为传统银行发展的必然选择。

(1) 传统业务处理实现电子化阶段

银行的传统业务一般是处理存款与取款、发放贷款、办理汇款、处理支付结算、资金信息查询等,这些交易处理是最平常、量最大、面最广的银行传统业务操作,是主要的票据源、费用源和可能的错误源。这些日常银行业务主要是在银行的分理处和储蓄所里进行的。在银行电子化过程中,这些交易领域最早采用信息技术实现数据通信与辅助处理,从而建立柜员联机电子系统。其建设目标,是尽量减少手工操作,既要提高劳动生产率,又要减少人为错误并且改善对客户的服务水平，还要降低银行的运行成本。具体来说，柜员联机系统应能实现下述三个主要目标。即：①提高银行业务的操作效率；②增加银行金融业务的市场占有率；③有效地降低银行运行成本。

(2) 自助银行服务阶段

银行柜员机系统的建立，为银行开发一系列新型的自助银行服务打下良好的物质与技术基础。自助银行服务项目，一般以银行卡为介质，提供 ATM 服务、POS 服务和 HB (Home Banking，家庭银行)服务。这些自助银行服务项目由客户在需要时随时随地启动交易，然后使数据流通过电子传输和计算机处理，产生适当的借、贷和控制信息，银行后台业务系统自动完成对客户的服务。自助银行交易，一般无需银行柜员进行人工干预。因此，自助银行服务是完全依赖于信息技术等现代科技发展起来的全新服务项目，是传统银行没有的服务项目，其运营成本更低。我国各大城市的银行都已提供自助银行服务，常见于繁华街头与大学校园里。自助银行能处理大量的日常金融交易，它相当于一个小小的无人值守的银行办事处。客户可用这些终端机，查询账户余额，进行存取款、付账和转账交易，持卡消费和进行股票交易等。在西方发达国家更高层次的自助银行系统中，还含有信息技术和专家系统等其他资源支持，这时的自助银行就相当于一个较大的银行分行，能为客户提供全天候服务，是不知“疲倦”的银行。

(3) 提供信息增值服务阶段

银行除向客户提供传统的金融交易服务，如存款、贷款、支付结算等及前述的自助银行服务外，现代电子银行还能借助 IT 技术，如数据库、数据仓库与专家系统等，从各种金融交易数据中提取、挖掘有用的信息，将信息转化成知识，再将知识应用到业务实践活动中而转化为竞争优势。这表现为对各类客户提供具有高附加值的金融信息增值服务，如个性化的投资咨询、代客理财、用于各种辅助决策支持的信息咨询等。

银行的金融信息增值服务，是在银行提供电子支付服务的基础上实现的，利用了包括数据仓库在内的高端信息技术。因此，银行电子化建设的第三阶段是进行银行的信息化建设，而提供信息增值服务正体现了银行从基于传统业务的电子化建设向银行信息化建设的转变。银行电子化和信息化的实现，使银行从提供单一的支付结算等传统服务，发展到既提供支付结算服务又提供金融信息增值服务，增加了银行的收益，也满足了客户的多方不同需求。银行进入提供信息增值服务阶段，不仅使银行业务处理实现了电子化，还使银行的经营管理实现了电子化和信息化，提高了银行经营管理的决策水平和科学性，从而使银行从传统银行时代进入真正的电子银行时代。

(4) 提供网络银行服务阶段

从 20 世纪 90 年代中期开始，随着 Internet 和其他数据网络的爆炸性增长，正在引发全球性的商务革命和经营革命。电子商务涵盖企业、商户、金融和政府有关部门和网络服务商，涉及面非常广。每项网上电子交易都要经过资金的支付与结算才能完成，因此，作为资金流的负载者，银行的参与是至关重要的。另外，在电子商务快速发展的新形势下，银行为了开发新的市场，争取新的客户，获得新的收入源，能对市场作出更迅速的反应，降低成本，也需要借助廉价的、跨区域的、互动的 Internet 力量，使之与银行采用的现有计算机与通信技术、信息技术结合起来。这种技术集成模式与金融核心业务相结合的基础结构，使银行能将网络、信息技术包括支付服务和信息服务的核心业务和客户信息数据库连接在一起，形成一种崭新的业务模式和管理模式，这就是最新的网络银行服务模式。

近年来，包括我国各大商业银行在内的世界各大商业银行纷纷推出网络银行服务，已经成为商业银行竞争手段的新热点。可以说，网络银行服务无疑是21世纪银行电子化和信息化建设的主要发展方向，是电子银行的高级发展阶段。

简而言之，上述四个阶段的银行电子化与信息化反映了电子银行的发展过程，即先从柜员级开始，再到分行办事处，最终联机到商业、企事业单位办公室和家庭；银行的电子服务既能提供支付结算等传统服务，又能提供金融信息增值服务；银行正从纯物理的实体银行向电子化的实体银行，再向网络的虚拟银行发展。

当然，银行的电子化和信息化建设需要大量的资金，不仅需要大量资金投资于计算机和通信系统建设，购买各种先进的设备和系统软件，开发各种支付结算、资金转账等应用软件，还要大量资金投资于信息增值服务系统的建设，如系统的运行、维护、新产品开发和系统更新等，这并不是所有银行都能负担得起的。因此，对我国来讲，中国人民银行应当尽可能发挥中央银行在银行电子化和信息化建设中的协调、指导作用，统筹规划，减少不必要的重复开发建设。

2.1.2 银行电子化系统的分类

银行电子化系统是国民经济信息系统的重要组成部分。银行业务涉及的范围广、人员多、信息量大，各业务之间联系密切，关系错综复杂，具有开放性、多重性和服务性的特点，这些都决定了银行电子化系统是一个综合性、复杂性、多功能的庞大系统。但银行电子化系统又不是一个全面集成的包罗所有业务的系统，而是根据不同的业务要求、不同的业务性质构架不同的系统功能，因此通常由多个不同侧重点的子系统构成。

在国外，传统的商业银行电子化系统主要分为零售银行业务系统、批发银行业务系统和信用卡业务系统。零售银行业务系统面向个人和规模较小的商业客户，主要处理临柜、ATM、电话银行以及小额支付等，该系统客户量大、账户数多、交易金额小、实时性要求高，因此，建立的系统必须达到高效率、高存储容量和完备的渠道结合等要求。批发银行业务系统面向中大型商业客户，主要处理这些客户的存款、贷款、贸易、融资、外汇、资金市场等业务，该系统客户量相对较小、账户数相对较少、交易金额比较大、安全性要求高，因此，建立的系统必须达到业务处理高效率、资金管理多元化以及严谨的风险防范措施。信用卡业务系统则通常是独立于核心业务系统的，一般分为发卡处理和业务处埋两类，这类系统客户量大、账户数多、实时性安全性银行电了化业务处理系统要求和异地处理的要求高，因此建立的系统必须达到授权的及时性、业务处理的方便性和安全性。

我国银行电子化系统一般分为三类：银行电子化管理系统、银行电子化业务处理系统和银行电子化自动处理系统。

银行电子化管理系统分为商业银行电子化管理系统和中央银行电子化管理系统。商业银行电子化管理系统主要包括：办公自动化管理系统、资产负债管理系统、信贷管理系统、财务管理系统和客户信息管理系统等；中央银行电子化管理系统一般包括金融数据管理系统、金融信息采集传输系统、资金监测系统、货币发行系统、外汇管理系统、黄金管理系统和稽核系统等等。

银行电子化业务处理系统也分为商业银行电子化业务处理系统和中央银行电子化业务

处理系统。商业银行电子化业务处理系统包括对公、储蓄、计划管理、统计信息等各项综合业务的处理系统;中央银行电子化业务处理系统则包括同城、辖区、全国甚至跨国的支付清算系统。

银行电子化自动处理系统主要包括:ATM系统、POS系统、Call Center系统、自助银行系统和信用卡业务处理系统。

2.1.3 银行电子化系统的特点

一个完善的银行电子化系统通常具有及时有效、准确可靠、连续可扩、开放多功能、安全保密等特点。

1. 及时有效

资金融通时间的长短意味着资金成本的高低,在现代经济社会中,缩短资金在途时间和提高资金使用效益是充分发挥资金效益的有效手段,而现代计算机技术、通信技术和网络技术能够提供高精度、高速度、高容量的技术支撑,运用这些先进的技术建立起来的银行电子化系统能够为客户提供及时、准确的各项资金融通服务,不仅能实现本行内的资金及时融通,而且还能实现跨行甚至跨国界的及时有效的资金融通。

2. 准确可靠

银行电子化系统采用了先进的技术和手段,采用了自动化的处理方法,减少了人工干预,避免了由于各种人为因素造成的不安全的可能。高精度的运算工具避免了人工计算所造成的差错,自动化的通信线路能快捷、准确地确保信息顺利通畅地到达目的地,各种加密防伪技术也能避免各种干扰和破坏,使所有数据的采集、录入、加工、处理、存储、传输全过程准确可靠。

3. 连续可扩

银行电子化系统采用了先进的技术手段,使得其从手工系统转向自动化系统、低级的处理系统转向高级的处理系统都能保持业务的连续性。同时,随着新技术的运用,新的金融工具、新的金融产品也不断涌现,银行电子化系统先进的结构化、模块化的设计方法,使得功能上的拓展简便且易于实现。大容量、高速度、强功能的硬件的选择,则使得系统的处理能力有相当的冗余以满足日后系统扩展的需要。

4. 开放多功能

银行电子化系统与传统处理方式相比具有更丰富的功能,不仅能处理传统方式所能处理的一切业务,而且能为客户办理各种新颖的业务,如开办自助银行、实现证券的自动交易、实施资金的瞬时清算等;不仅能满足业务部门的要求,而且能够为管理部门提供各种有效的信息服务,并进一步为社会其他部门、政府部门等提供所需要的信息帮助。银行电子化系统具有广泛收集、处理、存储、传输大量数据信息的能力,具有开放性,能够为管理决策提供有效的可靠的数据。

5. 安全保密

银行电子化系统运用了最先进的安全保密技术,对客户信息、资金信息以及其他各类银行信息采取多种加密手段和授权措施,以确保这些信息的安全保密,维护银行业的信誉。

专题一： 招商银行一卡通的“穿州过省”计划

招商银行为了实现一卡通“穿州过省”，就需要实现储蓄柜面系统、ATM和POS机全国联网，需要建立全国的交易处理和数据管理中心。招行的自助服务系统完成了45%的个人业务和15%的对公业务，相当于增加几十个网点。自助系统包括电话银行、自助银行、移动银行、网上银行，以及相应的Call Center和业务处理中心。为了满足客户服务个性化的需求，招行为重要客户群定制了专门的服务，这需要建设客户关系统管理系统，整合现有后台业务系统。为了招行的竞争力提升到更高的层次，招行还着手建立数据仓库系统，对内提供量化的决策依据，对外开展客户关系管理。所有这些系统，包括储蓄、会计、信贷、国际业务、信用卡、POS、ATM、网上银行、CallCenter、OA、柜面、数据仓库等，都是由招行电脑部自己开发完成的。电脑部是一个120人的开发团体，全年就像一台巨大的机器一样，源源不断地生产出各种银行业务系统，为招行的持续创新铺平道路。

电脑部在招行的战略地位是相当高的，招行的多数办公和营业用房都是租用的，置下的第一个物业却是电脑部的大楼。电脑部在业务上也不只被动地接受业务部门的指示或请求，而是作为关键的一方参与业务的开发和设计。电脑部副总经理说过这样一句话，“当同业之间的竞争开始集中到客户个性化服务的水平和创新的能力时，不管是创新的引导者还是追随者，对新业务、新产品从设计、开发到市场实施的整体速度才是真正的竞争力。”招行就是各部门的联动来提高整体速度的。招行每一项新业务的产生过程一般都是三个部门的联动：业务部门——个人银行部——企业银行部紧贴市场，发现市场需要什么东西，或者其他银行已经有了什么东西，业务部门会向电脑部门提出需求，或者先沟通一下，电脑部判断技术是否可行，然后会计核算部门来判断可操作性。如果三个条件都成熟，一个新的业务就启动了。由于技术和市场业务部门的密切配合，所以当一个系统开发完成的时候，相应的操作规程也就出来了，马上就可以市场化。同时，招行在技术开发上坚持统一硬件、统一软件、统一开发、统一管理“四个统一”的原则，全行所有分支机构用的都是同一套系统，全部集中在总行开发，开发速度很快，开发完了投入运行的速度也很快，全行一下就能推广出去。

自主开发是招行在国内软件业不发达的情况下不得已的选择。招行电脑部的人说，他们想要的东西国内都买不到，即使有，别人也不卖。所以，招行才不惜代价对电脑部进行投入，从而积累了一支高水平的人才队伍。120人的开发队伍，在国内专业的软件公司中也不多见，加上各分行的维护人员一共200多人，就是这样一支队伍，为招行的业务运行和业务创新保驾护航，使招行电子化方面步步领先。招行电脑部的人从美国、欧洲考察回来，骄傲地发现，他们的电脑系统跟国外银行相比也不逊色。

2.2 银行电子化的主要意义

银行实施电子化的发展策略，使其逐渐从单一的完成支付结算等传统业务的信用中介部门，发展成为多功能、全方位、全天候的金融服务体系，有力地推动了电子商务的发展、世界经济的发展与社会的信息化进程。

2.2.1 促使商业银行的业务发展实现三次飞跃

第一次飞跃，是使银行从手工操作实现电子化，推出自助银行服务，从而大大提高了银行的生产效率，强化了银行的信用中介作用。20 世纪 90 年代后，包括我国在内的许多国家纷纷建立无人自助银行，这些面向大街的有显著银行标志的无人银行，设备较完善，例如有信息查询机、ATM 机、存折打印机、自动存款机、外币兑换机和其他各种专用自助终端机，可以办理存取款、付账、转账、外币兑换、信息查询等所有传统银行业务。无人银行的维护和监控也是全天候的，提供每周 7×24 小时全天候服务。

第二次飞跃，是使传统银行发展成电子银行。银行实现电子化后，在金融综合业务服务基础上，将银行的电子化与近 20 年来飞速发展的 IT 技术结合，有力地推动银行的信息化建设，建立金融信息增值服务体系，开始为客户提供金融信息增值服务。在国际上一些大银行中，该体系内包含的信息服务系统主要有客户信息与服务系统、信贷经营管理系统、客户（特别是企业客户）理财的智能系统、金融企业内部管理信息系统、智能化的银行决策支持系统、金融监控与预警系统等。

第三次飞跃，是使实体银行向虚拟的网络银行发展。20 世纪 90 年代以后，Internet、电子商务和网络银行服务的发展，使电子银行向更高层次的虚拟银行发展，从而使银行电子化建设又一次进入全新的发展时期。虚拟的网络银行，无需设立分支机构，就可以将自己的银行业务服务推向全国以至全球，且以最大化满足客户需求的个性化产品和信息增值服务为特色。

银行电子化建设所带来的这三次飞跃，使银行的产品结构、业务流程、管理模式、运行方式、组织结构和收入结构等，都发生了根本性的变化。所有这些变化，对银行的性质、业务、职能、组织机构和管理体制等，产生了一系列深远的影响。

2.2.2 增强中央银行的宏观调控作用

中央银行作为一个国家金融运转形式的监控者和金融政策的制定者，它对这个国家甚至世界的经济发展具有重大影响。中央银行只有通过电子银行系统，才能实时掌握整个社会纷繁变化的资金运用状况和经济运行状况，并据此采取有效的宏观调控措施。中央银行还可通过与各商业银行之间的电子支付与结算活动，及时有效地控制信贷规模，监督商业银行的金融活动，办理政府财政业务，控制国家货币的发行和资金的储备，以加强中央银行的宏观调控作用，稳定货币，促进国民经济的持续、稳定、协调发展。如果中央银行不能及时、准确地掌握和处理全国的经济金融信息，就不能保证中央银行货币政策的科学性、正确可靠性和及时有效性，也难以实施有效的金融监管和高效的支付清算功能。因此，实现银行电子化是包括我国在内的各国金融界推进金融体制改革、发展金融业的战略任务。

中国人民银行作为我国的中央银行，肩负着制定和执行货币政策、保持货币稳定、对金融机构实行严格的监管、保证金融体系的安全运行、提供支付与清算服务等职能。借助银行体系的电子化和信息化进程，中央银行能更准确、更快、更方便地获取各种反映经济运营形式的金融信息，经过分析并且作出及时反应，从而强化了中央银行的金融监管能力，并能及时防范金融危机和金融风险的发生。特别是在可预期的未来，一旦人民币可以自由兑换，我国的金融业将直接面临国际金融市场的冲击，中央银行的金融监管作用就愈加重要，因此，一个完善的电子化银行体系就成为发展目标。目前我国银行业的各种 EFT 系统的推广和应用已显示了良好的效果，它促进了银行业务和整个国民经济的快速发展。但是，如果我国银行业只热衷于发展 EFT 系统，不迅速使电子化与 IT 技术结合，不相应发展金融信息增值服务系统和没有建立有效的金融监控体系，那么，各种银行网络和 Internet 的发展应用就很可能给银行业和整个国民经济带来新的巨大风险,甚至造成巨大的损失。

2.2.3 促进信息化建设和国民经济的发展

世界经济的发展,特别是未来10年我国的国民经济持续高速发展与电子商务的发展机遇,都迫切需要用IT技术改造传统产业,要求加快国民经济信息化进程,使国民经济实现跨越式的发展。这一点,以我国为例,国家决策层已经有所认识与行动,“以信息化带动工业化”已经成为我国的根本的发展战略。其中,建设一个遍布全国的现代化电子支付结算系统,是国民经济大动脉中的关键环节之一。因为只有银行实现电子化,才能为整个社会的商品生产、流通和消费过程提供高效的支付手段,推进商业和服务业的现代化,减少社会的现金和纸质票据的流通量,加速企业的资金周转速度和资金利用率,从而有效地推进国民经济的信息化水平,实现社会的合理资源配置和宏观经济调控,促进国民经济高效、安全、健康地发展。因此,银行的信息化,是国民经济信息化的基础和先决条件。西方发达国家在这方面的经验值得我们借鉴。

此外,银行电子化也会给国民经济带来许多负面影响和新的风险。一个重要的电子银行系统一旦崩溃,可能使整个国家甚至全球的支付结算体系陷于瘫痪。因此,一个国家甚至全世界均应注重金融监控系统的开发应用,特别是在如今Internet高速发展的社会里,一旦出现较大的国内或国际金融投机活动时,我们可以通过有效监管,快速反应,尽可能避免引发严重的金融危机及由此带来的严重经济危机。1997年,因国际金融投机活动而导致的亚洲金融危机的发生与由此带来的惨痛教训,说明了进行包括银行在内的金融电子化与信息化体系建设和有效应用金融监控系统的重要性。

专题二:　　亚洲金融危机

1997年6月,一场金融危机在亚洲爆发,这场危机的发展过程十分复杂。到1998年年底,大体上可以分为三个阶段:1997年6月至12月;1998年1月至1998年7月;1998年7月到年底。

第一阶段:1997年7月2日,泰国宣布放弃固定汇率制,实行浮动汇率制,引发了一场遍及东南亚的金融风暴。当天,泰铢兑换美元的汇率下降了17%,外汇及其他金融市场一片混乱。在泰铢波动的影响下,菲律宾比索、印度尼西亚盾、马来西亚林吉特相继成为国际炒家的攻击对象。8月,马来西亚放弃保卫林吉特的努力。一向坚挺的新加坡元也受到冲击。印尼虽是受“传染”最晚的国家,但受到的冲击最为严重。10月下旬,国际炒家移师国际金融中心香港,矛头直指香港联系汇率制。中国台湾当局突然弃守新台币汇率,一天贬值3.46%,加大了对港币和香港股市的压力。10月23日,香港恒生指数大跌1 211.47点;28日,下跌1 621.80点,跌破9 000点大关。面对国际金融炒家的猛烈进攻,香港特区政府重申不会改变现行汇率制度,恒生指数上扬,再上万点大关。接着,11月中旬,东亚的韩国也爆发金融风暴,17日,韩元对美元的汇率跌至创纪录的1 008∶1。21日,韩国政府不得不向国际货币基金组织求援,暂时控制了危机。但到了12月13日,韩元对美元的汇率又降至1 737.60∶1。韩元危机也冲击了在韩国有大量投资的日本金融业。1997年下半年日本的一系列银行和证券公司相继破产。于是,东南亚金融风暴演变为亚洲金融危机。

第二阶段:1998年初,印尼金融风暴再起,面对有史以来最严重的经济衰退,国际货币基金组织为印尼开出的药方未能取得预期效果。2月11日,印尼政府宣布将实行印尼盾与美元保持固定汇率的联系汇率制,以稳定印尼盾。此举遭到国际货币基金组织及美国、西欧的一致反对。国际货币基金组织扬言将撤回对印尼的援助。印尼陷入政治经济大危机。2月16日,印尼盾同美元比价跌破10 000∶1。受其影响,东南亚汇市再起波澜,新元、马币、泰铢、菲律宾比索等纷纷下跌。直到4月8日印尼同国际货币基金组织就一份新的经济改革方案达成协议,东南亚汇市才暂告平静。1997年爆发的东南亚金融危机使得与之关系密切的日本经济陷入困境。日元汇率从1997年6月底的115日元兑1美元跌至1998年4月初的133日元兑1美元;5、6月间,日元汇率一路下跌,一度接近150日元兑1美元的关口。随着日元的大幅贬值,国际金融形势更加不明朗,亚洲金融危机继续深化。

第三阶段:1998年8月初,乘美国股市动荡、日元汇率持续下跌之际,国际炒家对香港发动新一轮进攻。恒生指数一直跌至6 600多点。香港特区政府予以回击,金融管理局动用外汇基金进入股市和期货市场,吸纳国际炒家抛售的港币,将汇市稳定在7.75港元兑换1美元的水平上。经过近一个月的苦斗,使国际炒家损失惨重,无法再次实现把香港作为"超级提款机"的企图。国际炒家在香港失利的同时,在俄罗斯更遭惨败。俄罗斯中央银行8月17日宣布年内将卢布兑换美元汇率的浮动幅度扩大到6.0~9.5∶1,并推迟偿还外债及暂停国债券交易。9月2日,卢布贬值70%。这都使俄罗斯股市、汇市急剧下跌,引发金融危机乃至经济、政治危机。俄罗斯政策的突变,使得在俄罗斯股市投下巨额资金的国际炒家大伤元气,并带动了美欧国家股市的汇市的全面剧烈波动。如果说在此之前亚洲金融危机还是区域性的,那么,俄罗斯金融危机的爆发,则说明亚洲金融危机已经超出了区域性范围,具有了全球性的意义。到1998年底,俄罗斯经济仍没有摆脱困境。1999年,金融危机结束。

2.3 银行电子化现状与发展趋势

从20世纪下半叶起,以计算机和通信技术为核心的现代化信息技术在金融业的广泛应用,极大地提高了银行业的经营和服务能力,在推动现代经济发展的同时也改变了人们的传统经济生活和社会生活方式。银行电子化已经成为当今全球计算机技术、信息技术、网络技术应用最广泛、最深入的行业之一,给经济的快速发展、金融业务的不断创新、金融服务领域的日益扩大提供了有力的保证。

2.3.1 国外银行电子化的现状(美国)

银行电子化始于20世纪50年代中期的美国,发展到现在为止,在技术上经历了单机独立作业阶段(50年代至60年代中期)、联机综合处理阶段(60年代中期到70年代初)、综合银行网络阶段(70年代初期到80年代)和社会化银行网络阶段(始于80年代后期)四个发展阶段。对银行业务的影响也从只是用于内部业务处理发展到以远程服务设施为代表的对外服务方式,同时还出现了新的支付工具如电子货币。目前,在发达国家已经建立了以电子银行为中心的全社会计算机网络,社会经济的各部门、单位和居民个人都可以通过计算机网络及其终端设备完成各种金融业务。其中,尤以美国的银行电子化发展最为迅速。

美国著名的MIS专家K. G. Laudon指出:"在美国,70年代是IT技术支持业务,80年代是IT技术运作业务,而到了90年代则是IT技术再造业务。"这种说法,基本上概括了美国银行电子化发展的渐进演进顺序以及不同年代的发展特点。

近年来，银行电子化对美国金融业的发展起到了无可替代的作用。花旗银行的ATM已能处理150多种交易，从现金存取到共同基金投资，甚至进行股票交易，使客户加深了对银行的依赖程度。同时，以电子化为特征的新兴业务，如ATM、POS、CDM、网上银行、移动银行、全天候自助银行、CALL CENTER、数据仓库技术等层出不穷。

互联网的出现可谓是20世纪人类最具震撼力的事件之一，它标志着人类信息的到来，由此形成了银行业全新的经营模式——网上银行。1995年10月，美国在因特网上成立了全球首家银行——美国安全第一网络银行(www.sfnb.com)。它的入行开户费仅为100美元，每月收4.5美元的核算费，不收取银行业务月服务费，200次免费核算(超出后再实收费)，免一张低息信用卡的手续费，每月免费处理20张电子支付票据表等，只要你使用的计算机有Windows应用程序在Web(网络应用程序)里都可上网入行交易，该行在美国和世界各地有上百万的用户，业务处理能力相当于小型银行水平。目前，几乎所有的国内外金融企业都在考察因特网所能提供的金融业务机会。在美国，已在因特网上建立网址的银行有150多家，且在未来4至6年内将以年均90%的速度不断递增。其近期发展目标包括：建立客户综合服务网络；建立全球银行间的网络系统；创建银行内部通讯网络；实现数据集中处理、挖掘、采集等。

同时，金融工程日益为美国银行业重视，其承担的是向特定用户提供能满足其需要的服务方案。该方案包括尖端金融产品的设计、证券承销安排、资金的吸收与分流、产品开发与信息处理等。银行招聘一批精通投资银行和企业业务和金融、税务方面的专家，将各方面的知识与经验结合起来，通过客户综合服务网络，向客户提供能满足其要求的、独特的服务方案。这种方案是标准化的投资机会及储蓄、信托方式，配合客户独特需要而组合成的最低成本方案，即“固定客户制”。其实现的载体就是客户综合服务网络，通过该网络使银行可以最大限度地利用客户信息资源，发掘潜在客户，加深银行与客户的定向信息交流关系。

目前，美国银行业一方面已经取得了电子化时代银行产品的相对竞争优势，另一方面仍在加快对信息技术的战略性投资，以增强其在国内乃至全球金融业中的核心竞争能力。

1. 银行电子化指导思想演变

美国商业银行电子化历程造就了许多新的思想和意识，并在此基础上形成了成熟的理论。其中美国麦肯锡公司(Mckinsey & Company)的M1-M2-M3理论，是美国银行电子化发展理论的核心。M构造理论是指银行信息技术管理的三个层次，该理论也就是银行信息技术成本的概念化。

2. 美国银行电子化现阶段特点

(1) 银行电子化使美国商业银行超常规地发展为多种产品的金融百货商店。

进入20世纪90年代，美国比较大的银行都意识到传统的、发展缓慢的存款贷款业务，也许并非银行以后所要从事的主要业务。目前在美国大中型商业银行中，最先进的银行可以提供许多种金融产品。一般银行也可提供许多种金融业务产品。银行将向金融百货商店发展的创意使美国商业银行信息技术的发展加快步伐，一方面在后台更新技术和通讯网络，另一方面新的支付产品也不断出现，如联名卡、家庭银行、PC银行和集中型的电话中心等层出不穷。银行电子化已使美国商业银行金融产品越来越丰富，而银行金融产品越来越取决于业务与信息技术的结合，这也使信息技术成为美国商业银行发展战略的主要内容。

(2) 银行信息技术已不仅是用来处理交易,而是表现为信息技术对传统银行的改造。

目前,随着"企业再造"的浪潮,用信息技术改造银行业务流程的工作已开始。据企业再造理论的开创者哈佛大学 Hamme 教授预测,美国企业年花费在企业再造上的成本将达到32亿美元,而其成功率只有1/3。惊人的失败率,主要是人与技术的因素尚未克服。而克服企业再造失败的一个关键因素就是提高员工素质。为此,目前美国各大银行都以各种方式提高职工素质,为美国商业银行的发展打下基础。

(3) 美国银行信息技术部门业务重点的转变。

美国商业银行信息技术已不像20世纪80年代那样由电脑部或信息技术部大包大揽,目前是综合管理咨询公司、外部集成服务厂商、通讯厂商、应用软件厂商同内部信息技术部门共同应用发展,其基本原因是由于信息技术发展变化太快,据美国权威咨询公司所做的调查表明,美国前100家银行年用于信息技术总投资是170亿美元,其中有30亿美元是投资新的技术领域。美国商业银行投资眼光已不仅是盯着行业内的信息技术,而是成立信息技术相关研究部门,在信息技术产业中寻找各种咨询研究成果和科技变化,因为这些变化有可能会隐含着商业银行信息技术新的游戏规则。

(4) 传统信息技术的应用导致投资结构较大的调整。

目前,美国商业银行多数应用在大型主机平台上,但系统体系结构投资趋势是减少在主机平台的投资,而增加 Client/Server 平台投资。据研究报告表明,1995年美国前100家商业银行在主机平台系统投资是7亿美元,增长率只有4%,而在 Client/Server 平台投资是2亿美元,增长率为30%,在微机平台投资是8 000万美元,增长率是16%。另外由于美国商业银行兼并加剧,加速了银行信息中心的合并,同时对基础设施的投资,特别是通讯网络和信息传输方式投资也有所增加。

3. 美国银行电子化的发展趋势

目前,信息技术在美国商业银行业务中的应用,已经从以往对业务处理的支持和模拟,转向广泛深入运用于投资理财咨询、金融业务咨询和管理决策支持等方面。在知识的背景下,美国银行电子化发展趋势主要表现为五个方面:客户化趋势;集成化趋势;业务外包趋势;流程再造趋势;金融衍生趋势。

上述五个特征表明,信息技术的广泛运用已使银行业同高科技、特别是信息技术之间产生了高度相关性。银行业的金融创新高度地依赖着高科技、特别是信息技术的支持。今后,商业银行金融电子化的水平决定着银行的金融综合科技实力,决定着银行的金融创新能力,更是衡量银行竞争能力的重要标志。

4. 美国金融电子化的经验和教训

产业发展经验:探究美国银行电子化蓬勃发展的原因,主要有两方面:一是信息技术的高速发展推动了美国银行金融创新,成为其金融电子化高速发展的内在动力;二是近年来,美国商业银行通过参与同业的合并与兼并,参与混业经营,以完成经营结构的重整,从而向大型化、综合化、科技化的超级银行发展的举措,为其金融电子化注入了新的动力。

产业发展教训:美国银行业的高科技运用为其带来了前所未有的发展和繁荣,推动了美国经济的发展,同时,也正是高科技在银行的广泛运用,也给美国银行业带来了负面效应就是金融风险。具体来说主要包括:高科技犯罪给银行业带来的风险;信用卡犯罪成为一种世界性的犯罪现象;电脑网络导致的高科技"污染";银行高科技本身缺陷导致的危险;银行高科技带来的法律及其他配套制度上的问题。

2.3.2 我国银行电子化的现状

经过三十多年的迅速发展，我国银行电子化建设已经取得了令人瞩目的成绩，从根本上改变了传统的银行业务处理模式。中国人民银行为货币政策与宏观调控服务的应用系统、办公自动化系统以及现代支付清算系统的建设取得突出进展。商业银行的综合业务处理、资金汇兑、银行卡等一系列应用系统也发挥着越来越重要的作用，自助银行、网络银行等新型金融服务项目不断涌现。这些建立银行业多功能、开放的、综合性的电子化体系已初步形成。

1. 柜面业务已实现电子化

我国银行系统的传统柜面业务已实现计算机处理，许多银行还利用各式各样的网络系统，实现全国范围或城市范围内的对公、储蓄业务的通存通兑，极大地方便了广大客户，提高了银行的经营效益。

2003年中国建设银行的柜面业务系统实现了集中账务、统一核算，该系统以客户为中心，实行本外币一体化综合柜员制，采用交易驱动的核算流程，建立了授权授信机制和安全控管体系，着重以管理为导向，系统、全面地为管理信息系统提供关于客户基本资料、账务信息以及交易信息等一切基础信息，为实现客户管理、风险管理、业绩评价、资产负债比例管理创造了良好的条件。

2. 网络基础设施建设取得重大进展

完善的银行电子化网络是现代银行提供优质、高效、便捷服务的基本保障，为此，在银行业电子化建设过程中，我国各大、中、小银行都不惜花费巨大的人力、财力建设各个层次上的计算机网络。

各类公共网的建立，如中国公用数字数据网(CHINADDN)、中国公用分组交换数据网(CHINAPAC)等为银行专业网的进一步建立和完善奠定了良好的基础。在金融骨干网方面，有中国国家金融网(China National Financial Network，CNFN)、中国人民银行卫星通信网、金卡工程网络和各大商业银行的专业网络。中国国家金融网是为全国金融业包括中国人民银行、商业银行和非银行金融机构提供各类通信服务的大规模的网络系统，它由国家级主干网(一级网)和区域级网(二级网)组成，分全国处理中心、城市处理中心和县级处理中心三个层次。中国人民银行卫星通信网是以卫星通信线路为网络传输介质，旨在运营全国电子联行业务、中国证券交易系统、中国人民银行管理信息系统等。金卡工程网络就是电子货币工程，是实现各类银行卡的异行、异地互联，为用户提供方便、快捷的银行和商业服务的网络，它包括信息交换中心、网络成员行和用户终端三个层次。近年来，各大商业银行都建立了完善的通信网络系统。

中国工商银行的一级网络采用网状拓扑结构，覆盖了工商银行设有分支机构的各省、自治区、直辖市，构成中国工商银行通信网络的主干网。各二级分行通过路由器接入主干网，形成了二级网络。网上传输的业务主要包括电子汇兑系统、牡丹卡授权系统及管理信息系统等。中国农业银行已建成总行到分行(包括直属分行)的一级通信网、省分行到地(市)行的二级通信网，在网上运行的业务包括全国人民币电子汇兑系统、外汇汇兑与清算系统、统计报表远程传输系统、信用卡授权系统和公文传输系统等。中国银行建成了从总行联至每个省、自治区、直辖市分行的一级数据专网和从省会城市联至地市分行的二级网，经济发达地区的三级网（从地市到县）也在加紧建设中。中国银行还通过环球银行间金融通信系统（SWIFT）标准接口，加入了SWIFT系统网络。通过该网络，实现了国际汇兑一日通，国内汇兑即时通。中国建设银行以邮电部门提供的X.25公用数据通信网为依托，建成了自己的虚拟专用网络。该网覆盖了总行、一级分行、二级分行和部分县区支行。

3. 我国现代化支付系统日趋完善

我国现代化支付系统（China National Advanced Payment System，CNAPS）是中国人民银行履行支付清算职能、改进金融服务的重要核心系统，该工程项目1996年11月28日正式启动，表明我国支付系统现代化建设进入了一个崭新的阶段。CNAPS项目的设计目标是：第一，建立起我国未来支付系统的技术基础设施，即连接支付应用系统处理中心和各家银行机构的全国通信网络和在网络节点上建成全国性和地区性处理中心，提供跨行的支付清算服务。第二，开发出功能齐全的支付应用处理系统，包括大额实时支付系统、小额批量电子支付系统、银行卡授信系统以及政府债券簿记系统，其中，大额资金转账系统是支付体系中的核心应用系统。运用这些系统支持公开市场操作、债券交易、同业拆借、外汇交易等金融市场资金的及时清算，满足社会各种支付清算活动的需要。第三，充分利用支付系统蕴藏的大量支付业务信息资源，为宏观调控提供信息和手段，防范支付风险，提高资金的流动性，确保支付的最终清算。2002年10月在北京和武汉两个城市开通运行大额实时支付系统，2003年4月已推广应用到上海、天津、重庆、广州、深圳等13个城市，2003年12月1日进一步推广到全国所有省会（首府）城市。2011年1月，我国第二代现代化支付系统中的网银互联应用系统在全国推广应用，而第二代支付系统的其他应用系统将于2012年10月8日上线运行。

4. 资金清算系统稳步发展

(1) 中国人民银行电子联行系统

中国人民银行全国电子联行系统已建有两个主站和646个地面卫星小站，系统运行稳定，业务快速增长，基本实现了电子联行业务到县。全国电子联行收发站已经达到1 924个，通汇机构达到两万多家，网络覆盖全国，大大加快了全国异地资金的处理能力。电子联行系统无锡灾难备份中心的建设工作已经取得了重要的进展，具备了电子联行灾难备份的条件，以进一步保障系统的安全稳定运行。

(2) 商业银行资金清算系统

中国工商银行资金汇划清算系统目前已在全行数千个营业网点开通使用。该系统采用"实存实兑、即时划拨、头寸控制、集中监督"模式，实现了资金汇划、行内资金清算、资金汇划结算、对账、资金调拨管理等各项功能的综合处理，能适应中国工商银行总行和各分行多种模式的功能需求。新系统开通后，工行办理异地结算业务的网点由过去的5 000家增至8 000多家，办理加急汇兑业务的城市由过去的几十个增至300多个。目前，每天处理异地汇划资金三十多万笔，金额高达300亿元。

中国农业银行一是将10个省会城市的电子汇兑中心合并，二是加强管理，按季度考核，确保系统运行稳定。

中国银行的电子联行系统由汇兑系统、销账子系统、查询查复子系统、汇差统计子系统、管理与考核子系统组成，形成发报行与收报行直接往来、总行统一集中销账的业务处理模式。

中国建设银行资金清算系统于1996年10月正式开通，实现了在全国各级县级支行及城市办事处以上的六千多个营业网点联网运行及全行结算资金联网汇划，实现资金24小时内到账，汇划、对账、清算三位一体“一日清”，每日完成交易2～3万笔，大大提高了资金使用效率。在此基础上，在全国283个城市和两万余个营业网点开通了个人电子汇款业务。1999年3月资金清算系统二期工程成功切换上线，优化了系统结构，增强了系统功能。该系统具有汇划、对账、清算、查询和监督五大功能，业务处理包括客户结算、银行内部资金汇拨等。

5. 信贷管理信息系统规范创新

1998年，中国人民银行启动“银行信贷登记咨询系统”工程，经过4年的开发与建设，于2002年10月开始在全国范围试运行。系统的总体设想是建立以城市为单位、连接商业银行、全国联网的银行信贷登记咨询系统，对企业单位的信贷情况进行监控。近期以提高金融系统的资产质量、防范信贷风险的整体能力为目标，远期逐步扩展系统功能，为金融管理和信贷政策决策服务。

该系统设计采用统一的平台和统一的标准，实现对数据的统一管理和数据共享，确保业务信息和信贷数据在传输、汇总、查询等方面的完整性和一致性，确保全面、准确地采集、整合所有借款人的基本情况和所有金融机构的信贷业务数据，完整地反映所有借款人的资信情况。2005年8月底完成与全国所有商业银行和部分有条件的农信社的联网运行。

2006年1月，个人信用信息基础数据库正式运行。截至2008年底，该数据库收录自然人数共计6亿多人，其中1亿多人有信贷记录。该数据库收录企业及其他组织共计1 000多万户，其中600多万户有信贷记录。该系统的建立对金融风险的防范发挥了重要作用。

与此同时，我国的各商业银行都已建立了自己的信贷管理信息系统。中国建设银行的贷款管理信息系统自1998年开通以来，已在全行的所有一级分行运行。该系统以客户为中心，收集了业务处理流程中的客户信息、项目信息、合同信息，记录了业务发展变化各阶段的数据，在降低信贷风险、提高信贷资产质量等方面起到了重要作用。2003年中国建设银行又推出了信贷风险评级预警系统，对风险进行前期的预警、分类、辨别、计量，达到了提高贷前分析效率、改善贷款决策质量、优化贷后管理技术的目的，实现了风险管理由事后分析向事前分析、由定性分析向定量分析、由局部分析向整体分析的根本性转变。中国工商银行的信息管理台账系统投入运行以来，已在全行系统建立起374个数据中心，全面实现了对全行系统信贷业务的实时监控和标准化管理，实现了信贷管理的程序化硬约束，有效控制了信贷风险，进一步提高了信贷管理水平，降低了信贷成本。

6. 办公自动化建设成效显著

为提高办公效率和管理水平，中国人民银行和各商业银行都在向办公自动化的方向发展。中国人民银行电视会议系统已经延伸到中国人民银行各分行、省会城市中心支行和三百多个地市中心支行，系统投入运行以来，中国人民银行已召开辖内各种会议、业务培训两百余次，参加人员10万多人次。中国人民银行电子公文系统也已开通到分行、营业管理部和省会（首府）城市中心支行，可以在总行和分行、营业管理部和省会（首府）城市中心支行之间以电子公文形式发送正式文件。中国人民银行总行办公自动化系统已经建成，可实现公文处理、档案管理、信息服务、个人事务处理、电子公告、会议管理等功能，在节约时间、提高效率等方面起到了积极作用。中国人民银行电子邮件系统也已经完成了从总行到分行、省会城市中心支行以及分行到辖区所有城市中心支行的建设。

为了提高办公效率，各大商业银行也都建立了基于电子邮件的办公自动化系统。如中国建设银行的信贷管理系统、人力资源管理系统、电子邮件系统和行长查询系统等，这些系统都大大提高了办公自动化水平，提高了办公效率，为全面实现无纸化办公打下了基础并积累了经验。又如“中国银行办公自动化系统”，它涵盖了日常办公过程的主要环节，由电子邮件、日程安排、待办事宜、会议管理、督办工作管理、简报汇总、考勤管理、签报、发文、档案、外来文管理、信函管理和信息共享园地等三十多个功能模块组成，实现了海外32家分支机构、国内四百多家分行与总行的即时联网办公，用户已达一万两千多人。

7. 银行卡业务加速发展

1979年，中国银行广东省分行首先与香港东亚银行签订协议，开始代理东美信用卡业务，信用卡从此进入中国。不久，上海、南京、北京等地的中国银行分行先后同香港东亚银行、汇丰银行、麦加利银行及美国运通公司等发卡机构签订了兑付信用卡协议书。自1985年3月中国银行珠海分行发行第一张银行信用卡“中银卡”以来，银行信用卡开始成为各商业银行竞争的新式武器。中国银行有“长城卡”，工商银行有“牡丹卡”，建设银行有“龙卡”，农业银行有“金穗卡”等。2002年银行卡贷记卡市场有了长足发展。中国工商银行成立牡丹卡中心，后推出了牡丹贷记卡。深圳发展银行推出“发展卡”。招商银行推出了一卡双币的招行贷记卡。中国建设银行也在上海推出了龙卡国际贷记卡。上海银行推出了一卡双币的贷记卡——申卡。

2002年3月，中国银联正式成立，标志着我国有了自己统一的银行卡组织，至2002年底，银行卡联网通用“314”目标全面实现，即300个城市银行卡联网通用，100个城市银行卡跨行通用，40个城市推行异地跨行的“银联”标识卡，银行卡受理环境得到了极大的改善。至2003年9月底，我国银行卡发卡机构已达到91家，全国银行卡发卡量达到6.13亿张，央行最新发布的《2011年支付体系运行总体情况》显示，截至2011年年末，全国累计发行银行卡29.49亿张，全国人均拥有银行卡2.2张、信用卡0.21张。北京、上海信用卡人均拥有量远远高于全国平均水平，分别达到了1.3张、1.05张。

8. 网络金融发展前景可观

随着Internet的迅猛发展以及网络用户的不断增加，网上服务的种类越来越多，特别是随着近年来电子商务的蓬勃发展，网上支付系统已成为社会发展的迫切需求，网上银行已经成为银行发展的另一必然的模式，网上证券和网上保险也日益成为人们所需要的金融服务方式。和传统银行服务相比，网上银行有着多方面的优势，表现为网上银行降低了银行的服务成本，提高了银行的服务效率，树立了银行的形象，拓宽了银行的服务范围。

为促进电子商务在我国的顺利发展，中国人民银行联合全国12家商业银行，共同集资建设了中国金融认证中心(CFCA)。现在，一期工程已完成，可基本满足电子商务现阶段的认证需要。2006年7月，CFCA数字证书发放突破100万张，而到2009年底，CFCA证书发放量突破800万张。

我国网络银行的发展始于1997年，招商银行率先推出网络银行，接着中国银行推出自己的电子钱包，随后，中国建设银行、交通银行、中国工商银行、中国农业银行等国内老字号银行也不断地完成各自的“E”化之路，一些中小商业银行，如中信实业银行、中国民生银行等也纷纷开通网上支付业务。目前我国网络银行业务主要包括:对公及个人账务查询、企业内部资金转账、银行转账、信用卡申请、代收费业务、网上购物支付及各种信息咨询业务等。有一些网络银行,如招商银行北京分行、深圳分行等正在或即将推出网上证券交易委托平台,以便其客户可以直接在其网站上从事股票买卖、查询和投资管理等。从总体上看,我国网络银行业务这几年已经有了较快的发展。

据了解,电子银行对传统业务的替代率目前业内并没有统一口径,有银行以网点替代率来计算,有银行以业务量计算。从 2011 年各上市银行已公布的年报所披露的数据看,其电子银行交易替代率已经普遍超过了 60%,而这一趋势今后还将延续。根据民生银行年报,去年该行实现电子银行交易额超过 11.87 万亿元,同比增幅为 45.22%;网上银行交易替代率超 80%,交易笔数相当于柜面的 4 倍,已经成为该行客户交易的主要渠道;类似的还有兴业银行。年报显示,当年该行电子银行交易替代率达 65.20%,同比提升 9.85 个百分点,电子银行交易笔数已接近公司所有营业网点交易笔数的 2 倍,而电子银行渠道交易额超过了 20 万亿元;其余如浦发银行、建行、兴业、农行的电子银行交易替代率分别为 78%、67.4%、65.20%和 62.6%。

网上证券交易在国外已经被证明是最具发展潜力的网络金融业务。我国的一些券商从 1997 年开始探索网上证券业务,推出了各自网上证券经纪系统。从 1997 年到现在,国内已有两百多家证券经营机构开展了网上委托业务。

2003 年 5 月,中国人保广州分公司与中国建设银行广东省分行携手合作推出网上保险业务,通过中国建设银行开立账户,申请网上保险业务,即时投保。安盛集团在上海设立的合资企业——金盛人寿保险有限公司也开设了自己的网站。而国内首家大型电子商务保险网站“网险”继与太平洋保险公司北京分公司合作推出网上投保的三十多个险种后,又与平安保险公司北京分公司和泰康人寿保险股份有限公司签约,共同推出网上投保业务,这样网险可投保险种已达一百余种。

2.3.3　我国银行电子化的发展趋势

人类跨入 21 世纪,进入知识经济、网络经济的新时代,商业银行必须进一步依托信息技术,建立集业务处理、客户服务、经营管理为一体的信息系统,并通过对信息系统的建设推动整个银行业务流程、经营管理模式和功能的再造,从而全面提高经营管理水平、业务运作效率和虚拟化程度,提高资产质量,降低运营成本,扩大服务能力。未来我国银行电子化的发展目标是朝着以品牌为主导、以全面服务为内涵、以互联网络为依托、以物理网络为基础的综合化、全球化、电子化、一体化的全能服务系统的方向发展,银行电子化必将在与电子商务的紧密契合中最终找到自己的位置。

1. 建立和完善客户管理信息系统

进一步利用新的技术,包括网络技术、数据仓库、数据挖掘等技术来提高银行业的服务水平和防范风险的能力,并且提高银行的效率。运用自建、共建和外包等各种方式完善数据备份中心的建设。不仅要采集信息、集中管理信息,而且要充分利用信息,将信息应用到银行经营决策中,建立风险审批模型,实现目标销售、交叉销售、客户的流失、客户的贡献度、客户的忠诚度、客户的定位、产品的定价、收入的预估、损失的预估等的分析,真正达到客户管理的最高境界,为科学决策提供及时、准确的信息,提供有效的分析方法和手段。

2. 实施量化管理，实现科学决策

从原有的定性分析方法向定量分析方法转化，运用金融工程的方法对银行业务的不确定性、高风险性等问题进行量化研究，对成本核算、绩效考核指标设定、市场机会分析、投入产出效益、风险等进行精确的分析。以现代化的高科技手段促进银行服务质量的提高，并进一步提升银行整体的效益和抗风险的能力，实现科学决策。

3. 实现全国联网跨行交易，加快资金周转效率

由于历史和竞争的原因，我国各商业银行在各自联网时自成体系，各自为政，各行之间的网络不能互联互通，各行之间的业务也不能互相代理，因此造成了资源的浪费和管理成本的提高。同时，从服务角度来说，重复的网络和网点建设并没有给客户带来方便的服务，相反会带来许多麻烦。因此，有必要实施各行之间网络的互联和业务的相互代理，并实现由区域联网到全国联网，甚至跨国联网，这不仅将极大地方便各商业银行的客户，同时亦有利于银行的发展，为各商业银行提高竞争力，为我国加入世界贸易组织（WTO）后和国外银行竞争提供有力保证。

4. 提供全方位服务功能，提升银行服务水平

随着我国证券业的发展以及投资方式的增多，证券投资已成为人们投资的一个重要领域，因此银行与证券商联网进行资金结算甚至进行证券买卖已成为银行电子化的又一发展趋势。银证联网既可以加快客户资金周转的速度，同时又可以为银行带来一定的收益，也是商业银行增加服务品种的又一手段。因此，要不断通过技术协作和行业渗透，实现银证、银保等多元化发展战略，不断创新和衍生金融产品。随着企业管理信息化的发展，具有现代化管理水平、营业范围广泛的国有大中型企业和股份公司，越来越迫切地需要进行内部管理的升级和换代，财务管理就是其中的一部分。企业需要了解各分支机构的财务状况，特别是资金状况，同时进行内部调拨和监督，进行封闭管理，这种管理模式只有通过银行才能更加快捷、有效和安全。因为银行管理着企业的资金结算，同时还拥有技术先进的区域性或全国性的网络系统，因此，银行可以利用自身的优势与企业联网，为企业的资金流动和现金管理提供有效的服务手段，最大限度地提高资金的利用效率并提高监控能力。

5. 拓展银行服务渠道，提高银行整体效能

发展新的电话银行服务方式——呼叫中心，不仅为个人同时也为企业提供一系列诸如查询余额、查询明细账、传真明细、查询公共信息、修改密码、口头挂失、证券转账等服务，使客户无论何时何地只要一个电话就能够了解自己银行账户的信息，使银行也能在智能化的后台支持系统下为不同的客户提供度身定做的服务。同时拓展银行服务的网络渠道，提供电子支付和网上银行服务，主要包括信用卡、电子现金、电子钱包和电子支票等的电子支付，以及全方位的网上银行服务，提高银行的整体效能。

2.3.4 推进银行电子化的主要困难

在实现银行电子化的过程中会遇到许多困难，要加快银行电子化建设，必须采取有效的措施，逐个解决这些困难。而在遇到的许多困难中，则以法律法规、资金、人才和金融习惯等方面最为突出。

1. 法律法规

以前传统的有关银行的法律和法规，基本上是基于手工对有价证券的操作这种环境制

定的。实现电子转账后，有价证券和相关的各种凭证已不复存在，网络中的数据传输直接反映着资金的转移。银行电子化后，银行的职能大大扩大了，电子银行系统中的数据库，存放着所有客户的敏感经济信息和商业秘密；此外，银行系统的数据存取伴随着资金的转移，这就使电子银行系统成为犯罪分子重要的攻击目标。而所有的电子银行系统又都是十分庞大复杂的开放性系统，存在着各种安全脆弱点。所有这些出现的新情况，都迫切需要制定有关电子资金转账的法律和法规，例如要从法律上确认电子签名的合法性和客户电子资料的隐私性，以保护电子银行系统本身，保护银行及系统中所有客户的合法权益。

除了系统安全问题外，实现银行电子化，特别是开展电子商务和网上银行服务后，还会面临一系列其他问题，如全球化问题、合同与金融问题、知识产权问题、个人隐私问题等。上述各种问题都必须有相应的法律作保障，才能建立电子银行的良好运营和管理环境。

发达国家在实现银行电子化的过程中，及时制定了有关电子资金转账系统的法律和法规，以法律形式确保了电子银行的健康发展。

2. 资金

由于每一个电子银行系统都是一个庞大的社会系统，它的覆盖面要大，网点要多，因此需要非常大的投资。购买硬件需要大量投资，研制开发应用软件系统需要更多的投资。系统建成后，还要大量投资于系统的维护和运行管理上。电子银行系统都是采用高科技技术的，是基于计算机技术、通信技术和信息技术基础上的，而计算机技术、通信技术和信息技术都在日新月异地发展着。银行要在激烈的竞争中取得主动，就必须不断以最新的技术武装自己，这些都需要有能力继续在高科技上进行大量的投资。

如此巨大的资金投入，全靠国家或一个单位是不行的。资金的筹措办法应该是谁得益谁出资，得益大的出资应该相应多一些。电子银行系统可通过将固定成本转化为相关的电子交易成本的办法来筹措资金，应该想尽一切办法降低电子交易成本，使从手工交易转变为电子交易后的收费标准，不高于传统的手工操作的收费标准。在资金有限的情况下，资金应该集中使用，应重点投放在见效快、收益高的地区和应用项目上。只有达到一定的规模经济，才能有经济效益，银行电子化才能获得持续的发展。

3. 人才

国外早期建立的EFT/POS系统和家庭银行系统之所以都失败了，除了历史因素外，另一个重要原因就是负责开发这种EFT/POS系统的计算机和通信专家不懂银行业务，他们只把银行电子化作为技术问题来处理，不了解实现电子化后的社会意义和社会影响，没有把计算机技术看成是一种手段，用以改善商品交易和提高对客户的服务质量，进而增加市场份额，更没有考虑如何用技术去寻找和开发各种新的机会。没有正确的指导思想，开发出的专有EFT/POS系统技术上虽然可行，但由于没有充分考虑到系统中各参与者的利益，因而得不到社会的承认和支持，所以就难免归于失败。这些历史教训应该铭记。

国外开发电子银行系统的成功经验也表明，只有通过既懂得IT技术又懂得银行业务的复合型人才，才能开发出一个好的电子银行应用系统。在银行电子化的初期，特别缺乏这种既懂计算机技术、通信技术和信息技术，又懂银行业务的高层次的复合型人才。因此，应该加速这种人才的培养。

随着银行电子化的发展，银行向客户提供金融信息增值服务的比重将逐步增加。要发展这种业务，就需要懂得信息技术的投资理财专家和了解投资理财业务的信息技术专家相结合才得以实现。对银行来说,金融信息增值服务是一种全新的业务,从事这种服务的上述两方面的专家只能从头开始培养,因此,在进行银行电子化建设的过程中,银行就应注重这方面的高层次人才的培育。国外的成功经验还表明,开发一个电子银行应用项目前,首先对相关的各种人员进行必要的培训也是至关重要的。

当今的银行业务与计算机、网络和信息技术的发展息息相关,这就要求银行必须以人为本。为适应银行电子化快速发展的需要,银行必须既高度重视高科技人才的培育,也高度重视在职职工的计算机与信息技术基础、现代化管理理论等方面的教育与培训,不断用现代科学技术和现代管理理论来武装自己的职工队伍,以提高银行在职职工的技术水平和管理水平。因此,发达国家的银行十分重视在职职工的业务培训。从 20 世纪 60 年代起,发达国家的各大银行都建立了自己的各种不同层次的高质量的教育培训中心,并每年以其总收入的 2%～3%用于职工的培训。仅美国银行家协会(ABA)主办的各类学院,每年就有 6 000 名银行高级管理人员接受培训,每年还有约 30 万银行人员接受不同层次的再教育,就是说,每年约有七分之一的在职职工接受各种不同层次的技术培训。

20 世纪 90 年代中期以来,同其他行业一样,银行界也发生了不少并购案。究其原因,除了欲扩充自己的产品线、扩大市场份额和用户群外,另一个重要原因是为了解决人才缺乏,特别是高科技人才缺乏问题。美国信息产业协会主席 Harris Miller 认为,银行中缺乏信息技术管理和开发人员的问题比其他问题都要严重得多,估计目前美国银行界至少缺少 346 万名信息技术方面的人才,若银行合并既可缓解人才问题,还可大大减少应用开发成本。

4. 传统的金融习惯和管理习惯

商品交易由用现金和支票支付转向电子转账,这必然要深刻地改变业内外人们的传统金融习惯和人工管理习惯。从实物货币发展到纸币,人们经历了相当长一段时间才适应这种变化。很显然,人们也必然要经过相当一段时间,才能适应从纸币到电子货币的这种改变。金融习惯和管理习惯的改变,需要改变人们的思想观念,这绝不是轻而易举的事。改变人们的金融习惯和管理习惯,需要靠科学与技术的进步,更需要做大量深入细致的银行产品的宣传和推销工作。对于像我们这样的经济不够发达、人们的文化水平还不是很高的发展中国家,要改变人们的各种传统习惯,特别是广大农民的传统金融习惯,是相当困难的。这也决定了电子银行服务项目的服务对象,首先应该是那些收入较丰厚、文化程度较高的那一部分消费者,特别是其中的年轻人。

思考题

1. 简述我国银行电子化的发展阶段。
2. 简述银行电子化系统的分类与特点。
3. 简述银行电子化的发展历程。
4. 银行电子化的主要意义是什么?
5. 试述国内外银行电子化的现状与发展趋势。
6. 推进银行电子化的主要困难是什么?

第3章　电子货币

【学习目标】

- 了解电子货币的产生和发展
- 掌握电子货币的概念、特点与功能
- 理解电子货币的属性及分类
- 掌握各类电子货币的概念及其处理流程
- 掌握银行卡的概念、种类及应用
- 掌握信用卡业务处理系统的内容
- 掌握借记卡的性质及其交易处理流程
- 掌握电子货币与传统货币有什么区别
- 了解电子货币对货币职能的影响
- 了解电子货币对中央银行的影响

【案例引入】　　**电子货币——中外银行卡的产生及作用**

信用卡作为电子货币的主要形式，20世纪初起源于美国。它最早是由商家发行的。商家们为了推销商品的需要，刺激购买，有选择地向一些讲信誉的客户发放一种信用筹码，客户可以凭借这种筹码，先赊购商品，然后再用现金或是银行存款转账等来支付款项。后来，这种筹码被演变成为了小小的塑料卡片，也就有了现代信用卡的雏形。由此看来，信用卡不过是一种赊购商品的许可证，最后完成交易，还是需要用支付现金或是银行存款转账等实质付款形式。

1950年，美国商人弗兰·麦克纳马拉与他的好友施奈德合作投资1万美元，在纽约创立了“大莱俱乐部”，这家俱乐部后来成为了著名的大莱信用卡公司。俱乐部向会员们发放了一种能够证明身份的特殊卡片，会员可以凭卡片记账，一定时期后再统一结账。这时的信用卡就已经有了清楚的现代形式了。由于信用卡使用方便，它一经创新出来，就广受社会关注。1952年，美国加州的富兰克林国民银行进入发行行列，率先发行了银行信用卡。随后，许多银行都跟之而来，信用卡迅速在美国乃至在世界流行开来。1985年，中国银行珠江分行发行了第一张“中行卡”，开创了中国信用卡发行的先河。

由于受我国商业信用发展的限制，同时受社会信用体系还不健全的影响，除了几家银行发行的国际卡之外，在国内使用的完全赊账性质的信用卡直到20世纪90年代末才开始发行，大量的信用卡是不具有“信用特色的”。我国最先发行的信用卡称为“借记卡”。它的特点是在银行发卡给你之前，你必须先存足一笔钱，记录在卡中，你消费支付时，不得超过这笔钱的数额。这种卡相当于“存款卡”或者是“储蓄卡”，目前，我国这种卡的数量还不少，有的就直接取名“储蓄卡”。随后发行的有“准贷记卡”。它的特点是，在银行发卡给你之前，你同样必须存一笔钱，但你在消费时，你可以有限制地透支一些额度。如果你存入3 000元，而你消费时，可以达到4 500元，这样你就可以有1 500元的透支。不过，你透支通常必须支付相当高的利息,许多持卡者在透支之后,一般是尽快到银行将透支的钱补上,免得负担太多。

现在我们有了真正能够赊账用的,而且是以人民币记账,在国内使用的信用卡,它被称为"贷记卡"。你不需要存入任何钱,银行凭据你的信誉而发给你卡。当然,你的卡是有级别的,在一定时间内,并不是你花多少钱,就可以透支多少钱,你有一个花钱的限制线。而且,在一定时期内,你花了钱是不用支付利息的,只有超过了期限之后,你才负担正常的利息。

商家实际上收到钱,并不是从信用卡里收到的,而是从银行收到的。这就告诉我们,你使用信用卡消费,在没有最后结算之前,你其实没有真正地花钱,但却真正地享受了商品。你完全可以享受而最后不付钱。那么,银行为什么会发卡给你呢?这就是你的信用了。信用卡的最根本之处,也就在这里。银行根据你的信用向你发卡,信用越好,你就能够得到级别越高的信用卡,如所谓的"金卡"等,你可以在没有付钱之前,消费到很大数额的钱。如果你有一次赖账不付,以后你就会有不良记录,就再也别想得到信用卡了。在现代经济社会中,银行尤其是大银行的信誉通常是很高的,它所发行的信用卡是商家们所放心来"刷"的,因为银行不会赖账。这样,你持有那种信誉很好的大银行发行的信用卡,就可以走遍天下。

货币,本质上是起一般等价物作用的特殊商品,同时体现一定的社会生产关系。货币的形态有实物货币、金属货币、纸币、存款货币、电子货币等。其中,电子货币是现代商品经济高度发达和银行转账与结算技术不断进步的产物,代表了现代信用货币形式的发展方向,体现了现代支付手段的不断进化。

3.1　概述

3.1.1　货币的产生和发展

货币的产生是生产力发展的必然结果。当生产力发展到一定阶段,人类有了剩余产品,就产生了产品交换。起初的产品交换是以物易物。这种方式有很多缺点,如产品价值不好衡量、交易双方很难就交易品达成一致等。人们需要一种可以交换任何商品的媒介物,于是货币就产生了。此后,随着人类社会经济和科学技术的发展,货币的表现形式经历了几次大的变革:

1. 商品货币

以普通商品的形式出现,如贝壳、兽皮、羊等都被当作货币使用过。但这种货币难保存、易损耗,不便于携带和流通。

2. 金属货币

随着交易范围的扩大,以商品货币的形式作为交易的媒介已不能满足需求,于是便逐渐出现了以金银等贵重金属作为货币流通,然而金银的数量毕竟有限,所以后来辅以铜、铁等比较廉价的金属共同在市面上流通。金属货币的价值比较稳定,而且经久耐用。但铸造工艺比较复杂,流通也不太方便,并且因成色不一易造成价值偏差。

3. 纸币

现在市面上流通的货币通常都是纸币。与前两种货币不同,纸币是一种货币符号,本身并没有价值,因此流通带有一种国家的强制性。它包括一般的流通纸币、期票、汇票、支票等。纸币的优点是使用、携带、流通比较方便,但是由于它没有价值,纸币的流通势必造成一些经济问题,如假币和通货膨胀等。

4. 电子货币

电子货币是计算机介入货币流通领域后产生的,是现代商品经济高度发展要求资金快速流通的产物。电子货币是利用银行的电子存款系统和各种电子清算系统记录和转移资金的,它使纸币和金属货币在整个货币供应量中所占的比例愈来愈小。电子货币的优点是明显的,它的使用和流通更方便,而且成本低廉,这些特点尤其是在大笔的资金流动时十分明显。目前,电子货币已和人们的生活密切相关,银行的存款、贷款、汇款等柜台服务大都借助于计算机系统实现,代发工资、代收费、储蓄通存通兑、银行卡、电子支票、电子现金等多种银行业务就是电子货币的各种表现形式。

电子货币的出现彻底改变了银行传统的手工记账、手工算账、邮寄凭证等操作方式。同时,电子货币的广泛使用也给普通消费者在购物、饮食、旅游和娱乐等方面的付款带来了更多便利。总之,电子货币是货币史上的一次重大变革。

专题一:

在各个时代,人们所认定的货币形式是不同的。原始社会的人把贝壳等实物作为货币,重商主义时代的人只认金银为货币,而21世纪的人在用电子货币。货币发展到今天,它已经是一个非常大的家族了;我们目前处在完全的纸币流通时代,并在向着电子货币时代进军。在现实经济生活中,商品交易或是消费所使用的货币中介,主要是国别纸币、银行支票和信用卡等。随着现代信用制度和电子技术的发展,货币形式的发展从有形到无形,逐步产生了电子货币。

3.1.2 电子货币的概念与属性

1. 电子货币的概念

电子货币作为当代最新的货币形式,从 20 世纪 70 年代以来,其应用越来越广泛,尤其是近几年来电子货币呈现多种发展形态,如数字现金、电子钱包等一系列的货币。虽然现在世界各国推行和研制的电子货币千差万别,但其基本形态是类似的,即电子货币的使用者以一定的现金或存款从发行者处兑换并获得相同金额的数据,并以可读写的电子信息方式存储起来,当使用者需要清偿债务时,可以通过某些电子化媒介或方法将该电子数据直接转移给支付对象。实质上,电子货币是利用银行的电子存款系统和各种电子清算系统进行金融资金转移的方式。

关于究竟何谓电子货币(Electronic Money,E-money),有多种不同的定义。

1998 年,巴赛尔银行监管委员会(BCBS)将电子货币界定为:在零售支付机制中,通过销售终端、各类电子设备,以及在公开网络(如 Internet)上执行支付的“储值”产品和预付支付机制。所谓“储值”产品,是指保存在物理介质(硬件或卡介质)中可用来支付的价值,这种物理介质可以是 Mondex 智能卡、多功能信用卡、“电子钱包”等,所储价值使用后,可以通过电子设备追加。而“预付支付机制”则是指存在于特定软件或网络中的一组可以传输并可用于支付的电子数据,通常被称为“数字现金”,也有人将其称为“代币”(token),由一组二进制数据(位流)和数字签名组成,可以直接在网络上使用。巴塞尔委员会的定义包含了电子货币中的在线交易和离线交易,是较为准确、完整的电子货币概念。

张卓其在其《电子银行》一书中提到:“电子货币是以计算机、通信以及金融和商业专用工具为基础,以各种银行卡为介质,进行电子资金转账的一种货币流通形式。”此定义实质上将电子货币界定为成熟的银行卡支付应用体系,而将新型的网络货币排除在外。

吕廷杰在《电子商务教程》中从货币的支付角度,将电子货币界定为利用银行的电子存款系统和各种电子清算系统进行金融资金的转移方式。

黄学敏在《电子商务》一书中将“电子支付”与网络电子货币等同起来,将其定义为“电子交易的当事人,包括消费者、厂商和金融机构,使用安全电子手段通过网络进行的货币支付或资金流转……”,并将其分为电子信用卡、电子支票和基于 Internet 的电子货币等三大类型。

从以上机构和专家学者的论述中可以看出,电子货币既包含传统在金融专用网上使用的基于卡介质的电子货币,也涉及在互联网上的各种支付方式。在本书中,我们将支持这种较为广泛的观点,即电子货币是指以电子化机具和各类交易卡为媒介,以计算机技术和通信技术为手段,以电子数据流形式存储在银行的计算机系统并通过计算机网络以信息传递形式实现流通和支付功能的货币。电子货币可广泛地应用于生产、交换、分配和消费领域;集储蓄、信贷和非现金结算等多种功能于一体;它具有比现金更简便、安全、快捷等优势,从而得到了广泛的应用。

2. 电子货币的属性

除了具有传统货币的一般属性外,电子货币还具有以下一些特有的属性:

(1) 纸币都是由中央银行或特定的金融机构垄断发行,中央银行承担其发行成本,享有其利润。而电子货币的发行机制有所不同,从目前的情况看,电子货币的发行既有中央银行,也有一般金融机构,甚至非金融机构,而且更多的是后者。

(2) 纸币是以中央银行和国家信誉为担保的法定货币,是标准的产品,由各货币当局设计、管理和更换,被强制接受和广泛使用。而电子货币大部分是不同的机构自行开发设计的带有个性特征的产品,其担保主要依赖于各个发行者自身的信誉和资产,风险并不一致。其使用范围也受到设备条件、相关协议等方面的限制。如果缺乏必要的物理设备,即使是中央银行代表国家发行的电子货币,也不可能强制人们接受。

(3) 传统货币在使用的时候既不是完全匿名的,也不可能做到完全非匿名,交易双方或多或少可以了解到对方的一些个人信息,如性别、相貌等。而电子货币要么是非匿名的(可以详细记录交易、甚至交易者的情况),要么是匿名的。

(4) 货币的使用具有严格的地域限制(除非不同地区的政府达成一致的意见,比如欧元区),而电子货币打破了地域的限制,只要商家愿意接受,消费者可以很容易地获得和使用多国货币。

(5) 传统的货币的防伪依赖于物理设置,而电子货币的防伪只能采取电子技术和通信技术上的加密法或认证系统来实现。

(6) 电子货币技术标准的制定、电子货币的推广应用,在大部分国家都具有半政府半民间的性质,一般是企业负责技术安全标准的制定,政府侧重于推广应用。

3.1.3 电子货币的种类

依据广义电子货币的含义，采用不同的标准，电子货币有多种划分方法。

1. 按被接受程度分类

它可分为"单一用途"电子货币和"多用途"电子货币。"单一用途"电子货币由特定发行者发行，只能用于购买特定的产品或服务，或被单一商家所接受，如各种电话卡、就餐卡等。"多用途"电子货币是根据发行者与商家签订协议范围的扩大，而被多家商户所接受，可购买多种产品或服务，并且可以储存、支取货币，如银行信用卡、借记卡等。

2. 按使用方式和条件不同分类

它可分为"认证"(Identified)或"匿名"(Anonymous)系统和"在线"(On-line)或"离线"(Off-line)系统，通过组合，可分成四类：在线认证系统、在线匿名系统、离线认证系统、离线匿名系统。

3. 按结算方式分类

它可分为支付方法电子化和支付手段电子化两种。前者指以电子化方法传递支付指令给结算服务提供者以完成结算，如ATM转账结算，或通过POS机的信用卡结算等；后者则是本身即具有价值的电子数据，如由荷兰的求索现金公司研制的"网络型电子货币"的代表E-cash，以及英国Mondex UK研制的Mondex等。

4. 按依托的计算机网络方式分类

从电子货币的发展历程来说，它经历了从专有金融网络向开放式互联网发展的过程。随着使用网络的扩展，其使用范围、条件以及结算方式都发生了变化，这种划分依据基本涵盖上述三种不同的划分方式。因此，本书将依据电子货币使用范围和成熟度的不同，即根据使用电子货币所依托的计算机网络是传统的封闭型还是基于互联网的开放型，可以将其分为以下两大类：

(1) 银行卡。它也称金融交易卡，是由商业银行或金融机构(在我国包含邮政金融机构)向社会发行的具有消费、转账结算、存取现金等全部或部分功能的信用支付工具，也是客户用以启动ATM和POS系统等电子银行系统进行交易的必备工具。其支付方式建立于封闭的金融专有计算机网络基础之上，是一种较为成熟的并被广泛接受的电子货币形式。

(2) 网络货币。它是电子货币发展的高级形式，目前已经基本成型的包括CyberCash、FirstVirtual、DigiCash、NetCash、Mondex等系统。除此之外，新的产品还在不断出现。在这种情况下，目前国际金融机构和各国货币当局尚无法在法律上对网络货币作出严格的界定。在这里，我们指以公用信息网为基础，以电子数据形式存储在计算机系统中，并通过开放的网络系统以电子信息传递形式实现流通和支付功能的货币。这种货币支付方式突破了原有的金融专有封闭型网络体系，建立在开放的互联网上，它是电子商务活动广泛发展的产物，但目前尚处于不是很成熟的应用阶段。

5. 按电子货币的流通形态分类

根据电子货币的流通形态可以分为"开环型"电子货币和"闭环型"电子货币。"开环型"电子货币是指货币的余额信息在个人或者企业之间可以不断地流通下去，信息的流通路径没有限定的终点，不构成固定的流通闭合回路，流通形态类似于现金纸币，可以无数次换手，在支付结算时不需要银行等发行者中介介入。"闭环型"电子货币是指在进行支付时，一次支付的余额信息必须返回银行等发行主体进行结算，用于支付的金额信息在“发行主体—顾客—商店—发行主体”这样的闭合环路中流动的特征，在一次支付结算时，“闭环型”电子货币需要发行者进行中介。一般来说，几乎除了电子现金外的电子货币，如电子支票、IC卡型储值卡型电子货币以及网络银行存款账号等都属于“闭环型”电子货币。

3.1.4 电子货币的特点与功能

电子货币作为现代金融业务与现代科学技术相结合的产物，与纸币比较具有如下特点：

(1) 传统货币以实物的形式存在，而且形式比较单一。而电子货币则不同，它是一种电子符号，其存在形式随处理的媒介而不断变化，如在磁盘上存储时是磁介质，在网络中传播时是电磁波或光波，在CPU处理器中是电脉冲等。

(2) 电子货币的流通以相关的设备正常运行为前提，新的技术和设备也引发了电子货币新的业务形式的出现。

(3) 电子货币的安全性不是依靠普通的防伪技术，而是通过用户密码、软硬件加解密系统及路由器等网络设备的安全保护功能来实现的。

(4) 电子货币集储蓄、信贷和非现金结算等功能于一体，可广泛应用于生产、交换、分配和消费领域。

(5) 电子货币具有实用、简便、安全、迅速、可靠的保证。

电子货币作为计算机技术、信息技术与金融产业相结合的产物，与纸质等传统货币相比有以下几种功能。

- 转账结算功能：直接消费结算，代替现金转账；
- 储蓄功能：使用电子货币存款和取款；
- 兑现功能：异地使用货币时，进行货币汇兑；
- 消费信贷功能：先向银行贷款，提前使用货币，这是传统货币所不具备的。

从本质上讲，电子货币仍是商品交换的一般等价物，是真实货币的代表或符号，是传统货币形式的变革，它正以全新的形式完成货币的各项功能。

3.1.5 电子货币的发展现状

自20世纪70年代起，随着信息网络技术的进步，电子货币特别是信用卡就开始在以美国、日本为首的西方发达国家进入普及应用阶段。美、日等发达国家于20世纪80年代已经普及信用卡的应用，人均拥有数张银行卡，银行卡的结算交易额占总销售额的70%以上，而运行成本不及柜员操作成本的1/4。这些西方国家还建成了覆盖全国或欧美日联通的电子金融结算网络，如信用卡POS结算网络、美国的FEDWIRE、国际上的SWIFT与CHIPS资金支付结算网络等，为电子货币的运用提供了良好的社会支撑，企业间的资金支付结算也多采用电子货币来进行。发展到现在，西方发达国家电子货币的运用基本普及到个人、企业与政府机构，完成了金融电子化阶段而进入信息化阶段，为信息网络时代电子商务的发展奠定了良好的基础，也抢得了先机。

自20世纪90年代以来，通过“三金工程”的积极实施，我国的金融电子化水平有了很大提高，其中之一就是以信用卡、IC卡、电子转账单等为主的电子货币的逐步普及应用，发展很快。尽管“电子货币”的概念尚未深入每个人的心中，但电子货币确确实实渗透到人们的日常生活中,特别在城市。如今,最早的电子货币之一"打孔记账型电话磁卡"已基本退出历史舞台,进入了收藏领域,取而代之的是IC卡,200、201、300等电话储值卡。IC智能卡不仅风靡电信行业,各种IC电话卡比比皆是,其他行业也在逐步效仿,在北京、上海、广州、深圳等大城市的市民乘公共汽车可用IC卡,税收征管中有用于纳税申报的IC卡和用于增值税发票购买的IC卡,在大学与机关食堂早就用上了就餐用的"金龙卡",甚至连缴过桥费、过路费也用上了IC卡。

电子货币的发行大户是银行,特别是四大国有银行与近年发展很快的招商银行,而各行发行的信用卡则成为我国目前应用最多的电子货币代表。20世纪70年代末期,当我国打开国门,大胆引进国外的先进科学技术和管理经验的同时,信用卡作为国际流行的电子货币也进入了中国,并得到较快的发展。1979年,中国银行广东省分行首先与香港东亚银行签订协议,开始代理东美信用卡业务,信用卡从此进入中国。不久,上海、南京、北京等地的中国银行分行先后同香港东亚银行、汇丰银行、麦加利银行及美国运通公司等发卡机构签订了兑付信用卡协议书。自1985年3月中国银行珠海分行发行第一张银行信用卡"中银卡"以来,银行信用卡开始成为各商业银行竞争的新式武器。中国银行有"长城卡",工商银行有"牡丹卡",建设银行有"龙卡",农业银行有"金穗卡"等。上市银行发布的2011年半年报显示,截止2011年6月末,工行、招行、建行信用卡发卡量分别为7 079万张、3 687万张、3 029万张,位居前三名。农行、中行、交行、中信银行和民生银行(600016)也超过了千万张的发卡规模。光大银行(601818)、兴业银行(601166)、浦发银行(600000)和深发展的发卡量也都超过了400万张。截至2011年第三季度,信用卡累计发卡量为2.68亿张;而2003年(被业内普遍称为"信用卡元年")信用卡的发行数量仅为300万张,短短不到10年,信用卡发行数量增加了将近90倍。

据了解,2010年,我国非现金支付工具运用更加广泛,全年共使用非现金支付工具办理支付业务277.04亿笔,金额905.18万亿元;其中银行卡继续发挥重要作用,全年银行卡消费交易额48.49亿笔,金额10.43万亿元,银行卡消费额(剔除房地产、汽车销售及批发类交易)占全年社会消费品零售总额的比重高达35.1%,仅有北京、上海等一些大城市接近或达到50%。而在银行卡发达的国家如美国,这一数字早就超过了50%。

专题二:

1973年Roland Mornno发明了IC卡作为电子货币,揭开了网络货币发展的序幕。20世纪80年代,美国最早开始了电子货币的研究、试验。随后英、德等欧洲国家也相继研发电子货币。1993年,我国政府开始组织实施金卡工程,即以电子货币应用为重点启动的各类卡基应用系统工程,旨在加强对经济的宏观调控、深化金融改革、加速金融商贸现代化建设。现在人们所称的"电子货币",所含范围极广,如信用卡、储蓄卡、IC卡、消费卡、电话卡、电子支票、电子钱包、智能卡等,几乎包括了所有与资金有关的电子化的支付工具和支付方式。

3.1.6 电子货币发展中的一些问题

随着信息网络社会的到来,以信息网络为平台的电子商务将日益成为社会经济与生活的一部分,由于电子货币的诸多优势,人们逐渐在观念与实际行动上支持电子货币的普及应用。这是发展趋势。就目前电子货币的发展情况来说,电子货币在安全性、标准化、法律纠纷和审计问题等许多方面仍然存在一些问题，有待进一步完善。

1. 安全性问题

只要是货币，就必然存在一些安全性问题。从来就没有绝对安全可靠的货币，“安全可靠”本身就是一个相对的概念。但是，保证货币的安全可靠的确是货币能在商务中发挥支付与流通作用的最本质的需求，对传统货币与电子货币均是如此。

电子货币在网络经济社会里正越来越发挥着货币的作用。与传统的纸质货币、支票等相比，通过应用尖端的信息安全技术，电子货币很难被抢劫和被偷盗，也更不容易被冒领和盗用。但因为目前计算机网络特别是 Internet 资源共享的开放环境，以及尚存在一定安全漏洞的软硬件环境，因此仍然存在电子货币被伪造及被非法使用的安全性问题。这也说明电子货币的应用安全是相对的。由于电子货币对大多数人来讲还是个新兴货币，同时它越来越多地被应用于电子商务的支付与结算，因此，电子货币存在的安全性问题和如何提高电子货币的安全性技术研发应用引起了商业管理者、科技研发人员、消费者的重点关注。

在电子商务中使用电子货币进行网络支付时，交易的双方是见不到对方的，甚至不在同一个国家，且是跨时空运作。这些商务特点给电子货币的应用带来了如下五个主要安全问题。

(1) 如何判定网络上交易的双方是否真实存在，即付款的对象存在或不存在。

(2) 交易双方的真实身份如何验证，以确认不是网上的骗子与黑店。

(3) 对于买方来说，网上订购的商品，应用电子货币即时支付之后，对方是否一定会送货，能否准时送到；客户在网上使用电子货币，神出鬼没的黑客是否会盗窃自己的电子货币或破译相关密码与加密信息；支付完后对方抵赖怎么办？

(4) 对于卖方来说，对方的电子货币对应的银行账号上是否有足够的资金；支付的电子货币是否真实；对方支付的资金何时能划到自己的银行账号上；自己网上收款的账号是否安全；对方没有支付，但坚持已支付完毕，怎么办？

(5) 对于双方来说，交易中出现有关电子货币应用问题的争议，如客户隐私问题又该怎样解决？

综上所述，一个成熟的电子货币应用系统需要解决安全性、真实性、匿名性和可分性四个关键的技术问题：要保证网络上在线交易、资金转移和电子货币的绝对安全；买卖双方能够确认收取到的电子货币是真实有效的；确保消费者、商家和他们之间的交易都是匿名的，以保护相关方面的隐私；电子货币是可以灵活分零使用的。

目前解决电子货币安全性问题的总体方法是，一般采用加密技术并且建立网上第三方公正的认证机构。其中，加密技术的应用包括对信息加/解密的密码技术、数字签名、数字指纹、数字水印等，而网上第三方公正的认证机构就包括我们了解的 CA 认证中心，负责数字证书的发放与验证、数字签名与相关密码的发放等。

可以说，电子货币的安全性涉及电子货币的应用流程的所有方面，是电子货币能够普及应用的关键因素，将直接影响人们对电子货币的接受程度。特别是电子货币作为一个新兴货币出现时，方方面面对电子货币的安全性要求较传统的货币更加苛刻，对于我国这样具有悠久历史、浓厚的传统消费和支付习惯的国家尤其如此，几千年来使用现金进行面对面的支付结算或“一手交钱，一手交货”的习惯不是能轻易改变的。例如，大家对日常生活中钱包里的纸币被盗或伪币习以为常，但若在网上出现像信用卡被盗用、假电子现金等电子货币的应用安全问题时就会觉得特别受不了，媒体也会大肆宣传与夸大电子货币的不安全性，这主要因为电子货币特别是基于 Internet 支付结算的电子货币是个新生事物的缘故。事实上，电子货币应用中发生安全问题的几率比传统货币小得多。但不管怎么说，电子货币的应用中还是存在不少安全问题的，在当前的 Internet 上更多一些。随着信息加密技术的不断提高和基于 IPv6 通信协议的新一代 Internet 的成熟应用，电子货币的使用一定会更加安全，并且随着经济的发展和人们观念的更新，电子货币的应用也将越来越广泛。

2. 标准化问题

计算机网络特别是 Internet 是全球性的跨区域网络，基于其上的电子商务开展也是国际性的，特别是面对当今经济全球化的进一步深入，服务于电子商务的电子货币最好就是国际化的，这样才能更好地促进电子商务的大规模跨区域发展。因此，包括 Internet 在内的计算机网络上流通的电子货币若要真正实现国际化，就必须依靠世界银行和国际货币组织，甚至联合国相关机构等联合各个国家对电子货币的概念、运作模式、安全机制等进行标准化的定义，使其与各国的货币进行汇率上挂钩。甚至在同一个国家内，如像中国、美国这样的大国家，也需要对电子货币的运用有一个统一的国家标准，国家标准最好符合国际标准。只有电子货币的管理机构、发行单位、商家与客户等各方均对电子货币的使用有了参照标准和把握，才能减少运作的复杂性与成本。

目前的情况是，虽然世界上出现了多种电子货币，基于 Internet 应用的电子货币如电子现金、信用卡也不少，但基本上没有统一的适用于电子商务支付与结算的电子货币应用标准，各个国家或各个公司很大程度上是各自为战的。这种状况不但限制了 Internet 上电子货币的大规模应用与推广，限制了电子商务的效率、方便性，而且导致重复开发，资源浪费严重，增加了应用上的复杂性，也提高了运作成本。这方面例子较多，例如，电子支票是非常有吸引力的电子货币，特别适合目前网上增长最快的企业与企业间、企业与政府机构间的电子商务支付与结算，但是目前国际上并没有形成统一的应用标准，结果是各个银行自己研发，而客户半信半疑，使很好的科技成果价值并没有充分发挥，中国招商银行"企业网络银行"就使用了自己独立开发的电子支票形式来进行网上资金的转账、支付与结算，效果还不错，到现在为止处理资金近 4 万亿元人民币，应该说是比较成熟的，但其并不是中国的标准。与此同时，国内其他银行也在投入大量资金从头构建自己的网络银行系统或电子支票系统，如此重复开发，浪费严重，加大了银行的运作成本。

信用卡是目前国际上发展比较成熟的电子货币，在 Internet 上进行支付结算也是如此，应用相对广泛了。虽然都是信用卡，但各个国家与各家银行的网上支付流程等细节千差万别，有时让客户感到眼花缭乱，不方便也是显而易见的。例如，中国已发行的银行卡按银行分有龙卡、长城卡、牡丹卡、金穗卡、太平洋卡、东方卡等；按是否具有消费信贷功能分为信用卡和借记卡；按使用对象分为个人卡和单位卡；按信誉等级分为金卡和普通卡；按使用范围分为国际卡和地区卡；按结算币种分为本币卡和外币卡；按信息载体分为磁条卡和 IC 卡。其中，信用卡按是否向发卡银行交存备用金形式又分为贷记卡和准贷记卡，而借记卡按功能不同又分为转账卡、储蓄卡、收费卡、专用卡、联名卡、星座卡、生肖卡、储值卡等。这些种类繁多、用法不一的银行卡不仅使持卡人眼花缭乱，还给有关受理信用卡业务的部门增加了难度，使持卡人处处受"卡"。可以想象，当这些卡用于 Internet 上支付与结算时，如果各自的业务处理流程都不同，没有统一的应用标准，运作起来将给银行、企业与持卡人带来很多麻烦和较高花费。

虽然电子货币的多样性能让各发行电子货币的公司相互之间存在竞争，从而促进技术进步，但也会引起某些混乱。一个良好的策略是应该在统一标准的前提下进行竞争，这样电子货币才能得以健康、完善地发展，真正方便商务各方。标准化问题已经引起国内金融管理机构的注意，如成立于2002年3月26日总部设在上海的“中国银联”是经中国人民银行批准的、由八十多家国内金融机构共同发起设立的股份制金融机构，带有“银联”标识的信用卡是经中国人民银行批准、由国内各发卡金融机构发行、采用统一业务规范和技术标准，并且可以跨行跨地区使用的银行卡。此外，2003年12月31日前申领的银行卡，持卡人可按照原发卡银行的章程使用，也可到银行更换成“银联”标识卡。而2004年1月1日后，“银联”标识卡将成为全国范围唯一使用的人民币银行卡，各类非“银联”标识卡只做地方专用卡，不能用于异地或跨行使用。可以看出，中国银联的成立是在加强标准化问题上的一大进步。

3. 法律纠纷

人们在送货途中可能会迷路甚至突然死亡，电子邮件、电子信息的交流也有可能因为故障而出错甚至丢失，Internet有时也会因突发不可抗拒事件，如太平洋海底电缆因断裂等问题而局部瘫痪。所以，不管传统商务还是电子商务，不管应用传统货币还是应用电子货币，均可能遇到某些突发事件的困扰而造成损失。Internet链路上的计算机、路由器、网络通信电缆、数据库系统等，像所有的电子信息技术设备一样，出现故障是不可避免的。特别是Internet，现在国际上只是实现各区间的区域局部管理，并没有一个总的责任机构，那么，电子货币在这个网络流通过程中因出现的差错而导致的损失将由谁来负责其经济、法律责任呢？目前在相关Internet的电子货币使用上，国际上没有一些大家均认可的相关法律来加强对电子货币的监管与责任细分，这就增加了进行电子货币网络支付结算的企业或商家甚至个人的商务风险。

例如，“联邦电报系统”是美国的电子资金划拨、清算系统。1985年11月21日，纽约银行的新软件出现一点小故障，这一整天，联邦储备理事会都依照预定计划，将证券传送到纽约银行，但是纽约银行的这个软件却阻止电脑从顾客和其他银行处接收电子付款。纽约银行付清它的积欠账单，却没有收到一分钱的进账。那天深夜，当问题被发现的时候，纽约银行已经在“联邦电报系统”上积欠其他银行230亿美元，直到翌日早上问题解决为止。这笔钱如果以大约5%的隔夜利率贷给纽约银行，一夜之间就要付出310万美元的利息，那么这笔费用该由谁来负责承担呢？这里必须有法律来明确界定。

在我国电子货币的应用也遇到类似的很多问题。例如，随着几大国有商业银行的自动柜员机ATM在全国各大中城市的出现，它在方便人们的同时也带来不少不便乃至经济纠纷。ATM由于各项配套技术不够完善，难免出现线路不通，造成莫名其妙的吞卡、下账现象，需要钱时却取不出款，让人无可奈何、哭笑不得，甚至可能导致丧失生意良机，也使得某些别有用心团伙或个人利用ATM技术与应用上还有不完善的地方进行违法犯罪，偷窃持卡人密码而非法支取持卡人资金。

因此，如何制定相关法律，加强对电子货币的监管，以便在危险特别是不可抗拒的突发事件发生后明确网上商务各方当事人的法律责任，已经成为电子货币发展的当务之急，它直接影响到网络支付结算的应用效果。

4. 审计问题

在Internet上，网络资源是共享的，但用户有其绝对的隐私权，利用电子货币易于跨区域地隐蔽转移资金也带来很多问题。比如各种经济犯罪,以权谋私、贪污、出卖商业机密等问题在电子货币普及应用的时候更难以管理;还有如何处理企业为了偷漏税收而利用网络转移资金,黑社会分子利用网络洗黑钱等问题。这种电子货币审计上的问题将是电子货币应用给政府相关管理部门带来的难题之一。

从技术及表现形式分析,电子货币比较容易被犯罪分子所利用,成为洗钱等犯罪活动的工具。

(1) 电子货币体积小甚至无形。从理论上讲,电子货币的体积几乎可以忽略不计,一个智能卡或者一台计算机可以存储无限数额的电子货币。即便每个智能卡的面值有限额,比如500美元,那么这些卡加在一起占有的空间也比不上传统货币所占有的体积。

(2) 电子货币可以很容易地进行远距离转移。这不仅是由于电子货币的体积小,而且因为借助如Internet等跨区域、跨时间的网络工具,电子货币可以在瞬间转移到世界任何一个角落。

(3) 有的电子货币如电子现金具有很强的匿名性。传统货币如现金的匿名性也比较强,这也是传统货币可以无限制流通的原因。但传统货币都有印钞号,像上面所讲的,如果有关机构知道钞票的号码,就容易追踪到犯罪分子。同时,传统货币总离不开面对面的交易,这种面对面的交易也在很大程度上限制了传统货币的匿名性。电子现金的匿名性则比传统货币更强,其主要原因就是加密技术的采用,以及电子货币远距离传输的便利。

虽然电子货币存在着上述诸多难题,但是不能因噎废食。世界上没有完美的东西,只有在研究问题、解决问题的过程中,电子货币系统才能完善起来。例如,电子货币虽然应用起来比较隐蔽,但也有好处,就是借助计算机网络系统,可以非常方便地记录、保存每笔资金的运用情况,只要国际上各个国家有较好的信息沟通与协调机制,或一个国家内部有很好的信息协调监控机制,上述问题也是可以大大降低其发生概率的。

总之,电子货币目前尚处在一个起步阶段,但是有着光明的发展前途。必须加快研究,解决其不足之处,使电子货币早日成为一种通行无阻的国际流通货币,实现整个金融体系的电子化、信息化与网络化,促进电子商务的快速发展。

3.2 电子支付工具——银行卡

银行卡是作为支付工具推出的,银行卡的产生和发展,推动了包括ATM、POS和HB在内的自助银行系统的产生和发展。因此,银行卡的推出是银行电子化过程中的一件大事。

随着计算机技术在银行的运用,银行卡逐渐广为流行。经过多年发展,银行卡不论在形式、功能,还是在技术上都有了很大的发展,在发达国家及地区使用得非常广泛。银行卡的使用大大方便了持卡人,使其在外出旅游、购物时不用带现金,不用开支票,银行卡已成为一种普遍使用的支付工具和信贷工具,它使人们在结算方式、消费模式和消费观念上都发生了根本性的变化。

3.2.1 银行卡概述

1. 银行卡的产生和发展

随着商品交易的规模、金额和频度的增大,仅用现金现场支付和支票支付等传统支付方式，已经不能适应现代商品交易快速发展的要求。为解决这个问题，一些商户于19世纪末和20世纪初，自行设计和使用了各种结算卡，开始了支付手段的变革。

(1) 信用卡的发行是银行界的一项重大成就

美国西部的一些酒店老板，最早推出一种只能定点使用的结算卡。持这种卡的客人，可以先用餐，以后定期付款。这种支付方式很快就获得广大公众的欢迎，酒店的生意开始格外兴隆。于是，零售商、石油公司和旅游娱乐业等纷纷仿效，给其稳定的客户发放各种早期的信用卡，用这种卡可以赊购商品，定期付款。这种方便买卖双方的支付方式，促进了销售，因此这种早期的信用卡获得了快速的发展。

到20世纪40年代时，一些旅游娱乐信用卡已开始跨地区使用，同时，信用卡开始由银行统一发行和统一管理。银行作为买卖双方之外的第三方发行信用卡，使信用卡由原来仅限于买卖双方的信用工具，发展成为一种银行信用方式。这不仅使信用卡的使用范围和使用地区大为扩大，也使信用卡的信誉得到增强。

到20世纪60年代，信用卡在发达国家得到迅速的发展，并很快获得普及，成为一种普遍的支付方式。据统计，美国在80年代初，收入10 000美元的家庭中70%以上持有VISA卡或MasterCard，总持卡数约为1.2亿张，平均每个家庭拥有1.5张信用卡，1980年时用信用卡作的交易超过12.5亿次。当时，世界上其他国家还有1.8亿张在用信用卡。因此，到20世纪80年代初，信用卡已经在发达国家得到普及。

信用卡的实际作用，大大超出了传统的银行信贷作用。信用卡的产生和推广应用，导致银行建立先进的电子系统，信用卡也进一步成为被广泛采用的一种全新的电子支付工具，大大推动了电子资金转账(EFT)系统的建立和发展。因此，信用卡的发行是银行界的一项重大成就。

在发展信用卡的同时，银行后来又推出借记卡、复合卡、现金卡等新的金融交易卡。这些由银行发行的金融交易卡，统称银行卡，是全新的电子支付工具。当今的银行卡，已成为启动电子银行系统的一种必备工具，是电子支付系统中的一个重要组成部分。银行卡的推广应用，大大推动了EFT系统和后来的电子银行的建立和发展，进而促进了商品经济的发展，促进了社会信息化的进程，也推动了全球经济一体化和全球金融一体化的进程。20世纪80年代初推出集成电路(IC)卡，IC卡具有运算能力和较大的储存容量，银行卡采用IC卡作介质后，不仅可作金融交易卡，还可储存持卡人的许多其他信息，供多种系统共用同一张卡。因此，银行卡正在向多功能卡方向发展。

除了银行外，流通业、制造业、电讯业和其他许多行业，也都发行了各自的金融交易卡。

(2) 银行卡与国际信用卡组织的形成和发展

在信用卡发源地的美国，20世纪40年代后期，一些银行开始向其客户发行一种专门的票据，这种票据可像现金一样能在当地商店购物消费。1951年，在美国纽约的Franklin National Bank向客户正式发行其第一张真正的信用卡，成为最早发行信用卡的银行。50年代后期，Bank of America、Chase Manhattan和Marine Midland Trust等大银行，也开始推出它们自己的信用卡。由Bank of America于1958年在美国本土发行的信用卡，以蓝、白、金三色横条为标志，命名为BankAmericard。不久，许多小银行申请加入BankAmericard系统。到1966年，Bank of America开始将其信用卡的许可证发售给在美国和外国的许多银行。随后，发行BankAmericard的那些美国银行，于1970年成立了称之为National BankAmericard, Inc. 的协会。1974年成立了称之为IBANCO的国际公司，用来管理美国之外的BankAmericard。但后来许多银行对Bank of America控制其信用卡项目不满，要求在管理其自己发行的信用卡上有更多的自主权；此外，对其自己发行的信用卡的名字，取其主要竞争对手的名字也不满意。于是，就导致1976年信用卡的管理同Bank of America分开，IBANCO成为VISA International，将National BankAmericard，Inc. 改为Visa U. S. A.，并将卡名由BankAmericard改为VISA（维萨）卡，但仍然保留其原有的三色标志，并由所有发卡银行参与，各发卡银行成为会员，组成无股份、非盈利的国际组织。世界各国的银行和金融机构也都可申请加入，成为会员。

现在，VISA国际组织（VISA International Service Association，VISA International）是一个单一法人机构，总部设在美国的旧金山。VISA将全球业务分为：亚太地区，加拿大，中欧—东欧，中东—非洲，欧盟，拉丁美洲—加勒比海以及美国，共六大区域。VISA国际六大区域的区域总部和办事处分别设在伦敦，巴黎，东京，新加坡，悉尼，多伦多，法兰克福和迈阿密。每区设由会员银行组成的董事会，负责监督业务的运作。董事会以各银行业务量的比例分配投票权。2000年初VISA发布的消息表明，VISA国际组织的成员金融机构已超过21 000个，构成了全球性完整的全方位服务的支付网络。其成员金融机构发行的Visa、Interlink、PLUS和Visa Cashs等银行卡，总共8.8亿张（其中智能卡2 300万张）。带VISA标志的这些卡可在全球300个国家和地区的1 600万个以上的特约商店使用。用VISA卡在POS上购买的产品和服务的年交易金额达1.4万亿美元。VISA还运行着全球最大的消费支付处理系统，Visa网络VisaNet可处理160种不同货币的交易，在高峰季节每秒可处理2 700笔交易。Visa全球ATM网络（Visa Global ATM Network）在世界120个国家和地区有53.1万台ATM。VISA还不断为其会员提供采用新技术的支付产品和服务。例如，VISA联合全球170多家银行发行了2 300万张IC卡；1999年，超过38个国家和地区的150多个VISA成员在使用SET协议进行安全电子商务活动。

发行万事达卡的MasterCard International Inc. 的前身是1966年8月成立的Interbank Card Association。它是由若干发行自己卡的地区银行卡协会组建成的。最初，这种卡标有"i"字，不久就改用Master Charge作标识。随后，发展了大量的国际成员。为反映这种情况，ICA改名为MasterCard。MasterCard国际是一个全球性的支付公司，在全球都有办事处。公司和区域性的办事处有：全球总部，在美国纽约；亚太地区，总部在新加坡，办事处包括曼谷、北京、中国香港、印度的New Delhi、首尔、新加坡、悉尼、中国台北和东京；欧洲、中东/非洲和加拿大地区，总部在美国纽约，包含的区域有：加拿大区、欧洲区、中东/非洲区、联合阿拉伯酋长国和南非；拉丁美洲和加勒比海地区，总部在美国迈阿密，办事处包括巴西、智利、哥伦比亚、墨西哥和委内瑞拉；美国地区，总部在美国纽约，区域包括美国中部—大西洋区域、美国中西部区域、美国东北部区域、美国南部区域和美国西部区域。MasterCard的授权系统Banknet提供每天24小时服务。MasterCard国际提供MIP界面机，各成员行的计算机系统，通过SNA或专线与MIP界面机通信，进入Banknet。该系统的功能包括授权和清算。国外的授权时间最多5秒。卡片挂失1小时内全世界的MIP就会知道。授权标准由各发卡行自行决定。每周给各收单行发非法卡表。授权方式除联机授权外，低消费额时由MIP查授权参数文件和黑名单（止付卡）文件；网络出问题时，可由MIP代发卡行授权（X-Code stand-In）。

VISA国际和MasterCard国际是国际上两个最出名的国际性信用卡组织，它们在全世界各地积极推广其 ATM 和 POS 转账服务，以建立它们的全球性的 ATM 服务和 EFT/POS 服务。VISA 卡和 MasterCard 的国际化，大大促进了全球性的 EFT 系统的发展。一个美国的银行要推行自己的银行卡服务项目，通常都必须事先参加上述各大信用卡组织之一。其他国家在建立其自己的 EFT 系统时，一般也不能把上述国际卡排除在外。欧洲最有名的是 Europay 国际发行的卡。亚洲较有名的有日本的 JCB 卡(Japan Credit Bureau Card)和百万卡(Million Card)，以及我国香港地区的发达卡(Federal Card)。它们都在不同程度上和美国的各大信用卡公司携手联合来发展国际业务。

银行卡在全球的推广应用，大大推动了全球 EFT 系统的建立和发展，推动了全球金融一体化的发展。现在世界上发行的银行卡数量已达 40 亿张。而我国截至 2008 年底银行卡发卡量超过 18 亿张。以前购物只能用现金和支票，现在支付卡已经成为人们日常生活的一部分。

2. 银行卡的应用领域

(1) 无现金购物

使用银行卡，可通过 EFT/POS 系统进行购物。近代的 EFT/POS 系统一般都提供立即转账和信用挂账两种方式购物。因此顾客既可用借记卡购物，并进行立即转账；也可用信用卡购物，作挂账处理。

无现金购物的另一种形态是发行预付卡。顾客为某特定用途而预先购买预付卡，于每次使用购物时逐次扣除款项，如电话卡等。

(2) 启动 ATM 系统

CD/ATM 机通常都处于等待服务状态，当持卡人插入银行卡后，立即启动 CD/ATM 机，使之进入服务状态。持卡人可用借记卡在 CD/ATM 上进行存取款、转账和查询等作业，也可用信用卡预支现金。

(3) 企业银行联机

企事业单位的计算机同银行主机系统联机后，就可用本单位内部的终端同银行进行日常的银行业务交易。为此，企业要事先申领银行卡，建立相应账户后，才能启动联机系统。这样，银行卡就起启动企业银行联机系统钥匙的作用。企业银行联机系统启动后，客户再输入密码，经检验无误后，用户才能与银行主机进行通信。

(4) 家庭银行联机

家庭银行系统，是个人在家里通过 PC 机和拨号网络，来同银行主机联机，启动交易，并进行查询或转账等交易。作这些交易前，客户须事先申领银行卡，建立相应账户后，才能启动家庭银行联机系统。交易时，持卡人必须先输入卡号和密码，经银行检验无误后，就能得到银行提供的家庭银行服务。

(5) 通过互联网进行电子商务

客户要通过互联网从事电子商务活动(包括进行金融交易)，可通过相应的银行卡账户完成电子转账工作。

(6) 银行柜台交易

持卡人可持卡到银行营业部的柜台进行金融交易。

(7) 个人资产管理

银行卡在前述各种应用领域里，用磁卡和集成电路(IC)卡都可以，以 IC 卡为优。而在个人资产管理领域，由于要求储存的信息量多，只能用IC卡。银行卡用于个人资产管理时，须在IC卡上储存与个人资产有关的各种数据，以便能提供有关资产管理方面的咨询服务，协助持卡人对其资产作有效的管理和进行有效的投资。

3.2.2 银行卡种类

银行卡目前的主要品种有信用卡、专用卡、电子钱包卡、购物卡、转账卡、提款卡等多种；根据结算方式、使用权限、使用范围、持卡对象以及所用载体材料的不同，可以划分为多种类型的银行卡，具体分类见表3-1。其中，按结算方式和信息载体材料分类是两种最常用的划分方法，下面将分别详细论述。

表3-1 银行卡的分类

分类方式	类型	特　点
使用范围	国际卡	可以在全球多个国家和地区使用，如VISA卡和Master卡等
	地方卡	只局限在某地区内使用，如仅在中国境内使用的我国各商业银行发行的银行卡
授信额度	普通卡	授信额度较低，如我国大多为1万元人民币以下
	金　卡	允许透支额度较高，如我国一般为1万～5万元人民币之间
持卡对象	个人卡	持有者为有稳定收入来源的社会各界人士，卡中金额属于个人款项
	公司卡	持有者为各企事业单位或部门中的指定人员，卡中资金属于各企事业单位或部门
合作单位	联名卡	与企事业单位合作，可消费打折的营利性质的银行卡
	认同卡	与公益单位合作的非营利性质的银行卡，一般属于宣传性质或公益性质
	基本卡	不与任何机构合作，如中国银行的长城卡
结算方式	贷记卡	允许持卡人“先消费、后付款”，提供短期消费信贷，到期按有关规定清偿的银行卡
	借记卡	持卡人在卡中先有存款，具有取款、消费、储蓄等功能，但是不可透支的银行卡
信息载体	磁　卡	卡中磁条内存有客户业务所必需的相关数据信息，使用时需要专门的读卡设备
	芯片卡	也就是集成电路卡，卡片中嵌有芯片，专门存储相关业务数据信息，由于芯片具有数据处理功能，该卡片既可联机使用，也可脱机使用

1. *按结算方式分类*

按结算方式，银行卡从性质上分为信用卡(Credit Card)、借记卡(Debit Card)、复合卡(Combination Card)和现金卡(Cash Card)四种。

(1) 信用卡。信用卡是最早发行的银行卡，也称贷记卡，是银行向金融上可信赖的客户提供无抵押的短期周转信贷的一种手段。它是目前国际上广泛流行的一种支付手段与结算工具。它是由银行或专门的信用卡公司签发的证明持卡人信誉良好并可以在指定的商店或场所进行直接消费的一种信用凭证。发卡银行根据客户的资信等级，给信用卡的持卡人规定一个信用额度，信用卡的持卡人就可在任何特约商店先消费后付款，也可在ATM上预支现金。依照信用等级的不同，可将信用卡分为普通信用卡、金卡、贵宾卡等多个品种。

(2) 借记卡。在信用卡的基础上，银行推出了借记卡。借记卡的持卡人必须在发卡行有存款。持卡人在特约商店消费后,通过电子银行系统,直接将顾客在银行中的存款划拨到商店的账户上。除了用于消费外,借记卡还可在 ATM 系统中用于取现。依据借记卡的使用功能,借记卡还可有多种品种,如专用于转账的转账卡、用于特定用途的专用卡等。

(3) 复合卡。为方便客户,银行也发行一种兼具信用卡和借记卡两种性质的银行卡,这种银行卡称为复合卡,我国称之为准贷记卡。复合卡的持卡人必须事先在发卡银行缴存一定金额的备用金,持卡人持卡消费或取现后,银行即作扣账操作;同时,发卡银行也可对这种持卡人提供适当的无抵押的周转信贷。因此,持卡人用复合卡时,当备用金账户余额不足时,允许在发卡行规定的信用额度内适当透支。

(4) 现金卡。在现金卡内记录有持卡人持有的现金数。持卡人持卡消费后,商户直接从现金卡内扣除消费金额,这样,现金卡中的现金数也就相应减少了。因此,现金卡同现金一样,可直接用于支付,不同的是现金卡内的货币是数字货币,数字货币是货币的高级发展形式,体现了银行卡向网络货币融合和接轨的发展趋势。

2. 按信息载体材料分类

按材料类型划分,银行卡经历了塑料卡、磁卡、集成电路卡、复合介质卡和激光卡等发展阶段。

(1) 塑料卡。20 世纪 50 年代末,发达国家率先用塑料卡制成信用卡。顾客消费时,必须出示此卡以示身份,验明无误后,即可享受信用消费。这种塑料卡与计算机无关。

(2) 磁卡。磁卡诞生于 1970 年,它是在塑料卡片上粘贴一条磁条而成,磁条里有三条磁道,可记录相关的信息。由于磁卡可直接输入终端机进行处理,是一种最简单有效的计算机输入介质。随着 PC 机的推出和普及,磁卡的应用也迅速得到推广。直到现在,磁卡仍然是使用最广的银行卡。

磁卡的主要优点是制作成本低。磁卡的成本主要包括卡片成本、磁条成本和加工合成成本。这些费用都不高。但磁卡存在不少缺点:一是安全性低,磁条中的数据易被破译和仿制;二是不适合脱机处理;三是磁卡的记忆容量小,存储信息有限。

(3) 集成电路(IC)卡。1974 年,法国电脑工程师 Roland Moreno 发明了一种便携式存储器,即集成电路卡(Integrated Circuit Card,简称 IC 卡)。IC 卡是在塑料卡上封装一个非常小的微型集成电路芯片,用以存储记录数据,它正好弥补了磁卡的不足。与磁卡相比,它具有如下优点:一是安全性高,很难仿制;二是具有 CPU 和强大的存储容量;三是具有联机处理和脱机处理的双重能力。IC 卡的缺点是制造比磁卡复杂,成本也较高。但是,随着微电子技术的进步和规模效应,这一缺点正在被克服。

(4) 复合介质卡。鉴于磁卡已有的广泛应用市场,同时兼顾 IC 卡的发展,金融机构发展了一种混合性质的银行卡。它之所以被称之复合介质卡,即是一种在磁卡中内藏 IC 芯片,在识别磁卡和 IC 卡的器具上都可以使用的过渡卡。

(5) 激光卡。激光卡也称光卡,国际标准称之为“光储卡”,是在塑料卡片中嵌入激光存储器而成的。激光卡系统由激光卡、激光卡读写器和与之相连的计算机系统构成。激光卡上的光区域依次由透明层、光层和保护层所组成。激光卡同 IC 卡相比,除了可提供多重功能服务外,安全性更高,储存量极大,比 IC 卡的存储量大百倍以上。目前,光卡尚处于试验阶段,将来有可能是 IC 卡的替代者。

3.2.3　信用卡

1. 概述

信用卡也称贷记卡，是银行向金融上可信赖的客户提供无抵押的短期周转信贷的一种手段。信用卡的持卡人在消费处所消费或预支款项后，只作挂账处理。就是说，将持卡人的消费费用记入发卡行的账目上，待持卡人信用期满时，银行才向持卡人索还部分或全部贷款，或者对持卡人作扣账操作。这样，通过发行信用卡，银行就可根据预先确定的信用限额，向广泛的持卡人提供银行柜台外的延伸信贷。通过信用卡的使用，银行也就参加了在销售点进行的价值交换。信用卡还使那些建不起自己信贷体制的商店，能通过银行将其信贷提供给顾客，而且不管顾客何时购物，这些特约商店很快就能收到发卡行转来的资金。

(1) 信用卡物理结构

信用卡是由金融机构或其他专营公司向消费者发行的一种特制卡片。通常，信用卡用特殊塑料制成，卡的大小有统一标准。按照国际惯例，卡长为85.72毫米，卡宽为53.975毫米，卡厚为0.762毫米。尽管信用卡可以根据不同的性质和特点分为许多种类，但几乎所有信用卡都包括以下基本内容：

① 卡面正面印有发行信用卡银行的名称、防伪暗记、发卡银行要求的图案及国际信用卡组织统一标志。

② 发卡银行用压卡机将信用卡卡号、发卡行行名、英文缩写、有效期限、持卡人姓名等内容在信用卡上压印成凸起的字码，持卡人购货结账时，销售商用压卡机将凸出的内容压印在签购单上。

③ 信用卡背面有记录持卡人的有关资料和密码，以备鉴别真伪时阅读使用。

④ 信用卡背面留有持卡人预留的亲笔签名，以便持卡人取款或购货时当面签字核对。

⑤ 信用卡上还印有发卡银行的必要说明。

(2) 信用卡的功能

通常，信用卡的功能由基本功能与附加功能两大块构成。

信用卡的基本功能是：

① 储蓄功能。凭信用卡，持卡人就可在发卡行指定的各网点办理储蓄存款、取款业务，并可实行通存通兑。同时，信用卡能在各网点的ATM上提取现金，为客户提供自动服务带来方便。另外，信用卡的存款账户按活期储蓄计付利息，可带来一定的利息收入。

② 转账结算功能。借助信用卡，持卡人能在各特约商户办理消费转账业务结算，还可在指定机构办理大额转账结算，既起到代替现金支付的作用，又具有转账支票的功能，方便了客户的购物消费活动。

③ 汇兑功能。信用卡具有银行汇票和旅行支票的作用。当信用卡持有者外出旅游、出差、经商时，可以在本地办理存款手续，到异地指定网点取款、消费，既方便又安全。

④ 消费信贷功能。当信用卡持有者进行消费时，若所需支付的费用超过其账户余额时，发卡行允许为其提供规定范围内的少量短期透支，即短期消费信贷。

目前，信用卡集储蓄、转账结算、汇兑、消费等功能于一体，融入了人们的生活，改变了人们的消费观念和支付方式，已成为风行全球的现代化支付工具。同时，随着信用卡公司之间的竞争日趋激烈，信用卡除了需要具备基本的银行卡功能外，还衍生出各种各样的高附加值的特色服务,以提高公司信用卡的竞争力。

各信用卡公司的附加功能主要有:

① 急救医疗服务。如运通、大莱、维萨和万事达的"联合信用卡",都与世界各国的支援救助公司缔结合约,在世界范围内开展急救医疗服务,为持卡人提供最完善的服务。

② 紧急垫付服务。如果持卡人在旅行或出差期间因意外需要现金时,可以预先得到垫付。

③ 附加保险费。对于在国外旅游的会员,若持卡消费,各信用卡公司会为其提供各式各样的附加保险费。

④ 其他服务。如为持卡人提供预定旅馆、餐厅、派遣翻译等各种周到的服务。

此外,对于持卡人来说,在他持有某一种国际信用卡后,例如维萨卡,他就可以利用电子商务服务器的服务功能,在世界各地使用这种国际信用卡进行购物和支付账款。信用卡通常用于存款、取款、购物消费、交通通讯、娱乐旅游等,也可以用于缴纳税款、缴付租金、购房置地、发放工资和获得各种服务等。信用卡不仅具有现金支付功能和支票支付功能,还有信贷功能,所以,世界上的一些发达国家都把发展信用卡作为实现金融电子化和"无现金社会"的重要工具。

2. 信用卡业务处理系统

一般而言,信用卡业务处理系统包括建立档案资料、授权、清算和系统维护等内容。

(1) 建立档案资料。信用卡上的信息有两种:一种是机构印制在卡表面能看见的字符,表面字符一般是发卡号、姓名和有效期;另一种是看不见的磁卡信息,包含了 ATM 所能识别和传递的所有信息。IC 卡上还有集成电路存储器,那就是电子信息,它包含了客户使用卡情况的全部记录。

输入到计算机中的信息,有客户资料,也有商户资料。客户资料一般有卡号、行号、姓名、身份证号码、有效期、单位、地址、邮政编码以及担保人情况等。商户资料如店名、地址等信息。这些信息输入到客户资料文件或数据库中,作为一种档案保存和使用。

(2) 授权。发卡行接到授权请求后,应检查该卡是否属停止使用的卡,是否为仿造的卡,是否已超过信贷额,以及是否在一定时间内使用的交易总额或次数超过了发卡行预先规定的限定。通过检查后,请求授权者可以得到四种答案:批准、拒绝、没收卡、联系发卡行。

现以万事达卡持有者在中国银行特约商户购物,并假设中国银行总行为请求行,美国某银行为发卡行为例,来看如何用计算机网络实现授权。

商户要事先与银行约定不需经过授权的限额表,如果交易金额超过限额表,那么需要授权。请求行主机、万事达网络授权系统、发卡行主机分别根据各自的要求进行判别,在万事达授权网络和发卡行主机的程序中,另外有第一和第二限额判别量,原则上第二限额高于第一限额,也高于商户限额,如果发卡行处理判别超过 10 秒时,就必须由万事达卡计算机中心授权系统代为授权,这是为了保证在给定时间内对商户的请求作出响应。若超时,万事达授权中心将作出最后判断并告诉商户结论,这说明授权系统必须有足够的资料才可能实现。因此,发卡行应设置四类参数于授权中心系统,即:授权档案状态、交易类别及限额、累积限额、重要用户说明等。发卡行必须及时更新其置于万事达处理中心的这些授权参数,以保证处理结果的准确。

(3) 清算。当持卡人与商户做完一笔交易后,持卡人得到一笔消费信贷,而商户作了一笔有银行担保的赊销买卖，商户垫付这笔资金后与签约行清算，而签约行再与发卡行清算，最后发卡行与持卡人清算。

清算可分为联机处理和批量处理两个阶段。在联机处理阶段，对批准授权所完成的交易进行存款、取款、转账、汇兑、查询余额、冲正、修改等账务处理。在批量处理阶段，主要完成各项业务的会计分录处理、计息处理、透支处理、打印各项清单、打印对账单、打印科目日结单等。

在清算过程中，还会出现向持卡人收取透支利息的问题。系统中有专门计息功能的程序。计息时不只考虑天数、金额，还与卡的性质有关，个人卡、公司卡、外汇卡的利率均不一样。此外，利率高低还与各国的信用卡政策有关。

(4) 系统维护

为确保整个系统安全可靠地运行，必须设立系统维护功能，主要完成各项终端的管理，如增加、删除等；完成各项参数的维护和管理，如利率表、科目表、牌价表等；还要完成故障处理，如故障检测、数据备份、故障恢复等。

3. 信用卡服务与管理

(1) 组织机构

图3-1是一个典型的信用卡组织结构图，它涉及信用卡项目的所有服务和管理工作。如销售信用卡；确定同发行信用卡有关的信贷事宜，如决定信用限额等；账务处理；收回已到期的贷款；用户服务以及辅助支持的信息系统建设等业务。

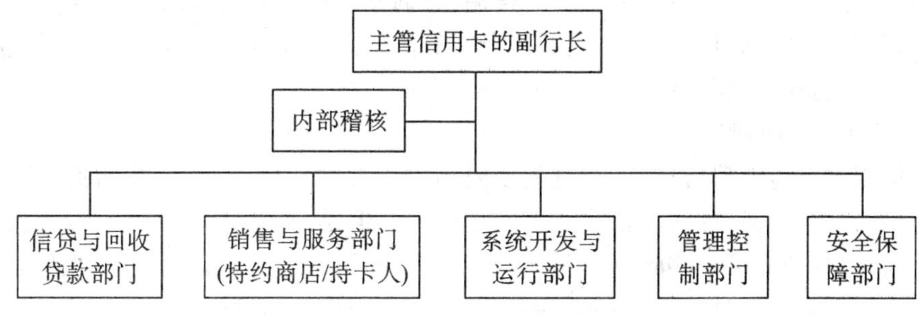

图3-1 信用卡部组织结构图

(2) 信用卡的销售

只有推销出大量的信用卡，并使持卡人积极持卡消费，才有可能获得规模经济。要做好推销工作，应对客户的需求作深入的调查研究工作，选定日标市场，开发适销对路的产品，通过各种有效的分销渠道，例如刊登广告，邮寄材料，当面咨询，设立包括礼品、奖金和各种能吸引顾客的赠品，提供各种优惠服务等等，开展促销活动。

(3) 与特约商店签约并提供服务

信用卡作为银行的零售业务，与众多的特约商店签约是形成规模经济、产生社会效益和经济效益的重要手段之一。金融机构在同商店签约前，必须认真评估商店的品质，品质差的商店对金融机构可能会有欺骗行为。

同时，还必须向商户提供相应的服务，这种服务包括向商户提供信用卡运行所需的物品，如销售汇票、存款票，各种显示材料，提供信用卡的图案、各种止付卡的名单，以及信用卡的使用说明等；确定同信用卡交易量和交易额有关的商业贴现率以及其他支持服务，例如向商户提供月结单和相关信息服务等。

(4) 核准信用

核准信用是信用卡风险管理中的重要环节。将信用卡发放给新持卡人之前，发卡银行必须认真审查信用卡申请人的资信状况，并据此确定有效的担保和担保方式；当持卡人需要增加其信贷限额时，也必须参考这种资信评估。

(5) 信用卡的发行

顾客的申请被批准后，银行向顾客发放信用卡，并建立信用卡账户文件。为保障安全，信用卡的加工制造、做浮雕图案、管理、编码和发放等过程必须在保安部门的严密监督下进行。

(6) 安全控制

信用卡的主要风险是欺骗性使用信用卡。从安全控制角度出发，要确保信用卡能到达正确的持卡人手里，确保丢失卡和被盗卡能迅速被识别和冻结。经常采用的安全管理措施包括：明确规定不同级别的授权权限和授权额度；及时更新止付卡表和持卡人文件中的信用评价信息；经常对保安报告和欺骗性交易进行分析；提高商店识别非法卡的能力等。

(7) 收回贷款

收回到期贷款的工作包括：收回到期贷款，收集违约账户信息，并对违约账户的信息进行分析等。

(8) 向持卡人提供服务

对持卡人的服务包括：回答持卡人的查询，查询方式包括信件查询、电话查询、持卡人到银行驻地查询，或者是联机查询等；更新持卡人的信息文件；向持卡人发送月结单；从商户银行取回持卡人消费时的销售汇票等等。

4. *信用卡存在的问题*

由于信用卡是先消费后付款，在宽限期内还款不必付利息，还具有灵活消费等优点，因而受到客户的广泛欢迎，推出后很快就得到了推广。但是，信用卡的经营风险较大，管理过程复杂，也给银行带来了一些问题。目前，主要面临的问题是：信用卡业利润太低，资金成本与利润率收入之间的差额在缩小；50%的持卡人在宽限期内，偿还了贷款余额，从而躲开了利息费用；信用卡的管理费用高，欺骗使用、违约使用和坏账等都在增加，各种信用卡服务的劳动强度也在加大。

为了解决信用卡业出现的上述问题，各国的法律和金融机构都采取了一系列的措施。例如，有的国家的法律取消(或提高)了利率的最高限额限制，使信用卡业有利可图；许多金融机构在法律许可的条件下，采取按年度收费或按信用卡交易额收费的办法；许多发卡行取消了宽限期，对所有的信用卡交易从过账之日起就开始计息；此外，在信用核准、卡的发行和其他保安问题上都采取了一系列有力的措施，有效地降低了信用卡的经营风险。

采取上述各种措施后，对大的发卡行来说，信用卡仍然是一个强有力的产品；然而对小的发卡行和最高利率受严格限制的地区的银行来说，仍然面临许多问题，例如，难以在所有的信用卡操作领域里提供高效率的计算机化处理；没有足够的经费提供大银行所提供的许多辅助服务项目；随着市场接近饱和，大银行有规模经济和更先进技术的优势，常把较小银行的持卡人吸引过去等。

就我国信用卡市场而言，由于计算机在信用卡业务方面的使用才刚刚起步，系统联网还不够畅通，以及管理水平与服务等因素的制约，同时还存在宣传力度不够，办卡手续复杂，特约网点数量少且分布不当，持卡消费不方便以及信用卡的安全等问题，使得我国的信用卡市场无论是从持卡人数量占人口总数的百分比，还是从信用卡的消费金额占全国总消费金额的百分比来说，和经济发达国家相比都还远远不够。因此，虽然目前总体来看，信用卡在我国具有广阔的市场前景，但是要使我国的信用卡市场有一个大的发展，逐步赶上或接近国际水平，在占领我国市场的基础上，进入国际市场，信用卡的发展将任重而道远。

3.2.4 借记卡

借记卡(Debit Card)在外形、用途和用之购物时可快速将资金转账到商户等方面，同信用卡相似，不同的是，它不像信用卡那样，靠增加债务，而是将顾客在银行存款账户上的资金直接划拨到商户的账户上。正因为借记卡具有这一公认的特点，使其具有低风险和低运行成本等优点，因此，金融机构愈来愈多地推广借记卡，并向几乎所有的存款客户提供借记卡服务，而不管其信用级别如何。随着 EFT 系统的发展，有更多的消费者更频繁地使用借记卡。现在，借记卡广泛用于 ATM 交易和 POS 交易，是用于代替现金和支票的一种主要手段，因而大大推动了全球借记卡业务的发展。

1. 借记卡的性质

借记卡也称资产卡(Asset Card)。它是一张银行卡，标识持卡人是某特定银行的客户，即该持卡人在该银行有存款；它能为电子银行系统中的自助终端(ATM、POS)所识别，是启动这种终端交易的一把钥匙；借记卡向持卡人提供一种方便的支付机制，其办法是直接减少持卡人的资产，而不是像信用卡那样增加债务；借记卡同适当的支付体制相结合，可在购物交易中代替现金和支票。

2. 借记卡交易的处理过程

在发达国家，金融机构推出借记卡之前，已经建立了完善的信用卡授权系统和处理系统。因此，借记卡系统是将原有的信用卡系统在功能上加以扩充，使之既能处理信用卡交易，又能处理借记卡交易。一个典型的借记卡系统的业务操作如图 3-2 所示。作借记卡交易时，涉及四个参与者：持卡人、商户、金融机构，以及地区性或全国性的银行卡组织。从图中可看出，借记卡同信用卡一样，有如下三种主要用途：在指定的特约商店购物消费，在各成员银行存取现金，在 ATM 上存取现金。

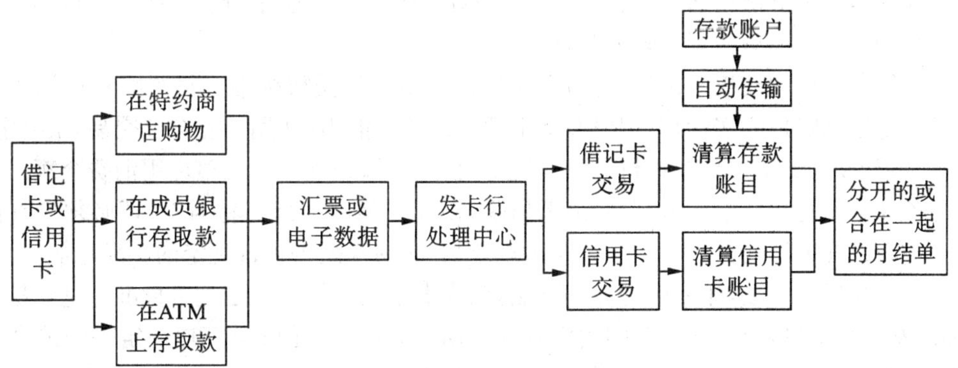

图 3-2 借记卡系统的业务操作

提供给借记卡持卡人的各项服务，依发卡行所提供的条件而定。在成员行存取现金是借记卡的一项经常性服务，是典型的存款账户通存通兑服务。在ATM上存取款是上述服务的一种延伸，由持卡人自助完成。用借记卡进行购物消费的过程同信用卡购物消费的过程类似，两者之间的主要区别在于交易的账务处理方法不同。借记卡是作扣账处理，而信用卡是作挂账处理。由于这两种卡的账务处理方法不同，从而使两者的交易授权处理方法也不一样。

3. 借记卡交易的授权

同信用卡系统一样，如果借记卡交易是脱机处理，交易额低于最低标准限额，则由商户检查“止付表”和其他核实手段，以决定是否核准这笔交易；若高于最低标准限额，则该商户必须打电话到收单银行的授权中心请求核准，必要时，收单行的授权中心还须通过地区性的或全国性的授权网络向发卡行的授权中心请求核准。如果借记卡交易是联机处理，则全部交易都发送到发卡行的授权中心进行授权处理。

(1) 授权中心的类型

发卡行授权中心的设置方案有两种：

① 借记卡的授权中心同已有的信用卡授权中心结合在一起。如果已有的信用卡授权中心尚有多余的容量，根据借记卡交易的需要，适当修改参数后，就可将借记卡的授权中心与信用卡的授权中心通过接口统一起来。采用这种方案时，成本低，效率高，实现起来也较快。

② 将借记卡授权中心置于存款账户系统。采用这种方案时，或者通过信用卡授权中心，或者通过地区性或全国性的授权网络的一个直接接口，把一笔借记卡交易发送到存款账户系统。在这里，集中控制借记卡购物交易、ATM交易和出纳员终端交易。这种做法的优点是风险最小，缺点是要研制开发新软件，费用较高。

(2) 授权文件的类型

授权中心是根据授权文件来决定是否核准一笔借记卡交易请求的。授权文件有负文件(Negative File，也称消极文件)和正文件(Positive File，也称肯定文件)两种类型。

负文件仅列出成员行已经中止使用的账户表。对于每个没有中止的账户来说，有效的消费限额是相同的。依据这种负文件的授权系统，响应最快，安装与维护的费用也最低。这种授权系统，不区分具有不同消费能力的持卡人，即不管该账户当前的存款余额有多少，所有持卡人的消费限额都相同。这种做法虽然简单，但不尽合理，银行也不能从支付能力高于平均水平的持卡人那里得到更多的收益。

在使用正文件的授权系统里，对每个账户建立不同的授权标准。每个账户可用于消费的金额是依据该账户的实际存款余额，加上适当的透支能力(适用于复合卡交易)来决定的。当发生一笔存款、支票承兑或授权一笔借记卡交易时，都必须及时调整可用消费金额。

为了保护银行和持卡人的利益，减低风险，核准一笔借记卡交易与否，还必须检查该借记卡在一天或几天里的交易次数是否超过规定数，交易额是否超过规定的交易总额。

如果授权通信失败，作为一种补助办法，允许根据负文件来决定是否批准一笔交易。此外，如果发卡行下班，或在规定时间内没有响应，有的发卡行还可给商户规定一个最高的授权交易金额，例如MasterCard的授权交易金额为＄150。

(3) 授权标准

在建立授权标准时，发卡行可采用四种方案，即存款账户余额、存款账户余额加上预授权的透支能力、存款余额加上内部信用限额和采用信用限额。

前两种方案不说自明。采用带内部信用限额的方案时是假设持卡人非经常持卡购物，且内部信用限额是根据其存款余额，或存款余额加上透支能力来决定的。第四种授权标准，不是基于存款余额，而是基于一种可用信用限额，虽然这种方案易于实现，但可能混淆借记卡和信用卡的特性。

如果持卡人不及时补充存款余额，持卡人的消费能力可能很快耗尽，为了对持卡人的持卡交易提供最大的支持，各银行常采用存款账户余额（如适宜的话还可加上适当透支）加上一种内部信用限额作为授权标准。如果不采用内部信用限额时，则允许10%～15%的缓冲额施加到授权参数中去，这样做可以大大减少拒绝授权的数量，而银行面临的损失又不会有明显的增加。

3.2.5　IC卡

IC卡是集成电路卡（Integrated Circuit Card）的英文简称，在有些国家也称之为智能卡、智慧卡、微芯片卡等。将一个专用的集成电路芯片镶嵌于符合ISO 7816标准的PVC（或ABS等）塑料基片中，封装成外形与磁卡类似的卡片形式，即制成一张IC卡。当然也可以封装成纽扣、钥匙、饰物等特殊形状。IC卡的最初设想是由日本人提出来的。1969年12月，日本的有村国孝（Kunitaka Arimura）提出一种制造安全可靠的信用卡方法，并于1970年获得专利，那时叫ID卡（Identification Card）。1970年，法国人罗兰·莫雷诺（Roland Moreno）第一次将可进行编程设置的IC（Integrated Circuit）芯片放于卡片中，使卡片具有更多的功能。当时，他对这项技术的描述是：镶嵌有可进行自我保护存储器的卡片。这样就诞生了世界上第一张IC卡。1974年，罗兰·莫雷诺发明了带集成电路芯片的塑料卡片，并取得了专利权，这就是早期的IC卡。1976年法国布尔（Bull）公司研制出世界第一张IC卡。1984年，法国的PTT（Posts, Telegraphs and Telephones）将IC卡用于电话卡，由于IC卡良好的安全性和可靠性，获得了意想不到的成功。随后，国际标准化组织（ISO）与国际电工委员会（IEC）的联合技术委员会为之制订了一系列的国际标准、规范，极大地推动了IC卡的研究和发展。

IC卡较之以往的识别卡具有以下特点：一是可靠性高——IC卡具有防磁、防静电、防机械损坏和防化学破坏等能力，信息可保存100年以上，读写次数在10万次以上，至少可用10年；二是安全性好；三是存储容量大；四是类型多。从全球范围看，现在IC卡的应用范围已不再局限于早期的通信领域，而广泛地应用于金融财务、社会保险、交通旅游、医疗卫生、政府行政、商品零售、休闲娱乐、学校管理及其他领域。

1. IC卡的分类

IC卡是在塑料卡上封装一个非常小的微型集成电路（IC）芯片，用以存储记录数据。依据IC卡上是否含有CPU和其他元件，可将IC卡分为存储卡、加密存储卡、智能卡和超级智能卡；依据IC卡的结构区分，可将IC卡分为有外部接触点的接触式卡和没有外部接触点的非接触式卡。

（1）按集成电路的组成分类

① IC存储卡，也称记忆卡（MemoryCard）。该卡含有集成电路存储器，具有存储功能，

其存储容量可比磁卡大100倍以上。这种卡中含有数据存储器(EEPROM)、工作存储器(RAM)或程序存储器(EPROM),但是不含CPU。它可存储持卡人的个人信息和账户信息,并能为POS终端机读取,但也存在与磁卡一样的安全缺陷。

② 加密存储卡。它在存储卡的基础上增加加密逻辑,其实质是一次性的加密卡,如电话储值卡,它保持了存储卡的价格优势。

③ IC智能卡(Smart Card)。它是20世纪80年代初推出的。IC智能卡是在塑料卡片中嵌入含有微处理器、存储器和输入输出接口的IC芯片,因此,该芯片除了具有存储卡的存储功能外,还具有信息处理功能。这种IC智能卡,可提供磁卡所不具有的数据处理和数据储存功能。例如,IC智能卡内可存储安全控制软件,本身具有检验PIN、确定持卡人合法性的功能,其安全性比磁卡高得多。此外,由于其存储容量可高达64～256 KB,足以存储所有的交易记录,这样,就可以将钱的信息写入IC片中,使IC卡成为现金卡,同时可免除联机授权处理的需要,因此允许脱机使用,从而可以大大降低作业成本。这对于通信不发达的国家和地区尤其适合。

④ 超级智能卡。它除了具备IC智能卡的功能外,还有自己的键盘、液晶显示器和电源,实际上是一部卡片式微型计算机。

(2) 按卡与外界数据交换的界面不同分类

① 接触式IC卡。接触式IC卡的集成电路片被连接到一块含有电路板的金色接触片上。IC卡在使用时,通过芯片上的八个(或六个)接触点与终端机读卡器读头接触,并由读卡器提供电源,由该读头读IC片上的信息。读卡器读入数据后,由计算机判断卡片是否有效,经过相应的程序处理,计算机对读卡器发出读(写)指令;IC卡收到指令后,经过自身的CPU运算,判断是否为非法用户,若不是非法用户,则进行读(写),否则拒绝计算机的读写指令。目前生产的IC卡,还可在IC智能卡的基础上贴磁条,其规格和要求既符合磁卡的国际标准(ISO 2984,ISO 3554),也符合智能卡的国际标准(ISO 7816,ISO 9992)。这种卡既可作智能卡用,也能作磁卡用,其实质就是复合卡。国内交通行业的接触式IC卡主要用于出租车计费,目前在上海的应用较为领先。

② 非接触式IC卡。近几年才发展起来的射频卡是目前广泛使用的非接触式IC卡。它成功地将射频识别技术和IC卡技术结合起来,这样,不带电池的非接触式IC卡,就可由读写设备通过无线方式供电,再经过卡片内的稳压电路产生芯片工作所需的直流电压(2～3伏特);并通过射频接口电路接收来自(或发送至)读写设备的无线信号。射频卡中的芯片电路由射频接口、存取控制和存储器三个模块组成。

一般而言,射频卡的读写有效距离为10厘米、交易时间小于0.1秒,在交通等行业的应用能显著节省时间,提高效率。此外,由于射频卡具有方便快捷、可靠性好、安全性高、抗干扰性强以及可有多种工作距离等特点,它将具有广泛的应用前景,将是IC卡的发展方向之一。

③ 双界面卡。将接触式IC卡与非接触式IC卡组合到一张卡片中,操作独立,但可以共用CPU和存储空间。

(3) 按卡与外界进行交换时的数据传输方式不同分类

① 串行IC卡。IC卡与外界进行数据交换时,数据流按照串行方式输入输出,电极触点较少,一般为6个或者8个。由于串行IC卡接口简单、使用方便,目前使用量最大。国际标

准ISO 7816所定义的IC卡就是此种卡。

② 并行IC卡。IC卡与外界进行数据交换时以并行方式进行，有较多的电极触点，一般在28到68之间。主要具有两方面的好处，一是数据交换速度提高，二是现有条件下存储容量可以显著增加。

(4) 按卡的应用领域不同分类

① 金融卡。也称为银行卡，又可以分为信用卡和现金卡两种。前者用于消费支付时，可按预先设定额度透支资金；后者可作为电子钱包或者电子存折，但不能透支。

② 非金融卡。也称为非银行卡，涉及范围十分广泛，实际包含金融卡之外的所有领域，诸如电信、旅游、教育和公交等等。

2. IC卡的使用模式

目前世界上使用IC卡的模式，主要有普通IC卡、电子存折卡和电子钱包卡等三种模式。

(1) 普通IC卡模式。采用这种模式时，IC卡只作IC信用卡。此时，IC片中存储的信息内容与磁卡中的相同，其功能也与磁卡相同。脱机操作时，授权限额以上的消费仍需通过信用卡中心联机到银行主机中去查询、授权和转账。同磁卡相比，采用IC卡只是提高了保密、安全及防伪性。这种卡的IC片中，不存储货币余额，也就没有货币概念的存在。这种模式适用于通讯系统高度发达、授权系统运作迅速的国家。法国银行于20世纪90年代初就用IC卡作信用卡，并很快得到普及。VISA国际组织和MasterCard国际组织在其系统上推广运行IC卡，将促进全球推广使用IC卡。

(2) 电子存折IC卡模式。这种IC卡是电子存折式的有密码的IC现金卡。与前述的IC信用卡相比，在这种IC卡中，除了记录有持卡人的个人资料和密码信息外，还写入了持卡人的存款余额。这种卡的出现，使银行卡具有了新的功能：一方面，现金卡本身就是“钱”，它可以用作消费，作为支付手段；另一方面，该卡由密码方式保护，持卡人的真正的“钱”，是存在持卡人的银行卡账户上的，因此又具有借记卡的性质。所以，如果卡片丢失或受损，持卡人的钱并未丢失。采用这种现金卡时允许脱机操作，即可直接通过卡——机(POS终端机)对话的方式接受支付，而无需银行授权，这就大大提高了交易处理速度，使“交易无纸化”、“减少现金流量”有可能成为现实。

(3) 电子钱包IC卡模式。该模式的特点：

① 卡片上不设密码。持卡人无须到银行办理任何手续，就可在有关的商户销售点买到这种卡片。

② 卡片中的“钱包”里的钱用完后，还可通过特定的圈存机向钱包里圈存。

③ 由于卡片中不设密码，卡片丢失后，卡片中的钱也就丢失了。因此这种IC卡只作小面额卡。

④ 当大额消费时，仍然用磁卡授权方式；小额消费则用电子钱包，从而省去小额找零钱及需要带小额零钱的不便。

⑤ 由于电子钱包不设密码，交易处理速度更快，有时超过现金消费速度。

总之，IC卡作为银行卡，是20世纪90年代才开始发展起来的新型的银行卡，具有广阔的发展前途。银行推出IC现金卡，是银行界继推出信用卡和借记卡之后的又一项重大举措。IC现金卡作为银行卡时，就不仅仅像磁卡那样是一种信用证明，而且还是一种直接的支付手段，成为货币的另一种表现形式。它的推广应用，必将对支付体制产生重大的影响。

3. IC卡的发展

自从第一张IC卡在法国诞生以来，在银行界得到了迅速的推广应用。1985年法国银行发行1 600万张智能卡，2000年，全球发行的IC卡型信用卡超过5亿张，其中60%以上在欧洲。目前，一些电话卡、医疗保健卡和借记卡都有嵌入的芯片，这些芯片包含钱、健康信息和账户信息，在欧洲发行的每张借记卡都包含所有者和账户的信息。在美国也有越来越多的人开始接受它，VISA国际组织于1992年6月推出自己的IC卡，到1999年，它已经联合全球一百七十多个银行发行了2 300万张IC卡。2000年，亚洲占据约30%的市场。我国自主开发的公用电话IC卡已大批量投入使用；移动手机SIM卡研发成功，并已获批准入网使用。我国“金卡”工程的试点海南省、上海市都在采用IC卡作现金卡。

1993年VSIA、MasterCard和Europay等信用卡组织联合创立了VME标准，并于1996年修订完毕。该标准定义了银行使用IC卡的协议、数据和指令，它提供了除卡内部保护机制之外的附加安全措施。2003年，它们还共同开发了一个VME卡个人化的通用标准。

以“SmartCard”闻名的布尔公司的子公司——CP8擅长电子钱包系统，他们除了为欧洲的比利时、瑞士、土耳其等国家的主要银行建立电子钱包系统外，还与国际金融财团签下金额高达57 000万美元的电子钱包合同。1998年7月，欧洲信息技术集团布尔公司推出命名为“奥德赛”的JAVA智能卡。“奥德赛”是一种多功能智能卡，它提供VISA标准的信用和借记功能，并留有足够的内存，其性能可完全满足市场的需要。

1998年6月，渣打银行与GemPlus公司、VISA国际组织、Sun公司也展示了基于VISA开放标准的Java Card。这种智能卡符合当今信用卡的两大工业标准，即VISA开放平台和基于Sun公司定义的Java Card的应用编程接口Java Card API。

现在，国际上许多银行已经采用Java Card技术拓展自己的产品和服务范围。例如，花旗银行已把Java Card卡平台作为智能卡基础设施的标准，它推出的VISA Cash最新版就是采用Java Card。

1998年10月，微软公司宣布开发智能卡操作系统。这种智能卡可成为人们访问网络、利用网络资源的工具，其功能包括公司认证、拨号上网、网上银行业务、信用、借记、电子钱包及会员制等。

2003年，美国运通公司开发了一种名为Express - Pay的非接触式芯片卡，以用于需要快速、方便地进行大量小额交易的商户。

GemPlus公司在我国推出了称作GemGold的IC卡，它集中了电子储蓄和电子钱包的功能。

银行推出IC现金卡是银行界继推出信用卡和借记卡之后的又一项重大举措。

3.3 网络货币

3.3.1 电子信用卡

1. 电子信用卡简介

信用卡是日常生活中比较常用的支付工具，在欧洲，信用卡支付工具尤为发达，持卡者可在商场、饭店、车站等许多场所消费结算，借助刷卡记账、POS结账、ATM提取现金等方式实现有效的支付。

电子信用卡是信用卡类型的电子货币，它以信用卡为基础实现网上的电子支付。信用卡类型的电子货币在网上应用较为成熟，是目前 Internet 网上支付工具中使用积极性最高、发展速度最快的一种。主要有 Internet Cash、招商银行的“一网通”、E-Cash SERVICES、CyberCash 和 First VirtualHolding 等。VISA 和 MasterCard 联合制定的安全电子交易规范 SET 可更好保证信用卡类型电子货币的安全使用。

网上最大的也是最著名的书店 Amazon. com 和国际域名管理机构 Internic. net 都是应用网上信用卡实现实时清算系统进行收款。Amazon 提供的是看得见的产品，而 Internic 提供的是服务，因此，无论是商品还是服务都可以方便地用电子信用卡来实现更快、更方便、更安全的实时支付。随着电子商务的不断发展，人们逐渐开始意识到通过国际互联网推销产品的优越性，与此同时，网上信用卡实时清算的优势也已渐渐引起人们的关注。

2. 电子信用卡的种类

根据信用卡信息在网上处理方式的不同，电子信用卡可以分成两大类：

一类是实时处理的电子信用卡，在 SET 协议支撑下，消费者在网上购物时将信用卡信息通过 Internet 传送至特约商户，商户再将数据集成传至信用卡取款银行，然后通过原有的信用卡清算系统完成支付结算，如 Internet Cash、招商银行的“一网通”、E-Cash SERVICES、CyberCash 等都属于这种模式。

另一类是通过 E-mail 的方式传递信用卡信息。消费者预先在接受该项服务的公司登记自己的信用卡信息，当在网上购物并确认购物信息后，发送 E-mail 给该公司，由其将消费者的信用卡信息通过专用的金融网络传递到信用卡公司请求授权，授权成功则实现支付结算，如 First VirtualHolding 就属于这种处理模式。

3. 电子信用卡的运作

不同的电子信用卡其处理方式、运作机制也相应不同，这里以 CyberCash(http://www. cybercash. com)为例介绍电子信用卡的一般运作方式。

CyberCash 是于 1995 年 4 月开始在 Internet 上为商户和客户提供实时信用卡支付服务的系统。CyberCash 以信息加密技术和数字签名技术为基础，为每位用户(客户和商户)建立信用档案，并为每位用户设置公开密钥，通过 CyberCash 专用软件，为客户提供可以连接多张信用卡的电子支付服务。

CyberCash 具有安全可靠、实时高效、开放多功能等特点。

(1) 安全可靠。CyberCash 系统软件内部具有独特的安全功能，采用信息加密技术在 Internet 上直接传递信用卡的有关信息，系统使用的密钥长度为 768 bit(二进制位)，所以有着极高的安全性。

(2) 实时高效。CyberCash 支持信用卡支付的一系列过程(包括认证过程)是在 Internet 上实时进行的，不经过其他中介环节，能实现实时销售。

(3) 开放多功能。CyberCash 系统使用专用软件，不受计算机机型和浏览器软件种类的限制，在各种各样的环境中均可有效发挥作用。同时，CyberCash 系统充分估计了用户需求和未来的技术进步因素，为不断提供新形式的服务构筑了宽广的工作平台，用户可以选择多种不同的结算方法，如信用卡、支票、现钞的电子化结算方法等。

CyberCash 的电子信用卡处理流程如图 3-3 所示。客户首先要在 CyberCash 上免费下载电子信用卡处理软件，该软件不受计算机型号、浏览器软件种类的限制，运行该软件后登录信用卡资料信息，包括信用卡公司名称、卡号、有效期限等，允许登录多张信用卡以备用。

到 CyberCash 免费下载电子信用卡处理软件
↓
登录一张或多张信用卡信息
↓
消费者到网上商店选择商品
↓
商品确定后选择结算方式，激活 CyberCash
↓
CyberCash 列出可以选择的信用卡
↓
消费者选择用于本次购物结算的信用卡
↓
消费者对支付信息、交易信息进行数字签名
(SET 的双重签名发挥作用)并一起传送到网上商店
↓
网上商店解密交易信息确认后加上商户
的数字签名传送给 CyberCash 请求授权
↓
CyberCash 通过专用网络向
信用卡公司请求授权
↓
授权成功实现实时支付

图 3-3 CyberCash 的运作流程

然后消费者到 CyberCash 网上特约商户选择商品，所有商品确定后就可以选择结算方式，此时激活 CyberCash 的图标，CyberCash 软件立刻自动运行，并列出事先登录的该客户的信用卡清单供选择，消费者选择其中一张用于本次购物结算的信用卡，并用鼠标点击"Pay"按钮。于是，支付信息(包括信用卡信息和支付金额)自动被加密，连同商品的订购信息一起授信给相应的特约商户。在 SET 协议的作用下对消费者的支付信息、交易信息进行数字签名并一起传送到网上商店，SET 的双重签名发挥作用，使得商店只能得到交易信息，而信用卡公司只能得到账户信息。

网上商店收到客户的信息后解密交易信息并加以确认，将支付请求信息和消费者的信用卡信息加上商户的数字签名传送给 CyberCash 请求授权，CyberCash 通过原有的金融专用网络向信用卡公司请求授权。CyberCash 对来自商户的信息进行确认后(通过专用软件在与 Internet 隔离的环境中解密，对卡的确认则通过以往使用的专用信用卡授权网络进行)，再把信息发给银行。同时，CyberCash 利用商户和客户的公开密钥，对成功或失败的信息进行加密，然后传给商户和客户。银行授权成功立即实现实时支付，贷记消费者账户，商店账户上的资金相应增加。商户回复给客户签名的数据，以证实交易的完成，同时发送货物。

3.3.2 电子现金

1. 电子现金简介

电子现金(Electronic Cash)，又称数字现金，是纸币现金的电子化。广义上来说是指那些以数字(电子)的形式储存的货币,它可以直接用于电子购物。狭义上通常是指一种以数字(电子)形式存储并流通的货币,它通过把用户银行账户中的资金转换为一系列的加密序列数,通过这些序列数来表示现实中的各种金额,用户用这些加密的序列数就可以在Internet上允许接受电子现金的商店购物了。

电子现金兼有纸质现金和数字化的优势,具有安全性、方便灵活、匿名性、处理效率高、成本低的特点,表现在以下几个方面:

(1) 安全性。随着高性能彩色复印技术和伪造技术的发展,纸币的伪造变得更容易了,而电子现金是高科技发展的产物,它融合了现代密码技术,提供了加密、认证、授权等机制,只限于合法人使用,能够避免重复使用,因此,防伪能力强;纸币有遗失、被偷窃的风险,而电子现金没有介质,不用携带,没有遗失、失窃的风险。

(2) 匿名性。现金交易具有一定的匿名性和不可跟踪性。而电子现金由于运用了数字签名、认证等技术,也确保了它实现支付交易时的匿名性和不可跟踪性,维护了交易双方的隐私权。

(3) 方便性。纸币支付必须定时、定点,而电子现金完全脱离实物载体,既不用纸张、磁卡也不用智能卡,使得用户在支付过程中不受时间、地点的限制,也不需要像电子信用卡那样的认证处理,因此,使用更加方便。

(4) 成本低。纸币的交易费用与交易金额成正比,随着交易量的不断增加,纸币的发行成本、运输成本、交易成本越来越高,而电子现金的发行成本、交易成本都比较低,而且不需要运输成本。

2. 电子现金的种类

目前,电子现金的类型有多种,不同类型的电子现金都有其自己的协议,用于消费者、销售商和发行者之间交换支付信息。每个协议由后端服务器软件——电子现金支付系统和客户端的“电子钱包”软件执行。

电子现金支付已经有几种典型的实用系统开始使用,如Netcash,E-Cash,CyberCoin,Micropayments等。

Netcash是一种可记录的匿名电子现金支付系统。它利用设置分级货币服务器来验证和管理电子现金,以确保电子交易的安全性。

E-Cash是由Digicash公司开发的在线交易用的无条件匿名的电子货币系统。它通过数字形式记录现金,集中控制和管理现金,是一种安全性很强的电子交易系统。

Micropayments是由IBM公司研制开发的一个专门用于Internet处理任意小额的交易,适合在Internet上购买一页书、一首歌、一段文字、一个笑话等的微小支付。由于这种支付的特殊性,以至在传统的支付形式下较难实现,在Internet上通过微支付传输协议(Micro Payment Transport Protocol,简称MPTP,该协议是由IETF制定的工作草案),解决了每个商品交易的发送速度与低成本问题。其他的如Compaq与Digital开发的Millicent,CyberCoin等。

电子现金以其方便、灵活的特点可以用于Internet上的小额消费结算,如购买Internet上的即时新闻、软件租用、网上游戏、Internet电话甚至一篇文章、一首音乐或图片等。

3. 电子现金的运作

电子现金的运作机制如图3-4所示。例如银行的客户王华进入Internet网上银行,使用一个口令(Password)和个人识别码(PIN)来验明自身,在他的客户端“电子钱包”软件中随机产生一个代表一定货币价值的序列号(类似于造币时先要生产一个“坯饼”),然后套上数字信封(这样就没有人可以搞清是谁提取或使用了这些电子现金,这种方式对于保护个人隐私权作用很大),发送到他的开户银行,要求制作电子现金。银行接收到王华的信息后,从他的账户中扣除所需价值的货币额,并且用银行的数字签证为他的序列号和数字信封作加工(类似于造币时要印刷、签中央银行的发行标记、作防伪标记等),在这个过程中银行不记录任何与王华的这个特定的货币或王华的数字信封有关的任何信息,以确保客户在用电子货币交易时的匿名性,加工完毕发送给王华。王华接收到银行发还的制作好的电子货币后,将电子货币从数字信封中取出放在它的硬盘中,随后就可以随时匿名地使用了。当王华使用该电子货币时,交易商接收到以后就将该电子货币发往王华的开户银行请求授权、认证,银行根据自己的数字签名进行确认,交易商账户上的资金额增加一个相等的量,在这个过程中交易商只能看到银行的签字,而无法看到消费者本人的签名。

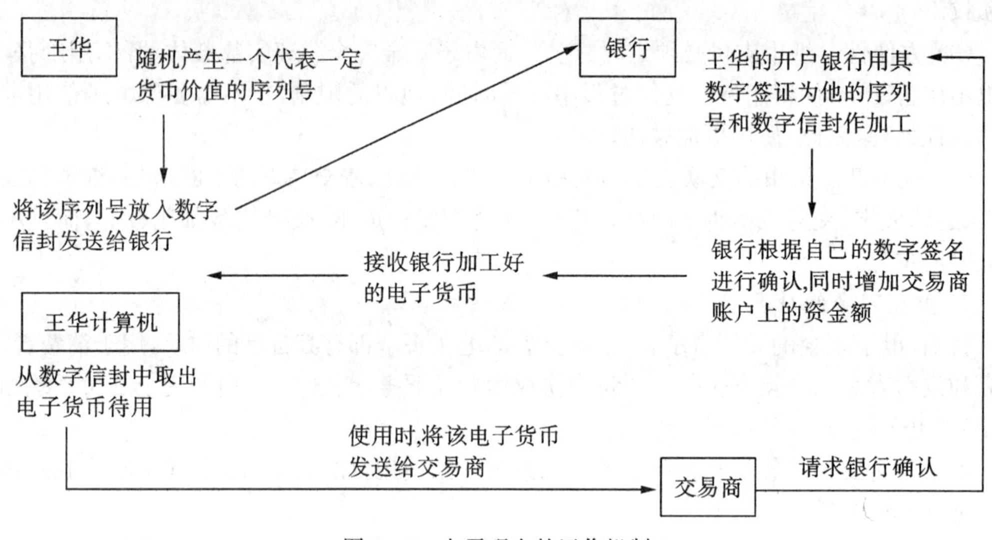

图 3-4　电子现金的运作机制

3.3.3　电子支票

1. 电子支票简介

电子资金传输就是电子支票系统,目前一般通过专用网络系统进行企业转账支付,今后将逐步过渡到公用互联网上进行传输。电子支票系统的特点是支付过程中操作直接针对账户,对账户的处理即意味着支付的进行,是一种“即时付款”的支付办法。在支付过程中由于发起人不同又可分为付款人启动的支付和接收人启动的支付。在此系统中,付款人对支付的确认意义十分重大,这就需要一些确认的手段,如支票。于是这一系统又包括直接转账的支付系统和电子支票支付系统。由于涉及账户,此系统也必须在线操作,不允许透支。

电子支票是网络银行常用的一种电子支付工具。支票一直是银行大量采用的支付工具之一。将支票改变为带有数字签名的电子报文,或利用其他数字电文代替传统支票的全部信息,就是电子支票。利用电子支票,可以使支票的支付业务和支付过程电子化。网络银行和大多数银行金融机构,通过建立电子支票支付系统,在各个银行之间发出和接收电子支票，向客户提供电子支付服务。电子支票系统通过剔除纸面支票，最大限度地开发了现有银行系统的潜力。

电子支票是一个形式十分多样的系统，如：

① 通过银行自动柜员机(ATM)网络系统进行普通费用的支付。

② 通过跨省市的电子汇兑、清算，实现全国范围内的资金传输。

③ 大额资金在海外银行之间的资金传输。

④ 每月从银行账户中扣除电话费等。

电子支票系统包含三个实体——购买方、销售方及金融中介。在购买方和销售方做完一笔交易后，销售方要求付款。购买方从金融中介那里获得一个唯一凭证(相当于一张支票)，这个电子形式的付款证明表示购买方账户欠金融中介钱。购买方在购买时把这个付款证明交给销售方，销售方再交给金融中介。整个事务处理过程就像传统的支票查证过程。但作为电子方式，付款证明是一个由金融中介出文证明的电子流。更重要的是，付款证明的传输及账户的负债和信用几乎是同时发生的。如果购买方和销售方没有使用同一家金融中介，将会使用金融中介之间的标准化票据交换系统，这通常由国家中央银行(国内贸易)或国际金融机构(国际事务)协同控制。

电子支票具有下列优点：

① 与传统支票十分相似，客户不必再接受培训，且因其功能更强，所以接受度很高。

② 适宜做小额的清算。电子支票的传统的密码加密方式比以公开密钥加密的系统容易处理。收款人、收款人银行和付款人银行都可以使用公开密钥来验证支票。电子签名也可自动验证。

③ 公司企业可以将其作为内部资源管理工具使用，好比公司内部现金的一种形式，以比现在更省钱的方法，通过网络来完成支付。除此以外，由于支票内容可以附在贸易对方的汇票资料上，所以电子支票容易与 EDI 应用的应收账款整合。

④ 电子支票技术可连接公众网络金融机构和银行票据交换网络，以达到通过公众网络连接现有金融付款体系。

2. 电子支票的运作

电子支票系统目前一般是专用网络系统，国际金融机构通过自己的专用网络、设备、软件及一套完整的客户识别、标准报文、数据验证等规范化协议完成数据传输，从而控制安全性。系统在专用网络上应用具有成熟的模式，例如 SWIFT 系统，其应用范围主要是企业与企业之间(如银行与银行或银行与普通企业之间)。为了保证报文传输的可靠、完整与安全，SWIFT 主要从以下三个方面进行安全控制：

(1) 客户身份与操作合法性检查，包括客户口令机制与读写控制。

(2) 数据完整性控制，即对传输数据进行校验，排除介质故障和篡改。

(3) 数据安全控制，即对数据进行加密，防止窃听。

公用网络上电子支票系统用于发出支付和处理支付的网上服务。付款人向收款人发出电子支票，即一个经付款人私钥加密的写有相关信息的电子文件，收款人将其存入银行，以取出现金。电子支票由客户计算机内的专用软件生成，一般应包括支付数据(支付人、支付金额、支付起因等)、支票数据(出票人、收款人、付款人、到期日等)、客户的数字签名、CA 证书、开户行证明文件等内容。目前人们正在开发几种系统来处理这样的业务，大部分系统仍处于设计阶段。许多系统是为那些通过 Internet 出售信息或小型软件程序的公司而设计的。几乎所有的方案都依赖第三方或经纪人，他们证实客户拥有买货的款额，也可以证实在客户付款前商家已交货。由于这个过程高度自动化，即使是交易额小至一美分，这种方式也很经济划算。

电子支票系统中主要的各方有客户、商家、客户的开户行、商家的开户行、票据交易所。票据交易所可由一独立的机构或现有的一个银行系统承担，其功能是在不同的银行之间处理票据。

客户使用可访问 Internet 上不同 Web 服务器的浏览器，可浏览网上的商店或商城。该浏览器同时还可向客户显示电子支票的格式。

一宗完整的电子支票业务由下述的若干步构成，这些步骤可分为三个不同阶段。第一阶段是客户的购买阶段；第二阶段，商家把电子支票发送给他的开户行，以得到现款；第三阶段，商家的开户银行通过交易所或客户的开户行兑换电子支票。

第一阶段(购买货物)：

(1) 客户访问商家的服务器，商家的服务器向客户介绍其货物。

(2) 客户挑选货物并向商家发出电子支票。

(3) 商家通过开户银行对支付进行认证，验证客户支票的有效性。

(4) 如果支票是有效的，商家则接收客户的这宗业务。

第二阶段(把支票存入商家的开户银行)：

(5) 商家把电子支票发送给他的开户行。商家可根据自己的需要，自行决定何时发送。

第三阶段(不同银行之间交换支票)：

(6) 商家的开户行把电子支票发送给交易所，以兑换现金。

(7) 交易所向客户的开户行兑换支票，并把现金发送给商家的开户银行。

(8) 客户的开户行为客户下账。

3.3.4 电子钱包

1. 电子钱包简介

所谓电子钱包是指装入电子现金、电子零钱、安全零钱、电子信用卡、在线货币、数字货币和数字现金等电子货币，集多种功能于一体的电子货币支付方式。它是顾客在电子商务活动中使用的一种支付工具，是在小额购物时常用的新式钱包。

电子钱包系统包括电子计算机系统、智能卡、刷卡设备、电子钱包服务系统、电子钱包微型阅读器、电子钱包终端以及其他协调统一系统的相关设备等，可以在具有中文环境的 Windows 2000、Windows XP 或 Windows NT 操作系统上运行。

电子钱包服务系统通常包括电子钱包管理的多项功能，如允许客户改变电子钱包使用的保密口令或保密方式，允许客户查看自己银行账户上的收付往来的电子货币账目、清单和数据；电子钱包服务系统中还有电子交易记录器，客户通过查询记录器可以了解自己的交易明细，也可以打印查询结果。

电子钱包微型阅读器是银行向客户提供的一种可以随时查看消费者交易余额的工具，该工具具有通信功能，消费者可以随身携带电子钱包微型阅读器，随时可以查看其电子钱包的余额，具有快捷、自由、灵活、方便的特点。

电子钱包终端包括专用终端和多功能、多用途终端。专用终端通常安装在银行柜台，只接受处理电子钱包的一些特殊功能，如检验电子钱包芯片工作的正常性等。多功能、多用途终端则通常安置在各商户，这些终端不仅能接收电子钱包，而且还能接收其他的支付工具，如信用卡、电子现金等。这些终端独立处理的能力比较强，体积小，易操作，灵活方便。

2. 电子钱包的运作

由于电子钱包种类不同，其处理方式、运作机制也相应不同，这里以中银电子钱包(E-wallet)为例，介绍电子钱包的一般运作方式。

中银电子钱包是中国银行推出的基于中国银行长城电子借记卡和长城国际信用卡的网上支付的服务产品。中国银行长城电子借记卡持卡人可以利用免费发送的电子钱包软件，使用长城电子借记卡实现人民币网上实时支付，使用长城国际信用卡并利用 Visa、MasterCard 两大国际信用卡组织指定的认证中心发放的电子证书，实现外币网上实时支付。中银电子钱包能够进行安全电子交易和储存交易记录，就像生活中随身携带的钱包一样。持卡人的借记卡信息和与卡对应的证书都存放在电子钱包里。一个电子钱包里可以存放不同品牌的多张卡，当持卡人进行电子交易时，可以打开钱包，随意选择想用的卡来进行支付。

中银电子钱包采用目前公认的信用卡/借记卡的网上交易的国际安全标准，即安全电子交易(SET)协议的方式，建立了完全符合国际标准的安全认证中心和支付网关，为客户提供安全、可靠、快捷、高效的电子商务支付结算。

中银电子钱包提供的安全电子交易具有以下特点：

(1) 确保信息的保密性。SET 协议通过多种先进的信息加密技术(如 DES、RSA 等)，确保数据信息在网络传输中的安全性。

(2) 确保支付信息的完整性。SET 协议利用散列(Hash)方法确保数字签名信息不会被改变和假冒。

(3) 不仅对商户进行认证，而且对持卡人也进行合法性认证。SET 协议运用数字签名、认证等技术手段对交易双方进行全面的认证。

中银电子钱包使用时对持卡人和商户双方的认证是通过电子证书来实现的。该电子证书由权威性的、公正的认证机构即认证中心(CA)来颁发和管理，每次交易时，都要通过电子证书对各方的身份进行验证。

中银电子钱包具有管理账户信息、管理电子证书、处理交易记录、导入导出信息、设置相关选项和更改口令的功能。

专题三：　　中银电子钱包

中银电子钱包(E-wallet)是一个可以由中国银行长城电子借记卡和长城国际卡持卡人，用来进行安全网上购物交易并储存交易记录的软件，就像生活中随身携带的钱包一样。

中国银行采用了国际公认的安全标准(SET，安全电子交易)以保证持卡人网上购物的安全性。即：涉及交易各方的数据，在发送时，均通过加密处理。所以商户只能看到消费者的订单信息，而银行只能看到有关支付信息，最大限度地保证了持卡人交易信息的安全性。此外，每笔交易都需要经过各方进行合法身份验证，确定无误后，才会进行。而中银电子钱包正是实现安全网上购物的重要组成部分。

3.3.5 Internet 微支付

1. Internet 微支付简介

所谓微支付,英文为 Micro Payment,简单来讲是用款额特别小的电子商务交易,类似零钱应用的网络支付方式。支付数额上,具体按美国情况发生的支付金额一般在 5 美元以下,中国相应为 5 元人民币以下,但这不是标准。目前的手机移动支付比较符合这种应用状况。另外,一些企业还开发了电子零钱系统,也是实现微支付的方式之一。例如,Millicent 钱包用的就是能够在 Web 上使用的一种叫做 Script 的电子令牌或电子零钱。Script 可被安全地保存在用户的 PC 硬盘上,用口令对其加以保护,可以像电子现金一样实现在线的灵活支付。电子现金或装在 IC 卡上的电子现金有时也用于微支付。

著名的 IBM 公司为电子商务中这种小额支付提供了较为成熟的微支付解决方案,有兴趣的读者可以登录 IBM 电子商务服务网站浏览相关内容。其实手机短消息支付就是微支付,一般每条 SMS 费用为人民币 0.1 元左右。

随着有线与无线宽带接入越来越普及,而 Internet 上这种微额商务越来越多,用户也越来越喜欢与依赖网络生活,微支付发生的次数越来越多,使用频率也就越来越高,因此,方便有效的微支付方式也是促进电子商务普及开展的重要因素。

微支付方式虽然属于电子或网络支付方式,但鉴于微支付的特殊应用目的,微支付方式设计与应用上必须达到以下目标:

(1) 很低的运作成本。这是首要解决的问题,需在支付机制上努力降低或取消不必要的费用。

(2) 结算快捷,即延迟时间可以达到被忽略的程度。

(3) 操作简单方便,实现"单击就可支付"。界面设计上尽量简单实用,交互次数少。

(4) 普遍性和可伸缩性。可以支持互操作性系统、使用多种货币结算等功能。

(5) 购买、销售、管理均很容易。比如借助手机存储、充值等就是不错的方法。

(6) 用户易于接受,保证一定的安全。可以结合其他营销方式等来优化用户的应用感受。

2. Internet 微支付运作

为了简化,这里只考虑四个参与实体(没有资金转换者即银行)来描述最主要的微支付业务处理流程,即微支付的一般应用模式。微支付的一般业务处理流程如图 3-5 所示。

在上述微支付业务处理流程中,能够优化整合最频繁的购买,把微支付信息附在 Internet 购买序列中以减少额外通信,并在保证一定安全的前提下最小化密码处理,以提高支付效率。通常,微支付购买不涉及任何额外信息。

购买者应用微支付系统时,将向销售者发出一个带有数字签名的微支付购买序列,并附加在一般的 GetURL 消息中。支付序列(Payment Order)也包括一个每日证书(Daily Certificate),每天由 Internet 访问提供者(IAP)提供。销售者可以验证这个证书中 IAP 的数字签名,从而确认购买者是有效的,并取得购买者的公钥,以加密关键的交互信息。

在一个不太长的周期内,销售者集中所有购买者的所有支付序列,形成单个的带有销售者数字签名的转账消息(Deposit Message),发送 Internet 服务提供者(ISP),这是清算处理的开始。

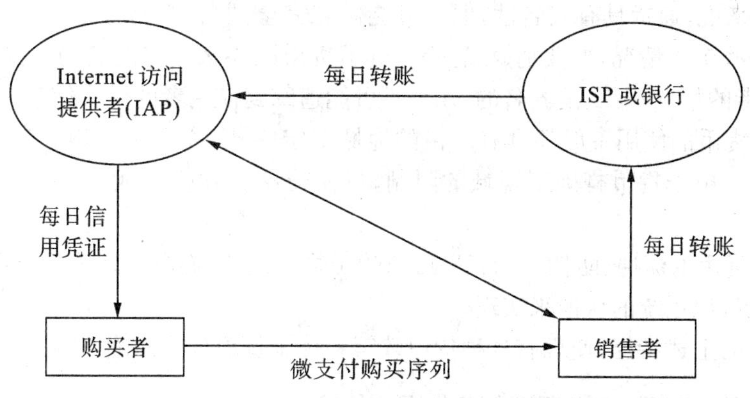

图 3－5 微支付的一般业务处理流程示意图

ISP 定期收集其负责的所有销售者的支付，将这些支付转到相应的 IAP，借助批量处理方式，可以降低处理费用，它类似支票的使用。

总之，在 Internet 今后的发展中，随着网络产品与服务的大大丰富，专门针对 Internet 微额支付结算的微支付方式的发展与应用前景极为广阔。移动通信技术的进步促进更加新颖的移动商务的发展，使移动支付方式也迅速发展。很多移动支付方式，如手机的短消息支付与 STK 支付均是很好的微支付方式；IC 卡应用日益广泛，也可作为电子零钱的存储与应用媒介而用于微支付，使微支付方式日益多样化，方便消费者的使用。

3.4 电子货币理论研究

电子货币是中国的刀币、铜币等被国家法定货币取代以来，货币形式发生的第二次标志性变革。中世纪的变革，打破了国家作为货币供给单一主体的格局，逐步形成了以中央银行为核心的银行货币创造体系。这次变革又直接对现有体系提出挑战，并对中央银行的地位、货币政策以及金融监管都将产生直接或间接的影响。

3.4.1 电子货币与传统货币的区别

电子货币作为一种货币或代币，非常类似于通货。它具有传统货币的一般属性，如主要用于小额交易；在商品交易支付中，交易行为的自主性，交易条件的一致性，交易方式的独立性和交易过程的可持续性；并且容易分割，便于携带等特性。

与传统通货相比，电子货币的主要区别在于：

(1) 发行者不唯一。众所周知，一国的货币是由中央银行或特定机构垄断发行的，中央银行承担其发行的成本与收益。而电子货币的发行既有中央银行，也有一般金融机构，甚至非金融机构，而且更多的是后者。货币发行的“非中央银行化”，是对现有货币理论的最大挑战。

(2) 传统货币是以中央银行和国家信誉为担保的法币，是标准产品，由各个货币当局设计、管理和更换，被强制接受和广泛使用。而目前的电子货币大部分是不同的机构自行开发设计的带有个性特征的产品，其担保主要依赖于各个发行者自身的信誉和资产，风险并不一致，使用范围也受到设备条件、相关协议等的限制。

(3) 一般来说，通货具有匿名性，但不可能做到完全匿名，交易方或多或少地可以了解到使用者的一些个人情况，如性别、相貌等。电子货币则要么是非匿名的，可以详细记录交易、甚至交易者的情况；要么是匿名的，几乎不可能追踪到使用者的个人信息。

(4) 传统货币的使用一般都具有严格的地域限定，一国货币一般都是在本国被强制使用的唯一货币。电子货币打破了境域的限制，只要交易双方认可，可以使用多国货币进行交易。

(5) 传统货币的流通、防伪、更新等，可依赖于物理设置，而电子货币只能采取技术上的加密算法或从认证系统的认证来实现。

电子货币的上述特征，使现有各种货币政策和传统货币理论面临着挑战。

3.4.2　电子货币对货币职能的影响

对于货币，一般认为有价值尺度、支付手段、流通手段、储藏手段和世界货币等职能。具体到电子货币这种先进的货币形式，不但具有这五种职能，而且随着高科技的迅猛发展和发达商品经济的需要，还派生出了许多新的功能。电子货币具有传统货币的职能而又与传统货币有不同的表现形式，因为电子货币是经过抽象的商品价值形式的代表，它摆脱了传统货币商品属性的局限性，具有无限的拓展空间和灵活性，在履行传统货币职能时也有比传统货币更大的优越性，具体来说有以下不同点：

1. 电子货币的价值尺度职能

同黄金、纸币一样，电子货币的价值尺度职能依然存在。黄金本身是商品，具有价值，黄金是以其称量价值作为货币价值尺度的。纸币由国家或地区强制发行，是法定货币，发挥价值尺度的职能。电子货币是建立在纸币或存款账户基础上，作为更抽象的数字化货币发挥价值尺度职能的。和纸币一样，电子货币之所以能执行价值尺度职能，是因为“货币在它的价值尺度功能上，本身也只是作为观念的或想象的货币”(马克思)，因此，电子货币具有可以计量商品价格标准的功能，用以实现货币的价值尺度职能。

2. 电子货币的流通手段职能

黄金作为流通手段，在流通过程中，频繁、大量的交换造成称量、鉴定的不便。由于货币发挥流通手段的职能只是瞬间的事情，因此可以用本身完全没有价值的货币符号来替代。从黄金到纸币，完成了货币的第一次异化，产生了由国家发行的并且强制流通的价值符号纸币。数字化货币代表纸币作为价值符号，由此完成了货币的第二次异化。

黄金、纸币和电子货币在发挥流通手段职能时具有一些不同点：第一，黄金是有价值的货币，而纸币和电子货币是本身没有价值的货币符号。第二，黄金货币和纸币发挥流通手段职能时，使交换买卖双方钱货两讫，实现从商品到货币的实物让渡，或再从货币到商品的实物让渡。而电子货币是无形的，完成交换表现为买卖双方银行账户上存款余额数字的增减变化。第三，黄金或纸币在发挥流通手段职能时，有交换行为中的买卖两方即可完成，而电子货币发挥流通手段职能必须依靠银行等中介机构的参与才能完成。这使电子货币适用于买方和卖方处于不同空间，可依靠通信方式或互联网络处理业务。

作为流通手段，电子货币还具有下列优势：一是通信机能，可使用个人电脑或电话，实现远程交易；二是携带机能，可以使用电子钱包积存起来携带，而不必携带大量的现金或多币种现金；三是对话机能，可利用画面、声音，轻松对话，并选择付款、使用方法；四是交换机能，不需兑换现金，即可在电子线路上直接兑换货币，汇率立即可知；五是管理机能，可轻松记录消费的时间、地点等资料，有计划地设计生活方式，并有利于金融机构分析资金流通情况，制定出比较贴切现实的政策；六是安全机能，可以采取技术手段增加电子货币的防伪能力和安全性能，从而可以避免假钞的流通，减少货币流通的成本。电子货币汇兑方便，周转时间快，交换空间不受限制，作为价值符号不像黄金货币和纸币受到黄金自身价值、纸币面额的限制。由于电子货币流通手段功能的优势，使电子货币使用率不断上升。

3. 电子货币的支付职能

电子货币比黄金、纸币更具有支付中介的优势。电子货币发挥支付手段职能的一个特点是将商业信用与银行信用成功地组合在一起。消费者在购买商品时因存款不足，由银行履行付款责任，同时消费者和银行形成贷款关系。金融高科技将这种透支贷款方式通过信用卡等金融工具完美结合，电子货币发挥支付手段职能后，在商品、金融交易中起中介作用，实质也是通过信用进行交易，形成债权、债务关系，而这种交易具有相互抵消关系，在最终结算时，大部分债权、债务关系可以相互抵消。通过电子资金的流动，在一定时间内流通中所需要的货币量会减少，货币的支付手段因电子货币的发展，速度大大加快。货币的流通速度与货币需要量密切相关，根据现代货币数量论可写出关于货币需要量的模型。

交易方程式

$$MV = PT \ (M = PT/V)$$

式中　M——货币数量；
　　　V——货币流通速度；
　　　P——物价水平；
　　　T——社会商品交易总额。

在纸币和电子货币同时存在的情况下，交易方程式可演变为：

$$MV + M'V' = PT$$

式中　M'——电子货币数量；
　　　V'——电子货币流通速度。

以上可以看出，由于电子货币或电子支付方式的流动速度明显快于纸币支付方式和以支票为主的存款货币的流动速度，因此对货币的需求量会减少。

4. 电子货币的储存职能

货币的储存职能是与货币的自然形态关系最为密切的。黄金作为储存职能具有不可超越的优势。黄金的稀缺性是自然形成的，黄金是一种并不建立在借贷关系上的储存价值。但大量黄金的储存需要支付费用，且收益很低。纸币代表一种债务符号，是发行国家与纸币本身的法律契约。但国家信誉是有限信誉，尽管任何国家都会努力承担其法律责任，但持有者无法控制发行国增加纸币发行的行为。因此纸币的储存价值低于黄金。电子货币的储存是以数字化形式存在的，所有者依赖密码掌握其支配权。电子货币的储存费用最低，它只是电脑数据库中的一个记载。纸币和铸币都是发钞国家对持有者的负债，电子货币是纸币或存款账户的代表。黄金和某种硬通货的储存可以独立完成，但电子货币的“储存”是所有者无法独立完成的，必须依赖银行等中介机构来完成。无论纸币或电子货币的持有者都存在对金融机构、国家风险防范问题。此外,电子货币的储存也有其最明显的劣势,即易受外界的影响,如计算机、网络的安全防范薄弱等。

5. 电子货币的世界货币职能

货币在世界市场上执行价值尺度、流通手段、支付手段和贮藏手段就是发挥了世界货币职能。

货币的世界货币职能,实际上是货币的其他职能在世界范围内的延伸。金本位制度下黄金可以自由地输出输入,作为最后平衡国际收支的手段。在与黄金脱钩的纸币流通时期,纸币既不能与黄金自由兑换,又不能在国际间自由流通,黄金仍在最后平衡国家收支时发挥一般支付手段和购买手段的职能。布雷顿森林会议后以美元为主的西方发达国家的货币发挥了世界货币的职能。美元现金的2/3流通在美国之外,发挥着世界的流通货币和储存货币的职能。电子货币诞生后,在国际交易中发挥着流通手段和支付手段职能,其功能与纸币完全相同,如信用卡主要在个人商品交易领域发挥作用。

以VISA国际组织为例,VISA是21 000家金融机构成员的联盟,就消费交易额而言,VISA国际组织在亚太地区的支付市场占有率为62%。截止2011年底,VISA在全球共发行302亿张信用卡,占全球信用卡发行量的49.6%;另外,2011年VISA信用卡在全球的交易金额为7 642亿美元,其占国际信用卡市场总交易金额的43.4%。

而在公司、证券机构和银行的商品交易清算或金融商品交易清算中,数字化现金和电子支票等通过国际资金清算系统和SWIFT系统等发挥了主要的电子货币功能。它打破了以往任何一种货币在国际间流动的滞涩,并且没有时空限制,成倍地提高了货币交易的速度和效率,极大地降低了货币交易成本,促进了资本流动全球化和金融市场全球化。

6. 电子货币的其他功能

(1) 循环消费信贷功能。发行电子货币的银行为了鼓励顾客消费,对信誉状况良好的人给予一定的信用额度,在授信额度内顾客可以先不花自己的钱而享受购物消费,并享受一定的免息期,这种功能在发达国家已经非常普遍,而且作用越来越大。

(2) 理财功能。由于电子货币是商品价值形式的代表,在先进的技术条件下,电子货币的流通具有很大的灵活性,运用电子货币这种先进的支付工具,可以使人们手中的闲置资金不断地向高收益的领域或环节流动,从而为所有者带来更多的财富。总之,随着技术的进步和电子货币的发展,其业务功能不断增多,正逐步向真正意义上的"一卡通"发展。

3.4.3 电子货币对中央银行的影响

1. 电子货币对中央银行货币政策的影响

货币政策就是中央银行为实现特定的宏观经济目标,通过一些工具控制和调节货币供应量、利率等中介目标而采用的各种方针和措施的总称。一个完整的货币政策体系包括货币政策的最终目标、货币政策中介目标、货币政策工具和货币政策传导机制。评价货币政策是否有效主要看其实现目标的速度和效果,即时滞效应越短,效果越明显,则说明该政策越有效。在纸币时代,大多数国家是通过中央银行控制货币供给量实现其货币政策目标的。

电子货币的出现使得影响货币供给和货币需求的许多因素都发生了变化,我们已经不能完全按照传统的货币理论制定相应的货币政策。电子货币的发行扩大了货币供给主体,加大了货币乘数,对现实货币供应量产生影响,使货币供应在一定程度上脱离了中央银行的控制。这种变化使货币供应越来越多地受到经济体系内部因素的支配及市场因素的支配。货币供应内生性的增强,要求中央银行的货币政策及货币供给体系必须进行变革和完善。

货币政策最终目标的实现有赖于适宜的政策中介目标和有效的政策工具与传导机制。当电子货币数量达到一定规模时,现有的货币政策体系就可能出现一些问题。

(1) 中介指标的选择

货币政策中介指标是指为实现货币政策最终目标而选定的中间性或指导性金融变量。传统的货币政策中介指标大体上可以分为两类:一是以货币供给量为代表的总量性目标;二是以利率为代表的价格信号性目标。两者都要求具有较好的可测性、可控性及与最终目标之间的相关性。

网络金融和电子货币的发展,正在使第一类中介指标受到挑战。在可测性方面,由于许多机构都可以发行电子货币,电子货币发行主体的分散和发行过程的连续,加之电子货币使得通货与活期、定期储蓄甚至证券买卖之间的资金转移能够便捷、迅速地进行,金融资产之间的替代性加大,使得货币数量的计量与测算变得非常困难。而网络的运用更是加快了货币的流通速度,货币之间层次的划分也越来越不明显,很难有一个明确的界限来核定 M1 或者 M2 等一些具体的统计指标。即使可能,其所需成本足以使其丧失任何现实意义。在可控性方面,电子货币的出现对于影响货币供给量的主要因素货币乘数和货币流通速度都有影响。在电子货币发展迅速的今天,这些因素的变化加大了央行对货币量的控制难度。即使在央行掌握了足够的货币发行控制能力的情况下,货币流通速度的变化或者是货币乘数的不稳定,都有可能导致货币政策目标的偏离。

利率作为另一种可供选择的中介指标,它是市场上的一个价格信号。尽管电子货币的出现也会从一定程度上影响利率的结构,但网络金融和电子货币增强了市场的效率和竞争水平,提高了利率这种价格信号的质量。利率作为价格信号类中介指标,将会成为未来货币政策中介指标的主流选择。

(2) 货币政策工具

货币政策目标和中介指标都必须通过央行运用货币政策工具来实现。多年来,各国央行采用的一般性货币政策工具主要有法定存款准备金、公开市场操作和贴现率。电子货币的出现影响了货币政策工具作用的发挥。

存款准备金。它是货币政策最为猛烈的工具。但是随着电子货币的发展,金融机构中涉及存款准备金问题的资产负债业务的比重呈不断下降趋势。同时,电子货币取代了一些有准备金要求的储蓄,并且这一比重仍在不断加大。并且,目前大多数国家对非金融机构发行电子货币并没有准备金要求,由此法定准备金政策的作用幅度收窄,其作用力度必然下降。

公开市场操作。由于其主动性、灵活性、效果的缓和性和范围的广泛性,一直受到各国央行的青睐。一方面网络经济加快了金融市场一体化的进程和信息的传播速度,金融机构面对的投资领域更广、投资机会也更多,市场上的微小变化都有可能形成逐级增强的投资结构的变化。这有利于中央银行对货币总量和资产价格进行调节。另一方面,由于电子货币是分散发行,中央银行资产负债大量缩减,使得中央银行可能因缺乏足够的资产负债而不能适时地进行大规模的货币吞吐操作,需要松弛银根时没有相应的货币可以投放,需要紧缩银根时没有相应的债券可以出售,从而降低了公开市场操作的时效性和灵活性。尤其是在大量游资涌入或流出本国市场，引致本国金融市场出现剧烈波动时，央行可能没有足够的能力进行“对冲”操作，使本国汇率和利率受到较大影响。

贴现率。贴现率是以中央银行的再贷款成本和数量为基础，通过再贷款的价格和数量的变动，调整商业银行的流动性发挥其作用。在商业银行能够自行发行电子货币的情况下，发行电子货币所产生的发行收益将会使发行市场处于充分竞争的状态，商业银行即使其流动性不存在问题，也会扩大发行，最终形成电子货币发行净收益为零的均衡。因而，贴现率对调整电子货币的供需不再起作用。不过，由于电子货币仍然是以传统货币为基础的，仍需要依赖传统货币来保证其货币价值性，当发行者面临赎回压力而需要向中央银行借款时，贴现率仍能调整其借款成本。另外，尽管贴现率的主动权不在央行，但它具有告示效应。电子货币的发行和广泛使用使得整个金融市场越来越处于充分竞争的状态。央行贴现率的调整，与以前相比，在这种更为完善的市场条件下，贴现率作为政策信号，利用网上银行的高效性，将使其他机构的反应速度加快。因而，在电子货币条件下，贴现率仍有其不可忽视的作用。

另外，电子货币交易平台和电子金融市场的开放性、全天候和无疆界限制，使网络经济自然趋于全球化发展。一国的货币政策，已很难不受其他国家经济和政策的影响，中央银行在测定电子货币量和执行货币政策时将不得不与相关国家进行相关政策的协调，从而增加了中央银行货币政策的制定及执行的复杂性和难度。

(3) 货币政策传导

不论是凯恩斯学派的货币传导机制理论还是弗里德曼的货币传导机制理论，尽管传导过程中货币供给量的变化直接作用的变量不同，但都需要通过金融机构进而影响产出水平。对于传统银行而言，当货币政策发生变化时，它们之间反映的不一致性使得对货币政策的最终目标影响较小，而网上银行由于其快捷性和能动性，则有可能加大这种影响。当然，这有利也有弊。在货币政策的传导过程中，网上银行更容易捕捉到新的信息和变化，利用先进的技术手段做出迅速反应。当央行在制定政策时，如果未预见到这种信息和变化，就有可能加大货币政策的最终目标的误差。但是，如果货币政策有很好的适应性，则网上银行也有可能使货币政策的传导更加有效，从而缩短政策传导过程中的时滞，更快地作用于经济总量指标。

(4) 货币政策的独立性

铸币税收入是央行运作费用的主要来源。有人担心，铸币税收入的减少会影响到央行的运作，而且一旦铸币税收入难以或无法支付运作成本，央行将不得不寻求其他收入来源，如政府帮助等，中央银行的独立性必然因此受到影响。对于发展中国家，由于其现金使用的范围较广，中央银行管理成本较高，会使这一问题更加严重。

此外，在网络经济中，网络技术的运用使得不论是本国发行的还是外国发行的电子货币，都可以非常便捷地跨国使用，购买各国的产品或服务。因此，一国中流通的电子货币量不是由本国决定的，这就加大了央行测定货币量的难度，要求一国的央行在制定货币政策时必须加以考虑。

央行的运作费用只是铸币税的一小部分。这意味着在到达运作费用等于铸币税收入的临界点之前，铸币税尚有很大的下降空间。不同国家离临界点的距离并不相同，所受到的影响也就不相同。

2. 电子货币对中央银行监管职能的影响

传统上，中央银行把商业银行作为主要的监管对象。因为商业银行本身具有存款创造的功能，对经济的影响也就比非银行金融机构大得多。而且原先在整个金融体系中，商业银行的资产、负债规模、业务量等也占绝对优势，非银行金融机构的比重和影响都相对较小。科技进步使得非银行金融机构加入到货币创造的行列，更加混淆了它和商业银行之间本来就模糊不清的界限，也迫使中央银行重视和加强对非银行金融机构的监管。

在电子货币问题的监管方面，依照各国对这一问题认识的不同而不同。目前各国中央银行主要采取的措施包括以下几个方面。

(1) 对电子货币发行主体的限定

一般情况下，各国货币当局在制定电子货币的监管措施时，最主要考虑的问题首先是什么机构可以发行电子货币。因为发行电子货币相当于吸收存款，一旦发行机构倒闭，负面影响极大。目前，电子货币的发行主体主要有银行、非银行金融机构和非金融机构。主要工业国家的中央银行倾向于电子货币的发行者仅限于信贷机构，只有部分发达国家允许非银行机构取得资格。少数发达国家和大部分发展中国家仍然没有对电子货币的发行主体加以明确限定。

中央银行不仅应当有效控制电子货币的发行数量，还必须对电子货币的发行主体和电子货币的种类进行必要的限制。目前，国外主要有以下几类发行机构：银行、受管制的非银行金融机构及非金融机构。但是多数国家发行电子货币的机构主要还是信用机构，这一点非常重要。我们认为，在中央银行制定电子货币的监管措施时，应当首先考虑电子货币发行机构的信用等级，并根据其信用等级决定获取电子货币发行资格、发行电子货币的数量、种类和业务范围。而电子货币发行机构的信用等级应当每年进行核定，考核的指标可以选择资本金、已发行电子货币的数量及其余额、流通速度、外汇交易额、准备金和存款保险等内容。

(2) 对发行者的准备金要求

大多数国家对电子货币发行者未实施法定准备金的规定，基本上按现有金融业的规则进行管理。例如，我国目前仅将金融机构发行的电子货币等同于吸收存款需缴纳的法定准备金外，对其他机构并无要求。从流动性及稳健经营的角度考虑，所有的电子货币发行机构都应该被纳入缴纳准备金的范围。此外，要对发行电子货币的机构，特别是发行电子货币的非银行金融机构进行有效管理，必须将非银行金融机构与商业银行进行同等的控制与监管，对其发行的电子货币余额要求在中央银行存有相应规模的准备金，以便加强对货币供给的控制。当然，目前世界上发行电子货币的大多数国家对电子货币的发行机构没有额外的准备金要求，仍然按照现有金融业的规则进行管理。但从风险控制的角度来看，如果能够将电子货币和传统货币区分开来，分别制定各自的准备金率，这将更有利于中央银行货币政策的稳定。

为了实现对电子货币信用创造功能的有效监控与测度，还应建立一套完备的监控体系，增加对货币需求及货币流通速度的定量测度，以便控制货币供求，使货币政策得以有效实施和贯彻。

(3) 对存款保险和其他保险的要求

在市场经济中，一个电子货币系统如同一个企业一样，尽管可以通过自身管理和外部监管降低失败的风险，但是运营失败的可能性不可能完全消除。为了尽量保护消费者和商家免遭损失及确保电子货币的健康发展，货币当局有必要建立起符合国情的保险或其他损失分担机制。

专题四： 工商银行电子银行业务最受网民关注，网民关注度与业务量提升关系密切

百度数据显示：2009 年上半年，工商银行电子银行是最受网民关注的电子银行，关注度高达 33.73％。

对比工商银行 2009 年 5 月 6 日发布的公告显示，该行今年一季度电子银行的交易额达到 32 万亿元，占该行全部业务量的 44.5％，比年初提高 1.4 个百分点。而工行电子银行的关注度 2009 年 Q1 比 2008 年 Q4 提高了 93.59％，这一变化体现出网民关注度与电子银行业务量变化关系密切。

思考题

1. 简述货币的产生和发展。
2. 什么是电子货币，它有何特点与功能？
3. 电子货币的属性与分类有哪些？
4. 银行卡有哪些应用领域？
5. 银行卡有哪些种类？
6. 信用卡业务处理系统包括哪些内容？
7. 简述借记卡的性质及其交易处理流程。
8. 简介 IC 卡的使用模式。
9. 什么是电子信用卡、电子现金、电子支票、电子钱包、Internet 微支付？
10. 电子货币与传统货币有什么区别？
11. 电子货币对货币职能有什么影响？
12. 电子货币对中央银行有什么影响？

第4章　电子支付系统

【学习目标】

- 掌握电子支付的概念、特点及分类
- 掌握电子支付系统的一般模型
- 熟悉电子支付系统支付手段、功能目标和设计原则
- 掌握ATM系统的概念、分类、网络结构与交易处理流程
- 理解POS系统的网络结构
- 掌握POS系统的工作方式和POS系统的交易处理流程
- 熟悉电子汇兑系统的运作模式
- 熟知国内外常用的电子汇兑系统

【案例引入】　　**易购365的支付**

- 案例背景

上海富尔网络销售有限公司经营的"易购365"是一家以食品百货为经营特色的专业购物电子商务网站。网站地址:http://www.ego365.com/。在成立的短短三年间,易购已形成网上销售39大类商品,已拥有4 000个品种的规模,具备完整、快捷、智能的网络配送体系和强大的物流系统的支持。网上交易量正日益壮大,预示着网络购物时代的强大生命力和美好未来。

上海富尔网络销售有限公司是由上海市糖业烟酒(集团)有限公司、上海市第一食品商店股份有限公司共同投资组建的专业电子商务企业,经过新一轮增资扩股行动,易购将更富有朝气和实力来面对网络时代的挑战。

上海富尔网络销售有限公司(易购365)已积累了三年多无店铺销售的经验,有运转灵活、恪守信誉的物流配送系统,网站开通后,即实现全市免费送货(单次购物需满50元),承诺"今日订货明天送"。

- 支付方式

对于消费者的不同支付请求,易购365提供了三种不同的支付方式:现金支付、电子支付和易购365消费卡支付(易购联名卡主要为中小零售商业业主(B2B)和易购365会员客户(B2C)提供会员、消费、结算、转账、存取现金、网上支付、授信贷款等服务,实现网上销售32大类、5 000个品种商品的完备、快捷、智能的网络配送。)

(1) 现金支付。现金支付是目前易购365用户最常使用的方式,根据收货人的不同可选择货到付款或者是异地付款。货到付款即在收到订货后,按照实际的交易额支付商品金额;异地付款专为收货和付款不是同一地址的消费者提供便利。

(2) 电子支付。易购365(上海富尔网络销售有限公司)已和上海市11大银行合作实现了电子支付。

易购365通过招商银行电子支付结构涉及以下几个参与方:客户、易购365(商家)、

China Pay 支付网关、上海银行卡网络服务中心、银行卡网络、招商银行。

China Pay 是由上海市银行卡网络服务中心、上海实业(集团)有限公司和上海华腾软件系统有限公司共同参与、筹划的电子支付专业服务公司,它提供的支付网关成为客户、银行卡网络和招商银行共同完成电子支付的接口。

上海银行卡网络服务中心是传统银行专网与 China Pay 支付网关相连的唯一的对外接口,提供了中国国内 11 家商业银行进行电子支付的业务支持,它以上海地区各银行现有的网络为基础,构筑了一个连接市内各银行的计算机网络系统。易购 365 接受主要银行卡的电子支付,而且提供每种卡的使用指南。

● 效果评价

易购 365 的成功得益于它既采用传统的现金结算,同时和上海市 11 大银行、上海银行卡网络服务中心合作实现了全方位的电子支付。以上海地区各银行现有的网络为基础,构筑了一个连接市内各银行的计算机网络系统。网上交易量正日益增大,预示着网络购物时代的强大生命力和美好未来。

早在 20 世纪 70 年代后期和 80 年代早期,人们就提出了多种方案使得支付可以通过计算机网络来进行。然而由于当时的网络水平较低,上网的人数较少,因而这些方案都仅限于实验室。

近年来,电子计算机和网络技术得到了飞速发展,信息网络已经成为社会发展的重要保证。Internet 已成为全球最大的互联网络,2010 年已经覆盖 200 多个国家和地区,使用互联网人数超过 20 亿,占全球总人数 69 亿的 1/3。而据中国互联网络中心(CNNIC)2012 年 1 月公布的数据显示,截至 2011 年 12 月底,中国网民数量突破 5 亿,达到 5.13 亿,全年新增网民 5 580 万,增长势头趋缓。互联网普及率较上年底提升 4 个百分点,达到 38.3%,已超世界平均水平。

基于互联网的电子商务对企业具有很大的吸引力,这是因为它比基于 EDI 的电子商务具有以下一些明显的优势:

(1) 费用低廉。由于 Internet 是国际的开放性网络,使用费用很便宜,一般来说,其费用不到 VAN 的 1/4。

(2) 覆盖面广。Internet 几乎遍及全球的各个角落,用户通过网络就可以方便地与贸易伙伴传递商业信息和文件。

(3) 功能更全面。Internet 可以全面支持不同类型的用户实现不同层次的商务目标,如发布电子商情、在线洽谈、建立虚拟商场或网上银行等。

(4) 使用更灵活。基于 Internet 的电子商务可以不受特殊数据交换协议的限制,任何商业文件或单证可以直接通过填写与现行的纸面单证格式一致的屏幕单证来完成。

早期的电子商务,主要是 B2C,即商家在网上把商品卖给消费者,其发展非常迅速。到了 1999 年,人们的目光开始转向商家之间的电子交易,即 B2B,它的潜在市场更大。数据显示,2002 全球 B2B 电子商务市场规模仅为 8 000 亿美元,而到了 2011 年全球 B2B 电子商务市场的规模达到了 35.1 万亿美元。

与电子商务的迅猛发展相比,目前的电子支付发展相对滞后。如 1997 年,一些大学的研究人员和商家开发了大量的电子支付系统,其中的一些还进入了市场,然而大都失败了。

另一些如早期的 First Virtual 公司、CyberCsah 公司和 Digicash 公司，它们进入市场后并未达到预期的效果。但是电子支付是电子商务进一步发展不可缺少的环节。随着网络技术特别是网络安全技术的不断发展，电子支付系统也在不断发展。最近，美国的 PayPal 就取得了较大的成功。而且，随着 B2B 时代的到来以及移动支付(利用手机或手持无线设备进行电子支付)的出现，电子支付系统的发展前景十分广阔。

4.1　概述

所谓电子支付，指的是电子交易的当事人，包括消费者、厂商和金融机构，使用安全的电子支付手段，通过网络进行的货币支付或资金流转。与传统的支付方式相比，电子支付具有以下特征：

(1) 电子支付是采用先进技术通过数字流转来完成信息的传输，其各种支付方式都是通过数字化的方式进行；而传统的支付方式则是通过现金的流转、票据的转让及银行的汇兑等物理实体来完成的。

(2) 电子支付的工作环境是基于一个开放的系统平台，而传统支付则是在较为封闭的系统中运作。

(3) 电子支付使用的是最先进的通信手段，如 Internet、Extrenet，而传统支付使用的则是传统的通信媒介；电子支付对软、硬件设施的要求很高，一般要求有联网的微机、相关的软件及其他一些配套设施，而传统支付则没有这么高的要求。

(4) 电子支付具有方便、快捷、高效、经济的优势。用户只要拥有一台上网的 PC 机，便可足不出户，在很短的时间内完成整个支付过程。支付费用仅相当于传统支付的几十分之一，甚至几百分之一。

电子支付系统是由参与者及其相互之间的交互协议组成，其目的是在参与者之间进行有效的金融交易。从支付的方法来看，电子支付系统由三方面决定：支付手段、支付模式和支付范围。其中支付手段是指支付者采用的支付媒介，常用的支付手段有电子现金、信用卡和电子支票等；支付模式是指用户何时用钱购买支付手段，即预付或后付，以及账户的设置等；支付范围是指系统应用的领域。

电子支付系统中，参与者一般包括发行银行、支付者和商家等；而交互协议则包括发行和使用支付手段的整个过程以及金融机构进行的结算和清算。

4.1.1　电子支付系统的一般模型

电子支付系统的一般模型如图 4-1 所示。图 4-1 中的实线代表电子支付手段的流向，而虚线则代表钱或商品的流向。

该电子支付系统所包含的参与者如下：

(1) 发行银行。该机构为支付者发行有效的电子支付手段，如电子现金、电子支票和信用卡等。

(2) 支付者。他通过取款协议从发行银行取出电子支付手段，并通过付钱协议从发行银行获得电子支付手段。

(3) 商家。接收支付者的电子支付手段并为支付者提供商品或服务。

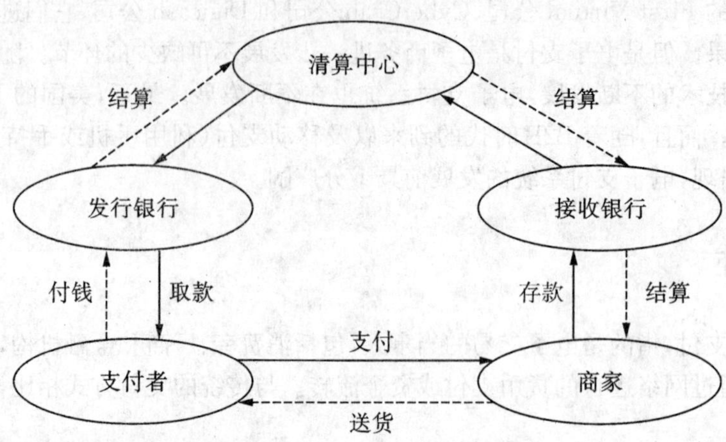

图 4-1　电子支付系统的一般模型

(4) 接收银行。接收商家从支付者收到的电子支付手段，验证其有效性。然后提交给清算中心，将钱从发行银行贷给商家的账户。

(5) 清算中心。从接收银行收到电子支付手段并验证其有效性，然后提交给发行银行。

该电子支付系统所包含的协议如下：

(1) 付钱。该协议的目的是将支付者的钱传给发行银行，以更新支付者的账户。这里的钱是指传统意义上的现钞、支票等。

(2) 取款。该协议在发行银行和支付者之间执行，其目的是为支付者提供电子支付手段。

(3) 支付。该协议在支付者和商家之间执行。为了向支付者提供其申请购买的商品，商家要求支付者提供有效的电子支付手段。

(4) 存款。在存款时，商家把从支付者处获得的电子支付手段以及相关的一些数据提交给接收银行。

4.1.2　支付模式

支付模式可从三个方面来说明。

(1) 支付者账户的位置

支付者的账户分为本地账户和中心账户两种。前者是指支付者的账户保存在他的电子设备中。此时，发行银行也可以保存一个与本地账户相对应的影子账户。这使得发行银行不但可以更好地控制本地账户上余额的更新，而且也使得支付者可以在开始时在影子账户中存入大笔金钱，然后分批载入本地账户中。当前的电子支付系统中有许多是采用这种方式的，如 CAFE、Ecash、Express、Mondex 和 PROTON。后者是指支付者的账户只保存在发行银行。采用中心账户方式的电子支系统有 iKP、SET、First Virtul 和 CyberCash 等。

(2) 交易之间的时间关系

交易之间的时间关系分为两种：一种是执行付钱协议和支付协议的时间关系；另一种是执行支付协议和存款协议之间的时间关系。

按第一种时间关系可将电子支付系统分为预付和后付。预付系统是指付钱协议在支付协议之前执行，也就是说支付者必须先在发行银行存入一定的钱才能进行购买活动。在这种支付系统中，支付者账户的余额不能为负，即支付者不能透支；后付系统是指付钱协议在支付协议之后执行，也就是说支付者可以先购买后付钱。在这种支付系统中，支付者账户的余额可以为负。

按第二种时间关系可将电子支付系统分为在线和离线。如果在支付交易过程中，商家需要与第三方建立连接以检查电子支付手段的有效性，那么这种电子支付系统称为在线的。在线的电子支付系统在每一次支付交易产生的同时，商家都要与接收银行执行存款协议。因此，商家和接收银行实际上是在线连接的。在线的电子支付系统成本较高，通常只有在交易金额较大时采用；如果在支付交易中，支付者能够把电子支付手段付给任一商家而任何一方都无须与第三方建立连接，那么这种电子支付系统称为离线的。离线的电子支付系统的特点是商家在一批支付交易后才提交给接收银行。至于多长时间提交一次，则取决于清算中心的处理能力、商家所能接受的延迟期（距离商家收回资金时）以及商家的存储能力。离线的电子支付系统成本较低，通常用于交易金额较小的电子支付。

(3) 每次支付与预订

每次支付是指每购买一次商品或服务时都要执行一次支付协议；而预订则是由支付者预先购买一种权力，然后可在一定时间内凭此权力任意使用一种服务。在每次支付中，支付者将预定的权力提交给商家，商家可以离线地对其进行验证（在线系统在此毫无意义）。

4.1.3 支付范围

电子支付系统的支付范围是指其应用领域，可以从以下几个方面来看：

(1) 能否支持多种服务；

(2) 能否支持多种货币，即电子支付手段是否可用多种货币购买；

(3) 是否是开放的系统，即参与者是否可以任意地增加或删除。

4.1.4 安全性要求

电子支付系统要想获得成功，除了提供比传统的支付系统更方便、更快捷的服务之外，还必须提供安全性保证。电子支付系统的安全性主要有两个方面，即完整性和匿名性。

1. 完整性

当支付者、商家和发行银行在付钱、取款、支付和存款的交易中进行交互时，就必须考虑这三者的完整性，即他们的利益都不会受到损害。

(1) 支付者的完整性

① 当支付者通过付钱协议把钱付给发行银行后，支付者账户上的余额应相应增加；

② 在取款时，当支付者满足发行银行的要求时，就能够获取有效的电子支付手段；

③ 支付者账户上余额的减少量应等于支付者在支付交易中的支出；

④ 如果电子支付系统采用一次性电子支付手段，任何人不能陷害支付者，伪称支付者使用了多次。

(2) 商家的完整性

即商家能收到足额的、有效的货款。

(3)发行银行的完整性

① 如果支付者在付钱协议中没有付钱，其账户上的余额不能增加；

② 除发行银行外,任何人都不能发行有效的电子支付手段。支付者只能通过取款协议从发行银行获取电子支付手段,也就是说电子支付手段是不可伪造的;

③ 商家在存款时不能存入比实际的电子支付手段多的钱,也就是说商家不能将任一电子支付手段重复地存入银行;

④ 能检测出支付者重复使用电子支付手段。这里可分为两种情况:第一种是发行银行能够阻止支付者重复使用,一般采用的方法是建立在线数据库存放已使用过的电子支付手段,或在支付者的设备中使用监视器;另一种是发行银行不能阻止支付者重复使用,但它可以在支付者重复使用后发现该违规的支付者。

2. 匿名性

匿名性即保护个人的隐私不受侵害。公众在决定是否接受电子支付系统时,匿名性是一个主要的因素,尤其是当电子支付系统的效率和完整性达到较高的水平时,匿名性就显得更加重要。电子支付系统的匿名性包括三个方面:

(1) 不可观察性

外人不能获取交易的有用信息。这里的外人包括电子支付系统中与该交易无关的其他参与者和系统之外的攻击者。当交易在公网(如 Internet)上进行而且参与交易者的身份需相互交换的情况下,非常有必要满足这种不可观察性。

(2) 不可追踪性

它要求支付者在取款时传给发行银行的数据与用该电子支付手段进行支付时提交给商家的数据无关联,通常要求它们统计独立。因此即使电子支付系统中其他参与者合谋,也不能得到支付者的身份。

(3) 无关联性

它要求任何人不能将支付者在支付交易中提交给商家的信息关联起来。即某支付者进行了两次支付交易,任何人都不知道这两次交易是来自同一个支付者。

4.1.5 电子支付手段

电子支付手段的选择主要是由支付模式和防篡改(temper - resistant)的硬件设备的使用来决定的。

1. 支付模式的影响

电子支付手段的实现有赖于该电子支付系统所选择的支付模式。因此,有两组支付手段,即电子借记手段和电子信用手段。

(1) 电子借记手段

电子借记手段模仿了现实社会中基于借记的金融手段,如现金、磁条借记卡和有限额的预付支票等。现金是指现实社会中流通的硬币和纸币,而电子现金则是与之对应的电子支付手段。例如在电子支付系统 E-cash 中就是采用电子现金作为电子支付手段:用户可以用磁条借记卡从 ATM 中取出现金用于支付,也可以在 POS 直接使用借记卡进行支付(POS 与用户的银行建立连接,以验证用户的账户上是否有足够的钱进行支付);有固定面值的预付支票(如旅行支票)是一种有限额的支付手段,用户的身份也嵌入其中,因此其安全性比现金高。用户可以用现金或银行账户上的钱来购买。与之对应的电子支付手段有两种,即电子预付支票和电子借记标记。前者只能用于一次支付交易,如 CAFE 就是这样的电子支付系统;后者可使用多次,直到过期为止,如 PROTON 就是这样的电子支付系统。

(2) 电子信用手段

电子信用手段模拟了传统的信用卡,主要有两种形式,即电子支票和电子信用标记。前者只能用于一次交易,而后者可使用多次。ASPeCT 工程中提出的电子支付系统就采用了电子信用标记作为支付手段。

(3) 电子支付手段的特征

任何电子支付手段都具有以下特征:

① 可分性。任意金额都可表示成基本的货币单位之和。

② 可使用性。指支付手段在支付交易中可使用的次数。如电子现金和电子支票只能用于一次支付交易,而电子信用标记则可用于多次交易。

③ 可传递性。当商家收到支付手段后,可用于新的支付交易中。

④ 有效性。该支付手段所能代表的最大金额。

2. 集中式和分布式的电子支付系统

根据可信的防篡改设备在电子支付系统中的使用和控制情况,电子支付系统可分为集中式和分布式两种。

(1) 集中式电子支付系统。该系统在所有相关设备中都使用了可信的防篡改攻击的设备。在这种情况下,系统中只有一个权威机构(通常是发行银行)负责整个系统的安全。当前的电子支付系统中,PROTON 就采用了这种结构。

(2) 分布式电子支付系统。这种系统的安全性很大程度上取决于密码技术。在这种系统中,敏感的密钥信息是分布式的,因此它的安全性并不依赖于少数几个密钥和存储它们的防篡改设备。支付手段的合法性是有公钥算法来保证的。许多电子支付系统如 CAFE、iKP、SET 等都采用了这种结构。

4.1.6　电子支付系统的分类

电子支付系统根据不同的标准有不同的分类方法。下面给出一些电子支付系统的分类方法。

1. 根据在每次交易过程中是否有第三方(如银行)参与,可分为在线和离线

(1) 在线。在线系统的每次交易过程都要求与第三方(如银行)在线通信,用第三方的数据来校验对方提供的信息是否正确,包括授权、认证。和第三方的通信增加了在线系统的开销和处理时间,因此可能成为性能的瓶颈。目前大多数支付系统都是在线的。在线系统安全性较高,适用于大额交易。

(2) 离线。无需第三方介入交易的系统即为离线系统。由于无需在每次交易时都与第三方通信,其系统开销比在线系统要少。安全性比在线方式低,适用于小额交易。

2. 根据交易费用的支付时间不同,可分为借记和信用

(1) 借记。当交易得到处理时,支付者的账户立即被借记。

(2) 信用。计费先存入支付者的账户中,支付者以后支付累积的费用,如信用卡。

3. 根据每次交易额的大小不同,可分为大额支付、小额支付和微支付

(1) 大额支付。大额支付所涉及交易的金额较大,因此安全性要求较高。

(2) 小额支付。交易的货币金额相对大额支付较小。对于系统的设计和安全策略的确

定有着不同的需求，要求每笔交易的相对费用较小。

(3) 微支付。交易的金额非常小，如几分甚至更少。对于微支付系统，要求交易成本最低化，但应能防止大规模的攻击。

电子支付是电子商务中最为核心和复杂的环节，所以电子支付方式的选择一定要根据电子商务交易的实际情况，选择一种或多种支付方式，并在安全性和效率方面进行综合考虑。

4.1.7 电子支付系统的功能目标和设计原则

1. 功能目标

一个电子支付系统能否在 Internet 上或其他开放的网络上被广泛采用，取决于它能否具有安全、方便、高效等特点，具体功能为：

(1) 采用加密技术来提供订购及支付信息的保密性。在实际的交易环境中必须保护消费者的订购信息和支付信息的安全，使得只有特定的接收方才能访问这些信息。

(2) 使用消息摘要算法保证所有传输数据的完整性，防止所有传输数据的内容被非法篡改。

(3) 使用X.509数字证书和数字签名技术认证交易各方身份的合法性和有效性，并保证交易的不可否认性。

(4) 不依赖其他的安全传输机制及交易平台软件。应能在纯粹的TCP/IP 协议上运行，但也不与其他安全协议(如 IPSEC、SSL、TLS 等)的使用发生抵触，而且协议及数据格式也不依赖于特定的硬件平台、操作系统或 Web 软件。

2. 设计原则

电子支付系统在功用性、可用性和可靠性等方面应遵循以下原则：

(1) 开放性。由于互联网本身的开放性特点，使得建立在其上的电子支付系统也要具有开放性的特点。

(2) 即时支付性。电子支付系统的目的是实现网上交易的即时支付，以使客户与商家的关系如同正常购物交易关系一样。

(3) 简便易操作性。简便易操作是由电子商务自身的特点所决定的，它不应要求客户和商家掌握更多的技巧，因为复杂的支付操作程序将丧失电子支付的优势。

(4) 兼容性。能够完全兼容现有的国际标准 SET1.0 规范和异种平台运行环境。

此外，电子支付系统还应具有全天候服务、异地交易以及交易费用低廉等特点。

从总体情况来看，我国电子支付大致经历了如下阶段(表 4-1)。

表 4-1 中国电子支付的发展阶段

序列	阶　段	内　　容
1	金融机构结算的计算机处理	银行利用计算机处理银行之间的业务，办理结算
2	金融机构与非金融机构结算的计算机处理	银行计算机与其他机构的计算机之间进行资金结算，如代发工资、代扣公积金等
3	金融网络终端的银行服务	利用网络终端向客户提供各种银行服务，如自动柜员机(ATM)上存、取款

（续　表）

序列	阶　段	内　容
4	POS 电子支付	利用银行销售点终端(POS)向客户提供自动的支付账款业务
5	网上支付	随时随地通过互联网或者电话进行直接转账结算,形成电子商务环境

4.2　ATM 系统

自动柜员机系统,即 CD/ATM 系统(简称 ATM 系统),是利用银行发行的银行卡,在自动取款机 CD(Cash Dispenser)或自动柜员机 ATM(Automated Teller Machine)上,执行存取款和转账等功能的一种自助银行系统。该系统深受客户的欢迎,有效地提高了银行的效率,降低了银行的运行成本,是最早获得成功的电子资金转账系统。

4.2.1　ATM 系统概述

ATM 系统中的 ATM 是无人管理的自动、自助的出纳装置,客户可直接在 CD 或 ATM 上,以联机或脱机方式,自行完成存取款和转账等金融交易。CD 和 ATM 既可安装于银行内,也可安装于远离银行的购物中心、机场、工厂和其他公共场所,通过 ATM 系统,银行可把自己对客户的服务扩大到银行柜台以外的地方,因此 ATM 系统是银行柜台存取款系统的延伸。由于 ATM 系统可在广泛的场所为客户提供全天候(每天 24 小时)的日常的银行业务服务,系统一经推出,就受到广大客户的普遍欢迎和喜爱,迅速得到推广应用。

1. 概念

ATM 系统,即自动柜员机系统,是利用银行卡在 ATM 机上执行存取款和转账等功能的一种自助服务的电子银行系统。它是客户与金融机构层次最典型的银行卡授权支付系统的代表,也是最早获得成功应用的电子资金转账系统。

在 ATM 系统中,只能作现金配出器使用的终端机,称作现金配出器(Cash Dispenser, CD),即所谓的自动取款机;还有只作存款用的终端机,即自动存款机(Automatic Depositor, AD);不仅可用于取现,还可接收存款,可在不同账户之间进行转账的多功能终端机,则称为自动柜员机,即 ATM。ATM 是无人管理的自动、自助的出纳装置,它是一种为方便银行卡持卡人进行自我服务的关键设备。由于 ATM 系统可在广泛的场所为客户提供全天候的日常的银行业务服务,大大方便了客户,同时它具有快捷、安全的特点,深受客户的欢迎。

2. 主要功能

ATM 系统通过 ATM 可提供如下多种功能:

(1) 取现功能。可以从支票账户、存款账户或信用卡账户提取现金。

(2) 存款功能。可以存款到支票账户或存款账户。

(3) 转账功能。可以实现从支票账户与存款账户的相互转账;从信用卡账户到支票账户的转化等。

(4) 支付功能。具有从支票账户、存款账户扣款以及函内支付等功能。

(5) 账户余额查询功能。系统可根据客户的要求检索该特定账户的余额。

(6) 非现金交易功能。例如修改个人密码(PIN)、支票确认、支票保证、电子邮递、验证现钞、缴付各种公共事业账单等。

(7) 管理功能。例如,查询终端机现金余额;终端机子项统计;支票确认结果汇总;查询营业过程中现金耗用、填补及调整后的数据;安全保护功能等。

3. ATM 系统分类

和其他电子银行系统一样,按网络性质分类,可将 ATM 系统分为专有系统和共享系统。专有系统服务的对象是本行客户;共享系统服务的对象,除本行客户外,还涉及他行客户。依据作用范围的大小,还可将共享系统区分为地区性的共享系统、全国性的共享系统和全球性的共享系统。

专有系统是由一个金融机构独自购置网络中的 ATM、其他硬件和所需软件,并独自发行其银行卡的系统。这种系统的优点是,该金融机构可完全控制整个系统及其所有的装置,其产品也仅为该金融机构所识别。其缺点是投资大,交易额受该金融机构的持卡人规模的限制,偿还期长等。

当一个或多个金融机构的顾客,可以在自己的或别的金融机构操纵的 ATM 上进行存取款交易时,共享就发生了。从技术上讲,在一条专有的 ATM 网络里,当业主银行将其多余的 ATM 服务销售给往来银行时,这条网络就是一种共享的网络。但是,由于网络的控制权依然归业主银行所有,从性质上讲,依然是专有系统。

一个共享的 ATM 系统,要求所有成员银行全都放弃独立对系统做出决定和鉴别网上产品的特权。此外,共享系统的参与者,都可通过系统中的所有 ATM,为其客户提供自己的 ATM 服务;而每个成员行只承担一部分的开发和运行费用。共享 ATM 系统的普遍形式是同其他金融机构一起组成合营企业。该企业的组织结构和该 ATM 网络上的各项重要问题,全部由成员行一起商定。

一个共享系统的某些方面可以是专有的,但是,所有的共享系统都必须具有分享存取和协作控制这两项最关键的共同特点。

第三方网络是提供进入 ATM 市场的另一种手段。一些服务性公司、软件公司和硬件公司,都可能向金融机构销售其 ATM 处理技术、交换技术和其他的技术支持。在这种网络里,第三方都力图在电子支付系统中起主导作用,所以,有些金融机构担心,让一个非银行的第三方信息处理者在支付系统中起重要作用,可能会对其未来的发展造成某种威胁。

共享 ATM 网络的进一步发展,就是形成全国性共享的 ATM 系统。这种全国性共享 ATM 系统,可使各金融机构平摊新产品的开发费用和分摊风险;可大大降低支付产品的运行管理费用;可克服地理限制,使地区银行能经营跨地区的银行业务。全国 ATM 交换网络的建立,对于未来的电子支付系统会有重大的影响。

目前,发展共享系统已经成为一种趋势,不论大小银行都要选择参加一个共享系统。随着 VISA 和 MasterCard 提供其全球性的 ATM 服务后,ATM 系统开始朝着国际化的方向发展,逐渐形成了全球性共享的 ATM 系统。

4. CD/ATM 的工作方式

依据 ATM 工作时是否与银行主机相连,可以划分为脱机方式和联机方式。

(1) 脱机方式。这种方式工作的 ATM 不与银行主机相连。ATM 依靠其控制机的软件独立运行,它与银行主机之间通过定时交换软盘来传递止付卡表(也称之为"热卡"表,即俗称的"黑名单")、ATM 流水账、交易日志等重要信息。这种 ATM 要有读、译银行卡的所有逻辑功能,能独立检验银行卡的合法性和持卡人的身份。但这种方式存在一定的危险性,因为作案分子有可能用伪造磁卡在脱机 ATM 上骗取可观的现金。因此在发达国家,若采用磁卡作为支付工具时,不允许 ATM 采用脱机方式工作。并且作为一种安全措施实施,它要改写银行磁条上的信息,以防止银行卡在一天内提款次数超过允许数。由于 IC 卡兼具信息处理与安全防卫功能,将被广泛用来进行脱机操作。这种方式一般适合于计算机应用初期或通讯费用高昂的环境(如法国)。

(2) 联机方式。联机方式工作的 ATM,通过专线、电话线路等直接与银行主机相连,每笔交易均由 ATM 实时传输到主机进行认证,文件可以实时更新。这样,止付卡表就可保持在银行主机的当前数据库里,并能为网络中的所有 ATM 共享。因此,与脱机方式相比,联机操作需要完备的通讯系统,成本较高,但是对银行来说,它在保证资金安全、及时更新主机文件和有效监控交易处理等方面有很多优点;它还可以实现查询账户余额、实时转账等功能。当今的 ATM 系统基本上都采用这种工作方式。

同时,依据 ATM 与主机的连接方式,联机方式又分为以下三种:

第一种是集中式,这种联机方式结构简单,所有的 ATM 通过网络直接接入银行计算机主机系统。银行原有业务信息的数据与 ATM 的交易数据都存入主机系统中,便于数据的集中管理和通存通兑的实现,但这种方式主机负载太大,且通信费用高,扩展容量有限。

第二种是分布式,ATM 联入相应的各网点主机,通过网点主机经网络连接主机系统。这种方式将原有业务系统的数据及 ATM 的交易数据都存放在网点主机上,当客户要进行通存通兑业务时,由主机系统协助完成各网点之间的账务交易处理,从而分担了主机的部分开销。但这种方式对数据的控制管理较为困难。

第三种为集中分布式,ATM 直接或经过通信网连接到 ATM 前置机,并通过以太网连接到银行主机系统,ATM 的交易数据由 ATM 前置机集中控制,但它不会过多地增加银行主机的负担。

5. ATM 的基本组成

共享 ATM 系统,常常是由许多专有系统互联而成的。共享系统内至少包括下列组成部分:持卡人;自动存取款机(CD、ATM);发卡行,它们是共享系统的成员行,发卡行对外发行银行卡;清算银行,它是负责共享系统内跨行账务清算的处理单位,通常是由中央银行担任;交换中心,它负责共享系统内各种交易信息的转接(交换)处理和管理等工作。

上述 ATM 系统各成员之间,通过交换中心,连接成一个大型的共享网络。交换中心除了负责共享 ATM 系统内各种交易信息及相关信息的转接和处理工作,还可暂时代替发卡行作暂代性银行卡授权(stand-in)处理。交换中心可由某个发卡行或多个发卡行合作经营管理,还可由第三方担任;在共享的 ATM 系统里,成员行的持卡人可在共享网络的任何一台 ATM 上进行存取款交易。

4.2.2 ATM 系统的网络结构

不同的 ATM 系统有不同的网络结构。同其他电子银行系统一样,根据交换中心在系统中的不同位置，可将ATM网络结构分为后方交换型、前方交换型和复合型三种。

1. 后方交换型网络结构

在后方交换型的共享ATM系统中，交换中心位于各成员行之后；成员行拥有自己的ATM或POS终端机。业务处理时本行持卡人在自有系统的终端机上所作的交易，留在自己行内处理；跨行交易，均送交换中心转发到相应的发卡银行去处理；发卡行收到代理行经交换中心送交的交易请求信息后，经必要的确认处理和账务处理，再将授权信息经交换中心发给代理行，请其按指示代为处理。若是存取款和转账交易，代理行执行完响应指令后，还需通过交换中心向发卡行发送确认信息。发卡行收到确认信息，执行完提交处理后，才能最终完成一笔交易。日终时，代理行和发卡行之间要通过中央银行进行跨行交易的资金清算和手续费计付处理。这种形式的系统通常是专有ATM系统互联后的共享系统，具体如图4-2所示。

2. 前方交换型网络结构

新建的共享网络系统多属于前方交换型，在这种交换型的网络结构中，交换中心位于银行主机和ATM/POS终端机之间；系统中所有的终端设备，原则上由交换中心投资；所有交易全由交换中心直接转发到相应的发卡行进行处理，因此没有跨行交易；发卡行收到交换中心发来的交易信息后，经确认处理，发送授权信息给交换中心，请其指令终端设备按指示要求进行处理(网络结构如图4-3所示)。

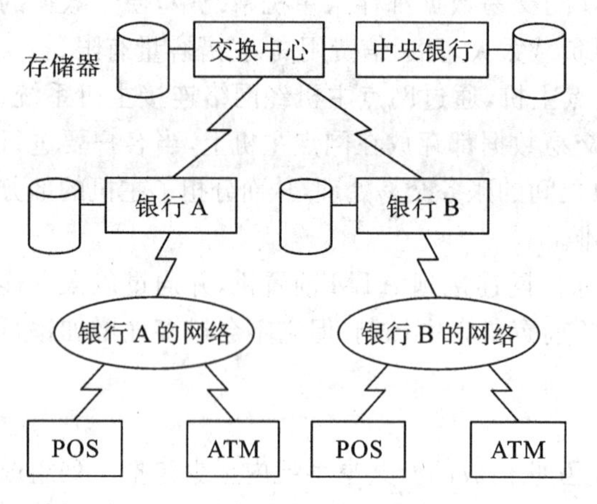

图4-2　后方交换型网络结构

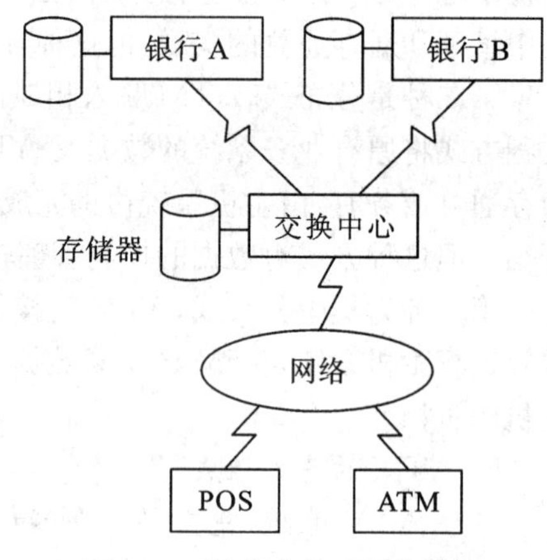

图4-3　前方交换型网络结构

前方交换型没有跨行交易，因此也不存在银行之间的资金清算问题，原则上不需要中央银行的参与。当然，中央银行为了掌握资金的流动情况，可以采用法律法规的办法，规定交换中心定时向中央银行发送所需的数据。

3. 复合型网络结构

顾名思义，系统中既含前方交换型又含后方交换型的网络，就是复合型系统。如在图4-4所示的复合型网络结构系统里，对ATM1来说，交换中心在银行之前，是前方交换型共享网络；对ATM2～ATM5来说，交换中心在银行之后，是后方交换型共享网络。持卡人在ATM1上做的交易，按前方交换型网络系统的交易处理流程处理；持卡人在ATM2～ATM5上做的交易，按后方交换型网络系统的交易处理流程处理。

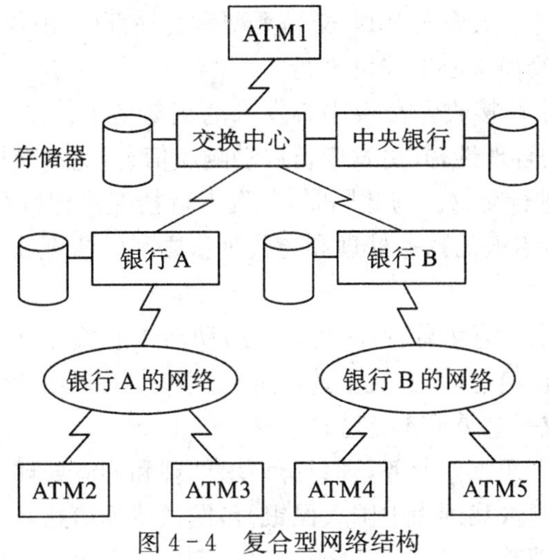

图 4 - 4　复合型网络结构

4.2.3　ATM 系统的交易处理流程

ATM 系统采用不同类型的网络结构，将导致不同的交易处理流程。由于复合型的网络结构是由前方交换型与后方交换型共同组成的，因此，实质上 ATM 系统由后方交换型与前方交换型这两种不同的交易处理方式构成，下面将分别介绍。

1. 后方交换型系统的交易处理流程

后方交换型网络结构类型包含行内交易与跨行交易，相对而言，处理较复杂，需要清算银行的介入才能完成跨行支付的清算工作。在这种 ATM 系统里，各成员行都可拥有自己的 POS 和 ATM 终端机；自己的持卡人在自有系统的 POS 和 ATM 上所作的交易，留在自己行内处理；在共享 ATM 系统上所作的跨行交易，均送交换中心转发到相应的发卡银行去处理(具体流程如图 4 - 5 所示)。

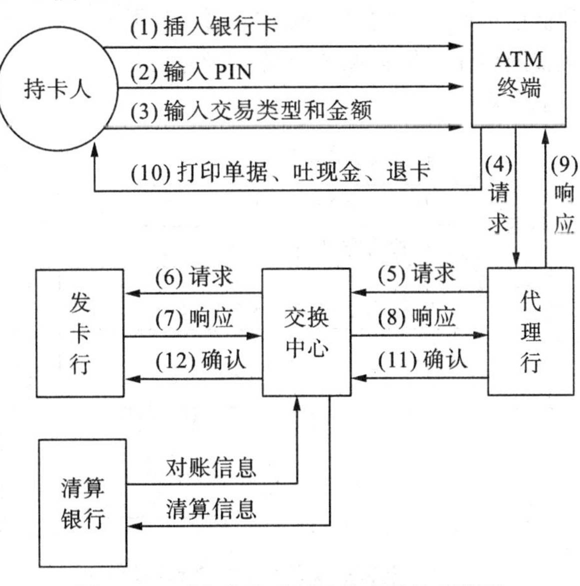

图 4 - 5　后方交换型系统的交易处理流程

(1) 请求处理。当持卡人输入 PIN、交易类型和交易额后,由代理行终端机启动请求信息,请求信息经代理行、交换中心发往发卡行。

(2) 响应处理。发卡行接收到交换中心发来的交易请求信息后,检查银行卡和持卡人等的合法性,交易金额的合理性,并由发卡行启动响应信息,通过交换中心,授权代理行指令ATM 按响应指令指示进行交易。与此同时,若发卡行授权代理行存取款处理,则发卡行还要进行账务处理(包括持卡人的账务处理和与代理行之间的清算处理)和各种交易费用的计付处理。

(3) 确认处理。完成一笔交易后,由代理行启动确认信息,针对交易执行结果提出确认报告。发卡行接收到确认信息后,提交上述账务处理和交易费用计付处理结果,修改数据库中的相应数据,最终完成一笔 ATM 交易。

如果是一笔跨行的余额查询业务,则只有请求处理和响应处理,而无须确认处理。日终时,交换中心要向清算银行(我国为中国人民银行)发送清算信息,由清算银行完成代理行与发卡行之间当天的资金清算。然后,清算银行通过交换中心向各银行发送当天的对账信息,若对账无误,则最终完成一天所有的 ATM 交易。

2. 前方交换型系统的交易处理流程

前方交换型的 ATM 系统交易经交换中心识别后转发交易信息,因此,不存在跨行交易,通常为行内交易。现用存取款交易进行举例说明。

通常,交易处理过程包括请求处理、响应处理和确认处理,并各自对应三种信息流,即请求信息、响应信息和确认信息。

(1) 请求处理。当持卡人输入 PIN、交易类型和交易额后,由 ATM 终端机启动请求信息,经交换中心发往相应的发卡行。

(2) 响应处理。发卡行进行响应处理和账务处理后,发出响应信息给交换中心,授权它按指示向 ATM 发送指令。

(3) 确认处理。交换中心向 ATM 发出响应指令后,若非查询交易,还需向发卡行发确认信息;发卡行收到确认信息后,就执行提交操作,修改数据库,完成该笔 ATM 交易。

因此,在前方交换型网络作一笔存取款交易,需经过以上步骤才能最终完成,具体业务操作流程如图 4-6 所示。

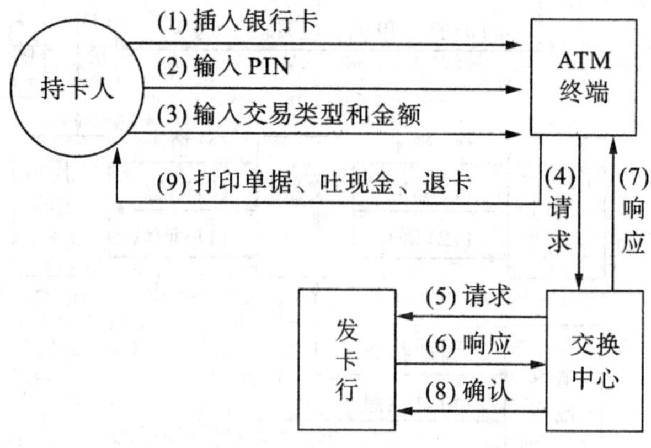

图 4-6 前方交换型系统的交易处理流程

4.2.4　ATM 系统的安全保密

ATM 的安全问题主要包括 ATM 的数据保密、消费者身份的确认、纸币的确认、ATM 机身保护等几个方面。

1. ATM 的数据保密

ATM 的数据保密就是要确保 ATM 端与银行的中央计算机处理系统端进行数据传送、核对资料过程中的数据不被泄露和不被盗取。以往通常采取单一数据加密标准，理论上这种加密标准已经有了破译的可能。因此，目前比较安全的方法是使用三重加密标准，同时还必须经常转换解码密钥，这样才能确保数据信息核对过程中的安全保密。

2. 消费者身份的确认

消费者身份的确认除了可以用以往的个人密码认证的方法加以解决外，还可以采用一系列先进的生物测定技术，如利用虹膜认证技术，使得 ATM 能够识别用户特别的瞳孔形态而确认其身份；其他还有诸如指纹扫描、声音确认、面容确认等方法，可以有效实现消费者身份的确认。

3. 纸币的确认

ATM 的存款确认部分要有较强的纸币验证功能，要能够有效拒绝一切不符合一系列确认条件的存入纸币。

4. ATM 机身保护

对 ATM 机身保护的策略主要有推广使用装置体积更大及更重的保管箱，提供更可靠的保安锁、警钟以及更完备的闭路、敞露监控电视装置。目前在欧洲更有使用新的"墨水技术"的，即当遇有盗窃时，ATM 利用墨水损坏钞票技术，使得抢劫者因为无法消除抢得的钞票上的墨渍而被认出是盗窃的钞票，永久不能使用。

4.2.5　ATM 系统的发展趋势

ATM 系统自 1969 开始使用至今，该网络系统已经相当发达，在全球广泛使用并正朝着多功能服务、网络化的趋势发展。

首先，由于 ATM 系统使用的技术越来越先进，促使 ATM 向多功能化发展。现在，它不仅可用于存取款作业，还可当作自助银行的一台终端机使用，进行各种非现金交易和信息服务。如具有磁性墨水字符识别和光学字符识别功能的 ATM，它能读取公用设施账单和汇款单上的磁性墨水字迹、光学字符条码线，识别账单上的文字和图形，从而可为储蓄户提供验证现钞、缴付各种公共事业账单等服务，它不仅能以转账方式缴税、缴房租、缴水电费，甚至还可用来缴停车罚款，办理驾驶执照续期等非现金交易事务。

同时，利用视频技术和各种专家系统，ATM 还能进行视像会晤，并实现交互服务。这种终端机具备超级出纳能力，客户通过这种终端机，可同远地的银行职员谈话，犹如面对面地商讨开户、贷款等事宜，银行职员也可用之指导客户完成一笔金融业务，如提供保险或安排旅行计划、直接解答客户提出的各种疑难问题等信息服务。

早在 1998 年，HP 公司就推出了手持自动柜员机，它是一种可以随身携带的向银行自己的顾客自动提供现金的设备。顾客通常利用手持 ATM 提取现金。手提式的 ATM 终端更加灵活，这进一步扩大了它的使用范围。

随着IC卡制造成本的下降和广泛应用以及电子钱包IC卡的发展，必将有更多的ATM系统为多功能的IC金融卡提供多种支持服务。而通过采用虹膜识别技术和语音识别技术的ATM，将大大改善系统的安全性，可以将其运用于网上购物支付等商务活动。

其次，是网络化方面的发展趋势。一是共享ATM系统的发展，即不同银行ATM系统的互联；二是ATM系统与其他电子支付系统的互联，尤其是与开放式的互联网相连，形成广泛的金融服务网络。随着其他电子银行系统的开发应用，将会有更多的ATM系统可同其他的电子银行系统，如柜员联机系统、POS系统、家庭银行系统等作联动处理。就是说，ATM系统将作为电子银行系统的一部分，同其他电子银行系统集成在一起，形成电子银行综合服务网络，为客户提供综合的业务服务。

4.3 POS系统

POS系统是随着信息技术的发展而产生和发展的。信息技术的发展，促使银行业与商业之间建立起密切的、现代化的联系，这种联系充分体现在零售商业的销售点服务中。销售点的电子转账系统(EFT/POS系统，以下简称POS系统)是20世纪80年代EFT系统中增长最快的一个应用项目，经过十几年的发展取得了长足的进步。根据中国银联公布的数据显示，截至2011年底，我国受理商户达到318万户、POS机437万台、ATM机35万台，分别是2002年的17.2倍、17.5倍、7.6倍。

4.3.1 POS系统简介

POS系统自1968年出现以来，经历了几个发展时期：第一代是使用借记卡的专有系统；第二代是共享的POS系统，这种系统既可用借记卡，也可用信用卡进行购物消费；第三代是集成的POS系统，随着电子商务的快速兴起，出现了能完成网上购物、网上支付和电子转账的POS系统。目前，较普遍使用的是联机的POS系统。

1. 概念

销售时点信息(Point of Sales)系统是指通过自动读取设备(如收银机)在销售商品时直接读取商品销售信息(如商品名、单价、销售数量、销售时间、销售店铺、购买顾客等)，并通过通信网络和计算机系统传送至有关部门进行分析加工以提高经营效率的系统。POS系统最早应用于零售业，以后逐渐扩展至其他如金融、旅馆等服务行业，利用POS系统的范围也从企业内部扩展到整个供应链。

同ATM系统一样，POS系统也是第一线的便民服务系统，系统网络的覆盖面广，服务网点多，能提供实时的、全天候的电子资金转账服务。POS系统必须做到：能正确访问所需数据所在的文件；能实时处理；能使整个操作过程在授权的控制下进行，且有证实过程；通过日志文件记录每笔交易；能及时发现交易中出现的差错，及时进行冲正处理等。

2. 主要功能

目前，广泛采用的共享POS系统可提供下列多种服务：

(1) 自动转账支付。自动完成顾客的转账结算，即依据交易信息将客户在银行开立的信用卡账户上的部分资金自动划转到商家在银行开立的账户上。具体指POS能完成消费付款处理、退货收款处理、账户间转账处理、修改交易处理、查询交易处理、查询余额处理、核查密码处理并打印输出账单等功能。

(2) 自动授权。是指具有信用卡的自动授权功能，如能自动查询信用卡、止付黑名单，自动检测信用卡是否为无效卡、过期卡，自动检查信息卡余额、透支额度等，使商家在安全可靠的前提下迅速为客户办理信用卡交易。

(3) 信息管理。是指在POS上完成一笔交易后，POS还具有自动更新客户和商家在银行的档案功能，以便今后查询；同时，也可更新商家的存货资料及相关数据库文件，以提供进一步的库存、进货信息，帮助决策管理。

一些发达国家的零售商还利用POS系统，通过综合信息管理，产生了一种称为微观市场的销售观念。这种微观市场以存货单位计算利润的基础，比传统的按部门计算利润的方法更精细。具体而言，它将POS采集来的交易数据，通过数据仓库技术和数据挖掘分析方法，了解各种货品的销售利润、销售特点，各货品之间微妙的互动销售关系，从而策划适当的订货、货架空间管理、促销方法等，实施有效的存货管理和促销策略。

3. POS系统的优越性

POS系统的推广应用，使银行、商场、客户三方的交易都能在短时间内迅速完成，给三方都带来了较大的经济效益和较好的社会效益，其主要表现在：

(1) 减少现金流通。使用POS系统后，客户只需随身携带一张银行卡，就能方便地进行消费结算，甚至在必要时还可提取少量现金以供急需。在POS系统中，现金已被电子货币所代替，从而减少了货币的印刷、运送、清点和保管，提高了整个社会的经济效益。

(2) 加速资金周转。POS系统的使用，使客户在数秒钟内就能完成与商户资金的转账结算，保证商户资金及时到账，明显提高了资金周转率。

(3) 确保资金安全。随身携带现金或支票进行消费往往不安全，尤其进行大额交易时会带来诸多的不便。使用POS系统就能防止此类现象的发生，即使丢了信用卡，通过挂失仍能保证资金安全。传统的支付方式使商户手中留有过多现金，也给其安全带来一定的威胁，使用POS系统后，商户就不会因为手头存有过多现金而烦恼担忧。

(4) 提供有用信息。一方面能为商户提供各种实时的商品交易信息，另一方面各种金融交易信息在银行主机系统中归类、汇总、分析后，可以帮助银行分析形势，确定适应形势发展的目标。

4. POS系统的工作方式

POS系统的工作方式主要有直接转账、脱机授权和联机授权等三种。

(1) 直接转账方式。早期的POS系统使用借记卡，采用扣款卡直接转账的方式，即通过确认持卡人的身份，鉴别卡的合法性，核实卡中余额，随时办理转账结算。这种方式效率高、安全、可靠，但它主要是一种专有系统，使用范围有限，客户消费并不方便。

(2) 脱机授权方式。信用卡最初在POS系统上使用时，授权往往通过脱机处理方式。一般可以通过电话授权和查询信用卡、止付黑名单，这种方式由于受电信条件的限制往往时间较长，而且黑名单的提供往往有延时性，给系统带来不安全因素，影响整个系统的运行效率。

(3) 联机授权方式。随着银行卡业务的不断扩展和通信事业的突飞猛进，在POS系统上又推出了信用卡联机授权方式，通常，这是一种区域性的或国际性的共享POS系统，它可以在所有对象之间完全实现信息共享，目前，多数POS系统都使用这种方式。它通过通信网络连接各发卡行、各特约商户及各大银行的信息系统，随时检查信用卡的真实性、合法性、有效性，为客户提供方便、安全、可靠、准确的转账支付结算。

5. POS系统的基本组成

POS系统主要由下列各部分组成;POS终端、集线器或终端控制器、通信网、交换中心、各银行主机系统和其他银行卡授权系统。

POS系统终端安放于特约商店内。银行卡中的信息、PIN和商品交易数据等从该终端输入，并传送到交换中心或相关的银行主机系统去处理;该终端还从交换中心或银行主机系统接收、显示发卡行响应交易(授权)的通知。POS系统终端可由银行、商店或第三方投资购置。

在POS系统终端较集中的地方，通常设置一个集线器或终端控制器。它通过低速通信线路集中各POS系统终端发来的信息，再经由高速线路把汇总来的信息送往交换中心或银行主机去处理。

根据交换中心在系统中的位置，可把共享的POS系统的网络结构分为前方交换型、后方交换型和复合型三种。对于前方交换型通信网，交换中心位于POS系统终端与银行主机系统之间;对于后方交换型通信网，交换中心位于银行主机系统之后。POS系统中的各个实体，通过交换中心的主机系统连接成一个共享的大型网络。交换中心的主要功能是将集线器、商店计算机系统或收单行主机系统发来的POS交易信息，转发到相应的发卡行的主机系统中去，再将后者响应交易的授权信息回送给前者。除转接上述交易信息外，交换中心还执行某些处理功能，如登录各个交易信息、报告所处理的通信量和作暂代性授权等。

各银行主机系统包括发卡行的主机系统、收单行的主机系统和处理跨行账务清算的中央银行的主机系统。

POS系统通过地区性或全国性的银行卡授权系统，可为他行或全国各地的银行客户提供服务。

4.3.2 POS系统的网络结构

由POS终端、集线器、通信网、交换中心和银行主机系统组成的POS系统，可以有各种布置方式。依据POS业务的发展，可以将若干个简单的POS系统互联成复杂的共享POS系统。

一些大银行往往都是自己开发专有POS系统。其结构如图4-7所示。POS终端，或直接或通过集线器同银行主机系统通信。这种布置方式，只能处理提供这种装置的银行的商店客户与其持卡人之间的POS交易。这种系统只对那些具有雄厚技术力量，又有大量持卡人和大量特约商店的大银行才是可行的。

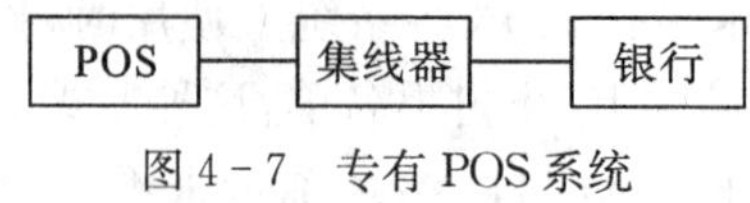

图4-7 专有POS系统

对于中小银行，要想开发专有POS系统显然是不可能的，它们只能走联合开发的道路。即在图4-7的集线器与银行主机系统之间，加进一个交换中心。这就构成如图4-8所示的带交换中心的共享的前方交换型POS系统。一个金融机构只要能同交换中心连线，它就能提供POS交易服务;该系统中的POS终端，能处理该系统成员银行的所有持卡人所参与的 POS 交易。

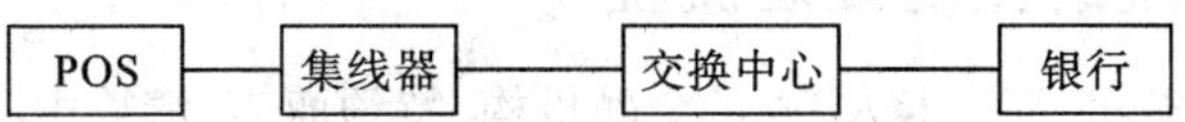

图 4－8　带交换中心的前方交换型 POS 系统

POS 系统进一步发展时，可将图 4－7 和图 4－8 两个系统合并，发展成图 4－9 的联合系统。这是一个共享程度更高的既含前方交换型、又含后方交换型的复合系统。

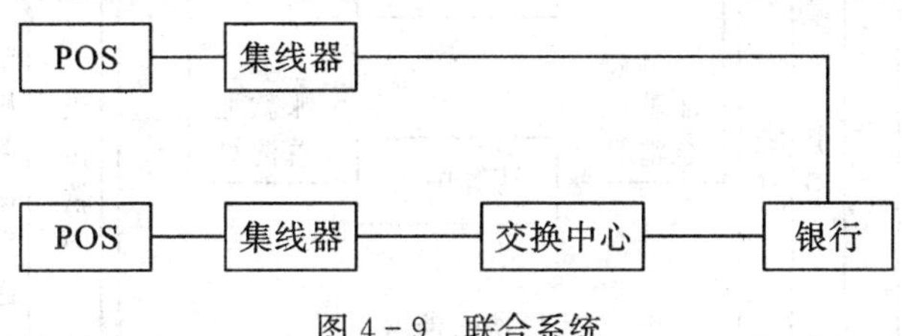

图 4－9　联合系统

如果把超级市场和大百货公司开发的 POS 系统纳入图 4－9 的系统，则发展成如图 4－10所示的共享 POS 系统。有自己 POS 终端和计算机系统的商店要参加到共享的 POS 系统中去，必须同某个银行签约，通过该银行的主机系统进入共享的 POS 系统；也可通过某集线器连接到交换中心，进入共享的 POS 系统。

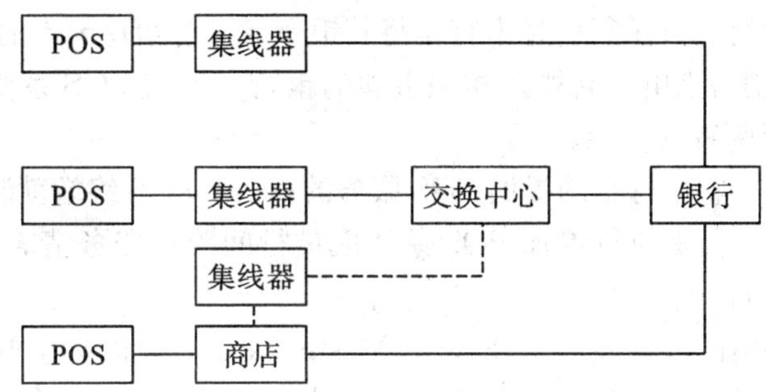

图 4－10　同商店系统联合的 POS 系统(注:虚线为可选方案)

如果建立了全国性的银行卡授权网络交换中心，并且将图 4－10 所示的地区性的 POS 系统同它连接起来，上述地区性的 POS 系统就可处理全国范围异地的 POS 交易；若银行再同国际信用卡组织处理中心连接起来、就可处理国际卡持卡人所做的 POS 交易。这种系统就是如图 4－11 所示的完善的 POS 系统。

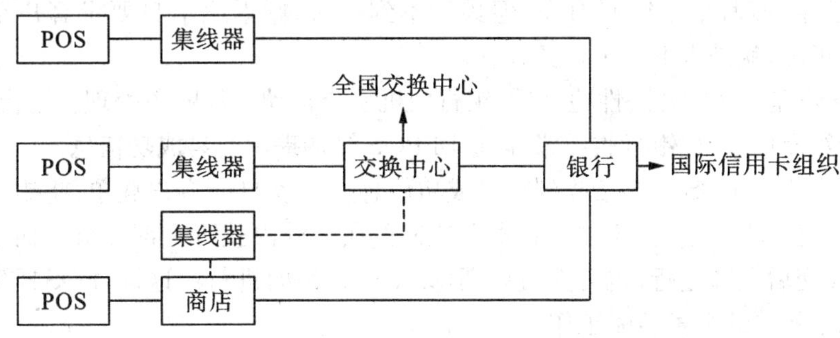

图 4－11　完善的 POS 系统

4.3.3　POS系统的交易处理流程

共享的POS系统，涉及持卡人、成员金融机构、特约商店、清算中心和国外信用卡集团等多个实体对象。各成员之间的交易处理关系如图4-12所示。

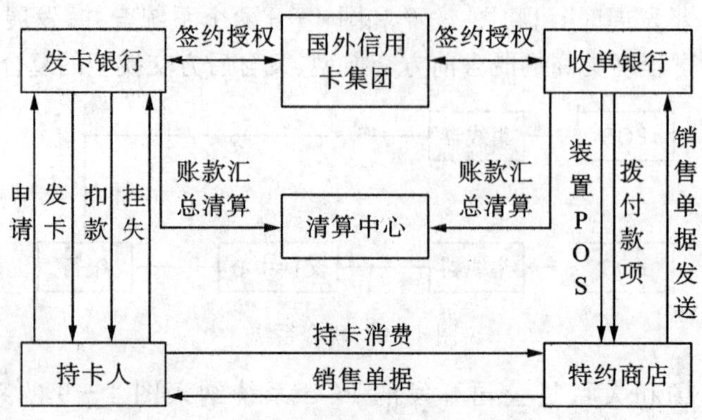

图4-12　POS系统交易处理关系图

(1) 持卡人，即消费者。他们持有可用于消费的银行卡。

(2) 成员金融机构，即参加POS系统的金融机构。按执行的业务功能，可将成员金融机构进一步分为发卡行和收单行。发卡行是将其银行卡发行给持卡人的银行。收单行是同特约商店签约，处理销售点电子转账及相关事项的银行。参与POS系统的成员行，可同时兼具发卡行和收单行两者的功能。

(3) 特约商店。与收单行签约提供POS服务的商店。POS终端就装在特约商店内。

(4) 清算中心。是负责执行参加POS系统成员行间跨行账务清算的金融机构。在我国为各级中国人民银行。

(5) 国外信用卡集团。如发行VISA卡、MasterCard卡等国际上知名的信用卡机构。国内金融机构若同这些国际信用卡集团签约授权，就可在国内发行和使用它们的银行卡。

POS系统的交易处理流程主要经过以下三个步骤：

(1) 申请授权。当顾客递交银行卡、输入密码、营业员刷卡读入卡信息并输入交易数据后，通过通信网络将这些数据传输到银行主机系统。首先检查银行卡的合法性，如果不合法，则返回POS终端提示信息要求作压卡处理。其次要检查用户密码的准确性，将用户输入的密码同主机系统中数据库中的密码进行核对，如果出错且累计出错三次以上，则通过POS终端作压卡处理；如果密码有误，但累计不到三次，则返回信息要求客户重新输入密码；如果密码正确，就进入下一步账务处理。

(2) 账务处理。完成合法性检查后，银行主机系统自动进行账务处理。记流水账、记持卡人账、记特约商户账、记银行收益账等，返回POS终端提示交易成功信息。

(3) 完成交易。POS终端接收到交易成功信息后自动打印客户凭单，将银行卡返还客户，整个POS交易即告完成。通常，上述交易过程在几秒内就可全部完成。而电子转账工作可在商品成交后立即进行，也可在协议期(如1～2天)后进行。这样，POS既完成了商品交易，也完成了相关的电子转账工作。

4.3.4 POS系统的安全保密

POS系统的安全问题主要包括POS交易的认证性、交易的隐秘性和交易的正确性等。

(1) 认证性。所谓交易的认证性，就是在处理每笔POS交易之前，系统必须事先确认该笔POS交易是由授权单位发送的，严防伪造的非法交易介入。为确保这一点，原则上每个终端用户和每台终端机都有一个密码(Password)，这个密码可由终端用户自定，且一旦设定，就存入系统的密码文件中。除极少数管理人能读写该文件外，其他人都无法调看。该文件记录了每个合法用户的名称、密码和所能用的文件名称，还对每个用户的存取权限作了严格的规定。例如，有的用户仅限于检索，有的可提交作业，有的只可下指令，以严防使用者越界，闯入他人禁区。

(2) 隐秘性。所谓交易的隐秘性，就是在处理POS交易前，要识别持卡人的身份，严防他人盗用合法持卡人名义进行非法的POS交易，以保护消费者数据的完整性和保密性。现阶段，通常采用个人标识码(PIN)来识别持卡人的身份。持卡人在POS终端输入其PIN时，不能被他人所窥见，传输PIN时应加密，以防止中途被人窃取。

(3) 正确性。所谓交易的正确性，就是要确保POS交易数据正确，杜绝对这些数据作任何可能的篡改。为此，交易数据和相关的重要数据在POS系统中传输时，必须经加密后以密码方式传输，在电文后还需加送电文识别码MAC。接收方检验电文识别码，可检验电文在传输过程中是否被篡改。

4.3.5 POS系统的发展趋势

1. POS系统的新进展

今天，零售商对POS系统的要求，已从加快交易处理、降低经营成本，扩展到销售分析、存货控制管理、直接的货品利润等更深层的经营观念。也就是说，要求POS系统朝着综合信息管理系统发展。POS系统的这种新进展，促使发达国家的零售业产生了一种称为微观市场(Micro-Marketing)的新观念。这种微观市场概念，是讲究精细和复杂运算工作的崭新的销售观念，就是说，将销售终端采集来的交易数据，经过精细复杂的运算，进行有效的分析，以了解各种货品的销售利润、销售特点，以及各货品之间微妙的互动销售关系，从而策划适当的订货、货架空间管理、促销方法等，实施有效的存货管理和促销策略。

2. POS终端

早在20世纪20年代，流通业就已采用机械式收款机。至1970年，电子收款机ECR(Electronics Cash Register)取代了机械式收款机。此后，ECR又从单机控制发展成主—从方式的数台控制。POS终端是从ECR进一步发展起来的。POS系统的发展，使主—从控制方式技术进一步发展，开始导入商店后台计算机，进入商店自动化的新时代。这样，就经历了由点(单台ECR)到线(主—从控制方式)，由线到面(全商店由后台计算机全面控制)的发展过程。在上述情况下，安装于商店里的POS终端，既是银行POS系统的终端，又是商店计算机管理系统的一个终端。因此，POS终端不仅要同银行系统联机，还必须同商店的主机系统联机。

近代的POS终端产品，将会以符合工业标准的技术为主流，并紧跟现时技术发展的步伐，不断开发新的POS终端产品。现时许多大厂家的POS终端产品综合了计算机技术、通信技术和机械技术，使POS终端机从单纯的信息采集工具，发展成多功能的信息处理工具。POS终端的硬件基础是通用的微机核心部件。近代的POS终端机采用开放式的系统设计，采用PC技术与规范，这样可以方便地进行扩充，对产品的维护和更新换代都有好处。POS终端机要有很强的网络通信和数据处理能力，能方便地实现POS终端机与服务器之间的双向实时通信。POS终端机除有各种标准PC接口外，还有一些专用接口，如有与磁卡和/或IC卡阅读器、钱箱、条码阅读器和电子秤等的接口。考虑到商场流量大，干扰因素多，POS终端机要有很强的抗干扰能力和防尘抗震能力。开放式结构允许用户选择现有的软件实现促销管理，也允许用户根据实际需要自行开发应用软件，以完善商店的管理。在安全方面，采用分级授权、口令和专用钥匙，以加强系统的安全性。考虑到银行卡介质的发展，不少POS终端产品不仅可识别磁卡，也可识别IC卡。

3. 条码技术

POS终端中广泛采用条码技术。现在，条码技术广泛应用于零售业、生产企业、金融保险、图书管理、仓库自动化管理，以及一切可以应用自动识别技术对产品进行管理和统计的领域。可以说，条码技术的应用已成为信息处理技术中的一个热点。

条码(Bar Code)是由一组规则排列的条、空及对应字符组成的标记，以表示一定的信息。根据构成方法的不同，条码具有不同的码制，以表示二进制中的“0”和“1”。不同的条码码制适用于不同的领域，并且具有不同的编码容量和字符集。在条码技术中，通常把与产品有关的数据存放于计算机数据库中。查询时，利用代表这一产品的条码作为索引码，就能很快从数据库中取出该商品的名称、价格等所需信息。

目前，全世界共开发出了一百多种条码码制。近年来开发出的二维条码，在水平和垂直方向都可表示信息，其信息的包含量很大，因此，一些发达国家已经在病案管理等诸多方面推广应用二维条码。

4.4 电子汇兑系统

大额支付系统是指处理那些交易金额巨大，对支付的时间性、准确性和安全性有特殊要求的支付指令的电子资金转账系统。它直接支持一国货币和资本市场的运作，支持跨国界、多币种交易。同时，中央银行的公开市场操作也要依赖大额支付系统来实现，因此，大额支付系统的效率直接影响到资金周转速度，从而决定了一国金融市场的运行效率。电子汇兑系统是金融机构之间的资金转账系统，它涉及的金额通常很大，是典型的大额支付系统。

4.4.1 概述

银行与公司、企业单位、政府部门及其他金融机构的资金支付与结算不同于面向大众的银行卡业务(可称为零售业务)，它是一种批量业务或批发业务。之所以称之为批量业务，是因为它们之间的交易金额较大。据Atlanta的联邦储备银行统计，在商业银行处理的项目中，大于1 000美元的项目占总数的5%，但是占总金额的88%。因此，这种批量业务对银行来说是至关重要的，对整个社会的支付结算效率的影响也是非常重要的。

在银行业实现电子化以前，与零售业务支付机制相类似，批发业务支付机制也主要基于支票等纸质凭证。对美国的企业调查表明，公司总收入的80%是由支票收款的。这种基于纸质的手工支付机制，效率低，风险大，在途资金多，不能适应经济的快速发展要求和经济全球化的趋势，迫使企业和银行研制和发展用于批发业务的基于网络处理的电子资金转账系统，即银行批量业务电子处理系统。

银行批量业务电子处理系统主要包括面向单位客户的银行电子化服务系统（如电子银行及 EFT、网络银行、电子支票等）和面向银行同业资金往来的电子汇兑系统。面向单位客户的银行电子化服务系统要为其客户提供电子资金转账服务，还必须通过电子汇兑系统才能完成。

1. 电子汇兑系统的含义

所谓电子汇兑，英文为 Electronic Agiotage 或 Electronic Exchange，即利用电子手段处理资金的汇兑业务，以提高汇兑效率，降低汇兑成本。

广义的电子汇兑系统，泛指客户利用电子报文的手段传递客户的跨机构资金支付、银行同业间各种资金往来的资金调拨作业系统。具体来说，就是银行以自身的计算机网络为依托，为客户提供汇兑、托收承付、委托收款、银行承兑汇票、银行汇票等支付结算服务方式。

任何一笔电子汇兑交易，均由汇出行（Issuer Bank）发出，到汇入行（Acquirer Bank）收到为止。其间的数据通信转接过程的繁简，视汇出行与汇入行（也称解汇行）两者之间的关系而定。

根据汇出行与汇入行间的不同关系，可把汇兑作业分成如下两类。

（1）联行往来汇兑业务。是指汇出行与汇入行隶属于同一个银行的汇兑业务，联行间汇兑属于银行内部账务调拨，必须遵守联行往来约定，办理各项汇入和汇出事宜。

（2）通汇业务。资金调拨作业需要经过同业多重转手处理才能顺利完成，因此通汇业务是一种行际间的资金调拨业务。它又可分为：本国通汇，汇出行与汇入行隶属同一个国家；国际通汇，汇出行与汇入行隶属不同国家。跨行或跨国通汇，因涉及不同银行间的资金调拨，参与通汇的成员必须签署通汇协定，才能保证作业系统的正常运行。

电子汇兑系统中，一个银行既可作汇出行，也可作汇入行；而且通常涉及的是通汇业务。其间的数据通信转接过程的繁简虽然不同，但是基本作业流程及账务处理逻辑是相似的，即汇出行与汇入行都要经过数据输入、电文接收、电文数据控制、处理与传送、数据输出等基本作业处理流程。

2. 电子汇兑系统的特点

（1）交易额大，风险性大。在银行系统的案例中，犯罪分子在电子汇兑系统里的作案比例很大，作案金额是各类案例之首。因此，金融机构对电子汇兑系统的安全性特别重视。

（2）对系统的安全性要求高于时效性要求。由于通过电子汇兑系统的汇兑金额一般较大，客户汇款时最关心的是安全，其次才是及时送到。因此，系统的响应时间，不必像 ATM 系统和 POS 系统那样要求严格。为了系统的安全，在设计电子汇兑系统时，信息的传输方式几乎都是采用先存后送，以确保信息在传输过程中所通过的每个站点都有确切的记录，万一汇兑业务出现问题，也能迅速找出出事点。

（3）跨行和跨国交易所占比例较大。汇兑的业务处理有巨额的国际支付，有行际间的资金调拨，有企业间的贸易往来，也有个人的小额汇兑，还有各种托收和代付。这些业务中，随着国际贸易的发展、跨国公司的壮大和全球经济一体化进程的加速，跨行和跨国交易所占的比重很大。因此，设计电子汇兑系统时，应适应国际上通行的各种标准、规格和要求。只有遵守这些标准，才能顺利进行国际资金的电子汇兑业务。

3. 电子汇兑系统的类型

为适应国际与国内贸易快速发展的需要，国际上许多国家以及一些国际组织建立了许多著名的电子汇兑系统。这些系统所提供的功能不尽相同，按照其作业性质的不同，可把电子汇兑系统分成三大类，即通信系统、资金调拨系统和清算系统。

(1) 通信系统(Communication System)。主要提供通信服务，专为其成员金融机构传送与汇兑有关的各种信息。成员行收到这种信息后，若同意处理，则将其转送到相应的资金调拨系统或清算系统内，再由后者进行各种必要的资金转账处理。这种系统的典型实例是SWIFT系统，它把原本互不往来的金融机构全部串联起来。中国国家金融通信网(CNFN)也基本属于这种类型。

(2) 资金调拨系统(Payment System)。是典型的汇兑作业系统，具体负责资金的支付。这类系统有的只提供资金调拨处理，有的还具有清算功能。属于这类系统的代表性系统有美国的CHIPS和FEDWIRE，日本的全银系统，中国各商业银行的电子汇兑系统，中国人民银行的全国电子联行系统等。

(3) 清算系统(Clearing System)。主要提供银行间的资金清算处理。如果汇入行与汇出行之间无直接清算能力，则需委托另一个适当的清算系统进行处理。以美国为例，CHIPS除可做资金调拨外，还可兼做清算，但对象仅限纽约地区的银行，纽约以外的银行清算则要交由具有清算能力的FEDWIRE进行处理。中国的异地跨行转汇，必须经过中国人民银行的全国电子联行系统才能最终得以清算。其他如英国的CHAPS(Clearing House Automated Payment System)、新加坡的CHITS(Clearing House Interbank Transfer System)和日本的日银系统，则是纯粹的清算系统，负责行际间的所有账务清算工作。

4. 电子汇兑系统的运作模式

电子汇兑系统的运作过程是比较复杂的。尽管目前电子汇兑系统的种类很多，功能也不尽相同，但是汇出行和解汇行的基本作业流程及账务处理逻辑还是很相似的。图4-13所示为电子汇兑系统的运作模式。

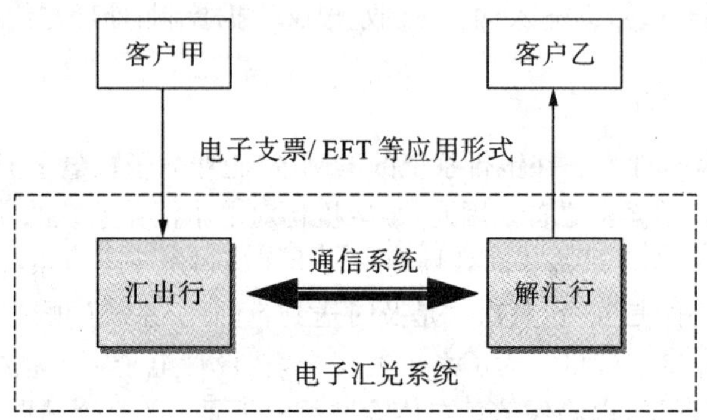

图4-13　电子汇兑系统的运作模式

以一笔电子汇兑的交易为例，除涉及银行到客户端的支付结算方式，如电子支票、金融EDI、网络银行等外，真正在银行系统间处理资金的汇兑流程，由汇出行启动至解汇行收到为止，不论点对点的传送，还是通过交换中心中转传送，汇出行与解汇行都要经过以下几个基本作业处理流程：数据输入(Input Source)；电文的接收(Message Receipt)；电文数据控制(Data Control);处理与传送(Process & Transfer);数据输出(Out Destination)。

在电子汇兑系统中,一个银行既可作为汇出行,也可作为解汇行。图 4-14 所示为电子汇兑系统中银行内部的处理流程。

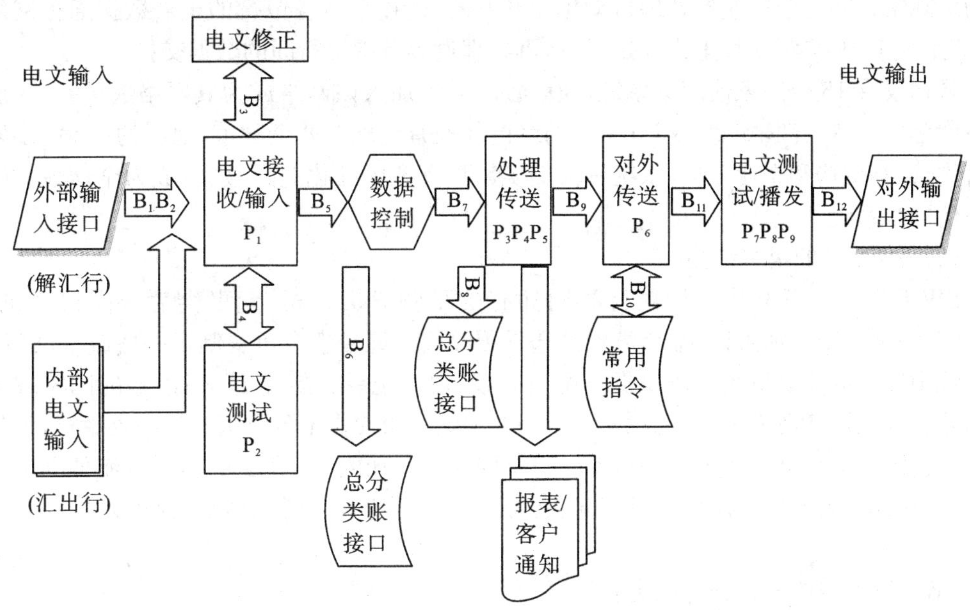

B 为数据/信息流;P 为处理逻辑模块

图 4-14　电子汇兑系统中银行内部处理流程

(1) 银行作为解汇行(汇入行)时,经外部输入接口接收电文,对接收的电文做必要的检测,证明无误后,对接收的电文添加必要的信息,并做必要的相应处理,再将数据送会计系统进行账务处理,并且通知客户做相应的账务处理。

(2) 银行作为汇出行时,由内部输入电文,经有效性检测无误后,可做必要的处理,如分配输入顺序号、存档,必要时还要做账务处理等操作,最后经对外输出接口发送出去。

(3) 在整个处理流程中,对每个边界点要做相应的检查,进行边界控制,防止错误的信息进入。当信息通过边界检查进入各子系统后,各子系统根据相应的指令执行其分内的工作。在做这些处理工作时,必须进行有效的处理控制,以确保系统正确地执行处理操作。

(4) 通过系统中上述双重控制,即边界控制和处理控制,可使各类交易电文正确无误地从一个端点传输到另一个端点。

4.4.2　国外电子汇兑系统

1. 环球银行间电讯协会——SWIFT

(1) 简介

20 世纪 60 年代初,银行间的国际交易迅速猛增,使得传统的手工处理无法适应业务增长的需要,处理费用也随之大大增加。为此,各国银行界人士普遍认为迫切需要建立一个能实现国际间交易的自动化传输和处理的全球金融网络系统,于是,1973 年 5 月,由 15 个国家的 239 家银行共同组织的 SWIFT 便诞生了。

SWIFT 是 Society for Worldwide Interbank Financial Telecommunication 的缩写，即环球银行间电讯协会，也称之为国际环球同业财务电信系统，它是一个非营利的组织，由董事会、董事会执行机构、国家成员组、用户组和网络成员等组成。它所建立的 SWIFT 系统是为国际银行间的金融业务处理自动化而开发的，连接全球各银行的金融数据通信网络系统，该系统于 1977 年 5 月正式开始运行，可处理世界范围银行间的数据交换。

最初仅有 15 个国家使用该系统，随后各国纷纷加入该网络成为其网络成员，不久服务网络就延伸到各大洲，到 2008 年底，该网络已经拥有全球 208 个国家/地区的 8 300 多家银行机构、证券机构和企业客户，系统每天交换数百万条标准化金融报文，成为全球最大的金融通信网络系统。

(2) SWIFT 的组织结构

SWIFT 是一个由其会员银行共同拥有的私营股份公司，董事会为最高权力机构。SWIFT 完全属于参加银行，按会员资格选举董事会。该董事会负责制定一般政策，SWIFT 以系统中发出的交易量大小按比例分配所有权，占系统总交易量 1.5%以上的国家或国家集团才有资格被任命为董事会成员。SWIFT 国家集团代表了各个国家的中央银行，每年集会几次提出有关预算和政策上的事宜。每个国家所有加入 SWIFT 的银行及海外办事处也每隔一段时间，就使用者的情况进行碰头，针对影响银行业务活动情况，讨论发展的政策和策略。

SWIFT 的组织成员分为三类：

① 会员银行(Member Bank)。每个 SWIFT 会员国中，获有外汇业务经营许可权银行的总行都可以申请成为 SWIFT 组织中的会员行，会员行有董事会选举权，当股份达到一定份额后，有董事的被选举权。

② 附属会员银行(Sub-Member Bank)。会员银行在境外的全资附属银行或持股份额达 90%以上的银行，可以申请成为 SWIFT 组织的附属会员银行。

③ 参与者(Participant)。世界主要的证券公司、旅游支票公司、电脑公司和国际清算中心等一些非金融机构，可以根据需要申请成为 SWIFT 组织的参与者。但参与者只能使用一部分 SWIFT 报文格式。

1983 年 2 月，中国银行作为当时中国外汇外贸专业银行率先加入了 SWIFT 组织，并于 1985 年 5 月 13 日正式开通 SWIFT 通讯。中国金融体制改革后的 1989 年，交通银行成为国内第一家加入 SWIFT 组织的股份制商业银行。工商银行、农业银行、建设银行于 1990 年先后加入 SWIFT 组织。这一时期是中国 SWIFT 发展的初级阶段，SWIFT 通讯只在各银行总行使用。

从 20 世纪 90 年代开始，中国所有可办理国际金融业务的股份制商业银行、外资和侨资银行以及地方银行纷纷申请加入 SWIFT 组织，开通 SWIFT 服务。这一时期加入的银行有中信银行、广东发展银行、深圳发展银行、民生银行等。

截至 2008 年 5 月底，中国 SWIFT 用户已达 227 家，其中持股会员有 39 家。在用户类型方面，从最初的银行用户扩展到目前的证券公司、投资公司、保险公司及企业客户。根据最近 5 年 SWIFT 用户数据显示，中国 SWIFT 用户数每年以 10%左右的速度增长。

(3) SWIFT 提供的服务

SWIFT 为其会员提供的服务主要有金融数据传输服务、基本通信服务和增值服务三大类。下面分别进行介绍。

① 金融数据传输服务及其报文。这是 SWIFT 所提供的核心服务，也是最基本的服务，它主要通过所提供的报文格式来体现，即按照一定的通信报文格式，通过 SWIFT 网络系统接收、确认、存储和传送各种金融业务处理中的数据。SWIFT 标准格式是一种国际银行间数据交换的公共语言，银行受益于由此带来的自动化处理，因此，其报文格式占有重要地位。目前，通过 SWIFT 发送的付款报文的自动化处理程度已达 90%，每年 SWIFT 标准部门需要总结现有格式，制订新格式计划，以满足金融机构的需求。该计划必须交由 SWIFT 运作委员会审查和审批才能上网使用。

SWIFT 的金融业务网络传输格式标准共有十大类，并对应十类报文。SWIFT 报文类型的通用表达式为：MTnXX。其中，MT(Message Type)表示报文块，n 为 0～9 的一位数字，这也是表示 SWIFT 报文块类型的型号，XX 表示 n 类型，即 SWIFT 报文块的分类号。

SWIFT 所有的报文都以 MT 为报文头，分别为 MT100，MT200，…，MT900。对每一类报文，又有一系列针对具体应用进行处理的报文格式。如客户汇款与支票报文名为 MT100，其中又包括 MT100、MT102、MT105 和 MT106 等多个具体格式报文。

因此，SWIFT 报文的标准格式共分为十大类一百二十多种。十大类 SWIFT 报文块类型的型号 n 取值如下：

第 0 类：0XX：SWIFT 系统的报文和广播信息

第 1 类：1XX：客户汇款与支票(Customer Transfer & Checks)

第 2 类：2XX：金融机构资金调拨(Financial Institution Transfers)

第 3 类：3XX：外汇买卖和存放款(Foreign Exchange Money Markets & Derivatives)

第 4 类：4XX：托收(Collections & Cash Letter)

第 5 类：5XX：证券市场(Securities Markets)

第 6 类：6XX：贵金属交易和银团交易(Precious Metals and Syndicates)

第 7 类：7XX：跟单信用证和保函(Documentary Credits and Guarantees)

第 8 类：8XX：旅行支票(Traveler's Checks)

第 9 类：9XX：银行账单及报表(Cash Management & Customer Statement)

除了以上十类报文以外，SWIFT 还提供了一组通用报文 MTn9n(其中 n 为 1～9 中的数字)，它可以和其他报文套用。通用报文共包括七种：MTn90——费用、利息和其他调整的通知；MTn91——要求支付费用、利息和其他支出；MTn92——请求撤销；MTn95——查询；MTn96——答复；MTn98——法定格式报文；MTn99——自由格式报文。通用报文使用方法也与其他报文不同，通用报文由对所有报文类别通用的信息构成，每种通用报文都可以用于一种报文类别。报文的类别号 n 被指定为对应的业务报文类别号，如 MT192 表示请求撤销一条类别为 100 的报文。

SWIFT 报文已经成为各个国家中央银行的支付系统所遵循的信息格式标准。SWIFT 的十大类金融业务网络信息传输标准基本可以满足我国金融服务业务的需求。1996 年 4 月召开的全国金融标准化技术委员会第五次年会参考了 SWIFT 的网络信息传输格式，制定了中国金融通信网信息传输格式标准，1996 年 9 月，中国人民银行与 SWIFT 签订了《中国人民银行与 SWIFT 标准合作项目协议书》。

② SWIFT 提供的基本通信服务。这里需要指出的是，SWIFT 仅为全球的金融系统提

供通信服务，不直接参与资金的转移处理服务。它提供的主要服务如下：

● 电文路由服务。通过 SWIFT 传输的电文可同时拷贝给第三方进行电子资金转账处理，或者转到另一网络完成支付结算、证券交易结算或外汇交易结算处理。

● 提供全球性通信服务。使其全球金融机构实现与 SWIFT 网络连接。

● 提供接口服务。为成员行提供网络应用开发和接口软件服务，使用户能以低成本、高效率实现网络存取。

● 存储和转发电文服务。

● 交互信息传送服务。

● 文件传送服务。1992 年开始提供银行间的文件传送服务，用于传送处理批量支付和重复交易的电文。

● 具有冗余的通信能力为客户提供通信服务。如 SWIFT 支持支付、证券、债券和贸易等业务电文的通信。

③ SWIFT 增值金融服务业务。它是在 SWIFT 基本金融业务网络信息传输格式的基础上发展起来的。目前增值服务已占其业务量的 50%左右，足见其广阔的发展前景。SWIFT 的增值金融服务业务包括：

● 欧洲货币单位(European Currency Unit,ECU)的结算和清算服务，即对 ECU 金融协会成员之间通过 SWIFT 传输的 ECU 支付信息进行拷贝，并发送给 ECU 中央轧差计算机。

● 外汇自动撮合与货币市场确认服务(Automatic Matching of Foreign Exchange and Money Market Deal Confirmations)。

● 双边外汇咨询服务(Advisory Bilateral Foreign Exchange Netting Service)。

● 行际间文件传送服务 IFT(Inter-bank File Transfer System)。

● 金融电子数据交换服务，即 EDI(Electronic Data Interchange)服务。

在国际金融业高速发展的今天，SWIFT 仍在不断选择新的服务，开发新的产品(如开发出基于互联网的产品)，从而向用户提供更多标准的低风险、低成本和高效率的服务。

(4) SWIFT 的系统组成

SWIFT 系统网络由许多分布在世界各地的节点组成，每个节点都有各自独特的功能，节点之间通过通信线路联结成全球性的 SWIFT 网络。SWIFT 网络由系统控制处理机、片处理机、地区处理机和 SWIFT 访问点组成。

① 系统控制处理机(System Control Processor, SCP)。SCP 负责监测和控制整个 SWIFT 网络各种功能的实施。特别是通过核实用户请求访问网络的合法性，以保障网络的安全。整个 SWIFT 网络的控制集中在两个操作中心，一个在美国，一个在荷兰。网络的所有处理机(SCP、SP、RP)都集中在这两个操作中心。

SCP 负责整个 SWIFT 网络的正常运行，不断监测、协调、控制网络中的各种设备、线路和用户访问。在美国、荷兰的操作中心，各有两台 SCP，在任何时刻，只有一台 SCP 是处于激活状态，在激活状态下控制整个网络，其余三台 SCP 处于热备份状态，在激活 SCP 出现故障时，备份 SCP 激活，保证了网络的安全可靠性。

② 片处理机(SP-Slice Processor)。SP 负责电报在网络中存储转发和控制电路的路由选择，目前全世界有四台片处理机，按洲际地域划分，分别控制 1/4 的用户电脑。目前两个操作中心各有两台 SP 处于激活状态，同时每个激活的 SP 都有一台同型号的 SP 进行热备

份。为适应发报量不断增长的需要，还要陆续增加SP。

③ 地区处理机(RP-Regional Processor)。RP是联接SWIFT网络终端(CBT——Computer Based Terminal)与SWIFT系统的安全有效的逻辑通道，运行在RP上的软件与运行在CBT上的接口软件通讯，所有用户发出的电报都由RP对其格式、语法、地址代码等进行审核，合格后才能发给SP，在电报即将出网进入CBT前，也暂时存放在RP上，等待送达接收用户。每台RP基本上承担一个国家的电报处理，所以称之为地区处理机。

④ SWIFT访问点(SAP——SWIFT Access Point)和远程访问点(RAP)。SAP是联接SWIFT骨干网(STN——SWIFT Transport Network)的分组交换节点机，它们把SWIFT系统的各种处理机(SCP,SP,RP)和遍布世界的SWIFT用户联接到STN网上。目前，SAP采用北方电讯公司的DPN100交换机，整个SWIFT骨干网有150台左右DPN100交换机(包括备份)。每个用户计算机通过SWIFT访问点(SAP)联结到一台地区处理机，目前这样的地区处理机有几十个，分别控制着一部分SWIFT电脑，用户发出电报的格式、语法和地址核实、电报出网处理等都是由地区处理机完成的，这样大大地减轻了处理机的负担。

根据入网用户数量和发报量的大小，SAP的配置不尽相同。除了少数用户数和发报量很大的国家和地区外，多数国家采用远程SAP方式(RAP)，采用一个统计时分多路器，将几个用户连到一个多路器上，通过一条专线连到邻近国家或地区的SAP上，这个多路器称为远程SWIFT访问点(RAP——Remote SWIFT Access Point)。1995年以前我国地区的远程SWIFT访问点在北京中国银行大楼内，几家专业银行通过一个统计时分多路器，复用一条9 600 bps的卫星线路联接到香港的SAP上。20世纪90年代以后，我国SWIFT用户和发报量增长很快，原来的RAP已不能满足需要。1995年，RAP升档为SAP，并迁入北京电报大楼内，同时在上海电信局内也设立了同样型号的DPN100。北京的SAP通过卫星线路联接到新加坡的SAP，上海的SAP联接到香港的SAP。北京和上海的SAP用9 600 bps的光缆互联，公共数据网CHINAPAC使用19 200 BPS联接到北京的SAP，使国内的SWIFT用户使用的SWIFT更加安全可靠。

⑤ 用户与SAP的联接。根据发报量的大小，SAP的位置以及对费用的权衡，用户与SAP有三种联接方式：专线连接，通过公共数据网联接。为了增加安全性，避免由于设在本国的SAP出现故障时引起用户通信中断，备份线路可以直接联接到某个境外的SAP。用户访问SWIFT系统要有一套计算机系统与SWIFT系统相联接，这套计算机系统称为CBT，CBT中运行的SWIFT接口软件与SWIFT系统通信。目前有多个计算机公司开发的运行在多种平台上的SWIFT接口软件。

(5) 特点

SWIFT网络是世界上大多数银行进行电子支付和开展外汇业务必不可少的网络。当前，世界上各银行把SWIFT制定的外汇业务模式作为往来清算的标准，特别是SWIFT网与美元、日元、欧元清算体系合为一体，它的作用越来越重要。各国银行把SWIFT制定的银行标志码作为唯一共识的银行往来清算账号，它有多种业务模式，应用范围不断扩大，使得SWIFT成为一种国际银行间外汇业务的清算通信系统。与一般电子汇兑系统相比，它具有以下特点：

① 报文标准化。SWIFT系统提供了一套完整的报文标准化格式，为报文传递提供了一种通用的语言，它操作规范、易学，使网络上的交易变得简单、易实现且安全可靠。

② 低成本、自动、高效的服务。SWIFT 的系统宗旨是使用户从系统所提供的服务中获得最大的收益。它的业务费用低，能提供全天候 24 小时的服务，而且业务交易立即完成。一份 SWIFT 电文一经发出即可得到回执，系统效率高，既经济又快捷。该系统每天允许处理 250 万条报文信息，划拨的结算资金至少可达 500 亿美元。

③ 安全可靠的数据处理传输。SWIFT 系统自动进行数据格式检查，其错误提示、报文压缩和展开都自动进行，分报自动实现，因此差错小、可靠性高。SWIFT 对全部电文包括字母、数字、符号进行加押，比以往电文处理中部分加押方式提高了安全性和保密性。SWIFT 系统的可恢复性相当好，系统恢复时间低于 4 分钟，据统计该系统自 1977 年以来已传送了四十多亿条报文，从没丢失过一条。

可见，SWIFT 是实现全球银行间高度自动化处理业务的理想网络。它采用先进的计算机和通信网络技术，实现了信息的实时传送，也实现了全球银行间即时的清算转账。这种实时操作带来了银行业务和管理的巨大变革，使银行内部的业务运营进一步实现了标准化、规范化和自动化，简化了业务处理流程，提高了业务处理的效率和管理水平，进一步为银行获取更高的经济效益和社会效益。

2. 纽约清算所银行同业支付系统——CHIPS

由于 SWIFT 只完成国际间支付结算指令信息的传递，因此真正进行资金调拨还需另外的一套电子业务系统，这就是 CHIPS。CHIPS 主要用来完成资金调拨，即资金的支付结算过程。

(1) 简介

20 世纪 60 年代末，随着经济的快速发展，纽约地区的资金调拨交易量迅速增加。纽约清算所于 1966 年研究建立了 CHIPS 系统，并于 1970 年正式创立。

CHIPS，英文全称为 Clearing House Interbank Payment System，中文一般翻译为纽约清算所银行同业支付系统，它主要以世界金融中心美国纽约市为资金结算地，具体完成资金调拨即支付结算过程。

因为纽约是世界上最大的金融中心，国际贸易的支付结算活动多在此地完成。因此，CHIPS 虽然运行在小小的纽约，但涉及全世界范围的资金结算业务，也就成为世界性的资金调拨系统。现在，世界上 90%以上的外汇交易是通过 CHIPS 完成的。可以说，CHIPS 是国际贸易资金清算的桥梁，也是美元供应者进行交易的通道。

CHIPS 的参加银行主要包括如下三类：

① 纽约交换所的会员银行。这类银行在纽约联邦储备银行有存款准备金，具有清算能力，并且都有系统标识码作为收益银行的清算账号。CHIPS 会员银行的系统标识码以符号 CP 为开头的 ABA 三位数字码来标识。

② 纽约交换所非会员银行。这类银行称为参加银行，参加银行需要经过会员银行的协助才能清算。CHIPS 的参加银行，除了利用该系统本身调拨资金外，还可接收往来银行的付款指示，透过 CHIPS 将资金拨付给指定银行。

③ 美国其他地区的银行及外国银行。它主要包括美国其他地区设于纽约地区的分支机构，它们具有经营外汇业务的能力；外国银行设于纽约地区的分支机构或代理行。这些外国银行可以选择 CHIPS 会员银行为代理行，参加 CHIPS 同业清算，它们在代理行设定用户识别号(UID)号码，UID 号码以字母 CH 为开头，后面有六位数字。

CHIPS采用这种层层代理的支付清算体制，构成庞大复杂的国际资金调拨清算网，因此，它的交易量非常巨大，而且在逐年增加。1982年时，CHIPS成员行只有位于纽约地区的银行100家，而到20世纪90年代初，CHIPS就发展为由12家核心货币银行组成、有140家金融机构加入的庞大资金调拨系统。

(2) CHIPS系统的运作流程

应用CHIPS系统的资金清算处理过程并不复杂，可把整个流程分为两部分，即第一部分是CHIPS电文的发送，第二部分是在实体银行间完成最终的资金清算。

例如，美国境外的某国银行甲(汇款银行)汇一笔美元到美国境外的另一家银行乙(收款银行)，则利用CHIPS的国际资金调拨流程如图4-15所示。

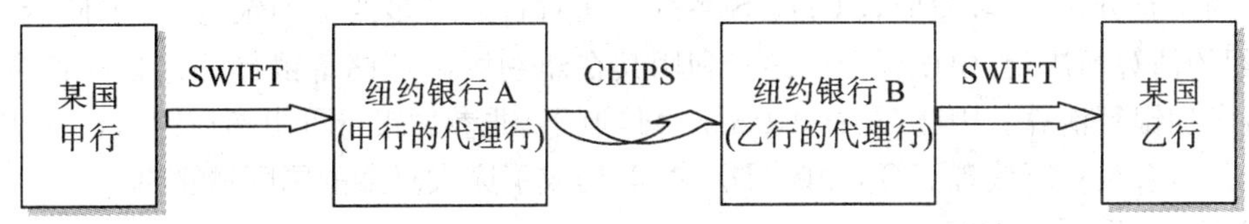

图4-15 利用CHIPS的国际资金调拨流程图

① 美国境外的某国银行甲经国际线路，如SWIFT网(CHIPS交易数量的80%是靠SWIFT进入和发出)向其在纽约市内的参加CHIPS美元清算的成员银行A发送电子付款指示，要求A行于某日(即生效日)扣其往来账，并将此款拨付给在纽约银行B设有往来账户的他国乙银行。美国境外的某国甲行在纽约市内的银行A开设有用户识别号(UID清算账号)。

② 纽约市内的银行A收到电文后，核对电文的信息识别码(MAC)无误，即交与终端操作员处理。操作员根据电文，依据纽约清算所规定的标准格式，将有关数据(包括A行、B行、甲行和乙行的编号、付款金额、生效日等)录入计算机终端。该电文经CHIPS网络传送到CHIPS中央计算机系统中存储起来。该中央计算机系统必须接到A行稍后下达的“解付”(Release)命令后，才将此付款通知传送到开设在纽约市内的另一家CHIPS成员银行B的计算机终端上，其中，收款银行乙在银行B开设了用户识别号(UID清算账号)。

③ 纽约市内的CHIPS成员银行B通知美国境外的银行乙接收汇款，完成汇款。

④ 接着进行日终结算。CHIPS的成员银行A，将每天收到的不同的境外委托银行的付款单交给在纽约市内的能够直接进行清算的银行，进行净差额借记清算，在纽约市内能够直接进行清算的银行共有20家。

⑤ 直接进行清算的银行在日终与FEDWIRE进行清算。

⑥ CHIPS的成员银行B要与直接进行清算的银行进行净差额贷记清算。

总之，利用CHIPS系统的清算体系，凡是在纽约市内的CHIPS的成员银行之内开设了用户识别号UID号码的美国境外银行，都可以经过CHIPS的成员银行，将资金调拨指示经CHIPS美元清算系统支付给另一家接收银行。在进行日终结算时，在纽约市内的CHIPS的成员银行，要经过直接进行清算的银行与美国联邦储备局清算系统进行清算。与此同时，在纽约市内的CHIPS的成员银行，将代理委托在CHIPS成员银行开设了UID号码的美国境外银行，全部完成各个银行之间的美元支付，并且通过电子网络将支付结果通知被委托的银行，整个支付过程只需几秒钟。

CHIPS系统美元清算时间为美国纽约时间上午7:00至下午4:30，假日后第二天上午

5:00至下午5:00。在下午5:00与美国联邦储备局清算系统进行清算，在收汇终止时间后直接参加清算的成员银行为直接清算成员银行，委托其他成员银行代理清算的银行为非清算成员银行。

中国工商银行就是通过开设在纽约市内的CHIPS成员银行的账户进行美元清算的。例如，美国美洲银行的CHIPS成员银行账号为CP959，SWIFT银行的标识码为BOFAUS3N，中国工商银行总行和全国其他分行在美国美洲银行开设六位数的UID代号。在进行美元清算时，特别要注意查阅每年都更新的CHIPS手册资料，正确选择每一家的清算代号，以便确保付汇路线的质量和美元支付与清算的准确性。

从上述处理过程看出，利用CHIPS进行国际间的资金转账是很方便的。因此，各国银行在纽约设有分行者，都想加入CHIPS系统。面对日益增多的参加银行，为了使清算快速完成，纽约清算所决定，由该所会员银行利用其在纽约区联邦储备银行的存款准备金账户，代理各参加银行清算。因此，在CHIPS清算体制下，非参加银行可由参加银行代理清算，参加银行又由会员银行代理清算，如此层层代理，构成了庞大复杂的国际清算网。

(3) CHIPS系统的特点

① 允许事先存入付款指示。参加银行除了可在当日调拨资金外，CHIPS还允许参加银行事先将付款指示存入中央计算机系统，然后等到生效日当日才将此付款通知传送到收款银行。如前所述，任何资金调拨需经拨款银行下达"解付"命令后，CHIPS的中央计算机系统才会于解付日将此付款通知传送给收款银行。未下达"解付"命令前，拨款银行有权取消该笔付款指示。

② 完善的查询服务功能。系统即时将每笔资金调拨情况存入文件，因此各参加行可随时查询自己银行的每笔提出或存入的金额，并及时调整自己的头寸。

③ 自动化程度高。CHIPS设计了一个灵活的记录格式，以方便发报行和收报行进行自动处理。这样，参与行的支付信息可在不同系统之间流动，而无需人工干预。例如，CHIPS接收SWIFT的标识码，且可自动地与CHIPS的通用标识码相互参照。

④ 安全性好。CHIPS将四台大型计算机组成两套系统，两套系统互为备份，每套系统又是双机互为备份。两套系统分别安装在不同的地方，且用高速线路连接。为了保证不间断的电源供应，由蓄电池储备，还有两个内燃发电机保证。CHIPS还有很好的保密性，主要通过保密模块、保密设备和一系列规定来实现。每个成员行均有一台专门设计的保密机，该保密机遵守ANSI X9.9金融机构保密检测标准。付款电文都经保密机加密且加MAC传送，以保证电文的传输安全。

3. 美国联邦储备通信系统——FedWire

(1) 简介

FedWire(Fedwire Reserve's Wire Transfer System)为美国联邦储备中央银行清算系统(简称美联储)，它是美国境内最大的资金调拨系统。系统使用的资金为美国的银行在联邦储备银行的储备准备金，是典型的由中央银行经营并管理的全额、实时、有限透支的大额支付系统，也是通过各商业银行在联邦储备体系的储备账户存款实现的商业银行间同业清算的主要支付系统。FedWire是为在美国境内、纽约市区外的银行进行美元清算，由国家中央银行建立的信息传输和支付系统，它同民间协会的纽约银行同业清算系统(CHIPS)一起构成美元清算的两大支柱。美联储在美国境内分设12个全联邦储备区银行，建立计算机系统和自动信息转发站，分别用两位数字代号表示某一地区，如波士顿地区为 01，纽约地区为 02。美联储区银行、财政部、其他政府机构、美国商业银行共一万家机构参加该系统联网，其中七千八百多家是直接联网，近两千家采用电话拨号联网，该网络覆盖了整个美国。

(2) FedWire 的业务种类

存款机构通过 FedWire 调拨资金，主要是指调拨其在联邦储备银行存款准备金账户中的余额。FedWire 资金调拨提供的主要服务种类包括以下几个方面：

① 买卖联邦资金。联邦资金是银行之间买卖期限为一个营业日的立即生效资金。银行每日进行联邦资金的买卖，主要是为了调整其准备金账户的余额，以防止因该账户上保持的余额高于法定准备金的要求而损失利息，或者低于法定准备金的要求而遭受罚款。在 20 世纪 20 年代，联邦储备体系的成员银行通过相互签发准备金账户付款支票的形式进行联邦资金的买卖。现在，各银行在联邦资金买卖成交后，通过 FedWire 调拨准备金账户余额。

② 拆借欧洲美元资金。欧洲美元是美国境外的银行账户上的美元存款。当美元银行通过其海外分行拆进欧洲美元时，资金在拆出行和拆入行之间的转移，通过调整存款准备金账户余额来完成。同样，两家美国境外银行进行欧洲美元交易时，如果两家银行不在同一家美国银行开有美元账户，那么资金的转移也需要通过各自开户的美国银行之间调整存款准备金余额来完成。

③ 调整代理行账户余额。建有账户关系的银行之间，通过 FedWire 转移在联邦储备银行存款准备金账户的余额，以调整相互开立的账户余额。

④ 清偿私营支付清算系统的清算净额。联邦储备银行为参加票据清算和 CHIPS 清算等交易量大、且实行差额清算办法系统的成员银行提供净额清算服务。为此各成员银行通过 FedWire 转移准备金账户余额来完成每日的清算。

⑤ 受客户委托调拨资金。这主要针对债券买卖的交割、活期存款余额补充，以及其他因提供商品或劳务而产生的金额较大、时间敏感性较强的付款。

(3) FedWire 的清算过程

FedWire 的运行时间以美国东部时区为准，每天早上 8:30，截止时间跨区为下午5:00，区内为下午 6:00。由于是逐笔清算，系统一般要求付款银行提前半小时提交业务。FedWire 的清算过程如图 4-16 所示：

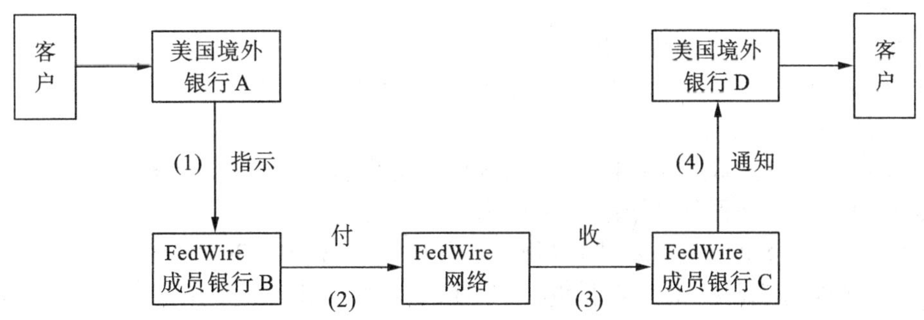

图 4-16　FedWire 清算流程

FedWire 与 CHIPS 清算的不同之处是：FedWire 属于每笔收付交易逐笔交割的实时清算(RTGS)，只要付款行在美联储账上有资金，银行收付双方清算经网络处理立即一进一出，不能更改。CHIPS 属于净差额清算，在日终轧差之前，支付指示可以删除和修改。当美国境外银行 A 为本国客户支付一笔美元给美国境外另一个国家银行 D 的客户，A 指示它的美元账户行 B——路经(1)，B 银行收到 A 要求经 C 银行转汇指示后，利用 FedWire 网清算。由于 B、C 都是美联储成员，系统根据注册的九位数的路由号自动借 B 贷 C——路径(2)、(3)，C 银行收到转入汇款，立即通知在银行开立账户的美国境外银行 D——路径(4)。

(4) 风险控制

FedWire 的资金转账能为用户提供有限的透支便利，它根据各商业银行的一级资本来计算其最大透支额。只有出现超过透支额的支付业务时，该支付命令才处于等待或拒绝状态。FedWire 的这一措施解决了商业银行资金流动性的问题，提高了支付系统的效率，能实现及时的资金转移，但同时也给中央银行带来了一定的支付风险，当某支付方发生清偿危机时，中央银行将承担全部风险。为了降低中央银行的信用风险，避免商业银行利用中央银行提供的透支便利转嫁风险，从 1994 年 4 月起，联邦储备银行开始对在其账户上的透支收取一定的费用并延续至今，用以控制商业银行的日间信贷。

4.4.3　国内电子汇兑系统

进入 21 世纪以来，我国在中国人民银行的卫星通信网和全国电子联行系统建设的基础上，以世界银行技术援华为契机，开始建设中国国家金融通信网 CNFN 和中国国家现代化支付系统 CNAPS。

CNFN 和 CNAPS 的建设，是我国当前阶段金融电子化建设的核心。其中，CNFN 是通信基础设施，类似 SWIFT 网络；CNAPS 是运行在 CNFN 上的具体金融业务系统。目前 CNFN 的建设基本完成，CNAPS 也已进入完善与应用阶段。

本节主要介绍中国国家现代化支付系统 CNAPS 及其运行的网络平台——中国国家金融通信网 CNFN。

1. 中国国家金融通信网——CNFN

(1) 简介

中国国家金融通信网，英文为 CNFN，全称是 China National Financial Network，就是把我国中央银行、各商业银行和其他金融机构有机地连接在一起的全国性与专业性的金融计算机网络系统。

CNFN 建设的主要目标有如下五个方面：

① 向金融系统用户提供专用的公用数据通信网络，通过文件和报文传输向应用系统(如电子支付系统)提供服务。

② 相关金融机构通过该网络连接全国各领域成千上万个企事业信息系统，为广大的客户提供全面的支付结算服务和金融信息服务。

③ 作为 CNAPS 的可靠网络支撑(物理结构上有点类似 SWIFT 网络)。

④ 具有普通公用网的高可靠性和强稳定性，还具备专用网的封闭性和高效率。

⑤ 采用开放的系统结构和选用符合开放系统标准的设备，使大量用户的各类计算机处理系统方便地接入 CNFN。

(2) CNFN 的网络结构

为了充分发挥金融通信网的投资效益，实现一网多用，在规划 CNFN 的网络建设时，将通信子网与资源子系统分离，建设独立于应用的全国金融通信网络。

① CNFN 分设两个国家处理中心（National Processing Center，NPC），即北京主站和无锡主站，两者互为备份，有同样的结构和处理能力。两个 NPC 之间由 SCPC（单路单载波）高速卫星线路（通信传输速率为 512～2 048 Kbps）和地面高速 E1 线路（通信传输速率为 2.048 Mbps）相连。在正常工作情况下，由主用 NPC 即北京主站控制、管理全网。一旦发生灾难，备用 NPC 即无锡主站就接管瘫痪了的主用 NPC 的所有业务，直至北京 NPC 恢复使用。

② CNFN 整个网络分为二级网络、三层节点。网络的三层节点中，一级节点是国家处理中心 NPC，二级节点是城市处理中心 CPC（City Processing Center），三级节点是中国人民银行县支行处理节点 CLB（Country Level Bank）。CPC 也称小站。这三层节点组成一个二级网络，即由 NPC 与 600 个 CPC 构成国家主干网络，而 CPC 与几千个 CLB 构成区域网络。

③ 二级网络中，国家主干网络是以中国人民银行的卫星通信网为主体，以中国金融数据地面通信骨干网和邮电部门的公用数据通信网 DDN 为辅助信道。卫星网与地面网互为备份，相互补充。而区域网络的物理线路，则根据当地通信状况可选用中国金融数据地面通信骨干网，DDN，X.25 或 PSTN 等，少数边远地区及交通不便或有特殊需要的地区，也可采用卫星通信网构成区域网络。

④ CNFN 低层向上层提供以帧中继为主协议的接口，同时支持 X.25 和 SDLC 链路层协议。传输网络以 TCP/IP 为主协议，也支持 SNA 协议。

⑤ 各商业银行总行采用 DDN 线路与 NPC 连接。CPC 与当地商业银行的连接，可以根据当地通信状况选用中国金融数据地面通信骨干网，DDN，X.25 或 PSTN 等。CLB 与当地商业银行的连接，可以采用拨号线路、租用线路、无线通信等多种通信媒体。

（3）CNFN 的通信线路

① CNFN 的卫星通信线路。CNFN 采用卫星通信网为国家级主干网络，主要用于两个主站之间、主站与小站之间的数据通信。

卫星网络利用卫星的 Ku 波段信道，采用单路单载波技术，提供高质量、高效率和高传输速率的通信线路。Ku 波段和 C 波段相比，在地面上受的干扰小，可用较小的天线取得较好的增益，减少卫星小站的发射功率，降低投资成本。缺点是该波段受天气变化的影响较大，特别是下雨时会引起能量衰减。

卫星网络采用集中控制、集中管理的星形结构。它要求所有的 CPC 将其收集的支付业务全部发送到 NPC，再由后者转发到各分中心。为防止在 NPC 形成瓶颈，主干网的通信体制采用 TDM/TDMA（时分复用/时分多址）技术，以保证主站具有大通路。主站到小站的通信，采用 TDM 技术，小站到主站采用 TDMA 技术。

② CNFN 的地面通信线路。CNFN 的地面通信线路主要由中国金融数据地面通信骨干网和邮电部门的公用数据通信网（X.25 和 DDN）组成。CNFN 的地面通信线路，一方面作为卫星通信线路的备用信道，另一方面主要是构成 CNFN 的区域网。

中国金融数据地面通信骨干网，是由原邮电部和金融机构共同投资建设的。该网由设置在全国三百多个大中城市的帧中继交换机、网管中心和租用中国电信长途数字中继电路组成。中国金融卫星通信网和中国金融数据地面通信骨干网的基本建成，为 CNFN 的建设打下坚实的基础。

邮电部门的数字数据网 ChinaDDN，正向光纤网发展，可为广大用户提供高质量的数据通道。中国国家分组交换网 ChinaPAC 已在全国范围展开，客户可以租用 ChinaPAC 端口，用自己的分组交换机组成自己的基于 X.25 的专用网络。中国国家公用电话网 PSTN 连接全国各地，客户可以通过租用专线或拨号的方式，用 Modem 组成区域网，这种方式适合于业务量小的地区。

(4) CNFN 的处理功能

在 CNFN 的三级结点中，NPC 负责整个系统的控制和管理及应用处理，CPC 和 CLB 主要完成信息采集、传输、转发及必要的应用处理。

① NPC 的功能。NPC 是 CNFN 的全国管理中心，也是 CNAPS 各业务应用系统的全国处理中心。因此 NPC 是 CNFN 的心脏，它的主要功能包括如下四种：

- 数据库管理。负责保持完整的 CNAPS 账户数据库。
- 完成交易处理。来自业务发起行的所有支付信息，都要通过 CNFN 网络发送给相关业务系统按要求进行处理，再转发到接收行。
- NPC 作为 CNAPS/CNFN 的通信主站和控制中心，负责系统管理和网络管理。
- 实现灾难恢复。发生灾难时，保证将事务处理从在用 NPC 切换到备用 NPC。

NPC 主要由中国金融软件开发中心（CFDC）、系统控制中心（SCC）、网络控制中心（NCC）、数据库管理中心（DBMC）和应用系统控制中心（ASC）部门组成。

② CPC 的功能。对 CNFN 来说，CPC 是国家主干网络与区域网络的交汇节点，是区域网络内终端用户访问主干网和 NPC 的登录、分发节点。

CPC 的主要功能包括提供金融业务处理纸票据截留服务，各种传输信息的登录和分发，区域内一级和三级节点的信息转发，必要的业务、会计财务处理，区域通信网的控制和管理等。

CPC 由物理分离的如下应用处理分中心组成，即同城清算所、城市清算处理中心、城市银行卡授权中心、城市政府债券簿记中心和城市金融管理信息处理中心。

③ CLB 的功能。CLB 的主要功能包括金融业务处理纸票据截留服务，各种传输信息的登录和分发，县内金融信息向二级处理节点转发，必要的业务和会计财务处理，必要的通信控制和管理等。

由于 CLB 的通信量和业务处理量都不大，在满足性能的前提下，处理结构以简单为好。通信量大的 CLB，采用双桥局域网客户/服务器结构，不同客户机处理不同的金融业务，建立综合性数据库（或文件）服务器；通信量较小的 CLB，采用单局域网客户/服务器结构，不同客户机处理不同的金融业务，建立综合性数据库（或文件）服务器。

(5) CNFN 的管理

CNFN 规模庞大、资源丰富，建立一个可靠的网络管理中心对于 CNFN 的正常运行是十分重要的。为此，CNFN 建立了统一的网管中心，负责全网的运行和维护管理，主要承担对帧中继专用网的网络、设备、电路运行状况、业务负荷等进行实时监控管理；负责指挥处理各类网络、设备、电路及用户申告故障；负责全网的局数据、用户数据的配置管理；负责全网软件版本升级；负责统计分析全网运行情况，提出网络调整意见和方案，并对网络运行中的异常情况采取紧急处理措施。网管中心的主机目前采用了 SUN E3000 双机热备份的方案,网管软件采用了CISCO Wan Manager,可以对全国206个节点(三期完工后将达到334个)进行远程管理。

网管中心的主要功能如下:

① 故障监控管理。实时监控网络运行情况,发现故障后以最快的速度进行故障定位,找出可能的故障原因,并采取措施处理,实现故障修复。

② 网络配置管理。完成电路、设备及用户进网的各项参数增、删、改等配置工作,经双人核实保证准确无误后,输入网络,做好各项管理记录,跟踪参数修改后网络运行及用户使用情况,发现异常应迅速采取措施。

③ 网络性能管理。实时和定期分析网络运行中的各项质量、效率指标,保证网络的接续质量、传输质量、稳定质量达到用户使用的要求;同时要在此基础上不断提高电路利用率、设备实装率,提高网络的运行效率。目前中继带宽最大到2 M,网管中心通过查看用户的带宽利用率来调整。

④ 计费管理。实时收集全网运行的业务量数据,定期分析全网的流量流向、业务量增长情况,更好地调整电路路由和带宽;可为用户主管部门提供有关业务量的统计情况。

⑤ 安全管理。严格控制和管理各交换设备、路由器设备的登录访问权限,分级设置合法用户名和口令字,并指定专人严格管理。

2. 中国国家现代化支付系统——CNAPS

(1) 简介

中国国家现代化支付系统,英文为CNAPS(China National Advanced Payment System),是在吸取世界各国电子支付系统建设经验的基础上,结合我国经济、技术和金融业发展的国情,以中国人民银行的全国电子联行系统为基础,集金融支付服务、资金清算、金融经营管理和货币政策职能为一体的综合性金融服务系统。可以说,CNAPS是目前我国运行的所有电子与网络支付结算系统的综合集成,如服务于企业间大中资金支付结算的全国电子联行系统和各商业银行的电子汇兑系统等的融合。

CNAPS是运行在中国国家级金融通信网CNFN上的应用系统,由CNFN提供标准的接口、应用软件开发平台以及联机事务处理(OLTP)环境等。

为了适应经济全球化带来的金融全球化趋势,CNAPS的报文信息格式,基本采用SWIFT报文格式标准。这样,CNAPS的用户也可方便地借助SWIFT进行国际金融服务,如支付结算服务。

CNAPS分为上下两层,上层是由中国人民银行向各商业银行和非银行金融机构提供的银行同城清算、联行和证券交易清算等支付服务;下层则是由各商业银行为广大企事业单位和个人提供的存取款、转账结算、汇票和票据解付等支付服务。因此上层支付系统主要包括同城清算系统、电子联行系统和证券簿记系统等自动化处理系统;下层支付系统主要包括公司、储蓄、外汇和公用事业费收费、清算等业务处理系统以及自动化服务系统(如ATM/POS等处理系统)。上下两层的有机结合,可以安全、可靠、高效地实现银行的支付功能。

(2) CNAPS的参与者

① 直接参与者。中国人民银行的各级机构,在中国人民银行开设资金清算账户的商业银行与非银行金融机构的各级分支机构。

② 间接参与者。是指没有在中国人民银行开设资金清算账户,而委托直接参与者代理

其进行支付清算业务的单位和个人。间接参与者可以是银行、非银行金融机构、在商业银行或非银行金融机构开设账户的广大银行客户，包括工商企业、政府机关、公共事业单位和个人。

CNFN 的一级、二级和三级节点即 NPC、CPC 和 CLB 节点都允许商业银行登录 CNFN，因此它们都可以是支付交易的发报行。CNAPS 中的业务发起行，通常是指各商业银行和其他金融机构的基层单位，如分理处和营业部等。若这些发起行的客户（如间接参与者）需要办理异地汇款业务（汇出款项），把款项汇给另一个客户时，则汇款客户称为业务发起人，收款客户称为受益人。汇款客户委托的商业银行（或其他金融机构）的基层单位，是支付系统中的业务发起行；收到划汇业务（接收汇款）的商业银行（或其他金融机构）的基层单位（受益人的开户行）称接收行，接收行是支付系统中的业务结束行。发起行和接收行必须是 CNAPS 的直接参与者。

发起行所在的 CNFN 处理中心称为发报行，接收行所在的 CNFN 处理中心称为收报行。NPC 是 CNAPS 的全国处理中心，它控制 CNAPS 的运行，是管理 CNFN 通信、接收、结算、清算支付业务的国家处理中心。

(3) CNAPS 的网络平台

这是在中国人民银行的卫星通信网的基础上，将各大银行、非银行金融机构的网络系统有机结合起来，形成的一个全国性的金融网络系统，也就是中国金融数据通信网（Chinese National Financial Network, CNFN）。CNFN 不仅能覆盖整个金融业，而且也能深入到商户的 POS 系统，深入到客户手中的 IC 卡和家庭银行，深入到企业的企业银行中。该网采用 SWIFT 通信系统模式，使我国的资金清算和金融信息系统与国际金融体系真正连接起来。

CNFN 全网的结构由国家级主干网和区域级网两级网络组成，并由全国处理中心（中国人民银行总行）和各省市处理中心（中国人民银行各省市分行）、县支行处理中心（中国人民银行各县支行）三个层次构成。其中国家级主干网以卫星通信网为主，对于极少数通信不发达地区则采用无线网或模拟专线网组成星形网络。这就为广大客户提供方便、快捷、安全、可靠的金融服务，为强化中央银行货币政策和金融监管职能提供了信息支持。

(4) CNAPS 的主要应用系统

中国国家现代化支付系统集金融支付服务、资金清算和金融管理等诸多功能于一身，它主要包括以下几个金融服务系统：

① 大额实时支付系统（HVPS）。该系统包括同城和异地大额实时支付系统，它是现代金融市场建设中最关键的组成部分，是我国支付系统的主动脉，通过它能实现大额支付信息的处理和清算。主要包括各类跨行业务、证券业务、企业间或批发市场的业务，这些业务的特点是金额大、实时性强、安全可靠性要求高。每笔支付交易的合法性、完整性是整个支付系统安全可靠的保证，因此可以采用在全国处理中心逐笔全额实时清算的方式，控制支付风险。通过该系统中央银行能直接监督和控制全国 80%左右的资金，实时跟踪各清算账户的资金情况。

② 小额批量电子支付系统（BEPS）。它主要用于实现基于消费支付的小额支付，通常包括各类预授权的定期定额支付，如工资、津贴、保险金支付等；各类定期不定额的支付，如房租、水电费、电话费等；各种截留票据的贷记、借记支付等业务。这些业务的特点是金额相对较小，通常可以采用定时批量业务处理，对批文件进行分类，借记、贷记交易双方账户，用

多边净额轧差清算方式控制支付风险。

③ 银行卡授权系统(BCAS)。BCAS是实现个人消费支付的重要支付手段,它包括ATM系统和POS系统。该系统是实现无现金、无票据支付的重要基础,通过该系统要求实现即时的清算处理,因此它是一个实时处理系统。所谓即时的授信是指交易的一方(卖方)能够直接从交易的另一方(买方)的所在行(或金融机构)获得其具有支付能力的信息,客户获得授信后便能实现随时的无现金交易。

④ 证券簿记系统(GSES)。GSES主要是为了方便证券信息(如证券交易信息、证券持有者信息、证券的种类)的传输,及时掌握政府债券的交易记录情况,有效管理资金,维护金融市场的秩序。通过它可以方便、快捷地实现各类政府债券的买入和卖出交易,为中央银行实现其货币政策目标提供有效的手段。由于证券簿记系统中涉及资金的大额转移,因此该系统必须与大额实时支付系统相连,使其在进行证券交易交割的同时就能实现账户资金的转移,以确保安全性、可靠性和实时性。

⑤ 同城清算所系统(ICH)。同城清算所往往是由一个地区内需要进行票据交换的各个银行所组成的机构,主要是处理各类票据(主要是支票)。通常以批量处理方式实现支付命令的处理,通过同城清算所集中的电子贷记和借记方式实现支票清算,通过多方净额结算定时进账的方法控制支付风险。

⑥ 金融管理信息系统(FMIS)。该系统主要实现各类金融经济信息的及时采集、加工、处理和传输,为中央银行及各有关部门提供及时、可靠、丰富的宏观货币政策信息、金融监管决策信息和金融服务信息。这些信息有来自于中国人民银行、商业银行及非银行金融机构的会计核算的信息,也有来自于中国人民银行的统计、监测信息,还有来自于国民经济各部门的计划统计信息。中央银行可以充分利用这些信息制定更有效的宏观货币政策,实现有效的资金管理措施,加强对商业银行的监管,以不断提高其宏观调控能力。

(5) CNAPS的风险控制机制

建设现代化支付系统的一个重要目标是防范支付风险的发生,同时,加强系统风险管理又有利于保障支付系统的稳定运行。在支付系统中主要存在法规性风险、流动性风险、欺诈风险和操作风险。为控制风险的发生,支付系统采取了以下措施:

① 切实防止法规性风险。法律规章是支付系统正常运行和支付清算业务正确办理的重要保障。在支付系统试运行之前,要制定下发《支付系统基本准则》、《支付系统业务流程》和《支付系统业务标准》三个法规性文件,以规范支付清算行为,确定支付系统当事人和关系人的权利和义务,明确造成资金损失的责任划分。

② 加强管理流动性风险。大额支付系统采取实时清算、资金不足排队机制;设置日间透支限制,不允许出现隔夜透支;设置清算窗口时间,存款余额不足支付或发生透支的商业银行采取向上级行申请调拨资金、同业拆借或向人民银行申请临时贷款等办法,保证其不发生隔夜透支;人民银行根据参与者发生日终透支的金额、次数和情节,有权控制直至关闭商业银行清算账户,被控制的清算账户只能接收和发出贷记本账户的支付业务,被关闭的清算账户不能参与系统办理业务。同时,系统对人民银行和商业银行的各级行设置了对清算账户的查询监视窗口和预警程序,人民银行可以查询监视管辖区内的任何商业银行。

机构的清算账户,商业银行可以查询监视下级行的清算账户,但限制下级行不能查上级行的账户,不同商业银行之间不能查询。

③ 切实规避信用风险。支付系统直接参与者由人民银行对其进行资格审查。人民银行的当地分支行要对直接参与者的信用情况、支付能力进行日常监视,人民银行对商业银行提供的伦巴第贷款应要求其提供担保。

④ 严格防止欺诈风险。系统采用链路加密和每笔支付业务编押、核押;实行权限管理制度,对不同部门和人员规定相应的权限,并对有疑的支付指令及时查询、查复;每笔支付指令在各处理环节必须实行技术确认和法律确认,防止不法分子的非法侵入和篡改支付指令。

⑤ 防范发生操作风险。制定操作管理制度,明确各操作人员的职责,并下发支付系统的业务和技术操作手册,严密操作手续,防范差错事故和操作性风险的发生。系统应有良好的设备运行环境,网络系统的供电和通信设备必须安全可靠,并有良好的、易切换的替换设备,对系统数据设置备份,防止灾难性事故的发生。

⑥ 保障支付系统有良好的设备运行环境。网络系统的供电和通信设备必须安全可靠,并有良好的、易切换的替换设备;对系统数据设置备份;为防止全国处理中心发生灾难性事故,系统在无锡建立了支付系统灾难备份中心,切实防止由灾难事故引发系统性风险。

思考题

1. 试述电子支付的概念及其特点。
2. 试述电子支付系统的一般模型。
3. 电子支付系统可分成哪几类?
4. 试述 ATM 系统的网络结构。
5. 试述 ATM 系统的交易处理流程。
6. 试述 POS 系统的工作方式。
7. 简介 POS 系统的网络结构。
8. 试述 POS 系统的交易处理流程。
9. 电子汇兑系统的运作模式是什么?
10. 国内外现有哪些电子汇兑系统?请举例说明。

第5章　网 上 支 付

【学习目标】

- 理解网上支付系统的基本构成
- 掌握网上支付的基本流程和基本模式
- 掌握 SSL 协议、SET 协议的运行步骤
- 熟悉 SET 协议和 SSL 协议的区别与联系
- 了解 PKI 的基本组成
- 了解网上支付的方式
- 掌握目前最常用的网上支付系统
- 了解数字证书及其工作原理
- 了解 CA 的含义及其功能
- 掌握 CFCA 证书申请审批下载流程

【案例引入】　　中国农业银行网上银行建设

中国农业银行在网上银行建设方面起步较晚，但也已实现了零的突破。2000 年 5 月，农行广东省分行与以家庭上网、企业上网和政府上网为切入点，创出“网上自由人”这一新业务品牌。同时广东农行首创了一种新的金融服务——“用银行账户直接上网”，实行上网费实时扣交，为使用网上金融服务的客户带来极大的便利。2000 年 12 月 18 日，上海农行推出 95599 在线银行，其服务功能目前有三部分，一是业务服务功能；二是增值服务功能；三是信息服务功能。业务功能包括自动语音服务、人工坐席服务、网上银行服务和传真服务。目前查询类服务、挂失类服务、转账类服务、信息咨询类服务、通知服务、投诉、建议及银证转账等已经实现，代缴费、外汇买卖业务安排在第二阶段开发。95599 在线银行提供的一体化服务，不仅体现了农行“以市场为导向、以客户为中心、以科技为支撑”的价值观念，也标志着农行的金融电子化进程步入一个崭新的发展阶段。

5.1　网上支付基础

网上支付是基于电子支付发展起来的，它是电子支付的一个最新发展阶段，或者说，网上支付是基于 Internet 并且适合电子商务发展的电子支付。网上支付比流行的信用卡 ATM 存取款、POS 支付结算等这些基于专线网络的电子支付方式更新、更先进、更方便，这将是 21 世纪网络时代支撑电子商务发展的主要支付手段。

以 Internet 为主要平台的网上支付方式虽说是个新生事物，但在发达国家与我国均已逐渐投入实用，应用面也越来越广，并形成一定的理论与应用体系，正在不断发展完善中。本节主要从理论角度比较完整地叙述网上支付的产生与定义、基本构成、基本功能、基本特征、基本流程以及基本模式等。

5.1.1 概述

1. 网上支付的产生与定义

自从出现作为一般等价物的货币，人类社会进入了具有现代意义的货币结算支付方式的时代后，才可以说真正的有规模的商品经济开始形成。现代支付是为了清偿商务伙伴间由于商品交换和劳务活动引起的债权、债务关系，由银行所提供的中介金融服务业务，而这种结清债权和债务关系的经济行为称为结算。因此，支付与结算其涵义基本相同，支付与结算可以直接理解为支付结算或支付。从更简单的意义来说，支付结算就是最终实现将现金的实体从发款人传送到收款人的商务过程。

在很长一段时间内，银行作为金融业务的中介，通过自己创造的信用流通工具为商人与商家办理转账与结算，主要利用传统的各种纸质媒介进行资金转账，比如通过纸质现金或纸质单据等方式，称为传统支付。现金是由本国政府发行的纸币和硬币形式供应的，支付的纸质单据主要指银行汇票、银行支票或国家邮政部门等公认机构所签发的邮政汇票等。在 20 世纪 70 年代，计算机和网络通信技术得到普及和应用，银行的业务开始以电子数据的形式通过电子信息网络进行办理，诸如信用卡、电子汇兑等一些电子支付方式开始投入使用，这是应用电子信息技术手段用于商务支付结算的开始，发展到现在，已出现了很多电子支付与结算方式。

电子支付，也称电子支付与结算，英文一般描述为 Electronic Payment，或简称e-Payment，它是通过电子信息化的手段实现交易中的价值与使用价值的交换过程，即完成支付结算的过程。信用卡专线支付结算方式在 20 世纪 70 年代就开始了，因此电子支付与结算方式的出现要早于现在的 Internet。随着 20 世纪 90 年代全球范围内 Internet 的普及和应用，电子商务的深入发展标志着信息网络经济时代的到来，一些电子支付结算方式逐渐采用费用更低、应用更为方便的公用计算机网络，特别是 Internet 作为运行平台，网上支付与结算方式就应运而生了。

网上支付，也称网上支付与结算，英文一般描述为 Net Payment 或 Internet Payment，它指以金融电子化网络为基础，以商用电子化工具和各类交易卡为媒介，采用现代计算机技术和通信技术作为手段，通过计算机网络系统特别是 Internet，以电子信息传递的形式来实现资金的流通和支付。可以看出，网上支付带有很强的 Internet 烙印，所以很多地方干脆称它为 Internet Payment，它也是基于 Internet 的电子商务的核心支撑流程。

2. 网上支付体系的基本构成

网上支付与结算的过程涉及客户、商家、银行或其他金融机构、商务认证管理部门之间的安全商务互动，因此支撑网上支付的体系可以说是融购物流程、支付与结算工具、安全技术、认证体系、信用体系，以及现在的金融体系为一体的综合性大系统。网上支付体系的基本构成如图 5－1 所示，其中客户与商家分别代表在网上开展商务交易的双方，即买方与卖方；客户的开户银行，表示网上寻求商品服务的客户在其中有资金账号的某金融机构，它主要指银行，称为支出行或付款行；商户的开户银行表示商家在其中有账号的某金融机构，主要指银行，称为接收行；认证中心(CA)的功能，可以说是网上商务各方进行商务活动的第三方公证机构，且向商务各方发放、验证各种认证安全工具，如标识网上交易者真实身份的 X. 509 数字证书及其中携带的公开密钥信息。现阶段，某些接收行为促进电子商务网上支付与结算的开展，也可能设置自己的注册机构，由注册机构向在本银行开设账户的商家发放数字证书，商家可向客户出示这个数字证书，用来说明商家是合法的。当然，认证机构和注册机构的工作应当是协调的。

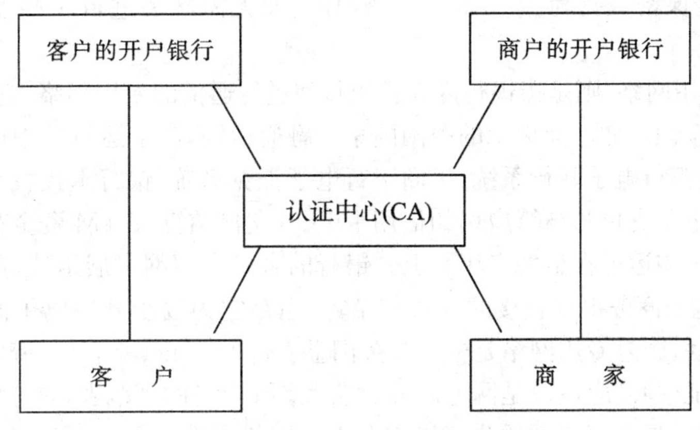

图5-1　网上支付体系的基本组成

基于Internet公共网络平台的电子商务网上支付体系的基本构成中，主要涉及七大构成要素。

(1)“客户”是指在Internet上与某商家或企业有商务交易关系并且存在未清偿的债权、债务关系(一般是债务)的一方。客户用自己拥有的网上支付工具(如信用卡、电子钱包、电子支票等)发起支付，它是网上支付体系运作的原因和起点。

(2)“商家”则是指拥有债权的商品交易的另一方，可以根据客户发起的支付指令向中介的金融体系请求获取货币给付，即请求结算。商家一般设置专门的后台服务器来处理这一过程，包括协助身份认证及不同网上支付工具的处理。

(3)“客户开户行”是指客户在其中拥有资金账户的银行，客户所拥有的网上支付工具主要是由开户银行提供的。客户开户行在提供网上支付工具的时候，同时提供一种银行信用，即保证支付工具是真实并可兑付的。在利用银行卡进行网上支付的体系中，客户开户行又被称为发卡行。

(4)“商家开户行”是指商家在其中开设资金账户的银行，其账户是整个支付结算过程中资金流向的地方或目的地。商家将收到的客户支付指令提交其开户行后，就由开户行进行支付授权的请求，以及进行商家开户行与客户开户行之间的清算等工作。商家开户行是依据商家提供的合法账单(客户的支付指令)来工作的，因此又称为收单行或接收行。

(5)“支付网关”的英文名为Payment Gateway，它是Internet公用网络平台和银行内部的金融专用网络平台之间的安全接口，网上支付的电子信息必须通过支付网关进行处理后才能进入安全的银行内部支付结算系统，进而完成安全支付的授权和获取。支付网关的建设关系着整个网上支付结算的安全及银行自身的安全，关系着电子商务支付结算的安排及金融系统的风险，必须十分谨慎。相对来说，作为网络平台的Internet公共信息存在不安全性。在电子商务交易过程中，网络平台上同时传输两种电子信息，即交易信息与支付信息，必须保证这两种电子信息在网络传输过程中不能被无关的第三者阅读，包括商家也不能看到其中客户的支付信息(如客户信用卡号、授权密码等)，而银行不能看到商务二者其中的交易信息(如商品种类、商品总价等)，以保护客户及商家商业交易的隐私。这就要求支付网关必须由商家以外的第三方银行或其委托的信用卡发行机构来建设。不过，支付网关这个网络结点也不能分析通过的交易信息。支付网关对送来的双向支付信息也只是起保护与传输的作用，即这些保密数据对网关而言是透明的，而无需网关进行一些涉及数据内容的处理。

(6)“金融专用网络”则是指银行内部及银行间进行通信的专用网络，它不对外开放，因此具有很高的安全性。如前面提到的中国国家金融通信网，其上运行着中国国家现代化支付系统、中国人民银行电子联行系统、工商银行电子汇兑系统、银行卡授权系统等。目前我国传统商务中的电子支付与结算应用如信用卡 POS 支付结算、ATM 资金存取、电话银行、专业 EFT 系统等，均运行在金融专用网上。银行的金融专用网发展迅速，虽然不能为基于 Internet 平台的电子商务提供直接的支付与结算，但是它为逐步开展电子商务提供了必要的条件。归根结底，金融专用网络是电子商务网上支付 Internet 平台的一部分。

(7)“CA 认证中心”应该说是网上商务的准入者和市场的规范者，它与传统商务中工商局的作用有点类似，是个第三方的公正机构。它主要负责为 Internet 上参与网上电子商务活动的各方(包括客户、商家、支付网关、银行)发放与维护数字证书，以确认各方的真实身份，也发放公共密钥及提供数字签名服务的支持等，保证电子商务支付结算的安全与有序进行。

除以上七大构成要素外，在电子商务网上支付系统的构成中，还应该包括在网上支付时使用的网上支付工具及遵循的支付通信协议，即电子货币的应用过程。其中经常被提及的网上支付工具有银行卡、电子现金、电子支票等。支付通信协议主要指支付的安全通信与控制模式，如 SSL 模式与 SET 模式等。

综上所述，电子商务网上支付体系的基本构成即为电子商务活动参与各方与网上支付工具、支付通信协议的结合体。

3. 网上支付的基本功能

虽然网上支付体系的基本构成和方式在不同的环境不尽相同，但安全、有效、方便、快捷是所有网上支付方式或工具所追求的共同目标。对于一个实用的网上支付与结算系统而言(可能专门针对一种网上支付方式，也可能兼容几种网上支付方式)，它至少应该具有以下七种基本功能。

(1) 能够使用数字签名和数字证书等实现对网上商务各方的认证，以防止支付欺诈。为实现网上交易与支付的安全性，对参与网上贸易的各方身份的有效性进行认证，通过认证机构或注册机构向参与各方发放数字证书，以证实其身份的合法性。

(2) 能够使用较为尖端的加密技术，对相关支付信息流进行加密。可以采用单密钥体制或双密钥体制进行信息的加密和解密，可采用数字信封、数字签名等技术加强数据传输的保密性与完整性，防止未被授权的第三者获取信息的真正含义。

(3) 能够使用数字摘要(即数字指纹)算法确认支付电子信息的真伪性，防止伪造假冒等欺骗行为。为了保护数据不被未授权者建立、嵌入、删除、篡改、重放等，完整无缺地到达接收者一方，可以采用数据杂凑技术(Hash 技术)。

(4) 当网上交易双方出现纠纷，特别是有关支付结算的纠纷时，系统能够保证对相关行为或业务的不可否认性。网上支付系统必须在交易的过程中生成或提供足够充分的证据来迅速辨别纠纷中的是非，可以用数字签名等技术来实现。

(5) 能够处理网上贸易业务的多边支付问题。支付结算牵涉客户、商家和银行等多方，传送的购货信息与支付指令信息还必须连接在一起，因为商家只有确认了某些支付信息后才会继续交易，银行也只有确认支付指令后才会提供支付。为保证安全，商家不能读取客户的支付指令，银行也不能读取商家的购货信息，这种多边支付的关系能够借用系统提供的诸如通过双重数字签名等技术来实现。

(6) 整个网上支付结算过程对网上贸易各方，特别对客户来讲，应该是方便易用的，手续与过程不能太繁琐，大多数支付过程对客户与商家来讲应是透明的。

(7) 能够保证网上支付结算的速度，即应该让商家与客户感到快捷，这样才能体现电子商务的效率，发挥网上支付结算的优点。当然，在保证网上支付结算快捷的同时，应注意稳定性，不能一时行，一时又不行，由此触及客户的敏感神经。

4. 网上支付的特征

相比于传统支付结算时普遍使用的"一现三票一卡"(即现金、发票、本票、汇票和信用卡)方式，以Internet为主要平台的网上支付结算方式表现出的特征如下。

(1) 网上支付主要在开放的公共网络系统中，通过看不见但先进准确的数字流，完成相关支付信息传输，即采用数字化的方式完成款项支付结算。可见，传统支付结算方式是通过纸质现金的流转、纸质票据的转让和银行的汇兑等物理实体的流转来完成款项支付，需要在较为封闭的系统中运行，大多需要面对面处理。而网上支付的工作是基于一个开放的系统平台的，如Internet平台，其Internet应用的特点就是兼容性强，对软硬件设施要求并不很高，联网与应用均十分简便。

(2) 网上支付具有方便、快捷、高效、经济的优势。用户只要拥有一台上网的PC，便可足不出户，在很短的时间内完成整个支付与结算过程。支付费用仅相当于传统支付的几十分之一，甚至几百分之一。传统的支付方式，由于票据传递迟缓和手工处理的手段落后，形成大量在途资金，无法做到银行间的当天结算，因而交易双方的资金周转速度很慢。网上支付系统可以直接将钱打到收费者的银行账号上，这比通过邮寄或第三方转款大大缩短了付款时间，提高了资金的周转率和周转速度，既方便了客户，又提高了商家的资金运作效率，也方便了银行的处理。

(3) 网上支付具有轻便性和低成本性。与电子货币相比，一些传统的货币如纸质货币和硬币则愈发显示出其奢侈性。在美国，每年搬运有形货币的费用高达60亿美元，英国则需要2亿英镑，我国由于电子支付比例小，因而费用也非常庞大，而世界银行体系之间的货币结算和搬运费用占到其全部管理费的5%。而采用网上支付方式，由于电子信息系统的建立和维护开销都很小，且Internet的应用费用很低，接入非常简便，使得普通消费者与小公司也有机会使用网上支付系统，无论小公司还是大企业都可从中受益。

(4) 网上支付与结算具有较高的安全性和一致性。支付的安全性是保护买卖双方不会被非法支付和抵赖，一致性是保护买卖双方不被冒名顶替。网上支付系统和现实的交易情况基本一致，而网上支付协议充分借用了尖端加密与认证技术，其设计细致、安全、可靠。所以，网上支付远比传统的支付结算更安全可靠。

(5) 网上支付可以提高开展电子商务的企业资金管理水平，但也增大了管理的复杂性。银行和商家发现通过Web页面或E-mail向客户散发宣传资料是一条很好的促销渠道，可以通过书面形式详尽地描述所提供的产品、服务及收费标准。采用网上支付方式以后，不仅可以做原有的网络广告宣传，而且能够十分方便地利用收集的客户信息建立相关决策支持系统，比如进行账单分析、估测市场趋势、预算新举措费用等，为企业进行科学的决策、降低经营风险等提供有力支持。同时,网上支付系统的高效率,可使企业很快地进行资金处理和结算,有效地防止拖欠的发生,这对于提高资金管理和利用水平有很大的帮助。由于网上支付工具和支付过程具有无形化、电子化的特点,它将传统支付方式中面对面的信用关系虚拟化,因此对网上支付工具的安全管理不能依靠普通的防伪技术,而是通过用户密码、软硬件加密和解密系统及防火墙等网络安全设备的安全保护功能来实现。为了保证网上支付工具的通用性,还要制定一系列标准与规则。因此,网上支付使得企业资金管理的复杂性在开始时增大,但随着网上各种资金监测系统的研发应用与电子商务发展的更加成熟,系统的自动处理能力越来越强,复杂性将逐渐降低。

(6) 银行提供网上支付结算的支持使客户的满意度与忠诚度上升,这为银行与开展电子商务的商家实现良好的客户关系管理提供了支持。

5.1.2 网上支付的基本流程和基本模式

1. 网上支付的基本流程

在处理网上支付时借鉴了很多传统支付方式的应用机制与过程,只不过流动的媒介不同:一个是传统纸质货币与票据,大多手工作业;一个是电子货币且网上作业。可以说,基于Internet平台的网上支付结算流程与传统的支付结算过程是类似的。如果熟悉传统的支付结算方式,如纸质现金、支票、POS用信用卡等方式的支付结算过程,将有助于对网上支付结算流程的理解。例如,用户通过Internet进行网上支付的过程与目前商店中的销售点系统(即POS信用卡支付结算系统)的处理过程非常相似,其主要不同在于网上支付的客户是通过PC、Internet、Web服务器作为操作和通信工具,而POS信用卡支付结算则使用专用刷卡机、专用终端、专线通信等。

基于Internet平台的网上支付一般流程如图5-2所示。

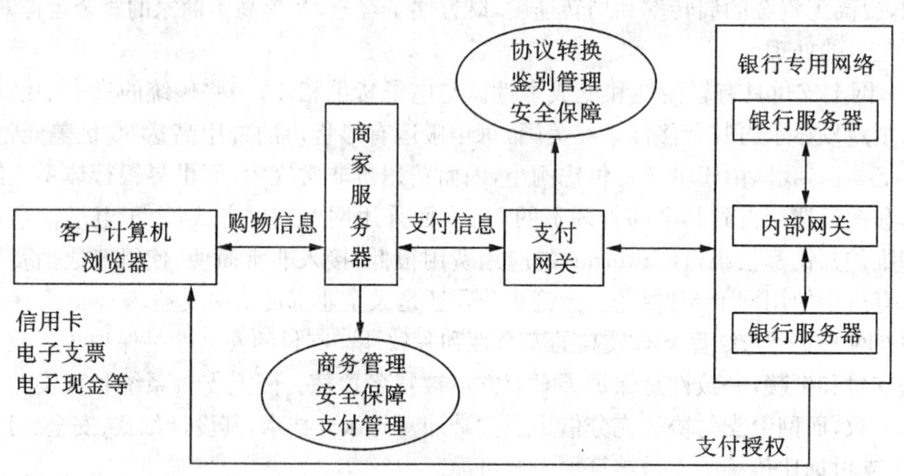

图5-2 基于Internet平台的网上支付一般流程

(1) 客户连接Internet,用Web浏览器进行商品的浏览、选择与订购,填写网络订单,选择应用的网上支付结算工具,并且得到银行的授权使用,如信用卡、电子钱包、电子现金、电子支票或网络银行账号等。

(2) 客户核对相关订单信息,如对支付信息进行加密,在网上提交订单。

(3) 商家服务器对客户的订购信息进行检查、确认,并把相关的、经过加密的客户支付信息等转发给支付网关,直至银行专用网络的银行后台业务服务器确认,以期从银行等电子货币发行机构验证得到支付资金的授权。

(4) 银行验证确认后,通过建立起来的经由支付网关的加密通信通道,给商家服务器发送确认及支付结算信息,为进一步的安全给客户发送支付授权请求(也可以没有)。

(5) 银行得到客户传来的进一步授权结算信息后,把资金从客户账号转拨至开展电子商务的商家银行账号上,借助金融专用网进行结算,并分别给商家、客户发送支付结算成功信息。

(6) 商家服务器收到银行发来的结算成功信息后,给客户发送网络付款成功信息和发货通知。至此,一次典型的网上支付结算流程结束。商家和客户可以分别借助网络查询自己的资金余额信息,以进一步核对。

图5-2所示的网上支付一般流程只是对目前各种网上支付结算方式的应用流程的普遍归纳,并不表示各种网上支付方式的应用流程与图5-2所示是一模一样的,或不同网上支付结算工具的应用流程是一样的。其实,在实际应用中,这些网上支付方式的应用流程由于技术、资金数量、管理机制上的不同还是有所区别的,像信用卡、电子现金、网络银行账号的网上支付结算流程就有所差别,但大致遵守该图示流程。

图5-2所示网上支付流程还有一个特点,即实现的是资金的立即支付。它适用于数目众多的较小额度金额的电子商务业务,对客户与商家来讲都是方便的。对较大金额的资金支付结算,如大企业与大企业间的电子商务,实现Internet上的立即支付并不现实。这时,传统上采用独立于商务交易环节的金融EDI或银行专业EFT系统是目前比较普遍采用的支付结算方式。随着网络银行业务,特别是企业网络银行转账业务的成熟与发展,也可基于Internet平台在电子商务交易与支付环节分离时进行较大额度资金的网上支付结算。

2. 网上支付的基本模式

网上支付结算的应用流程,其实就是电子货币的流动过程。不同的电子货币,其应用流程还是有区别的。根据电子货币支付流程的差别,可把网上支付的基本模式大体分为“类支票电子货币支付模式”和“类现金电子货币支付模式”两种。

(1) 类支票电子货币支付模式

类支票电子货币支付模式是典型的基于电子支票、电子票证汇兑、信用卡、网络银行账号等方式的网上支付模型,它支持大、中、小额度的资金支付与结算。

顾名思义,类支票电子货币支付模式就是类似传统的纸质支票应用模式,两者在原理上差不多。它主要涉及三个当事实体,即买方、卖方和各自的开户银行。银行可为同一个,也可以为不同银行。当然,在网络平台上还涉及CA认证中心。

类支票电子货币支付的基本应用过程可简要描述为:

① 电子商务买卖双方都在银行拥有账户,而买方应在开户行有一定的存款;

② 在买卖双方开始交易以前,买方先从银行得到电子支付票证,即授权的电子货币;

③ 买方把授权的电子货币交给卖方,卖方验证此电子票证的有效性后,继续交易过程;

④ 卖方将收到的电子票证转给自己的开户银行,要求资金兑付;

⑤ 银行收到卖方的电子票证,验证确认后进行后台的资金清算工作,且给买卖双方发

送支付结算成功信息。至此，这次网上支付即告完毕。

图5-3所示即为类支票电子货币支付模式的运作示意图，它反映了上述五个步骤。其中，作为电子货币载体的电子票证如电子支票、信用卡号、网络银行账号等就是网上支付工具，由银行发行与管理，代表着一种信用，而且其发出和传输、信用的运用几乎是立刻发生的。如果买卖双方不在同一银行，那么在银行之间就要应用一些标准的清算中心体系，这通常由国家中央银行(对国内交易)或一个第三国银行(对国际贸易，且第三国中央银行有良好的信用)协调。

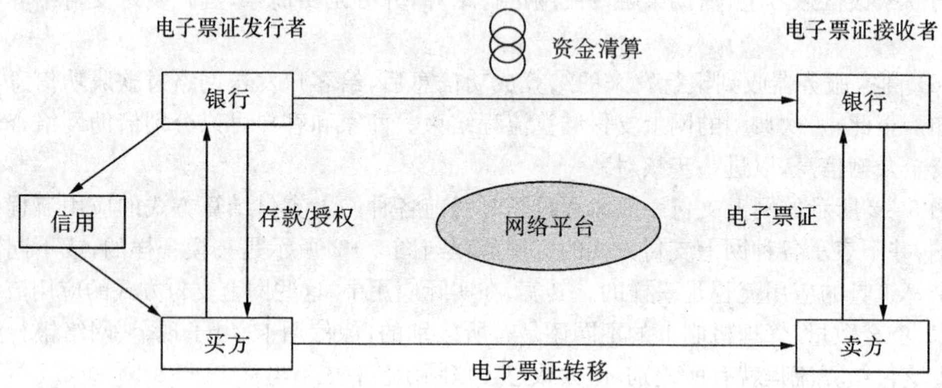

图5-3　类支票电子货币支付模式运作示意图

(2) 类现金电子货币支付模式

类支票电子货币支付，包括信用卡网上支付过程在内，虽然减少了材料、运输等费用，并且应用快捷方便，但每次支付结算都需要银行的支持与中介，时间与成本上均存在一定的开销，而且都是不匿名的，交易双方的身份不能被保护，这是其弱点。所以，它用于微小数额的支付还是有些不方便。传统的纸质现金作为目前人们日常生活中最常用的一种支付结算工具，使用方便直观，支付成本很低，且是匿名使用和不可追踪的。这可保证买卖双方的自由不受干涉，一定程度上保护了客户的隐私。正是借助纸质现金的这些优点，一些企业与研究机构推出类现金电子货币支付模式，以满足电子商务下网上支付结算的个性化需要。

类现金电子货币支付模式是一种新的网上支付模式。其主要的网上支付工具是类现金电子货币，较有代表性的是电子现金。顾名思义，类现金就是类似传统的纸质现金。所以，类现金电子货币的网上支付模式与传统纸币的支付模式基本类似，原理上也差不多，只是在货币表现形式上有所不同。类现金电子货币表现为经过特殊加密的电子信息串，用户可像纸币一样用类现金在网络平台上进行日常买卖。

类现金同样主要涉及三个当事实体，即买方、卖方和各自的开户银行。银行可为同一个，也可以为不同银行。当然，在网络平台上还要涉及CA认证中心。

类现金电子货币支付的基本应用过程可简要描述为：

① 电子商务中的买方先在开户银行中有一定的存款，且对应其类现金账号；

② 在买卖双方开始交易以前，买方先从银行通过银行存款请求兑换类现金，就像上银行从资金账号中提取纸质现金一样；

③ 银行根据买方的请求把相应的类现金发送至买方的计算机中，即可随便使用；

④ 买方根据付款数额把相应数目的类现金发送给卖方的计算机，卖方验证此类现金的

有效性后，继续交易过程；

⑤ 卖方可把收到的类现金暂时存储起来，也可发送至相应银行，银行清算后增加卖方账号的对应资金数额，卖方还可以把收到的那份现金发送给自己的另一个商务伙伴，如供应商进行网上支付。至此，这次类现金的网上支付过程即告完毕。

图5-4就是类现金电子货币支付模式的运作示意图，它反映了上述五个步骤。从支付应用过程可以看出，与传统的纸质现金应用非常类似，每次网上支付结算并不需要银行的中介参与，接收者收到后可灵活支配，不需要马上去银行兑换，还可支付给其他的商业伙伴，真正体现货币的流通特点。银行在类现金电子货币的网上支付结算过程中，无需每次都表现它的存在，只是在发行与兑换时参与运作，所以支付结算速度比类支票更快，运作成本更低，但不适宜较大数额的资金支付与结算。

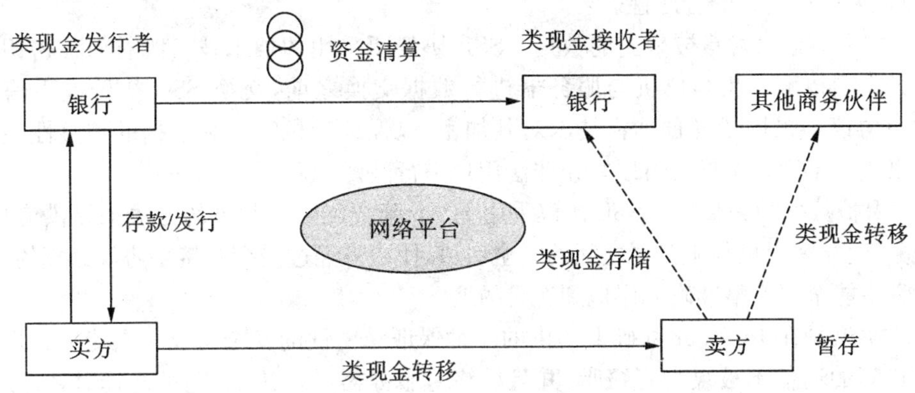

图5-4　类现金电子货币支付模式运作示意图

5.2　基本安全措施

电子商务活动的基本保证是安全可靠，如何通过电子支付安全地完成整个交易过程，是人们在选择网上交易时首先要考虑的问题。网上支付的安全可以通过技术手段和管理制度来保证。技术上必须按照国际性安全协议来处理，但需要自己的加密手段和技术；管理上需要符合我国实际情况，按照国家法律、法规及政策制定管理制度。

为了实现电子商务支付的安全，各国相继研究制定并实施了一系列网上支付安全协议，目前，网上支付安全协议主要涉及SET协议、SSL协议、PKI协议、X5.95协议、X.509协议、X.500协议等，其中SET和SSL已被广泛接受和运用在国际及国内的电子支付中。

5.2.1　SSL协议

由美国Netscape公司于1995年开发和倡导的安全套接层(SSL)协议，是目前安全电子商务交易中使用较多的协议之一。SSL协议主要用于提高应用程序之间的数据的安全系数。

SSL协议的实现属于Socket层，在Internet网络层次中的位置处于应用层和传输层之间。

SSL协议是国际上最早应用于电子商务的一种网络安全协议，至今仍然有很多网上商店使用。它被许多世界知名厂商的 Intranet 和 Internet 网络产品所支持，其中包括 Netscape、Microsoft、IBM、Open Market 等公司提供的支持 SSL 协议的客户机和服务器产品，如 IE 和 Netscape 浏览器，IIS、Domino Go Web Server、Netscape Enterprise Server 和 Apache 等 Web 服务器。

1. SSL 协议提供的安全服务

SSL 协议对计算机之间的各种通信 HTTP、FTP、Telnet 等都提供安全保护。SSL 协议主要提供如下三方面的服务：

(1) 用户和服务器的合法性认证。认证用户和服务器的合法性，使得它们能够确信数据将被发送到正确的客户机和服务器上。客户机和服务器都有各自的识别号，这些识别号由公开密钥进行编号，为了验证用户是否合法，SSL 协议要求在握手交换数据时进行数字认证，以此来确保用户的合法性。

(2) 加密数据以隐藏被传送的数据。SSL 协议所采用的加密技术既有对称密钥技术，也有公开密钥技术。在客户机与服务器进行数据交换之前，交换 SSL 初始握手信息，在 SSL 握手协议中采用了各种加密技术对其加密，以保证其机密性和数据的完整性，并且用数字证书进行鉴别。这样就可以防止非法用户进行破译。

(3) 保护数据的完整性。SSL 协议采用 Hash 函数和机密共享的方法来提供信息的完整性服务，建立客户机与服务器之间的安全通道，使所有经过安全套接层协议处理的业务在传输过程中能全部完整准确无误地到达目的地。

SSL 协议是在 Internet 基础上提供的一种保证私密性的安全协议。它能使客户/服务器应用之间的通信不被攻击者窃听，并且始终对服务器进行认证，还可选择对客户进行认证。SSL 协议要求建立在可靠的传输层协议(如 TCP)之上。SSL 协议的优势在于它是与应用层协议独立无关的。高层的应用层协议(如 HTTP、FTP、Telnet 等)能透明地建立于 SSL 协议之上。SSL 协议在应用层协议通信之前就已经完成加密算法、通信密钥的协商以及服务器认证工作。在此之后应用层协议所传送的数据都会被加密，从而保证通信的安全性。

2. SSL 协议的运行步骤

SSL 协议的运行步骤包括：

(1) 接通阶段。客户通过网络向服务商打招呼，服务商回应。

(2) 密钥交换阶段。客户与服务器之间交换双方认可的密钥，一般选用 RSA 密码算法，也有的选用 Diffie-Hellman 和 Fortezza-KEA 密码算法。

(3) 协商密钥阶段。客户与服务商间产生彼此交谈的会话密钥。

(4) 检验阶段。检验服务商取得的密钥。

(5) 客户认证阶段。验证客户的可信度。

(6) 结束阶段。客户与服务商之间相互交换结束的信息。

当上述动作完成之后，两者间的资料传送就会加密，另外一方收到资料后，再将密文资料还原。即使盗窃者在网络上取得密文资料，如果没有原先编制的密码算法，也不能获得可读的有用资料。

发送时信息用对称密钥加密，对称密钥用非对称算法加密，再把两个包绑在一起传送过去。接收的过程与发送正好相反，先打开有对称密钥的加密包，再用对称密钥解密。

在电子商务交易过程中，由于有银行参与，按照SSL协议，客户的购买信息首先发往商家，商家再将信息转发给银行，银行验证客户信息的合法性后，通知商家付款成功，商家再通知客户购买成功，并将商品寄送给客户。

SSL协议运行的基点是商家对客户信息保密的承诺。但在上述流程中我们也可以注意到，SSL协议有利于商家而不利于客户。客户的信息首先传到商家，商家阅读后再传至银行，这样，客户资料的安全性便受到威胁。商家认证客户是必要的，但在整个过程中，缺少了客户对商家的认证。在电子商务的开始阶段，由于参与电子商务的公司大多是一些大公司，信誉度较高，所以这个问题没有引起人们的足够重视。随着电子商务参与的厂商迅速增加，对厂商的认证问题越来越突出，SSL协议的缺点便完全暴露出来。SSL协议势必将逐渐被新的电子商务协议（如SET）所取代。

3. SSL协议的体系结构

SSL协议不是单个协议，而是两层协议，包含套接层SSL记录协议和应用层SSL握手协议、SSL更改密文规范协议和SSL警告协议。SSL协议体系结构如图5－5所示。

<table>
<tr><td>HTTP</td><td>SSL握手协议</td><td>SSL更改密文规范协议</td><td>SSL警告协议</td></tr>
<tr><td colspan="4">SSL记录协议</td></tr>
<tr><td colspan="4">TCP</td></tr>
<tr><td colspan="4">IP</td></tr>
</table>

图5－5　SSL协议体系结构

在进行安全联机之前，SSL先进行"握手"——好像相互问好并交换名片，以保证以后的通信按预定步骤建立一个安全通信通道。

（1）SSL记录协议

在SSL协议中，所有的传输数据都被封装在记录中。记录是由记录头和长度不为0的记录数据组成的。所有的SSL通信包括握手消息、安全空白记录和应用数据都使用SSL记录层。SSL记录协议包括了记录头和记录数据格式的规定。如图5－6所示。

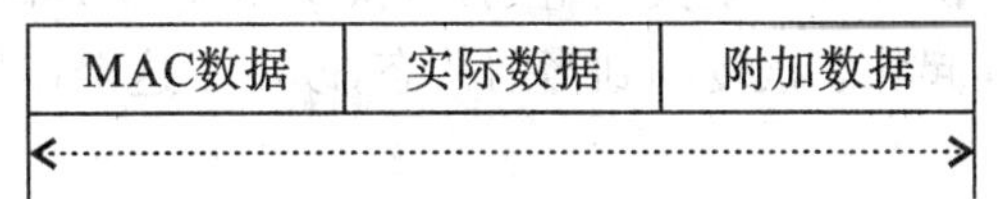

图5－6　SSL记录协议中数据项的格式

① SSL记录头格式。SSL的记录头可以是两个或三个字节长的编码。SSL记录头包括记录头的长度、记录数据的长度、记录数据中是否有粘贴数据。其中粘贴数据是在使用块加密算法时填充实际数据，使其长度恰好是块的整数倍。当最高位为1时，不含有粘贴数据，记录头的长度为两个字节，记录数据的最大长度为32 767个字节；当最高位为0时，含有粘贴数据，记录头的长度为三个字节，记录数据的最大长度为16 383个字节。当数据头长度是三个字节时，次高位有特殊的含义。当次高位为1时，标识所传输的记录是普通的数据记录；当次高位为0时，标识所传输的记录是安全空白记录（被保留用于将来协议的扩展）。

记录头中的数据长度编码不包括数据头所占用的字节长度。

记录头长度为两个字节的记录长度的计算公式:

记录长度 = ((byte[0];&0x7f) ≪ 8)) | byte[1]

其中,byte[0]、byte[1]分别表示传输的第一个、第二个字节。

记录头长度为三个字节的记录长度的计算公式:

记录长度 = ((byte[0];&0x3f) ≪ 8)) | byte[1]

其中,byte[0]、byte[1]的含义同上。

判断是否是安全空白记录的计算公式:

(byte[0];&0x40)! =0

附加数据的长度为传输的第三个字节。

② SSL 记录数据的格式。SSL 的记录数据包含 MAC 数据、实际数据和附加数据三个部分,如图 5-6 所示。

MAC 数据用于数据完整性检查。计算 MAC 所用的散列函数由握手协议中的 CIPHER-CHOICE 消息确定。若使用 MD2 和 MD5 算法,则 MAC 数据长度是 16 个字节。MAC 的计算公式:

MAC 数据=Hash[密钥,实际数据,粘贴数据,序号]

当会话的客户端发送数据时,密钥是客户的写密钥(服务器用读密钥来验证 MAC 数据);而当会话的客户端接收数据时,密钥是客户的读密钥(服务器用写密钥来产生 MAC 数据)。序号是一个可以被发送和接收双方递增的计数器。每个通信方向都会建立一对计数器,分别被发送者和接收者拥有。计数器有 32 位,计数值循环使用,每发送一个记录计数值递增一次,序号的初始值为 0。

(2) 更改密文规范协议

更改密文规范协议(Change Cipher Spec Protocol)是使用 SSL 记录协议的最简单的 SSL 相关协议之一。这个协议由单个报文组成,该报文由值为 1 的单个字节组成。这个报文的唯一目的就是使得挂起状态被复制到当前状态,改变了这个连接将要使用的密文族。

(3) 告警协议

告警协议是用来将 SSL 协议有关的告警传送给对方实体。和其他使用 SSL 协议的应用一样,告警报文按照当前状态说明被压缩和加密。

告警协议的报文由两个字节组成。第一个字节的值是警告(warning,值 1)或致命的(fatal,值 2),用来传送报文的严重级别。如果级别是致命的,SSL 协议就立刻终止该连接。同一个会话的其他连接可以继续,但是这个会话不可以再建立新的连接了。第二个字节包含了特定告警的代码。

(4) SSL 握手协议

SSL 握手协议包含两个阶段四个步骤,第一个阶段的两个步骤用于建立秘密通信信道,第二个阶段的两个步骤用于客户认证。SSL 协议的过程如图 5-7 所示。

第一阶段是通信的初始化阶段,通信双方都发出 HELLO 消息。当双方都接收到

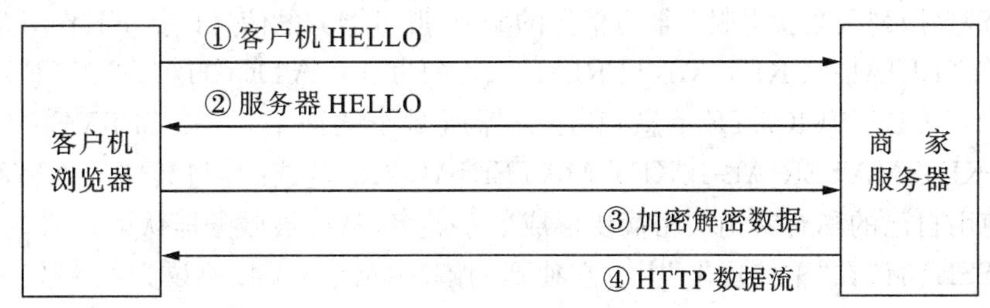

图 5-7 SSL 握手协议的四个步骤

HELLO 消息时，就有足够的信息确定是否需要一个新的密钥。若不需要新的密钥，双方立即进入握手协议的第二阶段。否则，此时服务器方的 SERVER-HELLO 消息将包含足够的信息，使客户方产生一个新的密钥。这些信息包括服务器所持有的证书、加密规约和连接标识。若密钥产生成功，客户方发出 CLIENT-MASTER-KEY 消息；否则发出错误消息。最终当密钥确定以后，服务器方向客户方发出 SERVER-VERIFY 消息。因为只有拥有合适的公钥的服务器才能解开密钥。

需要注意的是每一通信方向上都需要一对密钥，所以一个连接需要四个密钥，分别为客户方的公开密钥、客户方的私有密钥、服务器方的公开密钥、服务器方的私有密钥。

第二阶段的主要任务是对客户进行认证，此时服务器已经被认证了。服务器方向客户发出认证请求消息：REQUEST-CERTIFICATE。当客户收到服务器方的认证请求消息时，发出自己的证书，并且监听对方回送的认证结果。而当服务器收到客户的认证，认证成功返回 SERVER-FINISH 消息，否则返回错误消息，至此，握手协议全部结束。

4. SSL 协议的安全措施

SSL 协议采用对称密码技术和公开密码技术相结合，采用密码和证书实现通信数据完整性、认证性等安全服务。其安全措施如下：

(1) 加密算法和会话密钥

加密算法和会话密钥是在握手协议中协商并由 CIPHER-CHOICE 指定的。现有的 SSL 版本中所用到的加密算法包括 RC4、RC2、IDEA 和 DES，而加密算法所用的密钥由消息散列函数 MD5 产生。RC4、RC2 是由 RSA 定义的，其中 RC2 适用于块加密，RCA 适用于流加密。

(2) 认证算法

认证算法采用 X.509 电子证书标准，通过使用 RSA 算法进行数字签名来实现。SSL 认证包括服务器的认证和客户的认证两种。

① 服务器的认证。在上述两对密钥中，对服务器进行认证时，只有用正确的服务器方私有密钥加密 CLIENT-HELLO 消息形成的数字签名才能被客户正确地解密，从而验证服务器的身份。若通信双方不需要新的密钥，则它们各自所拥有的密钥已经符合上述条件。若通信双方需要新的密钥，首先服务器方在 SERVER-HELLO 消息中的服务器证书中提供了服务器的公有密钥，服务器用其私有密钥才能正确地解密由客户方使用服务器的公有密钥加密的 MASTER-KEY，从而获得服务器方的读密钥和写密钥。

②客户的认证。同上，只有用正确的客户方私有密钥加密的内容才能被服务器方用其读密钥正确地解开。当客户收到服务器方发出的 REQUEST-CERTIFICATE 消息时，客户首先

使用 MD5 消息散列函数获得服务器方信息的摘要，服务器方的信息包括 KEY-MATERIAL-0、KEY-MATERIAL-1、KEY-MATERIAL-2、CERTIFICATE-CHALLENGE-DATA（来自 REQUEST-CERTIFICATE 消息）和服务器所赋予的证书（来自 SERVER-HELLO 消息）。其中 KEY-MATERIAL-1、KEY-MATERIAL-2 是可选的，与具体的加密算法有关。然后客户使用自己的私有密钥加密摘要形成数字签名，从而被服务器认证。

另外，SSL 协议在“重传攻击”上有它独到的解决办法。SSL 协议为每一次安全连接产生了一个 128 bit 长的随机数——“连接序号”。理论上，攻击者事先无法预测此连接序号，因此不能对服务器的请求做出正确的应答。但是计算机产生的随机数是伪随机数，它的实际周期要远比 128 bit 小，更为危险的是有规律性，所以说 SSL 协议并没有从根本上解决“信息重传”这种攻击方法，有效的解决方法是采用“时间戳”。但是这需要解决网络上所有节点的时间同步问题。

总之，SSL 协议的安全性能是好的，而且随着 SSL 协议的不断改进，更多的安全性能好的加密算法被采用，逻辑上的缺陷被弥补，SSL 协议的安全性能势必会不断加强。

目前，几乎所有操作平台上的 Web 浏览器（IE、Netscape）以及流行的 Web 服务器（IIS、Netscape Enterprise Server 等）都支持 SSL 协议，因此使得使用该协议既便宜且开发成本较小。

5.2.2 SET 协议

安全电子交易规范（Secure Electronic Transaction，SET）是 Visa 和 MasterCard 于 1997 年 5 月联合开发的一个加密的安全规范，它具有很强的安全性。该规范由以前发表的若干协议形成，它们是 STT（Visa/Microsoft）、SEPP（MasterCard）和 iKP 协议族（IBM）。SET 及其适合的诸协议是基于安全信用卡协议的一个例子。由于它得到了 IBM、HP、Microsoft、Netscape、VeriFone、GTE、Terisa 和 VeriSign 等很多大公司的支持，已成为事实上的工业标准，目前已获得 IETF 标准的认可。SET1.0 版已经公布并可应用于任何银行支付服务，1998 年，第一个兼容 SET 的产品已经开始应用。

有时人们往往不加区别，总说 SET 协议。事实上，SET 本身是一组安全协议和格式的集合，使得用户可以用一种安全的方式，将已经存在的信用卡支付基础设施配置在开放网络上，如 Internet。

1. SET 协议提供的安全服务

(1) SET 协议的主要安全目标

① 信息在 Internet 上安全传输，保证网上传输的数据不被黑客窃取；

② 订单信息和个人账号信息的隔离，当包含持卡人账号信息的订单送到商家时，商家只能看到订货信息，而看不到持卡人的账户信息；

③ 持卡人和商家相互认证，以确定通信双方的身份，一般由第三方机构负责为在线通信双方提供信用担保；

④ 要求软件遵循相同协议和报文格式，使不同厂家开发的软件具有兼容和互操作功能，并且可以运行在不同的硬件和操作系统平台上。

(2) SET 协议提供的安全服务

① 确保在支付系统中支付信息和订购信息的安全性；

② 确保数据在传输过程中的完整性，即确保数据在传输过程中不被破坏；

③ 对持卡者身份的合法性进行检查；

④ 对支付接收方的身份(即商家的身份)的合法性进行检查；

⑤ 提供最优的安全系统，以保护在电子贸易中的合法用户；

⑥ 确保该标准不依赖于传输安全技术，也不限定任何安全技术的使用；

⑦ 使通过网络和相应的软件所进行的交互作业简便易行。

2. SET 协议的运行步骤

电子商务的工作流程与实际的购物流程非常接近，使得电子商务与传统商务可以很容易融合，用户使用也没有什么障碍。从顾客通过浏览器进入在线商店开始，一直到所订货物送货上门或所订服务完成，以及账户上的资金转移，所有这些都是通过 Internet 完成的。如何保证网上传输数据的安全和交易对方的身份确认是电子商务能得到推广的关键。这正是 SET 所要解决的最主要的问题。一个包括完整的购物处理流程的 SET 的工作过程如图5－8所示。

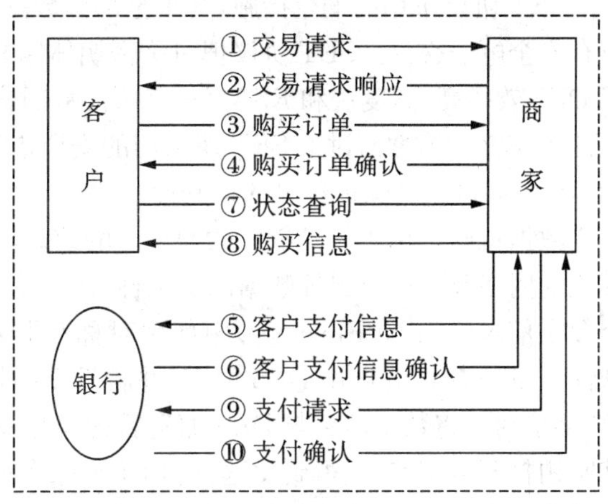

图 5－8 SET 协议流程

图 5－8 中，消息①、消息②是交易初始设置，客户与商家相互交换身份证书，建立一个交易 ID 号；在消息③的客户购买消息中，包含商品或服务名、客户签名、加密的客户信用卡信息；消息④是商家对用户购买订单的确认；消息⑤、⑥是商家对客户支付信息合法性的验证，在商家与银行(或其代理)间进行；消息⑦、⑧使用户对交易内容、状态有查询的能力；消息⑨、⑩是商家与银行间的兑现和平账过程。

前三步与 SET 无关，从第四步开始 SET 起作用，一直到第九步，在处理过程中，对通信协议、请求信息的格式、数据类型的定义等，SET 都有明确的规定。在操作的每一步，持卡人、商家和支付网关都通过认证机构(CA)来验证通信主体的身份，以确保通信的对方不是冒名顶替的。

3. SET 协议的体系结构

SET 向基于信用卡进行电子化交易的应用提供了实现安全措施的规则。SET 主要由三个文件组成，分别是 SET 业务描述、SET 程序员指南和 SET 协议描述。SET 规范涉及的范围包括：加密算法的应用(如 RSA 和 DES)；证书信息和对象格式；购买信息和对象格式；确认信息和对象格式；划账信息和对象格式；对话实体之间消息的传输协议。

SET 支付系统的主要参与方有：

(1) 持卡人。即消费者，他们通过 Web 浏览器或客户端软件购物。

(2) 商家。提供在线商店或商品光盘给消费者。

(3) 发卡人。它是一个金融机构，为持卡人开账户，并且发放支付卡。

(4) 收款银行。它为商家建立账户，并且处理支付卡的认证和支付事宜。

(5) 支付网关。是由受款银行或指定的第三方操纵的设备，它处理商家的支付信息，同时也包括来自消费者的支付指令。

SET 支付系统还涉及认证机构(CA),但是它不参与 SET 的支付流程。它给各参与方颁发证书,各参与方可以通过查看对方的证书来确定对方是准确的而不是冒充的。要建立安全的电子商务系统,首先必须有一个健全可信的 CA。CA 的主要功能包括:接收注册请求,处理、批准/拒绝请求,颁发证书。

在实际运作中,CA 也可由大家都信任的一方担当。例如,在客户、商家、银行三角关系中,客户使用的是由某个银行发的卡,而商家又与此银行有业务关系(有账号)。在此情况下,客户和商家都信任该银行,可由该银行担当 CA 角色,接收、处理客户证书和商家证书的验证请求。又例如,对商家自己发行的购物卡,则可由商家自己担当CA 角色。

4. SET 协议的安全措施

SET 协议采用的安全措施,几乎全部以数据加密技术为基础。可以说没有加密技术就没有安全电子交易。SET 协议把对称密钥体制和公开密钥体制完美地结合起来,充分利用了 DES 效率高、速度快和 RSA 安全性高、密钥管理简便的优点。下面从数据的机密性、认证性和完整性等方面讨论 SET 所采用的安全措施。

(1) 通过加密保证信息的机密性

数据机密性用于保护敏感的和个人的信息,防止有意或无意的攻击和泄露。在一个非安全的网络环境中要保证数据的安全性,需要采用加密技术和相关的密钥管理。SET 在一个数字信封(Digital Envelope)中使用对称和非对称两种加密技术和算法来提供数据的机密性。发送方将消息用 DES 加密,并将 DES 对称密钥用接收方的公钥加密,形成消息的“数字信封”,将数字信封与 DES 加密后的消息一起发给接收方。接收者收到消息后,先用其密钥打开数字信封,得到发送方的 DES 对称密钥,再用此对称密钥去解开数据。只有用接收方的 RSA 密钥才能够打开此数字信封,从而确保了接收方的身份。

SET 既保证支付数据的机密性,也需保证非支付数据的机密性,这些数据包含实际数据的提示。例如,SET 不交换订购说明,但在购买请求中包含订购描述的 Hash 值。虽然非支付数据的机密性不在 SET 范围内,但是也必须采取措施以保护数据。

(2) 应用数字签名技术进行鉴别

签名技术在 SET 中有两种应用形式,一个最重要的革新就是双重签名。

① 数字签名。SET 中,数字签名采用 RSA 算法,数据发送方采用自己的私钥加密数据,接受方用发送方的公钥解密。由于私钥和公钥之间的严格对应性,使用其中一个只能用另一个来解密,保证了发送方不能抵赖发送过的数据,完全模拟了现实生活中的签名。

② 双重签名。数字签名在 SET 协议中一个重要的应用就是双重签名。在交易中持卡人发往银行的支付指令是通过商家转发的,为了避免在交易的过程中商家窃取持卡人的信用卡信息,以及避免银行跟踪持卡人的行为,侵犯消费者隐私,但同时又不能影响商家和银行对持卡人所发信息的合理的验证,只有当商家同意持卡人的购买请求后,才会让银行给商家付费。SET 协议采用双重签名来解决这一问题。

(3) 使用 X.509v3 数字证书来提供信任

SET 协议使用 X.509v3 数字证书来提供信任。SET 协议中主要的证书是持卡人证书和商家证书。

持卡人证书是支付卡的一种电子化的表示。持卡人证书不包括账号和终止日期信息,而是用单向哈希算法根据账号和截止日期生成的一个码。如果知道账号、截止日期、密码值,即可导出这个码值;反之则不行。

商家证书就像是贴在商家收款台小窗上的付款卡贴画,以表示它可以用什么卡来结算。在SET环境中,一个商家至少应有一对证书,与一个银行打交道;一个商家也可以有多对证书,表示它与多个银行有合作关系,可以接受多种付款方法。

除了持卡人证书和商家证书外,还有支付网关证书、银行证书、发卡机构证书。

在双方通信时,通过出示由某个CA签发的证书来证明自己的身份。如果对签发证书的CA本身不信任,则可验证CA的身份。依此类推,一直到公认的权威CA处,就可确信证书的有效性。每一个证书与签发证书的实体的签名证书相关联。SET证书正是通过信任层次来逐级验证的。例如,C的证书是由B的CA签发的,而B的证书又是由A的CA签发的,A是权威的机构,通常称为根CA。验证到了根CA处,就可确信C的证书是合法的。

在网上购物实现中,持卡人的证书与发卡机构的证书相关联,而发卡机构证书通过不同品牌卡的证书连接到根CA,而根CA的公开密钥对所有的SET软件都是已知的,可以校验每一个证书。

持卡人可从公开媒体上获得商家的公开密钥,但持卡人无法确定商家不是冒充的(有信誉),于是持卡人请求CA对商家认证。CA对商家进行调查、验证和鉴别后,将包含商家公开密钥的证书经过数字签名传给持卡人。同样,商家也可对持卡人进行验证。

(4) 应用散列函数保证数据完整性

数据完整性保证接收到的是实际发出的所有数据。SET协议中采用从传输数据产生的完整性数值(即Hash值)来实现。数据的完整性数值从发送方传输到接收方,接收方通过比较完整性数值来验证数据是否经过篡改。

SET中将散列函数和数字签名一起结合使用,允许数据单元的接收方验证数据的来源和完整性,防止伪造和篡改。在SET结构中,一个数字签字是采用发送方私用密钥加密的Hash值,该Hash值提供消息内数据的完整性。如果支付数据被修改,则其Hash值不同,当接收方接到消息后,重新计算Hash值,可发现数据被修改。该Hash值被加密后保证一个第三方无法改变Hash值。因为没有发送方的私人密钥,无法将新Hash值加入到消息中。

5. SET协议和SSL协议的比较

SET和SSL两种协议都能应用于电子商务中,都通过认证进行身份的识别,对传输数据的加密实现保密性。但SSL协议和SET协议在具体的内容方面有明显的不同。

SSL协议位于传输层与应用层之间,因此SSL协议能很好地封装应用层数据,不用改变位于应用层的应用程序,对用户是透明的。同时,SSL协议只需要通过一次"握手"过程就建立客户与服务器之间一条安全通信的通道,保证传输数据的安全,因此它被广泛地应用于电子商务领域中。然而,SSL协议并不是专为支持电子商务而设计的,只支持双方认证,商家完全掌握消费者的账户信息。

SET协议是专为电子商务系统设计的。它位于应用层,其认证体系十分完善,能实现多方认证。在SET的实现中,消费者账户信息对商家来说是保密的。但是SET协议十分复杂,交易数据需进行多次验证,用到多个密钥以及多次加密解密。而且在SET协议中除消费者与商家外,还有发卡行、收单行、认证中心、支付网关等其他参与者。表5-1给出了

SSL 协议和 SET 协议的一些参数的比较。

表 5 - 1 SSL 协议与 SET 协议比较

项 目	SSL 协议	SET 协议
工作层次	传输层与应用层之间	应用层
是否透明	透明	不透明
过程	简单	复杂
效率	高	低
安全性	商家掌握消费者 PI	消费者 PI 对商家保密
认证机制	双方认证	多方认证
是否专为 EC 设计	否	是

SET 与 SSL 相比,具有如下优点:

(1) SET 为商家提供了保护自己的手段,使商家免受欺诈的困扰,也使运营成本降低。

(2) 对消费者而言,SET 保证了商家的合法性,并且用户的信用卡号不会被窃取,SET 替消费者保守了更多的秘密,使其在线购物更加轻松。

(3) 对银行和发卡机构以及各种信用卡组织来说,因为 SET 可以帮助它们将业务扩展到 Internet 这个广阔的空间,从而使得信用卡网上支付具有更低的欺骗概率,这使得它比其他支付方式具有更大的竞争力。

(4) SET 对于参与交易的各方定义了互操作接口,一个系统可以由不同厂商的产品构筑。

(5) SET 可以用在系统的一部分。例如,一些商家正在考虑在与银行连接中使用 SET,而与顾客连接时仍然使用 SSL。这种方案既回避了在顾客机器上安装钱夹软件,同时又获得了 SET 提供的很多优点。

相比 SSL 而言,SET 的安全度更高。自从 1997 年 5 月 31 日 SET 协议 1.0 版正式发布以来,大量的现场实验和实施效果获得了业界的支持,促进了 SET 良好的发展趋势。但 SET 协议同样存在一些问题,主要表现为:

(1) 协议没有说明收单银行给在线商店付款前,是否必须收到消费者的货物接收证书;如果在线商店提供的货物不符合质量标准,消费者提出异议,责任由谁承担就难以明确。

(2) 协议没有担保“非拒绝行为”,这意味着在线商店没有办法证明订购是由签署证书的、讲信用的消费者发出的。

(3) SET 技术规范没有提及在事务处理完成后,如何安全地保存或销毁此类数据,是否应当将数据保存在消费者、在线商店或收单银行的计算机里。这种漏洞可能使这些数据以后受到潜在的攻击。

5.2.3 PKI 协议

公共密钥基础设施(Public Key Infrastructure, PKI)是从技术上解决网上身份认证、电子信息的完整性和不可抵赖性等安全问题,为网络应用(如浏览器、电子邮件、电子交易)提供可靠的安全服务。从理论上讲,只要 PKI 具有友好的接口,那么普通用户就只需要知道如何接入PKI就能获得安全服务,完全无须理解PKI如何实现安全服务。正如电灯只要接通电源就能亮一样,用户并不需要知道电力系统是如何将电能传送过来的。值得注意的是,虽然都是服务,但安全服务和电能服务在表现形式上却有很大的差别:通过电灯的亮与不亮,我们可以感觉到电能服务的存在与否;而安全服务却是隐藏在其他应用的后面,用户无法直观地感觉到它是否有效或起作用。因此,虽然并不需要精通密码理论,但如果我们理解了PKI为什么能够解决网上的安全问题,它的基本理论基础是什么,就会更有利于推动PKI的应用和发展。

1. PKI的概念

公钥基础设施PKI是一种遵循既定标准的密钥管理平台,它能够为电子商务、电子政务、网上银行和网上证券等所有网络应用提供一整套安全基础平台,它是创建、颁发、管理、撤销公钥证书所涉及的所有软件、硬件的集合体。

从广义上讲,所有提供公钥加密和数字签名服务的系统,都可叫做PKI系统。PKI的主要目的是通过自动管理密钥和证书,可以为用户建立起一个安全的网络运行环境,使用户可以在多种应用环境下方便地使用加密和数字签名技术,从而保证网上数据的机密性、完整性和有效性。一个有效的PKI系统必须是安全和透明的,用户在获得加密和数字签名服务时,不需要详细地了解PKI是怎样管理证书和密钥的。

一个典型、完整、有效的PKI应用系统至少应具有以下部分:公钥密码证书管理、黑名单的发布和管理、密钥的备份和恢复、自动更新密钥、自动管理历史密钥和支持交叉认证。

由于PKI是目前比较成熟、完善的Internet网络安全解决方案,国外的一些著名网络安全公司纷纷推出一系列的基于PKI的网络安全产品,如美国的Verisign、IBM,加拿大的Entrust、SUN等安全产品供应商为用户提供了一系列的客户端和服务器端的安全产品,为电子商务的发展以及政府办公网、EDI等提供了安全保证。

简言之,PKI就是提供公钥加密和数字签名服务的系统,目的是为了管理密钥和证书,保证网上数字信息传输的机密性、真实性、完整性和不可否认性。

加密技术和认证技术是PKI的基础技术,PKI的核心机构是认证中心,数字证书是PKI最关键的产品和服务。

2. PKI的功能与特性

一个完整的PKI产品应具备以下功能:根据X.509标准发放证书,证书与认证中心(Certification Authority, CA)产生密钥对,密钥备份及恢复,证书、密钥对的自动更换,加密密钥和签名密钥的分隔,管理密钥和证书,支持对数字签名的不可抵赖性,密钥历史的管理,为用户提供PKI服务,如用户安全登录、增加和删除用户、恢复密钥、检验证书等。其他相关功能还包括交叉认证、支持LDAP协议、支持用于认证的智能卡等。此外,PKI的特性融入各种应用(如防火墙、浏览器、电子邮件、群件、网络操作系统)也正在成为趋势。

PKI要求具有如下性能:

(1) 可扩展性。能满足电子商务不断发展的需要。

(2) 方便用户。保证其安全和经济性。

(3) 支持与远程参与者通行无阻。

(4) 支持多政策。用户可能信赖某个CA,但未必信得过另一个CA。因此,应允许不同用户接受不同的政策。

(5) 透明性和易用性。作为网络环境的一种基础设施,PKI 必须具有良好的透明性和易用性。这是对 PKI 的最基本要求,PKI 必须尽可能地向上层应用屏蔽密码服务的实现细节,向用户提供屏蔽复杂的安全解决方案,使密码服务对用户而言简单易用,同时便于单位、企业完全控制其信息资源。

(6) 互操作性。PKI 互操作性是电子商务通信的关键,建立对 Internet 交易保密性的信任,是电子商务发展所面临的最重要以及最具挑战性的问题之一。PKI 是在 Internet 上建立信任的一种技术选择,但是,部署 PKI 并不容易。保证多厂商 PKI 环境的互操作性是在电子商务交易中建立信任的关键。不同企业、事业单位的 PKI 实现可能是不同的,这就提出了互操作性要求。要保证 PKI 的互操作性,必须将 PKI 建立在标准之上,这些标准包括加密标准、签名标准、Hash 标准、密钥管理标准、证书格式、目录标准、文件信封格式、安全会话格式和安全应用程序接口规范等。

(7) 简单的风险管理。任何基础设施都需对所面临的风险有全面的了解,并适于在当地参与者之间进行分配。

(8) 支持多平台。PKI 是遵循一种标准的,它必须适合于不同的开发环境和不同的开发平台,如 Windows、UNIX、MAC 等。

(9) 支持多应用。PKI 应该面向广泛的网络应用,提供文件传送安全、文件存储安全、电子邮件安全、电子表单安全和 Web 应用安全等保护。

3. PKI 的基本组成

完整的 PKI 系统必须具有权威认证机构(CA)、数字证书库、密钥备份及恢复系统、证书作废系统、应用接口(API)等基本构成部分,如图 5-9 所示,构建 PKI 也将围绕着这五大系统来着手构建。

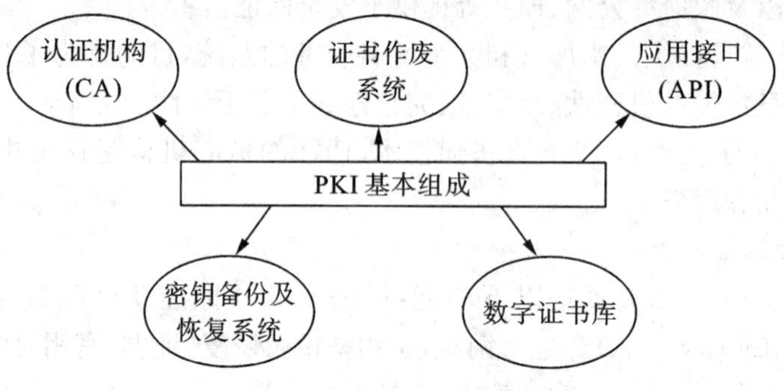

图 5-9　PKI 基本组成

(1) 认证机构(CA)。即数字证书的申请及签发机关,CA 必须具备权威性的特征。

(2) 数字证书库。用于存储已签发的数字证书及公钥,用户可由此获得所需的其他用户的证书及公钥。

(3) 密钥备份及恢复系统。如果用户丢失了用于解密数据的密钥,则数据将无法被解密,这将造成合法数据的丢失。为避免这种情况,PKI 提供备份与恢复密钥的机制。但须注意,密钥的备份与恢复必须由可信的机构来完成。并且密钥备份与恢复只能针对解密密钥,签名私钥为确保其唯一性而不能够作备份。

(4) 证书作废系统。证书作废处理系统是 PKI 的一个必备的组件。与日常生活中的各种身份证件一样，证书有效期以内也可能需要作废，原因可能是密钥介质丢失或用户身份变更等。为实现这一点，PKI 必须提供作废证书的一系列机制。

(5) 应用接口(API)。PKI 的价值在于使用户能够方便地使用加密、数字签名等安全服务，因此一个完整的 PKI 必须提供良好的应用接口系统，使得各种各样的应用能够以安全、一致、可信的方式与 PKI 交互，确保安全网络环境的完整性和易用性。

通常来说，CA 是证书的签发机构，它是 PKI 的核心。众所周知，构建密码服务系统的核心内容是如何实现密钥管理。公钥体制涉及一对密钥(即私钥和公钥)，私钥只由用户独立掌握，无须在网上传输；而公钥则是公开的，须在网上传送。故公钥体制的密钥管理主要是针对公钥的管理问题，目前较好的解决方案是数字证书机制。

数字证书是公开密钥体系的一种密钥管理媒介。它是一种权威性的电子文档，形同网络计算环境中的一种身份证，用于证明某一主体(如人、服务器等)的身份以及其公开密钥的合法性，又称为数字 ID。数字证书由一对密钥及用户信息等数据共同组成，并写入一定的存储介质内，确保用户信息不被非法读取及篡改。

4. PKI 加密/签名原理

(1) PKI 加密密钥对的使用原理

发送方欲将加密数据发送给接收方，首先要获取接收方的公开的公钥，并用此公钥加密要发送的数据，即可发送；接收方在收到数据后，只需使用自己的私钥即可将数据解密。此过程中，假如发送的数据被非法截获，由于私钥并未上网传输，非法用户将无法将数据解密，更无法对文件做任何修改，从而确保了文件的机密性和完整性。

(2) PKI 签名密钥对的使用原理

此过程与加密过程相对应。接收方收到数据后，使用私钥对其签名并通过网络传输给发送方，发送方用公钥解开签名，由于私钥具有唯一性，可证实此签名信息确实由接收方发出。此过程中，任何人都没有私钥，因此无法伪造接收方的签名或对其作任何形式的篡改，从而达到数据真实性和不可抵赖性的要求。

5. PKI 的信任模型

选择信任模型(Trust Model)是构筑和运作 PKI 所必需的一个环节。选择正确的信任模型以及与它相应的安全级别是非常重要的，同时也是部署 PKI 所要做的较早的和基本的决策之一。信任模型主要阐述了以下几个问题：

① 一个 PKI 用户能够信任的证书是怎样被确定的？

② 这种信任是怎样被建立的？

③ 在一定的环境下，这种信任如何被控制？

为了进一步说明信任模型，首先需要阐明信任的概念。每个人对术语“信任(Trust)”的理解并不完全相同，在 ITU-T 推荐标准 X. 509 规范(X. 509, Section 3. 3. 23)中给出的定义为：当实体 A 假定实体 B 严格地按 A 所期望的那样行动，则 A 信任 B。从这个定义可以看出，信任涉及假设、期望和行为，这意味着信任是不可能被定量测量的，信任是与风险相联系的，并且信任的建立不可能总是全自动的。在 PKI 中，可以把这个定义具体化为：如果一个用户假定 CA 可以把任一公钥绑定到某个实体上，则他信任该 CA。

本节将介绍目前常用的四种信任模型：认证机构的严格层次结构模型(Strict Hierarchy of Certification Authorities Model)、分布式信任结构模型(Distributed Trust Architecture

Model)、Web 模型(Web Model)和以用户为中心的信任模型(User-Centric Trust Model)。

(1) 认证机构的严格层次结构模型

认证机构(CA)的严格层次结构可以被描绘为一棵倒立的树,根在顶上,树枝向下伸展,树叶在下面。在这棵倒立的树上,根代表一个对整个 PKI 系统的所有实体都有特别意义的 CA——通常叫做根 CA,它充当信任的根或"信任锚"——也就是认证的起点或终点。在根 CA 的下面是零层或多层中介 CA,也被称作子 CA,因为它们从属于根 CA。子 CA 用中间节点表示,从中间节点再伸出分支。与非 CA 的 PKI 实体相对应的树叶通常被称作终端实体或终端用户。在这个模型中,层次结构中的所有实体都信任唯一的根 CA。这个层次结构按如下规则建立:根 CA 认证直接连接在它下面的 CA;每个 CA 都认证零个或多个直接连接在它下面的 CA;倒数第二层的 CA 认证终端实体。

在认证机构的严格层次结构中,每个实体(包括中介 CA 和终端实体)都必须拥有根 CA 的公钥,该公钥的安装是在这个模型中为随后进行的所有通信进行证书处理的基础。因此,它必须通过一种安全的方式来完成。例如,一个实体可以通过物理途径(如信件或电话)来取得这个密钥;也可以选择通过电子方式取得该密钥,然后再通过其他机制来确认它,如将密钥的散列值用信件发送、公布在报纸上或者通过电话告知。

值得注意的是,在一个多层的严格层次结构中,终端实体直接被其上层的 CA 认证,但是它们的信任锚是另一个不同的 CA。如果是没有子 CA 的浅层次结构,则对所有终端实体来说,根 CA 和证书颁发者是相同的。这种层次结构被称作可信颁发者层次结构。

例如,一个持有根 CA 公钥的终端实体 A 可以通过下述方法检验另一个终端实体 B 的证书:假设 B 的证书是由 CA2 签发的,而 CA2 的证书是由 CA1 签发的,CA1 的证书又是由根 CA 签发的。A(拥有根 CA 的公钥 Kr)能够验证 CA1 的公钥片 K1,因此它可以提取出可信的 CA 的公钥。然后,这个公钥可以被用作验证 CA2 的公钥,类似地就可以得到 CA2 的可信公钥 K2。公钥 K2 能够被用来验证 B 的证书,从而得到 B 的可信公钥 KB。A 现在就可以根据密钥的类型来使用密钥 KB,可用来对发给 B 的消息加密或者用来验证据称是 B 的数字签名,从而实现 A 和 B 之间的安全通信。

(2) 分布式信任结构模型

与在 PKI 系统中的所有实体都信任唯一一个 CA 的严格层次结构相反,分布式信任结构把信任分散在两个或多个 CA 上。也就是说,A 把 CA1 作为它的信任锚,而 B 可以把 CA2 作为它的信任锚。因为这些 CA 都作为信任锚,因此相应的 CA 必须是整个 PKI 系统的一个子集所构成的严格层次结构的根 CA(CA1 是包括 A 在内的严格层次结构的根,CA2 是包括 B 在内的严格层次结构的根)。

如果这些严格层次结构都是可信颁发者层次结构,那么该总体结构被称作完全同位体结构,因为所有的 CA 实际上都是相互独立的同位体(在这个结构中没有子 CA)。另一方面,如果所有的严格层次结构都是多层结构,那么最终的结构就被叫做满树结构(注意,根 CA 之间是同位体,但是每个根又是一个或多个子 CA 的上级)。混合结构也是可能的(具有若干个可信颁发者层次结构和若干个多层树形结构)。一般说来,完全同位体结构部署在某个组织内部,而满树结构和混合结构则是在原来相互独立的 PKI 系统之间进行互联的结果。尽管"PKI 网络"一词用得越来越多(特别是对满树结构和混合结构),但是对等根 CA 的互联过程通常被称为"交叉认证"。

(3) Web模型

Web模型是在环球网WWW上诞生的，而且依赖于流行的浏览器，如Netscape公司的Navigator和Microsoft公司的Internet Explorer。在这种模型中，许多CA的公钥被预装在标准的浏览器上。这些公钥确定了一组浏览器用户最初信任的CA。尽管这组根密钥可以被用户修改，然而几乎没有普通用户对于PKI和安全问题能精通到可以进行这种修改的程度。

这种模型初看似乎与分布式信任结构模型相似，但从根本上讲，它更类似于认证机构的严格层次结构模型。因为在实际上，浏览器厂商起到了根CA的作用，而与被嵌入的密钥相对应的CA就是它所认证的CA，当然这种认证并不是通过颁发证书实现的，而只是物理地把CA的密钥嵌入浏览器。

Web模型在方便性和简单互操作性方面有明显的优势，但是也存在许多安全隐患。例如，因为浏览器的用户自动地信任预安装的所有公钥，所以如果这些根CA中有一个是“坏的”，安全性将被完全破坏。A将相信任何声称是B的证书都是B的合法证书，即使它实际上只是由其公钥嵌入浏览器中的CAbad签署的挂在B名下的C的公钥。所以，A就可能无意间向C透露机密或接受C伪造的数字签名。这种假冒能够成功的原因是，A一般不知道收到的证书是由哪一个根密钥验证的。在嵌入到其浏览器中的多个根密钥中，A可能只认可所给出的一些CA，但并不了解其他CA。然而在Web模型中，A的软件平等而无任何疑问地信任这些CA，并接受它们中任何一个签署的证书。

当然，在其他信任模型中也可能出现类似情况。例如，在分布式信任结构模型中，A或许不能认可一个特定的CA，但是其软件在相关的交叉认证是有效的情况下，却会信任该CA所签署的证书。在分布式信任结构中，A在PKI安全方面明确地相信其局部CA“做正确的事”，例如，与可信的其他CA进行交叉认证等。而在Web模型中，A通常是因为与安全无关的原因而取得浏览器的，因此，从它的安全观点来看，没有任何理由相信这个浏览器是在信任“正确的”CA。

另外一个潜在的安全隐患是没有实用的机制来撤销嵌入到浏览器中的根密钥。如果发现一个根密钥是“坏的”，或者与根的公钥相应的私钥被泄密了，要使全世界数百万个浏览器都自动地废止该密钥的使用是不可能的，这是因为无法保证通报的报文能到达所有的浏览器，而且即使报文到达了浏览器，浏览器也没有处理该报文的功能。因此，从浏览器中去除坏密钥需要全世界的每个用户都同时采取明确的动作，否则，一些用户将是安全的而其他用户仍处于危险之中。但是，这样一个全世界范围内的同时动作几乎是不可能实现的。

最后，该模型还缺少有效的方法在CA和用户之间建立合法协议，该协议的目的是使CA和用户共同承担责任。因为，浏览器可以自由地从不同站点下载，也可以预装在操作系统中；CA不知道它的用户是谁，并且一般用户对PKI也缺乏足够的了解，因此不会主动与CA直接接触。这样，所有的责任最终或许都会由用户承担。

(4) 以用户为中心的信任模型

在以用户为中心的信任模型中，每个用户自己决定信任哪些证书。通常，用户的最初信任对象包括用户的朋友、家人或同事，但是否信任某证书则被许多因素所左右。

著名的安全软件PGP最能说明以用户为中心的信任模型。在PGP中，一个用户通过担当CA(签署其他实体的公钥)并使其公钥被其他人所认证来建立或参加所谓的“信任网”。例如，当A收到一个据称属于B的证书时，它将发现这个证书是由它不认识的D签署的，但是D的证书是由它认识并且信任的C签署的。在这种情况下，A可以决定信任B的密钥，即信任从C到D再到B的密钥链，也可以决定不信任B的密钥，即认为“未知的”B与“已知的”C之间的“距离太远”。

由于要依赖于用户自身的行为和决策能力，因此以用户为中心的模型在技术水平较高和利害关系高度一致的群体中是可行的，但是在一般的群体中是不现实的，因为它的许多用户有基本或完全没有安全及PKI的概念。而且，这种模型一般不适合用在贸易、金融或政府环境中，因为在这些环境下，通常希望或需要对用户的信任实行某种控制，显然这样的信任策略在以用户为中心的模型中是不可能实现的。

5.3　网上支付方式

基于电子货币的分类基础和常见的电子支付类别，发展中的以Internet为主要运作平台的网上支付方式也有多种分类标准，而且随着电子商务的发展与技术的进步，更多更新的网上支付工具被不断地研发出来并且投入应用，又会产生新的分类。

通过对目前国内外正在使用与实验中的网上支付方式的调研与分析，本书主要叙述如下电子商务网上支付方式的三种分类。

5.3.1　按开展电子商务的实体性质分类

电子商务的主流分类方式就是按照开展电子商务的实体性质分类的，即分为B2B、B2C、C2C、B2G、G2G、C2G等类型的电子商务。目前，客户在进行电子商务交易时通常会按照开展的电子商务类型的不同，选择使用不同的网上支付与结算方式。正如企业在进行传统商务时，对一般小金额的消费直接就用信用卡与现金进行支付，以图方便；而购买像计算机、数字摄像机、汽车等贵重设备时，由于涉及较大金额付款，常用支票结算，而大批量订货时就用银行电子汇票。

考虑到这些不同类型的电子商务实体的实力、商务的资金流通量大小、一般支付结算习惯等因素，可以按开展电子商务的实体性质把当前的网上支付方式分为B2C型网上支付方式和B2B型网上支付方式两类。这也是目前较为主流的网上支付结算分类方式。就是说，个体消费者有自己习惯的支付方式，而企业与政府单位也有适合的网上支付方式。

1. B2C型网上支付方式

这是企业与个人、政府部门与个人、个人与个人进行网络交易时采用的网上支付方式，比如电子货币中介绍的信用卡网上支付、IC卡网上支付、电子现金支付、电子钱包支付以及最新的个人网络银行支付等。这些方式的特点就是适用于不是很大金额的网络交易支付结算，应用起来较为方便灵活，实施也较为简单，风险也不大。

2. B2B型网上支付方式

这是企业与企业、企业与政府部门进行网络交易时采用的网上支付方式，比如电子货币中介绍的电子支票网上支付、电子汇兑系统、国际电子支付系统SWIFT与CHIPS、中国国家现代化支付系统CNAPS、金融EDI以及最新的企业网络银行服务等。这种支付方式的特点就是适用于较大金额的网络交易支付结算。

本书把一些基于专用金融通信网络平台的电子支付结算方式，如电子汇兑系统、SWIFT与CHIPS、CNAPS、金融EDI等，都归结为B2B型网上支付方式，主要有如下三个原因：

(1) 因为它们的确可为B2B类电子商务进行支付结算，只不过现在是交易事务(在Internet平台进行)与支付结算事务(在金融专用网进行)发生了分离。

(2) 银行金融专用网本来也是大众化的Internet支付平台的一部分，随着新一代Internet如IPv6的使用，银行金融专用网、EDI网与Internet有融合的趋势。

(3) 银行等金融机构基于企业与企业、企业与政府部门之间电子商务的快速拓展，正在逐渐改进这些传统的企业间电子支付方式，以支持基于Internet平台的电子商务的支付与结算。值得欣慰的是，最新的网络银行服务包括转账、理财、股票、缴费和收费等业务的开展，正逐渐融合电子汇兑、金融EDI、国际电子支付等EFT业务于Internet平台上。

上述B2C型网上支付方式和B2B型网上支付方式之间的界限也是模糊的，并不绝对。比如，信用卡虽多用于个人网上支付，但用于企业间的小额支付结算也可以，西方国家电子支票也可用于个人之间、个人与企业间的支付结算。

5.3.2　按支付数据流的内容性质分类

从电子货币的特征可知，进行网上支付时，用电子支票与用电子现金支付时在网络平台上传输的数据流的内容性质是有区别的，正如用纸质现金支付与用纸质支票支付传递的信息性质不同一样，收到100万元的纸质现金给人的感觉是收到了真的100万元"金钱"，而收到100万元纸质支票只是收到了可以得到100万元"金钱"的指令一样。

因此，根据电子商务流程中用于网上支付结算的支付数据流内容性质的不同，即传递的是指令还是具有一般等价物性质的电子货币本身，可将网上支付方式分为如下两类。

1. 指令传递型网上支付方式

支付指令是指启动支付与结算的口头或书面命令，网上支付的支付指令是指启动支付与结算的电子化命令，即一串指令数据流。支付指令的用户从不真正地拥有货币，而是由他指示银行等金融中介机构替他转拨货币，完成转账业务。指令传递型网上支付系统是现有电子支付基础设施和手段(如ACH系统和信用卡支付等)的改进和加强。

指令传递型网上支付方式主要有银行网络转拨指令方式(EFT、CHIPS与SWIFT、电子支票、网络银行和金融电子数据交换FEDI等)和信用卡支付方式等。其中，FEDI是一种以标准化的格式在银行与银行计算机之间，银行与银行的企业客户计算机之间交换金融信息的方式。因此，FEDI可以较好地应用在B2B电子商务交易的支付结算中。

2. 电子现金传递型网上支付方式

电子现金传递型网上支付是指客户进行网上支付时在网络平台上传递的是具有等价物性质的电子货币本身，即电子现金的支付结算机制。其主要原理是，用户可从银行账户中提取一定数量的电子现金，且把电子资金保存在一张卡(比如智能卡)或者用户计算机中的某部分(如一台PC或个人数字助理PDA的电子钱包)。这时，消费者拥有真正的电子"货币"，他就能在Internet上直接把这些电子现金按相应支付数额转拨给另一方，如消费者、银行或供应商。

可将这样的网上支付方式再划分为两类：一类是依靠智能卡或电子钱包提供安全和其

他特征的系统，以及严格基于软件的电子现金系统；一类是对款额特别小的电子商务交易（如用户浏览一个收费网页），需要一种特殊的成本很低的网上支付策略，这就是所谓的微支付方式。

目前的电子零钱系统是实现微支付的方式之一，如 Millicent 钱包用的是能够在 Web 上使用的一种叫做 Script 的电子令牌或电子零钱。Script 可被安全地保存在用户的 PC 硬盘上，且用口令对其保护，可像电子现金一样实现在线的灵活支付。

5.3.3 按网上支付金额的规模分类

电子商务由于基于 Internet 平台进行，运作成本较低，对大中小型企业、政府机构以及个体消费者均比较适用。不同规模的企业及个体消费者的消费能力、网络上商品与服务的价格也是不同的，大到有几十万元的汽车，小到几角钱的一条短消息服务，因此同一个商务实体针对这些不同规模的资金支付，也可能采用不同的支付结算方式。

根据电子商务中进行网上支付金额的规模大小来划分，可以将网上支付方式分为如下三类方式。

1. 微支付

微支付是指那些款额特别小的电子商务交易。按美国标准发生的支付金额一般在 5 美元以下，中国相应为 5 元人民币以下，如浏览一个收费网页、在线收听一首歌曲、上网发送一条手机短信息等，英国一些网络企业正在应用的电子零钱支付方式就属于这种微支付。由于 Internet 的快速普及，这类小额的资金支付还经常发生。因此，企业与银行业发展一个良好的微支付体系将大大有利于数目众多的小额网络服务的开展，特别是在普通大众中进行电子商务业务的推广。

2. 消费者级网上支付

消费者级网上支付是指满足个体消费者和商业（包括企业）或政府部门在经济交往中的一般性支付需要的网上支付服务系统，亦称小额零售支付系统。这种网上支付方式，按美国标准发生的支付金额一般在 5～1 000 美元之间的网络业务支付，中国相应为 5～1 000 元人民币。由于金额不大不小的一般性网上支付业务在日常事务中是最多的，一般占全社会总支付业务数量的 80%～90%左右。所以，这类系统必须具有极大的处理能力，才能支持经济社会中发生的大量支付交易。例如，去买一本书、买一束鲜花、下载一个收费软件及企业批发一些办公用品等，因此支持这种档次消费的网上支付工具也发展得最成熟与最普及，常用的有信用卡、电子现金、小额电子支票、个人网络银行账号等。

3. 商业级网上支付

商业级网上支付是指满足一般商业（包括企业）部门之间的电子商务业务支付需要的网上支付服务系统，亦称中大额资金转账系统。这种网上支付方式，按美国标准发生的支付金额一般在 1 000 美元以上，中国相应为 1 000 元人民币以上的网上支付。中大额度资金转账系统，虽然发生次数远远不如一般的消费者级支付，但其支付结算的金额规模占整个社会支付金额总和的 80%以上，因此是一个国家网上支付系统的主动脉。

一般说来，跨银行间、银行与企业间、企业与企业间、证券公司与银行间等发生的支付，金额较大，安全可靠性要求高，这些支付属于中大额支付系统处理的业务。常见的商业级网上支付方式主要有金融 EDI（FEDI）、电子汇兑系统、电子支票、CNAPS 和企业网络银行服务等。

5.4 网上支付系统

20 世纪 90 年代以来，电子商务活动蓬勃发展，各种形式的网上支付成为在 Internet 上开展电子商务活动和商品交换的中间手段和重要工具。许多国家在推广使用基于传统金融网的电子支付的同时，开始建设网络货币支付系统。按照所依赖的支付工具的不同，即根据不同的网络货币类型，可以把这些网上支付系统划分成三种基本类型：电子现金网上支付系统、电子信用卡网上支付系统和电子支票网上支付系统。

5.4.1 电子现金网上支付系统

电子现金又称数字现金，是纸币现金的数字化。广义的电子现金是指那些以数字(电子)的形式储存的货币价值，它可以直接用于电子购物。按照这种定义，磁卡、智能卡、电子支票、电子钱包等都属于这个范畴。在这里我们主要介绍狭义的电子现金。狭义的电子现金通常是指一种以数字(电子)形式储存并流通的货币，它通过把用户银行账户中的资金转换成为一系列的加密序列数，通过这些序列数来表示现实中各种金额的市值，用户以这些加密的序列数就可以在 Internet 上允许接受电子现金的商店购物了。目前，电子现金支付已经有几种典型的实用系统开始使用，如 NetCash、E-cash、CyberCoin 和 MicroPayments 等。

电子现金的支付方式根据系统的不同而处理方式也有所不同，以电子现金 E-cash 为例，在实现支付时，首先，客户需要通过电子钱包软件“生产”出所需要的电子现金 E-cash 后储存在其电子钱包中。其次，客户浏览能够接收电子现金 E-cash 的商户的站点，确定欲购物品的种类、数量及价格等，通过商户的站点递交一份购物表格，商家收到订单后，即向客户电子钱包发送支付请求，请求内容包括订单金额、可用币种、当前时间、商户银行、商户的银行账户 ID 及订单描述等。随后电子钱包将上述信息呈现给客户，请求是否付款。客户若同意付款，则将从电子钱包中取出与请求金额值相等的电子现金，用银行的公用密钥加密后发送交易金额给商户，商户将接收的电子现金传送给银行存入自己的账户(在先送往商户、后送给银行的支付信息中包含有关支付和加密的电子现金的信息)。最后，商户在收到有效支付后，给用户发送所购商品或收据，整个支付过程即告完成。

5.4.2 电子信用卡网上支付系统

电子信用卡简单地说就是把以往传统的信用卡的功能在 Internet 上延伸，通过各种支持信用卡网上结算的协议而实现客户所要求的支付结算。这种类型的电子货币在网上使用比较早、应用较为成熟，是目前 Internet 网上支付工具中使用积极性最高、发展速度最快的一种。主要有实时处理和非实时处理两种模式。实时处理的电子信用卡主要依赖 SET 协议或 SSL 协议，如招商银行的“一网通”、CyberCash 等；非实时处理的电子信用卡主要通过 E-mail 的方式将客户的信用卡信息传送给发卡授权机构，如 First Virtual Holding。

电子信用卡的支付方法根据所采用的支付协议的不同，其支付流程也有所不同。

(1) 基于 SSL 协议的网上支付方法

基于 SSL 协议进行网上支付时，首先，客户到网上商店选中商品后向交易商发出购买信息(含客户资料);其次,交易商把信息转发给银行,银行验证客户信息合法性后,从客户账户中扣款;随后,银行通知交易商付款成功,交易商通知客户交易成功并发货。在这种模式中,通常由于客户的信息经交易商转发,使客户资料的安全性得不到保障。

(2) 基于 SET 协议的网上支付流程

基于 SET 协议进行网上支付时,首先,客户向商户发出购买信息(交易商只可读订货信息,支付信息被加密屏蔽);其次,交易商向收单行转发支付信息;随后,收单行通知发卡行扣款,发卡行冻结客户购货资金,发卡行通知收单行已扣款;最后,收单行通知交易商付款成功,商户通知客户交易成功并发货。

5.4.3　电子支票网上支付系统

广义的电子支票是指纸质支票的电子替代物,是客户向收款人签发的、无条件的数字化支付指令,它往往通过金融网传递支票信息,加快支票解付速度,缩短资金的在途时间,降低成本,提高效益。狭义的电子支票是指基于 Internet 的用于发出支付和处理支付的网上服务工具。这里我们主要讨论的是狭义的电子支票。目前,典型的电子支票系统有 FSTC 的电子支票系统、BIPS、E-check、NetBill 和 NetCheque 等。

电子支票的支付流程不是单一的,它和所要应用的电子支票系统密切相关。现以由美国卡内基·梅隆大学开发出的 NetBill 电子支票为例,介绍其网上支付流程。

NetBill 是一个由卡内基·梅隆大学(现加州大学伯克利分校)的 J. D. Tygar 教授的研究组与梅隆银行(Mellon Bank)、Visa International 和 CyberCash 联合研究的项目。NetBill 是一个第三方的支付服务协议软件,它能提供认证、账户管理、交易处理和网络客户的报告服务等,用户能够通过一个 NetBill 账户和客户软件购买网上信息、软件等,或在它的多样化的支付计划下,从 NetBill 授权的服务提供者那里购买到所需要的服务。这个协议软件已经实施了一个试验系统,当前在卡内基·梅隆大学做 a 测试,测试系统的详细内容可以访问 http://www.netbill.com。目前,该协议已获得 CyberCash 的商业用途许可,CyberCash 的 CyberCoin 协议也使用 NetBill 的方法。

NetBill 是一个可靠、安全、经济的支付方式,通过它能够从 Internet 上购买商品和服务。NetBill 的使用非常方便,消费者可以用一个 NetBill 账户去购买商品,该账户是信用卡预存资金账户,消费者在购买商品时只要简单地选择他们想要购买的商品,其余的事情由 NetBill 通过一个叫做“货币工具”的软件来处理。

当消费者要通过 NetBill 实现网上支付时,首先必须启动货币工具(NetBill 软件),在交易商的网页上双击货币工具图像,键入消费者的个人识别号 ID 和密码,这时,商品以加密的形式传送到消费者的机器上,显示商品交易记录,货币工具为消费者解密并显示储存在他的 NetBill 商品目录上的以往商品交易记录(作为缺省项保留,缺省项可以修改,解密后的商品被储存在一个临时目录下),消费者可以直接从中选择所需要的商品,也可以另外选择商品;其次,选择商品并确定需要支付,货币工具将显示一个窗口,要求证实消费者的购物请求,消费者选择“购买”以证实其交易,保存商品交易记录,否则删除商品,货币工具列出交易日志,只要有加密的商品,并从交易菜单中选择“打开”就可以重显交易日志中的商品;然后,客户端的货币工具发送接收证实,货币从消费者信用卡预存资金账户中借记,商品自动显示给消费者。

货币工具在消费者的客户端是一个使 NetBill 和客户的浏览器之间实现通信的程序,它能保存消费者的NetBill账户资料，显示一个消费者的交易记录、期内平衡信息和账户平衡信息等，安全地处理交易、修改密码、检查交易状态，允许客户重显已经购买的商品，以解密的形式保存商品；货币工具在交易商的服务器端是一个使NetBill和交易商的服务器之间实现通信的软件，它处理所有的加密，保存消费者的交易记录。

通过Internet网络购买商品时需要做两个转移，一个转移是商品从交易商转移到消费者手中，另一个转移是资金从消费者账户转移到交易商账户。消费者能够发出命令通过网络转移资金，但是一般自然的商品无法实现网上递送；而信息商品有它的特殊性，无论是资金还是商品都能通过网络实现转移。NetBill就能够为这些特殊的商品实现及时的资金、商品、服务的传送，这在电子商务的发展中是比较有益的。

5.5 金融安全认证

在传统商务与电子商务中，均存在对贸易伙伴身份的确定与认证问题。只有清楚贸易伙伴的真实身份，商务才有进一步开展的基础。特别是在电子商务中，由于网络上是非面对面的交易，那么验证贸易对方的身份就显得十分必要。比如在网上支付中对收款人或付款人身份的认证，若客户把钱付给了一个假冒的工商银行，自己还不知道被骗了，就会带来损失。如何在Internet上识别对方身份，是电子商务交易中重要的一环，更是网上支付安全开展的首要问题。

5.5.1 数字证书

1. 数字证书的定义与工作原理

传统的个人身份证明一般通过检验"物理物品"的有效性来确认持有者的身份。这类"物理物品"可以是身份证、护照、工作证、信用卡、驾驶执照、徽章等，其上往往含有与个人真实身份相关的易于识别的照片、指纹、视网膜影像等，并且具有权威机构(如公安机关)等发证机构的盖章。对于企业的身份，如在我国，则有工商局颁发的营业证书及印章等，只有通过工商局认定的企业才是合法经营者。

在电子商务中，网络业务是面向全球的，要求验证的对象数量以及区域范围也非常之大，因而增加了商务参与者身份验证的复杂性和实现的困难性。比如，在网络通信双方使用公开密钥加密之前，须先确认得到的公开密钥确实是对方的，也就是有一个身份确认的问题。最好的办法是双方面对面交换公开密钥，但这在实际中是不可行的，就像在前面的例子中，一个商家不可能和几百万个消费者都面对面地交换公开密钥。

为能确认双方的身份，必须由网络上双方都信任的第三方机构(这个机构就是后面所述的数字证书认证中心CA)发行的一个特殊证书来认证。在电子商务中，通常是把传统的身份证书改成数字信息形式，由双方都信任的第三方机构发行和管理，以方便在网络社会上的传递与使用，进行身份认证，这就是数字证书。

所谓数字证书，英文为Digital Certification，是指利用电子信息技术手段，确认、鉴定、认证Internet上信息交流参与者的身份或服务器的身份，是一个担保个人、计算机系统或者组织(企业或政府部门)的身份，并且发布加密算法类别、公开密钥及其所有权的电子文档。

可以说，数字证书是模拟传统证书(如个人身份证、企业营业证书等)的特殊数字信息文档。客户的数字证书可以证实该客户拥有一个特别的公钥，服务器证书则证实某个特定的公钥属于这个服务器。

数字证书的工作原理，就是信息接收方在网上收到发送方发来的业务信息的同时，还收到发送方的数字证书，这时通过对其数字证书的验证，可以确认发送方的真实身份。在发送方与接收方交换数字证书的同时，双方得到对方的公开密钥。由于公开密钥是包含在数字证书中的，且借助证书上数字摘要（缩略图）的验证，确信收到的公开密钥肯定是对方的。通过这个公开密钥，双方就可完成数据传送中的加/解密工作。

数字证书由发证机构——数字证书认证中心（CA）发行。该机构负责在发行数字证书之前，证实个人或组织的身份和密钥所有权。一般情况下，证书要由社会上公认的公正的第三方的可靠组织发行。如果它签发的证书造成不恰当的信任关系，该组织就要承担责任。

在网上支付结算中，必须认证结算各方的真实身份以及行为，否则会直接带来经济上的损失，因此数字证书在其中起着关键的作用。

2. 数字证书的内容

数字证书的具体内容与格式遵循国际流行的 ITU-Trec. X. 509 标准，其内容主要由基本数据信息和发行数据证书的 CA 签名与签名算法两部分组成。

(1) 数字证书的基本数据信息

① 版本信息（Version）。用来区分 X. 509 证书格式的版本。

② 证书序列号（Serial Number）。每个由 CA 发行的数字证书必须有一个唯一的序列号，用于识别该证书。

③ CA 使用的签名算法（Algorithm Identifier）。CA 的数字摘要与公开密钥加密体制算法。

④ 证书颁发者信息（Issuer Unique Identifier）。发此证书者的 CA 信息。

⑤ 有效使用期限（Period of Validity）。本证书的有效期，包括起始、结束日期。

⑥ 证书主题或使用者（Subject）。证书与公钥的使用者的相关信息。

⑦ 公钥信息（Public Key Information）。公开密钥加密体制的算法名称、公钥的字符串表示（只适用于 RSA 加密体制）。

⑧ 其他额外的特别扩展信息。如增强型密钥用法信息、CRL 分发点信息等。

(2) 发行数字证书的 CA 签名与签名算法

数字证书的内容还包括发行证书的 CA 机构的数字签名和用来生成数字签名的签名算法，即缩略图算法部分、缩略图。应用这个缩略图算法与缩略图数据，任何人收到这份数字证书后都能使用签名算法，验证数字证书是否是由该 CA 的签名密钥签署的，以保证证书的真实性与内容的真实性。

3. 与网上支付相关的数字证书

数字证书颁发机构（如认证中心 CA）在检验确认申请用户的身份后，向用户（政府部门、企业、个人等）颁发数字证书，数字证书中包括上述用户基本数据信息，以及用户的公开密钥等重要信息，并由 CA 进行数字签名，以保证是真实的。

目前网络上各种业务活动很多，数字证书几乎应用在所有的网上业务领域。这与网络业务与生活越来越普及、越来越被人们所接受相关，而数字证书是保证这些网络业务可以安全可靠进行的重要手段。例如，安全电子交易协议、电子邮件安全协议都是以数字证书为技术基础的。

在电子商务网上支付结算中，数字证书在保证网上支付安全中是不可缺少和不可替代的。像信用卡、电子支票、网络银行等这些网上支付方式的应用安全都需要数字证书的参与。下面简单介绍四种数字证书。

(1) 个人证书(客户证书)

个人证书即客户证书，它主要证实客户(如一个使用IE浏览器进行支付的客户)的身份和密钥所有权。在网上支付时，服务器可能在建立SSL连接时，要求客户证书证实客户身份。为了取得客户证书，用户可向某个CA中心申请，CA经过审查后决定是否向客户颁发客户证书。例如，工商银行直接向自己的网络银行客户颁发客户证书，其证书中包含客户的身份信息、公开密钥及工商银行的签名，并可以存储在软盘、硬盘、IC卡、U盘中。

(2) 服务器证书

服务器证书即网络站点证书，它主要证实银行或商家业务服务器的身份和公开密钥。例如，网络银行服务器在与客户建立SSL连接时，服务器就将它的证书传送给客户。当客户收到证书后，客户检查证书是由哪家CA中心发行的，这家CA是否被客户所信任。如果客户不信任这家CA，浏览器提示用户接受或拒绝这个证书。

在IE浏览器里，客户可以设置总是接受某个站点的证书，如你的开户网络银行的证书。这样，该站点的证书被存放在客户计算机的数据库里，客户可以随时查看这些证书。

(3) 支付网关证书

如果在网上支付时利用第三方的支付网关，那么这个第三方要为支付网关申请一个数字证书，以证实自己的身份。如在SET协议机制中，必须有支付网关的证书。

(4) 认证中心CA证书

发行数字证书的认证中心CA是安全网上支付的核心，如果它不可靠，那问题就严重了。所以，认证中心CA一样需要拥有自己的数字证书，证实其CA的真实身份。在IE浏览器里，用户可以看到浏览器所接受的CA证书，也可选择是否信任这些证书。在服务器端，管理员可以看到服务器所接受的CA证书，也可选择是否信任这些证书。

4. 数字证书的使用与有效性

严格来讲，只有下列三个条件都为真实时，数字证书才是有效的。

(1) 证书没有过期。所有的证书都有期限，可用检查证书的期限来决定证书是否有效。

(2) 密钥没有被修改。如果密钥被修改，就不应该继续使用，密钥对应的证书应被视为无效。这可通过证书上的缩略图及其算法检验。

(3) 有可信任的相应的颁发机构CA及时管理与回收无效证书，并且发行无效证书清单。

有效的数字证书在使用前都要有认证的过程，即当颁发的数字证书传送给某人或某站点时，数字证书颁发机构将上面的相关内容信息用自己的私人密钥加密，以使接收者能用证书里的公钥证实颁发机构的真实身份，判断证书的有效性。

数字证书通常需要写入一定的存储介质内，确保用户信息不被非法读取及篡改，如安全性较强的IC卡等。现在商业银行的网络银行服务，如招商银行的企业网络银行以及个人网络银行专业版的数字证书就采用了IC卡方式，它需要配置专门的读卡设备，并且另设密码控制，因而是相当安全的。

目前，由于数字证书采用高精尖的加密技术，因此非常安全。截至2008年底，国内外银行、网络银行（包括电子商务），还没有一例由于数字证书被攻破而让不法分子得逞的案例发生。

5.5.2 认证中心（CA）

1. CA的定义

在传统商务中，用来认证商家或客户身份的认证证书大多是被认为公正的第三方机构（如政府部门）颁发的。为了保证传统商务中每个商务实体的合法性，做到有证可循，中国国家工商行政管理总局作为一个政府组织部门，是商务的第三方并且是公正的，它发行并且管理着营业证书。而作为电子商务平台的Internet上是没有“政府”的，那该由谁来管理并认证、规范Internet上的电子商务参与者的行为呢？这就需要在网上建立一个类似中国国家工商行政管理总局职能的第三方公正的认证中心机构，负责颁发数字证书和检验网上商家身份真实的工作。这个就是网上认证中心。

所谓认证中心，也称数字证书认证中心，英文为Certification Authority，简称CA，是基于Internet平台建立的一个公正的、有权威性的、独立的（第三方的）和广受信赖的组织机构，主要负责数字证书的发行、管理以及认证服务，以保证网上业务安全可靠地进行。

一个完整安全的电子商务活动，如在网上支付结算中，必须要有CA的参与，这在网上支付体系构成中有所阐述。为了促进网上支付结算的发展，在社会上必须建立具有绝对权威性的认证中心CA，由电子商务的参与各方（客户、商家、银行、政府机构等）实体上网注册，加入已有的认证中心，如此，认证中心就能确保所有网上支付与结算过程以及各方的安全性，从而开展安全的网上支付。

2. CA的技术基础

CA的角色是重要的，但并不是任何一个组织想建立就能建立起来的。除了上述的第三方要求并且保持公正、具备良好信誉之外，关键是CA的建立与运作需要强大的技术支撑，因为它涉及许多先进的密码技术。比如，CA提供的公开密钥与数字摘要机制等必须是先进的，密钥的位数必须达到一定长度，以保证CA及其发行的证书的安全可靠，并且在服务质量与认证速度、管理机制上均需达到很高的水平。几年来，我国还没有建立起这样高水平的跨区域的认证中心，这也是阻碍中国电子商务以及网上支付大规模普及发展的一个重要原因。虽然近些年各个地方建立了一些CA，但规模均较小。且不说技术与服务水平如何，甚至连开展的区域都是局域性的或行业性的，没有得社会的普遍信赖。

CA的技术基础是PKI体系。PKI就是利用公钥理论和技术建立的提供网络安全服务的基础设施。PKI技术是信息安全技术的核心，也是电子商务交易与网上支付的关键和基础技术。PKI的基础技术包括加密、数字签名、数字摘要、数字信封、双重数字签名等。一个完整的PKI系统的基本构成包括权威的认证中心CA、数字证书库、密钥备份及恢复系统、证书作废系统、应用接口（API）等。

其中，CA作为数字证书的签发与管理机构，公开密钥的承载者，是PKI的核心部分。构建密码服务系统的核心内容是如何实现密钥管理。公钥体制涉及一对密钥，私人密钥只由用户独立掌握，无需在网上传输；而公开密钥则是公开的，需要在网上传送。故公钥体制的密钥管理主要是针对公钥的管理问题，目前较好的解决方案是数字证书这种密钥管理媒介。

PKI的详细内容既可在“电子商务安全”相关教材中学习，也可在相关密码技术的专业书籍中查看，这是开发一个安全网上支付体系的基础。

CA认证数字证书采用一种树形验证结构。在双方通信时，通过出示由某个CA签发的证书证明自己的身份。如果对签发证书的CA本身不信任，则可验证CA的真实身份，依此类推，一直到公认的权威CA处，才可确信证书的有效性。SET安全交易协议中商务各方的数字证书正是通过这种信任层次逐级验证的。每个证书均与数字化签发证书的实体签名证书相关联。沿着信任树直到一个公认的信任组织，就可确认该证书是有效的。例如，C的证书是由名称为B的CA签发的，而B的证书又由名称为A的CA签发的，A是权威的机构，通常称为Root CA。验证到了Root CA处，就可确信C的证书是合法的。

3. CA的功能

CA在整个公钥加密体制以及安全的网上支付过程中的地位是至关重要的。其主要功能可以表述为如下八个方面。

(1) 生成密钥对及CA证书

CA要向交易各方颁发证书，必须生成公钥体系中自己的密钥对，并对私钥进行有效的保护，以利于签名的使用。作为自成体系的、封闭的CA系统，CA必须生成自己的根密钥对，且在此基础上生成根证书，就可以为各级CA以及客户生成证书，保证证书持有者有不同的密钥对。

已经建立的或正在建立的CA系统，很多都是自成体系的，这样的CA系统不仅做根CA，还做品牌CA、持卡人CA、商家CA和网关CA。网上交易的各方都由这一家CA机构颁发证书，如目前中国工商银行的情况就是如此。

(2) 验证申请人身份

网上支付的交易各方，如持卡人、商家、支付网关等，在向CA申请数字证书时，CA必须对其真实的身份进行认证，防止数字证书被冒领。因此CA必须建立一套严密的身份认证流程。

(3) 颁发数字证书

CA系统的主要任务就是向网上交易各方颁发数字证书。CA系统必须能在Internet上接收交易各方的证书申请，在签名验证申请者的真实身份并且通过资格检查后，有CA签名的申请者的数字证书将在线发送给申请者。

证书的发放也有通过离线方式的，比如CA将申请者的数字证书加密后放入软盘或IC卡等载体，由证书申请者亲自到CA机构领取，再用特定的方法，将数字证书装入自己的计算机应用系统中。如招商银行的企业网络银行目前采用的IC卡证书方式就非常不错。

(4) 证书以及持有者身份认证查询

借助CA服务器，可在线查询证书的生成情况，也可在线认证证书持有者，CA必须保证24(小时)×365(天)的跨区域服务，且需拥有足够的带宽，以保证较快的查询速度。

(5) 证书管理及更新

及时记录所有颁发的证书以及所有被吊销的证书，使得能在交易各方的证书失效以后，及时更新数字证书。

(6) 吊销证书

CA 根据证书持有者的应用情况，可在数字证书有效期内使其无效，并且公布于众。CA 系统必须具有证书黑名单的生成与管理功能，证书黑名单中只包括废除的分支 CA 和网关的数字证书。这些证书黑名单和黑名单管理文件通过各级 CA 及网关，在与商家及客户交换消息时分发出去。

(7) 制定相关政策

CA 的政策越公开越好，信息发布越及时越好。普通用户信任一个 CA，除了拥有先进的技术和雄厚的实力这些因素之外，另一个极为重要的因素就是 CA 的政策。CA 的政策是指 CA 必须对信任它的事务各方负责，它的责任大部分体现在政策的制定和实施上。

(8) 有能力保护数字证书服务器的安全

数字证书服务器必须是十分安全的，CA 应当采取相应措施保证其安全性，如加强对系统管理员的管理，加强对防火墙的保护等。否则，连 CA 都不安全了，由其提供的数字证书服务的安全就无从说起。

4. CA 的组成框架与数字证书的申请流程

证书的发放过程实际上由两大部分组成：一部分是证书的申请、制作、发放；另一部分是用户的身份认证。这两部分工作实际上是由 CA 中两个不同的部门来完成的。这样，就将 CA 分成 CA(证书服务中心)和 RA(审核受理处)两部分，由 CA 完成接收证书请求及发证的工作，而由 RA 完成身份认定工作，CA 与 RA 之间一般通过专线连接。

RA 一般由能够认定用户身份的单位来担任(如持卡人 RA 由发卡银行担任，商家的 RA 由收单银行担任)。CA 收到用户的证书请求后，向 RA 要求证明用户的合法与真实性；得到证明后，CA 向用户颁发证书。也可以让用户先到 RA 当面申请填表，RA 批准后，将信息传送到 CA；CA 在收到用户的证书请求后，就能立即给予答复。

CA 还能进一步分成 RS(证书业务受理中心)与 CP(证书制作中心)两部分。由 RS 负责接收用户的证书申请、发放等与用户打交道的工作，CP 则进行证书的制作、记录等内部工作。用户为获得数字证书，必须上网，进入 CA 网站，实际就是进入了 RS 网站，向 RS 申请证书；RS 与用户对话后，可以获得用户的申请信息，然后传送给 CP；CP 与 RA 进行联系，并从 RA 处获得用户的身份认证信息后，由 CP 为用户制作证书，交给 RS；当用户再上网要求获取证书时，RS 将制作好的证书传送给用户。

在 SET 安全网上支付中，参与的每家银行都要建立自己的 RA。面对众多的用户，光有一个 RA 是无法完成任务的。RA 下必须设立许多业务受理点，接待用户，进行申请登记工作。RA 作为身份认证与审核部门，通过专线与各业务受理点连接。各业务受理点接收用户的申请，审查用户的身份证件，通过专线与 RA 交换信息，完成用户的身份认证工作。

(1) CA 的组成框架

基于以上的业务过程，一个功能较为完整的 CA 组成框架如图5－10所示。

借助各地的业务受理点以及 Internet，CA 公司可以跨区域为用户提供数字证书服务。例如，CA 收到外地区用户的证书请求后，通过网络专线到当地的 RA 获得身份认定，就可以向申请用户颁发数字证书。

当然，CA 本身还可作为世界上更加权威的 CA 中心如 VeriSign 的分支 CA，CA 本身需要一个由上级 CA 颁发的数字证书。例如，北京天威诚信电子商务服务有限公司，作为成立于 2000 年 9 月且经信息产业部批准的第一家开展商业性 PKI/CA 服务的试点企业，其证

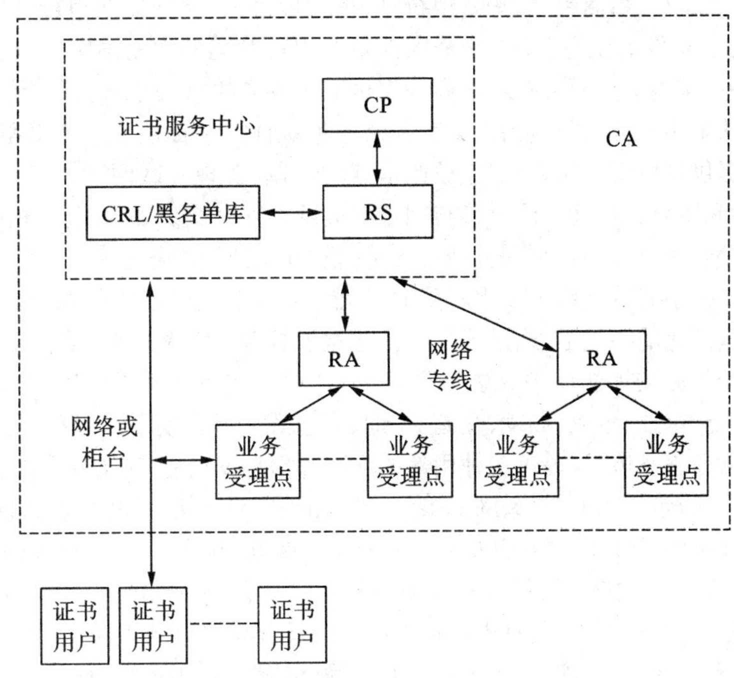

图5-10 功能较为完整的CA组成框架

书就是由VeriSign颁发的数字证书，因而成为VeriSign在中国的业务合作伙伴。

(2) 数字证书的申请流程

基于上述的CA组成框架，一般数字证书的申请操作流程如下：

① 用户带相关证明到证书业务受理中心RS申请证书；

② 用户在线填写证书申请表格和证书申请协议书；

③ RS业务人员取得用户申请数据后，与RA中心联系，要求用户身份认证；

④ RA下属的业务受理点审核员通过离线方式（面对面）审核申请者的身份、能力和信誉等；

⑤ 审核通过后，RA中心向CA中心转发证书的申请请求；

⑥ CA中心响应RA中心的证书请求，为该用户制作、签发证书，并且交给RS；

⑦ 当用户再次上网要求获取证书时，RS将制作好的证书传送给用户；如果证书介质是IC卡方式，则RS业务人员打印好相关密码信封传递给用户，通知用户到相关业务受理点领取；

⑧ 用户根据收到的用户应用指南，使用相关的证书业务。

5.6 中国金融认证中心（CFCA）

5.6.1 CFCA的建设

中国金融认证中心（China Financial Certification Authority 英文简称CFCA），是由中国人民银行牵头，联合中国工商银行、中国农业银行、中国银行、中国建设银行、交通银行、中信实业银行、光大银行、招商银行、华夏银行、广东发展银行、深圳发展银行、民生银行、福建兴业银行、上海浦东发展银行等14家全国性商业银行共同建立的国家级权威金融认证机构，是国内唯一一家能够全面支持电子商务安全支付业务的第三方网上专业信任服务机构。

中国金融认证中心专门负责为电子商务的各种认证需求提供数字证书服务，为参与网上交易的各方提供信息安全保障，建立彼此信任的机制，实现互联网上电子交易的保密性、真实性、完整性和不可否认性。同时参与制定有关网上安全交易规则，确立相应技术规范和运作规范，提供网上支付，特别是网上跨行支付的相互认证等服务。

中国金融认证中心认证系统采用基于PKI(公钥基础设施)技术的双密钥机制，在保证核心加密模块国产化的前提下，通过国际招标建立了具有世界先进水平的认证系统，并通过了国家信息安全产品测评认证中心的安全评测。CFCA认证系统具有完善的证书管理功能，提供证书申请、审核、生成、颁发、存储、查询、废止等全程自动审计服务。目前CFCA具有覆盖全国的认证服务体系，提供多种用途的证书和信息安全服务，支持金融领域及其他各界用户的应用需求，包括网上购物、网上银行、网上证券、网上保险、网上申报缴税、网上购销和其他安全业务(OA、MIS)等等，CFCA证书全面支持电子商务的各种业务运作模式。

中国金融认证中心的突出特点是其金融特色，CFCA证书发放前须经过金融机构审批以规避交易中可能发生的支付风险，证书申请者必须具备合格的金融资信和支付能力才能获得CFCA证书。此外，CFCA证书实现了不同银行之间、银行与客户之间信任关系的连接与传递，为全面解决网上安全支付提供了有力支持。目前，CFCA证书已实现了网上银行业务的跨行身份认证，用户只需持有一张CFCA证书，即可在多个银行的网银系统中进行身份鉴别。不久的将来，在CFCA与联合共建银行的努力下，使用一张CFCA证书即可进行网上跨行查询、转账、支付等业务，这将极大地促进网上银行和电子商务支付业务的蓬勃发展。

中国金融认证中心的建立是我国电子商务走向成熟的重要里程碑，尤其是对我国网上银行、电子商务的深入发展起着巨大的推动作用。面对网络经济新浪潮，中国金融认证中心立足于技术、市场、管理、服务创新的基础上，积极为用户营造与国际接轨的安全高效的网络信用平台。

5.6.2 CFCA的目标

中国金融CA建立了SET CA及Non-SET CA两大体系。Non-SET CA体系亦称PKI CA系统。其宗旨是向各种用户颁发不同种类的数字证书，以金融行业的可信赖性及权威性支持中国电子商务、网上银行业务及其他安全管理业务的应用。

金融CA建设初期尚属试点工程，规模不大，但功能齐全，预计每年发放Non-SET证书15万张(其中企业证书3万张，其余为WEB、SSL证书等)，SET证书10万张，(其中企业2万张，个人8万张)，SET证书支持SET 1.0扩充版功能，既支持信用卡，又支持借记卡及PIN的处理。当CA完善后，扩大其应用范围，可发放S/MIME、VPN及特制X.509证书等。还将发放支持无线WAP协议的证书。中国金融CA所适应的业务应用模式，无论是网上银行或是网上购物都支持B2C、B2B以及B2G (Government)的模式。至2008年底，CFCA的数字证书用户数量已突破400万户。

5.6.3 CFCA的体系结构

CFCA认证系统采用国际领先的PKI技术，总体为三层CA结构：第一层为根CA；第二层为政策CA，可向不同行业、领域扩展信用范围；第三层为运营CA，根据证书运作规范(CPS)发放证书。运营CA由CA系统和证书注册审批机构(RA)两大部分组成。

CA系统：承担证书签发、审批、废止、查询、数字签名、证书/黑名单发布、密钥恢复与管理、证书认定和政策制定；CA系统设在CFCA本部，不直接面对用户。

RA系统：直接面向用户，负责用户身份申请审核，并向CA申请为用户转发证书；一般设置在商业银行的总行、证券公司、保险公司总部及其他应用证书的机构总部，受理点(LRA)设置在商业银行的分/支行、证券、保险营业部及其他应用证书机构的分支机构。RA系统可方便集成到其业务应用系统。

CFCA认证系统在满足高安全性、开放性、实用性、高扩展性、交叉认证等需求的同时，从物理安全、环境安全、网络安全、CA产品安全到密钥管理和操作运营管理等方面均按国际标准制定了相应的安全策略；专业化的技术队伍和完善的运营服务体系，确保系统7×24小时安全高效、稳定运行。

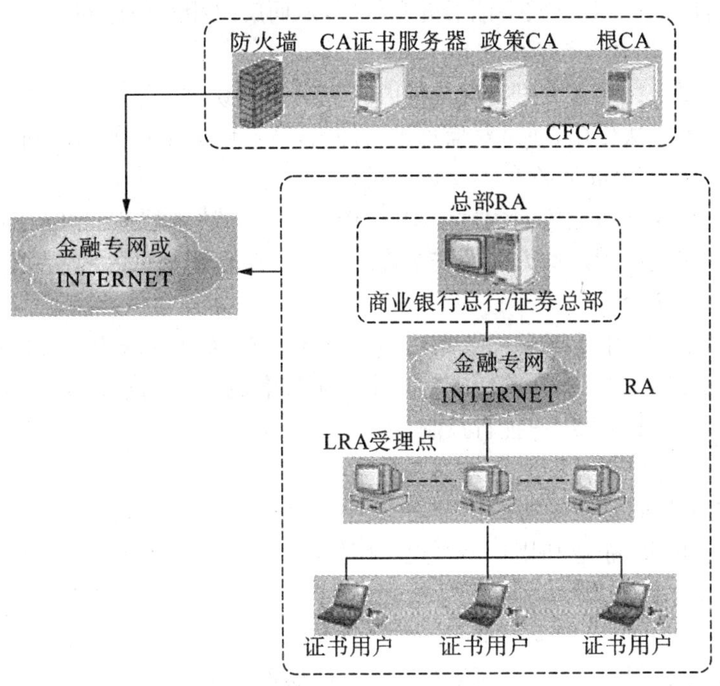

图5-11　CFCA系统体系结构示意图

5.6.4 CFCA证书种类

除了根CA、政策CA、运营CA等各级CA的证书外，对于最终用户，按照证书的功能不同，证书有不同的分类：

(1) 企业高级证书——适用于企业作金额较大时的B2B网上交易，安全级别较高，可用于数字签名和信息加密。

(2) 企业普通证书——适用于企业用户用于SSL、S/MIME以及建立在SSL之上的应用，它的安全级别较低，建议用于金额较小的网上交易。

(3) 个人高级证书——适用于个人作金额较大的网上交易，安全级别较高，可用于数字签名和信息加密。

(4) 个人普通证书——适用于个人用户用于 SSL、S/MIME 以及建立在 SSL 之上的应用，它的安全级别较低，建议用于小额的网上银行和网上购物。

(5) Web Server 证书——适用于站点服务器提供金额较小的 B2C 网上交易，若一个网站要提供 B2B 交易时，应申请 Direct Server 证书，并配合 Direct Server 软件来保证它的安全性。

(6) Direct Server 证书——用于数字签名和信息加密。Direct Server 证书主要用于企业从事 B2B 交易时对 Web Server 的保护使用。

5.6.5 CFCA 证书功能

1. 实体的鉴别

通过 CFCA 签发的数字证书，使电子交易的各方都拥有合法的身份，在交易的各个环节，交易的各方都可验证对方数字证书的有效性，从而解决相互信任问题。

2. 保证电子交易中信息的保密性

信息泄漏主要指交易双方进行交易的内容被第三方窃取，或交易一方提供给另一方使用的文件被第三方非法使用，通过对信息进行加密，从而解决了这方面的问题。

3. 保证电子交易中数据的真实性和完整性

电子交易信息在网络上传输的过程中，可能被他人非法地修改、删除或重放(指只能使用一次的信息被多次使用)，这方面的安全性是由身份认证和信息的加密来保证的。

4. 支持不可否认性

CFCA 的高级证书中使用了一套专门用来进行签名/验证的密钥对，以保证签名密钥与加密密钥的分隔使用。对签名/验证密钥对中用来签名的私有密钥而言，其产生、存储和使用过程必须安全，且只能由用户独自控制。

5. 密钥历史记录

CFCA 能无缝地管理密钥历史记录，并在检索以前加密的数据时，能透明地使用其相应的密钥进行解密，因此，企业和用户就再也不用担心无法访问其历史数据。

6. 密钥备份与恢复

CFCA 的 Non-SET 高级证书系统提供了备份与恢复解密密钥的机制。需注意的是，密钥备份与恢复只能针对解密密钥，而签名私钥不能够作备份。

7. 密钥的自动更新

CFCA 的 Non-SET 高级证书系统能实现完全透明的、自动的(无须用户干预)密钥更换以及新证书的分发工作。

8. CRL 查询

证书目录服务器中，提供客户端——服务器端自动在线证书撤销列表(CRL)的实时查询和自动检索。

9. 时间戳

支持时间戳功能，确保所有用户的时间一致。

10. 交叉认证

CFCA 的 Non-SET 系统中所采用的网络信任域模型，使得单位除了可完全控制自己的信任域外，也可通过接纳其他单位而扩展自己的信任域。

5.6.6 CFCA 证书申请审批下载流程

1. 证书申请

CFCA 授权的证书注册审核机构(Registration Authority，简称 RA，为各商业银行、证券公司等机构)，面向最终用户，负责接受各自的持卡人和商户的证书申请并进行资格审核，具体的证书审批方式和流程由各授权审核机构规定。证书申请表直接到 RA 处领取。

2. 证书审批

经审批后，RA 将审核通过的证书申请信息发送给 CFCA，由 CFCA 签发证书。

(1) Non-SET 系统——CFCA 将同时产生的两个码(参考号、授权码)发送到 RA 系统。为安全起见，RA 采用两种途径将以上两个码交到证书申请者手中：RA 管理员将其中的授权码打印在密码信封里，当面交给证书申请者；将参考号发送到证书申请者的电子邮箱里。

(2) SET 系统——持卡人/商户到 RA 各网点直接领取专用密码信封。

3. 证书发放/下载

CA 签发的证书格式符合 X. 509v3 标准。具体的证书发放方式各个 RA 的规定有所不同。可以登陆 CFCA 网站联机下载证书或者到银行领取。

4. 证书生成

证书在本地生成，证书由 CFCA 颁发，用户私钥由客户自己保管。

5. 证书存放介质

有硬盘、软盘、IC 卡、CPU 卡、U 盘和 SIM 卡等。

专题：　　网上支付安全隐患及防范

对于大多数人而言，网上支付这个名词并不陌生，所有通过互联网方式进行的支付行为都是网上支付。也许你曾通过某家商业银行的网上银行转账或在网上商城进行网上购物在线支付。但不可否认的是，网上支付安全仍然是焦点问题。

目前网上支付受欢迎程度并不一致。有些人通过网上购物，得到了很多方便，足不出户就可享受到服务，省时省力省金钱。另一部分人对网上购物并不感冒，不敢轻易尝试网上支付。通过调查发现，网络安全是人们不敢操作的主要因素。对于后者，网上支付需要有更好的安全保障，才能出现更多的网购达人。

网上支付安全隐患主要有：

(1) 支付密码泄漏。一旦攻击者通过某种方式得到支付密码，就可以轻易冒充持卡人通过互联网进行消费，给持卡人带来损失。这是人们对网上支付安全的主要担心所在。

(2) 支付数据被篡改。在缺乏必要的安全防范措施情况下，攻击者可以修改互联网传输的支付数据。例如，攻击者可以修改付款银行卡号、修改支付金额、修改收款人账号等，达到谋利的目的。

防范网上支付风险事件的小常识：

招商银行的网上支付采取了多种措施防范支付风险，只要注意一些小常识，绝大部分风险就不可能发生。

(1) 识别假冒网站。持卡人需要确认支付页面网站域名的真伪。因此，持卡人不妨选择一家商业银行或支付平台作为常用的支付服务商,熟悉其域名,并在支付操作时细心即可。

(2) 虚假短信(邮件)。相对假冒网站而言更易于识别。持卡人在收到任何与银行卡、支付有关的短信后,应确认短信发送者的真实身份或短信内容。

(3) 不要设置简单的密码。如不要采用类似"123456"的简单数字组合、自己或亲人的生日信息、电话号码。此外,还要注意支付终端的安全性,如不要在公共网吧进行网上支付、在支付终端上安装反病毒、反木马软件。同时,还要注意在其他场所输入密码时不轻易为他人偷窥、摄像等,不要将密码记录在被人容易看到的纸片上。

5.7 第三方支付

近年来,全球电子商务市场发展迅猛。作为其中重要配套设施的第三方支付平台,也呈现出交易规模不断放大、影响范围日趋广泛、潜在价值逐步显现的态势。中国央行《非金融机构支付服务管理办法》出台后,第三方支付平台的发展空间和市场前景更加明朗,与商业银行之间既竞争又合作的关系也日益明显。

5.7.1 第三方支付的基本原理

1. 原理

所谓第三方支付,就是一些和产品所在国家以及国外各大银行签约、并具备一定实力和信誉保障的第三方独立机构提供的交易支持平台。在通过第三方支付平台的交易中,买方选购商品后,使用第三方平台提供账户进行货款支付,由第三方通知卖家货款到达、进行发货;买方检验物品后,就可以通知付款给卖家,第三方再将款项转至卖家(如图 5-12 所示)。

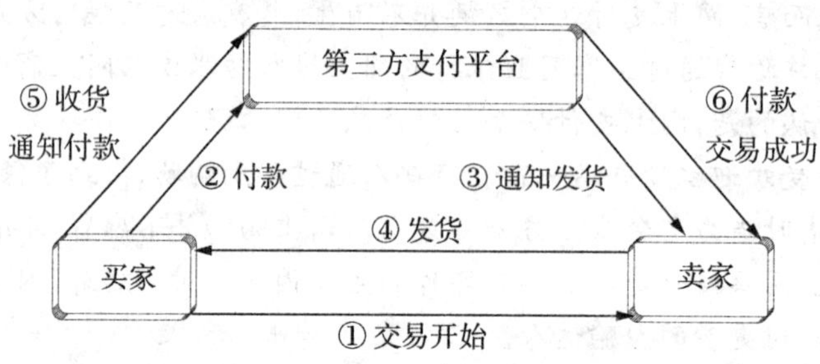

图 5-12 第三方支付的基本原理示意图

第三方支付作为目前主要的网络交易支持手段和信用中介,最重要的是起到了在网上卖家、买家和银行之间建立起连接,实现第三方监管和技术保障的作用。在第三方支付交易流程中,支付模式使商家看不到客户的银行卡信息,同时又避免了银行卡信息在网络上多次公开传输而导致银行卡信息被窃。

当第三方是除了银行以外的具有良好信誉和技术支持能力的某个机构时,支付也通过第三方在持卡人或者客户和银行之间进行。持卡人首先和第三方以替代银行账号的某种电子数据的形式(例如邮件)传递账户信息,避免了持卡人将银行信息直接透露给商家,另外也可以不必登录不同的网上银行界面,而取而代之的是每次登录时,都能看到相对熟悉和简单的第三方机构的界面。

第三方机构与各个主要银行之间又签订有关协议，使得第三方机构与银行可以进行某种形式的数据交换和相关信息确认。这样第三方机构就能实现在持卡人或客户与各个银行，以及最终的收款人或者是商家之间建立一个支付的流程。在实际的操作过程中这个第三方机构可以是发行银行卡的银行本身。在进行网络支付时，银行卡号以及密码的披露只在持卡人和银行之间转移，降低了应通过商家转移而导致的风险。

2. 特点

(1) 整合对接、快捷便利

第三方支付平台提供一系列的应用接口程序，将多种银行卡支付方式整合到一个界面上，负责交易结算中与银行的对接，使网上购物更加快捷、便利。消费者和商家不需要在不同的银行开设不同的账户，可以帮助消费者降低网上购物的成本，帮助商家降低运营成本；同时，还可以帮助银行节省网关开发费用，并为银行带来一定的潜在利润。

(2) 操作简单、易于接受

较之SSL、SET等支付协议，利用第三方支付平台进行支付操作更加简单而易于接受。SSL是现在应用比较广泛的安全协议，在SSL中只需要验证商家的身份。SET协议是目前发展的基于信用卡支付系统的比较成熟的技术。但在SET中，各方的身份都需要通过CA进行认证，程序复杂，手续繁多，速度慢且实现成本高。有了第三方支付平台，商家和客户之间的交涉由第三方来完成，使网上交易变得更加简单。

(3) 依托银行、信用无忧

第三方支付平台本身依附于大型的门户网站，且以与其合作的银行的信用作为信用依托，因此第三方支付平台能够较好地突破网上交易中的信用问题，有利于推动电子商务的快速发展。

(4) 独立机构、保障安全

第三方支付平台是一个为网络交易提供保障的独立机构。例如支付宝，它就相当于一个独立的金融机构，当买家购买商品的时候，钱不是直接打到卖家的银行账户上而是先打到支付宝的银行账户上，当买家确认收到货并且没问题的话就会通知支付宝把钱打入卖家的账户里面，支付宝在交易过程中保障了交易的顺利进行。

(5) 监督约束、防治纠纷

第三方支付平台不仅具有资金传递功能而且可以对交易双方进行约束和监督。支付宝不仅可以将买家的钱划入卖家账户而且如果出现交易纠纷，比如卖家收到买家订单后不发货或者买家收到货物后找理由拒绝付款的情况，支付宝会对交易进行调查，并且对违规方进行处理，比如罚款等。监督和约束交易双方。

(6) 手段多样、实用灵活

第三方支付平台的支付手段多样且灵活，用户可以使用网络支付，电话支付，手机短信支付等多种方式进行支付。例如：云网的用户，不仅可以用网络支付的方式购买飞机票，而且可以用电话支付的方式将银行账户的钱转到云网账户里面购买飞机票。

3. 业务范围

(1) 网络支付　是指依托公共网络或专用网络在收付款人之间转移货币资金的行为，包括货币汇兑、互联网支付、移动电话支付、固定电话支付、数字电视支付等。

(2) 预付卡的发行与受理　是指以营利为目的发行的、在发行机构之外购买商品或服务的预付价值,包括采取磁条、芯片等技术以卡片、密码等形式发行的预付卡。不包括:仅限于发放社会保障金的预付卡;仅限于乘坐公共交通工具的预付卡;仅限于缴纳电话费等通信费用的预付卡;发行机构与特约商户为同一法人的预付卡。

(3) 银行卡收单　是指通过销售点(POS)终端等为银行卡特约商户代收货币资金的行为。

(4) 中国人民银行确定的其他支付服务

5.7.2　第三方支付模式及流程

一般来说,第三方支付可以分为两种模式:支付网关模式和平台账户模式:

1. 支付网关模式

又称简单支付通道模式,把银行和用户连起来,买家通过第三方支付平台付款给卖家,从而实现网上在线支付。其工作流程如图 5-13 所示。如以银联电子支付、快钱、汇付天下为首的金融型支付企业,侧重行业需求和开拓行业应用。

2. 平台账户模式

又可分为监管型账户支付模式和非监管型账户支付模式(纯账户支付模式)。其工作流程如图 5-14 所示。如以支付宝、财付通、盛付通为首的互联网型支付企业,它们以在线支付为主,捆绑大型电子商务网站,迅速做大做强。

监管型账户支付模式:指买卖双方达成付款的意向后,由买方将款项划至其支付平台上的账户。待卖家发货给买家,买家收货后通知第三方支付平台,第三方支付平台将买方划来的款项从买家的账户中划至卖家的账户。

非监管型账户支付模式:指对买卖双方均在第三方支付平台内部开立账号,第三方支付公司负责按照付款方指令将款项从其账户中划付给收款方账户,以虚拟资金为介质(付款人的账户资金需要从银行账户充值)完成网上款项支付,使支付交易只在支付平台系统内循环。

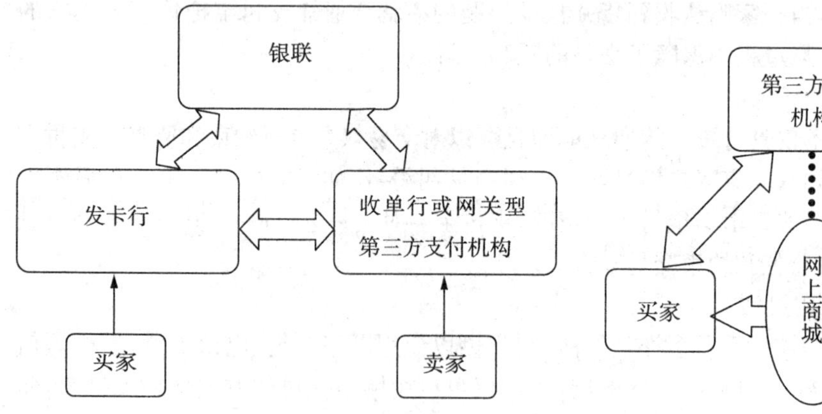

图 5-13　纯网关的第三方支付模式流程

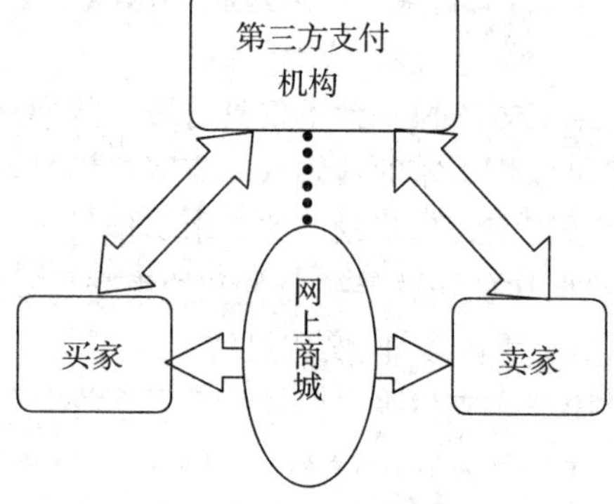

图 5-14　平台式的第三方支付模式流程

5.7.3　第三方支付监管与牌照

1. 第三方支付的监管难点

当前，第三方支付方式已成为国内网上支付产业中发展最迅速、服务商数量最多的支付模式。但是第三方支付存在监管难点。

由于网络交易的匿名性、隐蔽性，第三方支付平台很难辨别资金的真实来源和去向，使得资金的非法转移、洗钱、贿赂、变相侵占国有资产、收受回扣、诈骗等活动有了可乘之机。第三方支付需要面对的主要安全风险包括以下几方面：

(1) 虚拟性带来的欺诈风险

由于网络具有虚拟性，目前也没有实行上网实名制，网上欺诈行为比较容易发生，且事故发生之后跟踪调查工作很难进行，因此虚拟性带来的风险很难控制。

(2) 洗钱活动的风险

网上银行在银行业务中占据的比重上升很快，而且大都通过电话、计算机网络进行交易，银行和客户很少见面，因此成为洗钱风险的易发、高发领域。第三方支付系统是游离在银行系统之外的，难以跟踪其内部资金流向。这就给监管部门对资金流向的控制带来困难，也给犯罪分子的洗钱行为带来可乘之机。

(3) 信用卡套现的风险

央行已经明文禁止“信用卡套现”行为，网上套取现金行为指的是通过虚假交易，使用信用卡支付后，钱款进入了支付平台的账户，通过账户转移到银行，然后从银行取现。整个过程没有真实的货物交易，只是在网上走一个过程，信用卡套现就此成为了现实。

(4) 结算和虚拟账户资金沉淀风险

沉淀资金是指，客户存放在第三方平台中的没有参与流动的资金。第三方支付机构从事资金吸储并形成资金沉淀，如缺乏有效的流动性管理，则可能存在资金安全和支付的风险。

2. 第三方支付的监管模式

(1) 美国模式

美国对第三方网上支付平台实行的是功能性监管，将监管的重点放在交易的过程，而不是从事第三方支付的机构。美国采取的是多元化的监管体制，分为联邦和州两个层面进行监管。

(2) 欧盟模式

欧盟规定网上第三方支付的介质只能是商业银行货币或电子货币，这就意味着第三方网上支付公司必须取得银行业执照或电子货币公司的执照才能开展业务。实际上，欧盟对第三方网上支付公司的监管是通过对电子货币的监管实现的。该监管的法律框架包括三个垂直指引。第一个指引是2000年1月颁布的《电子签名共同框架指引》，此项指引确认了电子签名的法律有效性和在欧盟内的通用性。后两个指引是同年颁布的《电子货币指引》和《电子货币机构指引》。

(3) 新加坡、韩国、香港(地区)模式

新加坡在这方面是亚洲的“领头羊”，早在1998年就颁布了《电子签名法》。韩国在亚洲金融危机后成立了新的金融监管委员会(FSC)，于1999年颁布《电子签名法》。香港则在

2000年颁布《电子交易法令》,给予电子交易中的电子纪录和数字签名与纸质对应物同等的法律地位,并增补了有关电子货币发行的法律。另外,香港金融管理局还采取了行业自律的监管方式,收到了较好的效果。

(4) 中国台湾(地区)模式

中国台湾对网上支付中使用电子支票的监管给予了较多重视,颁布了《电子商务中的电子签名法》,《从事电子支票交换的金融机构管理条例》以及《申请电子支票的标准合同》等。

但是,以上各国和地区目前都没有对第三方网上支付平台制定专门的监管法规,相应的监管政策仍处在探索阶段。

(5) 我国对第三方支付平台的监管现状

目前,我国还没有专门针对第三方网上支付的法律法规,对第三方支付公司的监管存在一定的盲区,可以依据的只有"三个参考",即一条法律、一条指引、一个办法。

其中,2005年4月1日起施行的电子签名法规定:可靠的电子签名与手写签名或者盖章具有同等的法律效力,从而在法律层面上规范了网上支付中的电子签名行为;同年10月26日央行针对电子支付的首个行政规定——《电子支付指引(第一号)》正式实施。2010年9月1日起实施的《非金融机构支付服务管理办法》规定,未经中国人民银行批准,任何非金融机构和个人不得从事或变相从事支付业务。同年12月1日央行又公布实施了《非金融机构支付服务管理办法实施细则》,以配合《办法》实施工作。

《办法》规定非金融机构提供支付服务应具备相应的资质条件,以此建立统一规范的非金融机构支付服务市场准入秩序,强化非金融机构支付服务的持续发展能力。非金融机构提供支付服务应具备的条件主要包括:

(1) 商业存在。申请人必须是在我国依法设立的有限责任公司或股份有限公司,且为非金融机构法人。

(2) 资本实力。申请人申请在全国范围内从事支付业务的,其注册资本至少为1亿元;申请在同一省(自治区、直辖市)范围内从事支付业务的,其注册资本至少为3千万元人民币,且均须为实缴货币资本。

(3) 主要出资人。申请人的主要出资人(包括拥有其实际控制权和10%以上股权的出资人)均应符合关于公司制企业法人性质、相关领域从业经验、一定盈利能力等相关资质的要求。

(4) 反洗钱措施。申请人应具备国家反洗钱法律法规规定的反洗钱措施,并于申请时提交相应的验收材料。

(5) 支付业务设施。申请人应在申请时提交必要支付业务设施的技术安全检测认证证明。

(6) 资信要求。申请人及其高管人员和主要出资人应具备良好的资信状况,并出具相应的无犯罪证明材料。

考虑到支付服务的专业性和安全性要求等,申请人还应符合组织机构、内控制度、风控措施、营业场所等方面的规定。中国人民银行将在《办法》实施细则中细化反洗钱措施验收材料、技术安全检测认证证明和无犯罪证明材料的具体要求。

3. 第三方支付牌照

第三方支付牌照，也称《支付业务许可证》(如图 5－15 所示)，是为规范第三方支付行业发展秩序，中国人民银行于 2010 年 6 月下发文件，正式对外公布《非金融机构支付服务管理办法》对国内第三方支付行业实施正式监管。根据规定，非金融机构提供支付服务需取得《支付业务许可证》，成为支付机构，要求包括第三方支付在内的非金融机构须在 2011 年 9 月 1 日前申领《支付业务许可证》，逾期未能取得许可证者将被禁止继续从事支付业务。

2011 年 5 月 26 日央行公布了首批获得第三方支付牌照即《支付业务许可证》企业名单，共颁给 27 家单位。8 月 31 日央行又公布了第二批获得第三方支付牌照的 13 家企业名单。至此共 40 家企业获得牌照，它们分别包括以下企业和业务范围：

中华人民共和国
支付业务许可证

许可证编号：Z2000831000014

公司名称：快钱支付清算信息有限公司
法定代表人(负责人)：关国光
住所(营业场所)：上海市张江高科技园区卡园二路 108 号 8 幢 308 室
业务类型：货币汇兑、互联网支付、移动电话支付、固定电话支付、预付卡受理、银行卡收单
业务覆盖范围：全国
有效期至：二〇一六年五月二日

发证机关（盖章）
201[illegible]年5月18日

中华人民共和国
支付业务许可证

许可证编号：Z2000711000019

公司名称：北京通融通信息技术有限公司
法定代表人(负责人)：唐彬
住所(营业场所)：北京市石景山区八大处高科技园区西井路 3 号 3 号楼 558 房间
业务类型：货币汇兑、互联网支付、移动电话支付、银行卡收单
业务覆盖范围：全国
有效期至：二〇一六年五月二日

发证机关（盖章）
2011年[illegible]月18日

图 5－15　《支付业务许可证》即第三方支付牌照示例

5.7.4 第三方支付案例——支付宝

1. 关于支付宝

支付宝(中国)网络技术有限公司是国内领先的独立第三方支付平台,是阿里巴巴集团的关联公司。支付宝致力于为中国电子商务提供“简单、安全、快速”的在线支付解决方案。

支付宝公司从2004年建立开始,始终以“信任”作为产品和服务的核心。不仅从产品上确保用户在线支付的安全,同时让用户通过支付宝在网络间建立起相互的信任,为建立纯净的互联网环境迈出了非常有意义的一步。

支付宝提出的建立信任,化繁为简,以技术的创新带动信用体系完善的理念,深得人心。在成立后的几年时间内,为电子商务各个领域的用户创造了丰富的价值,成长为全球最领先的第三方支付公司之一。截至2011年9月,支付宝注册用户突破6亿元,日交易额超过30亿元人民币,日交易笔数超过1 100万笔。

支付宝创新的产品技术、独特的理念及庞大的用户群吸引越来越多的互联网商家主动选择支付宝作为其在线支付体系。

目前除淘宝和阿里巴巴外,支持使用支付宝交易服务的商家已经超过46万家;涵盖了虚拟游戏、数码通信、商业服务、机票等行业。这些商家在享受支付宝服务的同时,还是拥有了一个极具潜力的消费市场。

支付宝以稳健的作风、先进的技术、敏锐的市场预见能力及极大的社会责任感,赢得了银行等合作伙伴的认同。目前国内工商银行、农业银行、建设银行、招商银行、上海浦发银行等各大商业银行以及中国邮政、VISA、MasterCard国际组织等各大机构均与支付宝建立了深入的战略合作,不断根据客户需求推出创新产品,成为金融机构在电子支付领域最为信任的合作伙伴。支付宝发展历程如图5-16所示:

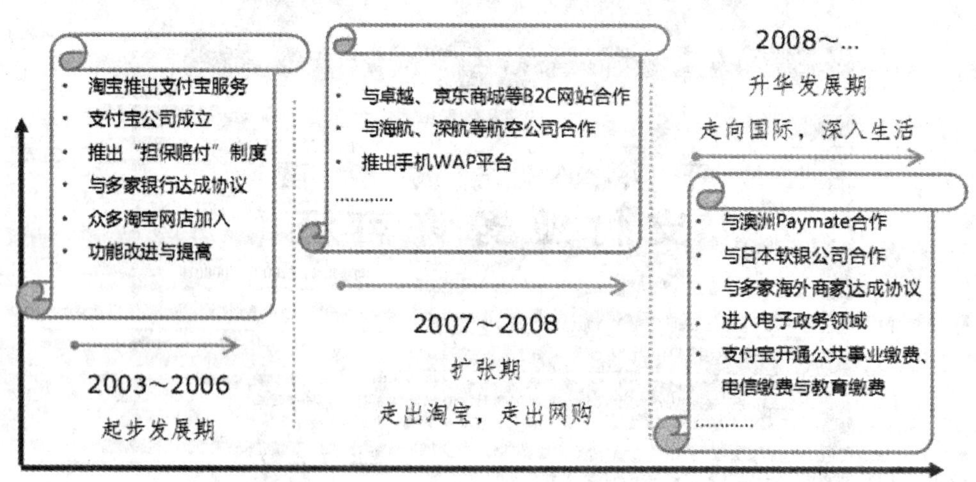

图5-16 支付宝发展历程

2. 支付宝服务

(1) 个人服务。支付宝为个人用户提供快捷支付服务、网购导航服务、贴心生活服务、会员账户管理等。如图5-17所示:

付款收款	生活助手	网购导航	会员账户管理
我要付款	水电煤缴费	支付宝商家大全	账户管理
转账到银行卡	手机充值	微客消费券	交易记录
担保收款	固话宽带	优惠促销	支付方式管理
担保付款	信用卡还款	海外购	vip俱乐部
找人代付	还贷款	一淘比价	集分宝
团体收款	更多...		

图 5 - 17　个人服务品种

(2) 商家服务。支付宝为商家用户提供产品商店、技术支持、增值服务、我的商家服务等。如图 5 - 18 所示：

产品商店	技术支持	增值服务	我的商家服务
担保交易	商户自助集成	商家活动	我的订单
即时到账	支付宝协助集成	营销工具	我的产品
快捷登录	故障申报	第三方服务	技术服务记录
团购收款			我参加的活动
更多...			

图 5 - 18　商家服务品种

3. 支付宝付款方式

(1) 快捷支付(含卡通)：这是最安全、轻松的付款方式。用户通过电话或者网站等方式订购商品时，不需开通网银，直接通过输入卡面信息，即可便捷、快速地完成支付。只需将你的支付宝账户关联你的储蓄卡或者信用卡，每次付款时只需输入支付宝的支付密码即可完成付款。

(2) 网上银行付款：拥有银行卡，只需开通网上银行即可完成网上付款。目前已支持 20 余家银行，覆盖最广泛的企业和个人用户，网购付款时，需要跳转银行网银页面，按银行要求的信息进行支付。

(3) 支付宝账户余额付款：当支付宝账户中有余额时，输入支付密码即可完成付款。快捷付款：直接在支付宝网站完成付款，只需一个支付宝支付密码；无支付限额：支持大额商品购买，可以先多次充值再付款。

(4) 货到付款：无需开通网上银行，在家等待快递公司送货上门，先验货后付款(目前仅支持淘宝购物)；支持“银行卡刷卡” 和“现金”两种付款方式；

(5) 网点付款：可以去身边的便利店，邮局，药店等支付宝合作网点完成付款。合作网点覆盖了北京、上海、广州、深圳、杭州、成都等 25 个大中城市的 10 万个网点。无需开通网上银行，线下解决付款问题，刷卡现金任你选择；需要手续费，按每笔交易金额的 1%(最低 2 元，50 元封顶)。如果你附近的网点是便利店，连锁药房，或写字楼中的自助终端机，则买家是在便利店内的“拉卡拉自助终端机”上刷卡支付货款,或刷卡购买支付宝充值码;如果你附近的网点是空中充值店,则是店主直接为买家代付货款。

(6) 消费卡付款:直接用“手机话费充值卡(联通一卡充、神州行卡)”即可轻松完成付款。无需使用银行卡。需要手续费,话费充值卡为交易金额的5%。消费卡仅支持全额充值、交易,多余金额转入支付宝余额。

(7) 找人代付:指的是在网上购买商品后,可以由别人帮助完成网上付款。

(8) 银联手机支付:无需开通网银,目前支持淘宝交易。在支付宝填写信息,银联回呼手机。输入储蓄卡取款密码,即可完成付款。

4. 无线支付宝

无线支付是支付宝为用户提供的在无线终端上进行支付的服务。具体服务品种包括:手机wap支付宝、手机wap淘宝、手机客户端、语音支付、无线支付助手、手机微支付、条码支付、电视支付、安全支付、手机订单支付、无线支付总开关等。

(1) 语音支付:是指用户可以通过拨打支付宝4006637215或4006613800或4008555555,通过电话键盘操作与系统自动交互,实现注册、登录、手机话费充值、付款和账户充值等操作。

(2) 条码支付:是以支付宝账户为核心,在支付宝手机客户端中显示与账户关联的动态随机一维码或二维码,对方只需扫描手机屏幕即可快速创建交易,用户可当场查看和确认付款。悦享拍是支付宝推出的二维码识别软件,可以识别按支付宝发码规则发布的二维码信息,并实现该二维码对应的业务,如进行收款、付款、打开网站等操作。

(3) 电视支付:用户在互联网电视终端上发起支付请求之后,互联网电视将用户的支付请求发送到支付宝,支付宝根据支付请求创建订单并向对应的支付宝账户绑定的手机号码下发短信校验码,用户短信回复校验码完成支付。

(4) 安全支付:是运行于手机系统层的基础服务,以支付宝账户为核心,为手机上运行的应用提供支付和账户相关的服务。

(5) 手机订单支付:是指在电脑上创建了未付款交易,你可以选择通过手机支付渠道完成其交易付款。目前提供的是短信或wap的支付。

(6) 短信支付:只需绑定手机,用短信即可轻松完成付款,只需最简单的操作,通过发送或回复短信就可完成付款。

(7) 手机支付宝:支付宝手机网站(m. alipay. com)是针对当前移动互联网发展实时推出的手机网页,方便用户通过手机随时随地使用支付宝支付服务。基础功能包括卡通管理、密码管理、红包管理、手机绑定、账户充值、消费记录等。其他功能有注册、话费充值、手机彩票、手机交易付款、确认收货、我要付款、我要收款、水电煤缴费、通讯费、Q币充值、游戏点卡充值等。

5. 支付宝交易类型及交易流程

支付宝的交易类型有支付宝担保交易和即时到账交易。

(1) 支付宝担保交易流程:(如图5-19所示)在支付宝网站上,以下盾牌标志表示正在进行的是担保交易。买家先将交易资金存入支付宝并通知卖家发货,买家确认收货后资金自动进入卖家支付宝账户,完成交易。如果在暂时不支持支付宝服务的购物网站上看中某商品,请联系卖家,让他通过支付宝网站发起“担保交易·收款”,然后你可以在交易管理中查看到进行付款。

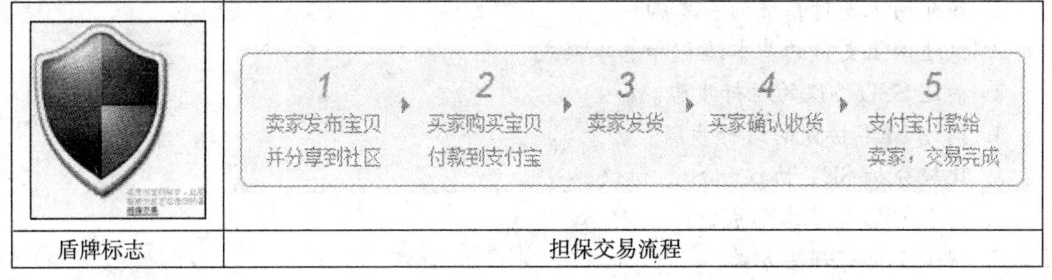

图 5-19　支付宝担保交易流程与标志

(2) 支付宝即时到账交易流程(适用于亲朋好友间使用)：(如图 5-20 所示)在支付宝网站上，以下箭头标志表示正在进行的是即时到账交易，请注意交易风险。网上交易时，买家的交易资金直接打入卖家支付宝账户，快速回笼交易资金。即时到账交易不受支付宝交易保障规则的保护，钱直接到达交易对方的支付宝账户，无法退款，请谨慎使用并谨慎操作。发生资金损失的交易中，绝大多数都是因为使用即时到账交易付款给陌生卖家。

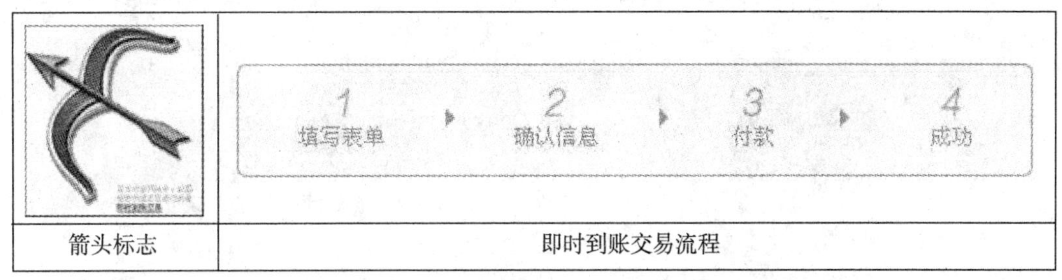

图 5-20　支付宝即时到账交易流程与标志

6. 支付宝的品牌影响

支付宝交易是互联网发展过程中一个创举，也是电子商务发展的一个里程碑。支付宝品牌以安全、诚信赢得了用户和业界的一致好评。支付宝被评为 2005 年网上支付最佳人气奖、2005 年中国最具创造力产品、2006 年用户安全使用奖；同时支付宝也在 2005 年中国互联网产业调查中获得"电子支付"第一名，名列中国互联网产业品牌 50 强以及 2005 年中国最具创造力企业称号。2006 年 9 月，在中国质量协会用户委员会及计世资讯主办的"2006 年中国 IT 用户满意度调查"中，支付宝被评为"用户最信赖互联网支付平台"。另外，支付宝还获得"2006 卓越表现奖之创新产品奖"和"2006 年中国 IT 十佳市场策划"等多项殊荣。

2007 年 1 月，支付宝公司被中国电子商务协会授予"中国优秀电子支付企业"称号，2007 年度中国游戏产业优秀服务商第一名。2008 年 12 月，第四届中国商业思想论坛举办，支付宝(中国)网络技术有限公司力拔 2008 中国最佳商业模式头筹，名列十个最佳商业模式第一位。2009 年 1 月，支付宝荣获杭州高新技术产业开发区(滨江)劳动和社会保障局颁发的"劳动保障诚信企业"奖。2011 年 5 月 26 日获得央行认证的"非金融机构电子支付牌照"认证。11 月 18 日支付宝可以在 steam 上操作。

思考题

1. 简介网上支付系统的基本构成。
2. 试述网上支付的基本流程和基本模式。
3. 简述 SSL 协议的运行步骤。
4. 简述 SET 协议的运行步骤。
5. 比较分析 SET 协议和 SSL 协议。
6. 简介 PKI 的基本组成。
7. 网上支付有哪些方式?
8. 网上支付系统有哪些类型?
9. 简介数字证书及其工作原理。
10. 什么是 CA? 它有何功能?
11. 试述 CFCA 证书申请审批下载流程。

第6章　电子银行

【学习目标】

- 了解电子银行产生和发展的原因
- 熟悉电子银行的发展历程和发展模式
- 掌握电子银行的概念、特征及其业务构成和功能
- 掌握自助银行系统的概念、特点、服务与发展
- 了解电话银行的系统构成
- 了解金融 Call Center 的概念与特点
- 了解金融 Call Center 对电子银行的作用

【案例引入】　　**富国银行**

富国银行(Wells Fargo)是一家提供全能服务的银行,业务范围包括社区银行、投资和保险、抵押贷款、专门借款、公司贷款、个人贷款和房地产贷款等。截至2009年底,富国银行拥有1.3万亿美元总资产规模,是美国第四大市值的银行,也是美国第一的抵押贷款发放者,第一的小企业贷款发放者,并拥有全美第一的网上银行服务体系。富国银行是美国唯一一家获得穆迪"Aaa"评级和标准普尔"AAA"评级两项最高信用评级的银行。

富国银行于1989年开始提供网上银行服务,到1995年5月正式发展成为网上银行。目前,富国银行已拥有全美第一的网上银行服务体系,是网上银行的领导品牌。富国银行电子银行业务分为个人电子银行以及企业电子银行两大方面,个人电子银行主要分为个人网银账户管理、理财与支付、自动生成定制报告、在线安全管理以及免费手机银行五大部分功能;企业电子银行则分为账户管理、支付、财务管理以及免费信息资源提供等功能。

电子银行并不是在银行电子化的一开始就出现的,它是在银行电子化发展到一定阶段,形成一个比较成熟的电子处理体系后,为了满足进一步的方便快捷的货币流动需求而产生的。

在基于电子支付结算的银行电子化初期,不少 EFT 系统是由世界上各大银行自行开发和使用的专有金融系统,中小银行则受到资金和人才的限制,只能选择联合开发共享的 EFT 系统的策略。在 EFT 系统发展的过程中,20 世纪 80 年代中期以前,各 EFT 系统面向单个银行产品进行开发和推广应用,它们之间是相互独立的。由于各个 EFT 系统在做资金转账过程中,都要进行账务处理,为了能为客户提供更好的服务,从 20 世纪 80 年代中期开始,工业化发达国家的许多 EFT 网络,逐步互联成各种地区性、全国性的庞大的金融共享网,即将这些银行的各种 EFT 系统进行集成,使各个 EFT 系统共用一个账务系统,促使各种 EFT 系统进行联动处理,银行因而能为客户提供综合业务服务,大大方便了客户。此外,银行能从统一的账务处理系统中掌握客户全部的业务活动,为银行提供信息增值服务打下了重要的基础。这个阶段主要实现各个银行以 EFT 为基础的电子化业务处理系统的互通互联和综合集成,使银行能跨行、跨区域地为客户提供方便快捷的基础金融业务,包括支付

与结算业务在内。

随着银行电子化的深入发展,特别是20世纪80年代后期至90年代初期,银行业积极采用IT技术,在以前银行电子化基础上推出综合金融业务服务,逐步建立起"以客户为中心"的管理体系和科学的金融监控体系。在这种背景下,银行的金融服务内容、形式与管理体系均有了一个飞跃,表现为银行不仅实现电子化,还实现了信息化;不仅使银行的基本业务处理如支付结算、存取款等实现电子化的自助处理,还能对客户提供诸如投资咨询、个人理财等金融信息增值服务,并使银行的经营管理和安全监控实现数字化和现代化。于是,银行的EFT系统逐渐发展成电子银行系统,银行也从手工操作的传统银行逐步发展成高度自动化和现代化的电子银行。

电子银行从根本上改变了传统银行的业务模式、管理模式和管理体制,建立了以信息为基础的自动化业务处理和以客户关系管理为核心的科学管理新模式。电子银行采用电子货币支付方式,取代传统的现金交易和手工凭证的传递与交换,大大加快了资金的周转速度。以银行为主的金融业从单一的信用中介部门,发展成为一个全开放、全天候和多功能的现代化的金融体系。可以说,现代的金融业是集金融交易服务和金融信息增值服务为一体的金融"超级市场"。银行的业务重点,从单纯的存贷款和资金调拨,转向既提供金融交易服务又提供金融信息增值服务。银行的收入结构,也将因此发生根本性的改变,即银行以传统的存贷款利息差为主要收益来源的局面,将被从提供各种金融劳务服务和金融信息服务为主要收益来源所代替。

6.1 概述

6.1.1 银行简介

1. 银行的起源

银行是一个古老的行业。一般认为银行业的起源是在17世纪中期的英格兰,当时人们把金子存放在金匠那里,金匠开出收据。后来这些收据不断易手,金匠们发现这种收据流通会带来金子的节约,于是开始利用这些不经常流动的金子放款,这就是现代意义上的存贷业务的雏形。事实上早在13世纪的意大利就有与对外贸易有关的钱币兑换商开始从事这种业务。这些钱币兑换商都有一条长板凳和一张桌子。这些凳子和桌子在意大利语中叫做"banca",现代银行"bank"一词就来源于此。而bankrupcy(破产)一词,其原意是指钱币兑换商因无力偿还债务,凳子和桌子被砸的情况。由此可见,银行业的起源在意大利,但真正把它形成当今世界各国都离不开的金融支柱的则是英国。1649年第一家股份制银行——英格兰银行的诞生,真正标志着现代银行制度的正式建立。

我国的借贷业早已存在,但是真正开始接触现代银行业,还是在1840年鸦片战争之后,外国侵略势力设在香港的丽如银行(即现代的东方银行)。而我国自己的第一家现代银行,是在1897年成立的中国通商银行,在此之前,中国的金融业则以钱庄、票号为主。

起初,银行的资金来源主要是短期存款,并且主要承做短期商业贷款,放款对象也是一般商人,为国内和国际贸易提供资金,因此,人们把这种早期的资本主义银行称作"商业银行(Commercial Bank)"。然而,商品经济与银行业务的发展早已使银行业务领域突破了传统的界限。

现代商业银行的资金来源有短期存款，还有长期、中期的各种存款，而资金运用也不仅仅限于商业贷款，还发放中长期贷款、工农业专项贷款及消费贷款等，并且积极进行证券投资等业务，因此商业银行的业务早已超出了从事商业信贷的专业银行的范围，其名称已名不副实。

实际上，商业银行只是一个抽象化的概念，各国对商业银行各有不同的表述。如美国的商业银行有两种，一种是根据《国民银行法》建立的国民银行，如花旗银行、美洲银行；另一种是在各州政府注册的州立银行。在我国商业银行则分为国有独资商业银行和股份制商业银行。国有独资商业银行如中国工商银行、中国农业银行、中国建设银行和中国银行，股份制商业银行如交通银行、华夏银行、招商银行和深圳发展银行等。

2. 银行的主要业务

银行的业务可以分为三大块：负债业务、资产业务及中间业务。

(1) 负债业务

负债业务是形成银行资金来源的业务，主要包括存款、借款和其他负债，而其中最主要的是存款业务。

存款是银行所接受客户存入资金的总称，具有不同的限期和条件。吸收存款是银行其他各项业务的基础，在商业银行的资金来源中，存款占70%以上。所以银行在业务经营中，都极力向社会吸取存款，以扩大其营运资金。

对外借款也是银行资金来源的一种重要形式，尤其对银行获得流动性需求而言。对外借款的主要途径是：同业拆借、向中央银行申请再补贴以及向国际资金市场借入。

其他负债业务主要是银行通过发行债券来筹集资金。

(2) 资产业务

银行的资产业务是银行运用货币资金获得利润的业务。银行的生息资产主要包括贷款和证券投资两项，两项之和占银行总资产的80%以上。

贷款是银行最主要的资产业务，也是其收入的基本来源。贷款一般占银行资产总额的2/3左右。贷款是银行发挥其金融作用、支持经济发展的重要手段，也是银行联系客户的主要手段，一家银行的竞争力如何，在很大程度上取决于它能否满足客户正当的借款需求。

按照不同的标准可以将贷款分为抵押贷款、担保贷款、信用贷款和票据贴现。抵押贷款是指以特定的物品为担保的贷款，若借款人到期不能依约履行债务，银行有权处理用作担保的抵押品。担保贷款是指以特定的人为担保的贷款，若贷款人不能依约履行债务，担保人应负偿还贷款的责任。信用贷款是仅凭借款人的信用而发放的贷款，在西方国家一般仅限于满足信誉卓著的老客户的短期借款需求。票据贴现是指银行买入未到期的商业票据的一种业务，这项业务的开展需以商业票据流通为基础。

证券投资也是银行获得收益的另一项主要资产业务，它是指银行在证券市场上通过买卖证券而获得收益的一项业务。由于证券可随时在市场上买进卖出，因而证券投资也是银行获得流动性资产的一种重要方式。由于各国的金融法对银行从事证券投资业务的限制不同，银行可买卖的证券种类也不尽相同，如美国一般只允许商业银行买卖政府债券，而不允许买卖企业股票，而在德国则无此限制。

(3) 中间业务

中间业务是指银行不运用自己的资金，只是从代理客户委托事项中收取手续费的业务，主要包括代收代付业务、代保管业务、信用证业务、信托业务及信息查询等。

代收业务是指银行根据各种凭证，以客户的名义代收各种款项，收取一定手续费的业务。这类业务范围比较广泛，包括代理客户收取其他银行的支票、商业票据、有价证券等。代付业务是指银行代理客户把现金转交给受款人的一种业务。银行在办理代收业务时，不仅可以收取手续费，而且还可以占用在途资金。

代保管业务是指银行为客户提供保管服务以收取服务费的一项业务。如为客户保管有价证券、金银珠宝、字画等贵重物品。

信用证业务是指银行接受客户委托，并根据客户所指定的条件向卖主开具支付贷款保证书的一种业务，它实际是银行向客户提供的一种担保业务，以银行的信用保证客户的信用，从而促进国际贸易的发展。

信托业务是指银行接受客户委托，代客户保管财产、发行证券等业务。银行通过办理这项业务收取服务费和佣金。

信息咨询是指银行利用自身优势，为客户提供有关信息传递、咨询等服务以收取服务费的业务。

随着银行业竞争的加剧，银行管制的放松，中间业务已成为银行增加竞争力、获取利润的主要业务，而中间业务的发展，也促进了银行存贷业务的发展，进而扩大了银行在整个经济生活中影响，加强了银行的社会功能，提高了银行的地位和作用。

3. 网络经济对银行业的影响

作为掌控经济命脉的银行业在网络经济浪潮的冲击下，经历着一个激动人心的变革时期，经济全球化、网络化对银行业展现了一幅壮丽的蓝图，也提出了严峻的挑战。

网络经济对银行业最深远的意义在于，网络经济的交易形式与银行业本身的经营模式实现了紧密的结合。网络经济交易的模式是商情沟通、资金支付和商品配送三个环节的有机统一，而金融业务本身就是信息流与资金流的传输，所以银行业是最适合于网络时代的产业，发展电子银行具有广阔的前景。

基于这得天独厚的优势和支付中介的传统功能，电子商务迅猛发展所产生的巨大支付结算需求将给银行业带来无限的商机。银行业所拥有的安全感、信誉度以及成熟的支付体系正适应了电子商务安全、高效的资金支付服务的需求。

然而，网络经济在赋予银行业巨大发展机遇的同时，也向银行业提出了严峻的挑战。

(1) 20 世纪 70 年代后期，受金融自由化浪潮的影响，传统商业银行面临前所未有的竞争格局，保险公司、基金公司、信用卡公司等非银行金融机构的迅速崛起和发展开始吞噬商业银行的市场份额。随着网络经济时代的来临，市场竞争更加激烈。一些 IT 企业、工商企业也开始介入金融服务业，它们崭新的运作模式给传统商业银行带来了巨大冲击。同时，由于网络金融服务的便利、高效，客户改变开户银行无需付出多少额外成本，客户忠诚度大大降低。

(2) 电子商务的迅猛发展所产生的以几何级数增长的支付结算需求，也给银行业支付功能形式的调整和完善带来了巨大的压力，令其传统的支付中介地位受到挑战。银行能否提供安全、高效的资金支付手段是制约电子商务的瓶颈。而众多的 IT 和工商企业借助强大的技术实力和深厚的客户基础，正向着传统银行的支付体系进军。诸如美国通用、日本索尼等早就将触角伸向了银行支付领域。微软也曾试图通过收购美国 Intuit 财务公司而实现其进军银行业的雄心，虽然最终因银行家们的强烈反对和国会的干预而失败，但从中可以看出，如果没有法规和经营许可的保护，银行业的地位实在是岌岌可危。

(3) 网络经济给银行业带来了新的机遇与挑战，引发了银行业的变革，反之，银行网络化发展也将推动网络经济的发展变化。经济和金融是相互促进的，网络经济发展初期，银行业的变革滞后于网络经济发展，从而会对网络经济爆发力的强度形成制约。而一旦银行业适应网络经济的要求完成了经营管理方式的调整，就可以通过引导经济需求而反作用于网络经济，推动网络经济的新一轮发展高潮。

6.1.2 电子银行的基本概念

由于电子金融活动正处于飞速发展阶段，关于究竟何为电子银行，目前国内外存在狭义与广义的两种观点，两者的主要区别是对电子银行外延大小的认定不同。

第一种观点将电子银行(Electronic Bank，简称 E-Bank)局限于网上银行(I-Bank)，这是一种狭义的定义。有关专家将 E-Bank 直译为电子银行，并将它与网上银行、在线银行等同起来，认为 E-Bank 是指金融机构利用 Internet 网络技术，在 Internet 上开设的虚拟银行。

1998 年 3 月巴塞尔银行监管委员会公布了一份名为《电子银行与电子货币风险管理》的报告，其中将电子银行定义为:通过电子渠道提供零售性的小额银行产品和服务。这些产品和服务包括存贷、账户管理、金融顾问、电子账户支付，以及其他一些诸如电子货币等电子支付的产品与服务。从这个定义可以看出，该委员会将电子银行业务局限于零售性的小额银行业务。

另一种观点认为“E-Bank”的概念应是一种广义的电子银行，即是指商业银行利用计算机和网络通信技术，通过语音或其他自动化设备，以人工辅助或自助形式，向客户提供方便快捷的金融服务。呼叫中心(Call Center)、ATM、POS 和无人银行等多种多样的金融服务形式都涵盖于电子银行的范畴之内。

我们这里所说的电子银行是一个广义的概念，是指以计算机、通信技术等为媒介，客户使用各类接入设备自助办理银行业务的新型银行服务手段。正如 BLACKWELL 金融百科全书的定义，电子银行是通用术语，它包括基于计算机技术进行交割、转账、记账等相关的金融服务活动。支付、资金划拨和相关金融信息服务是电子银行业务的核心，广义的范围还包括后台操作功能，如银行会计核查和管理信息系统等内容。国内银行业所称的电子银行即是广义上的电子银行，它既包括金融电子化的成果，又涵盖了基于互联网技术的新型网络银行的服务领域。因此，广义的电子银行包括电话银行、纯粹的网上银行、家庭银行、手机银行、多媒体自助终端机、ATM、POS、企业银行以及电视网上银行等多种形式。

6.1.3 电子银行产生和发展的原因

1. 改进传统银行管理体制的需要

建设电子银行不仅仅是为了追求自动化和快捷化，更重要的是将对银行的组织管理结构进行实质性的变革。例如，银行管理主要包括组织结构和风险控制。从组织结构的优化和业务流程重组的角度看，传统银行在向前后整合式的电子银行模式过渡时，将会充分利用数据库、信息库和内部网站等信息技术为支撑，对现有业务流程进行重组，以实现组织结构的网络化、扁平化和柔性化。而这意味着传统银行在经营理念、经营战略、经营手段和管理方式等方面都将产生革命性的变化。

2. 银行精简分支机构的需要

目前，星罗棋布的分支机构及其数量庞大的人员，已成为不少传统银行沉重的负担，管理起来也很困难，减员增效只是迟早的事。

至2005年底止，德国银行业就业人数为69.3万人，Verdi工会的调查报告指出，德国银行业2006年裁员7 000余人，据2007年统计，过去6年内，全行业总裁员约8万之众。该工会预计，未来两年内，德国银行业将裁员8 000人左右。Steria Mmmert Consulting企业顾问公司也认为只有18.4%的银行将会在私人顾客部门增加员工，拟裁员的银行达43.9%。德累斯顿银行已制订裁员计划，拟至2009年初裁减职位1 860个。国内四大国有银行的机构人员也在不断精简，仅1998～2002年，四家银行精简机构约4.5万个(其中县支行约1 800个)，净减约25万人。2005年中国银行的裁员堪称大手笔，一年之内裁员5 200人，关闭141家分行。到2005年底，中国工商银行在全国范围内的裁员总数达到7.5万人。正如花旗银行总裁约翰·里德所说："如果有谁认为今天存在的一切都将永远真实存在，那么他就输定了。"正是电子银行可以依托无边无界的因特网，才为银行少设或精简分支机构提供了可能。

3. 银行降低经营成本的需要

面对通过网络迅速武装起来并轻装上阵的竞争对手，传统银行由于其经营模式相对呆板、固定投入庞大和人员众多等原因，相对成本过高，经营相对困难。例如，在美国，以传统银行、电话银行、自动柜员机和电子银行方式处理一笔业务的平均成本分别为1.07美元、0.54美元、0.27美元和0.10美元。换一句话说，电子银行和传统银行经营成本相当于经营收入的比例分别为15%和60%。普通银行每年要把收益的4.1%用于无息支出项目，而电子银行可以把这项支出所占的比例降至3%以下。根据经济合作与发展组织(OECD)的资料显示，从1984年到1996年，芬兰银行业由于大力推广电子银行支付系统，劳动生产率年均增长54%，而与此同时，银行业的就业机会也年均减少3.5%，在这12年中，银行业的就业人数已减少了超过1/3。美国银行家协会主席James Culberson也指出，不久美国半数以上的银行交易将在网上进行，而1/3的银行营业机构将会关门。

4. 发展电子银行有利于加强客户关系管理

目前，随着网络经济的快速发展和CRM的逐渐兴起，将可能出现客户期望值越来越高、忍耐度越来越低和个性化需求越来越大的趋势。据调查，美国一些公司平均流失50%客户，其中因服务原因而流失的占68%；一个有不满意体验的客户会把不好的体验告诉10～20人；反之，如果客户满意度有了5%的提高，企业的利润将增加一倍。平均而言，一家企业80%的利润是从20%的客户身上获得的。在网络经济时代，对于一家银行而言，最重要的不是资产，而是客户数量及其对银行的忠诚度。银行的发展取决于是否能做到使客户满意，使优质客户更满意。电子银行不仅有利于客户关系管理的动态化和细分化，而且还可以减少客户"过马路、排长队、看脸色"的不便或烦恼。通过电子银行加强客户关系管理，是现代银行不可或缺的发展客户的手段。

5. 银行应对业外竞争的需要

能够起到资金流转的媒介作用，是市场上银行的根本价值所在。而网络经济极大地降低了信息不对称程度，从而削弱了银行在市场价值链中的地位，降低了银行服务业的门槛，使得金融市场上的交易双方可以通过网络平台/门户网站的中介进行交易(脱媒现象)。如果传统银行通过及时向电子银行转化,可为其实行"以攻为守"的应对策略创造条件。电子银行可以更方便地开展全球化、多元化业务,也可以突破某些金融业务的固定领域,代理客户进行广告宣传、市场调研和资信调查等,反之,其结果只能是坐等市场份额被蚕食殆尽。

6.1.4 电子银行的发展历程和发展模式

1. 电子银行的发展历程

(1) 银行业务处理电子化

银行电子化最早是从柜台业务开始的,此阶段始于20世纪60年代中期,当时尽管计算机价格昂贵,但已具有了商业应用价值,银行开始将其引入业务领域。一些银行类应用软件的开发研制成功,使得通过电脑进行数据输入、输出和账务处理的效率大大提高,计算机进入了实际业务应用阶段。在此阶段内,建立了柜员联机系统,将银行包括对私人客户、公司客户和往来银行的交易进行电子化处理,尽量减少手工操作,提高劳动生产率,改善对客户的服务水平,降低银行的运行成本。但此时每笔业务数据的审核、确认和录入,还完全依靠银行职员的手工操作,数据输出的对象也是银行内部人员。

具体来说,柜员联机系统应能实现以下主要目标:

① 提高分析操作效率。通过采用联机柜员终端和管理终端,以简化交易处理,把键入的数据直接输入到计算机系统去处理。这不仅可以获得快速的联机响应,还可实现一次输入的数据供多次使用,可免除手工操作时的一些重复操作。

② 允许交易源分散分布。办法是将柜员终端的地理分布领域内所有的金融交易信息,都送到银行计算机系统进行集中处理。这样可以扩大银行服务的地理领域,以方便客户。

③ 采用高性能的计算机系统和通信网,用户接口要友好,从而使交易处理既方便又经济。

(2) 自助银行服务

到了20世纪80年代,网络信息技术的快速发展与成本的大幅降低,为银行业广泛推广应用网络信息技术提供了有利的条件,银行内部网络开始兴起。银行客户可以利用专线与其开户银行的专用内部网络连接,银行则向其重要客户提供专用软件和接口,从而使客户可以利用家中或公司里的PC机,进行相关数据的传输和交换。同时,随着银行将网络接线延伸到商业公司内部的财会部门和超级市场,ATM、POS开始普及使用。自助银行服务项目主要包括诸如ATM(自动柜员机)服务、POS(销售点)服务、HB(家庭银行)服务等。然而,这时能够利用银行内部网络的客户数量还较有限,费用也较大,银行升级其软件后,每一个客户都需要通过邮递等方法获得新的版本,自己或者在专业人员的指导下进行升级十分麻烦。

(3) 金融管理信息系统

20世纪90年代,互联网技术显示出了巨大的发展潜力,各主要金融机构开始上网建立自己的网站。此时,银行网站着重于业务广告宣传,并不涉及实质性的银行业务,其主要原因是浏览技术和网络传输安全性问题。银行除了向客户提供传统的金融业务服务,以及前述的新的自助银行劳务服务外,还能从各种金融交易中提取各种有用的信息,向客户提供各种能增值的金融信息服务。1994年马克·安德里森设计开发的NAVIGATOR浏览器和

RAS加密算法开始普遍采用,较有效地解决了这些问题。银行网站进入了在线业务信息查询阶段,不仅提供其金融活动信息,也为用户提供账务信息查询等服务,这是现代银行的一个实质性的变化,是银行真正进入电子银行时代的标志。

(4) 电子银行

随后,安全电子交易协议(Secure Electronic Transaction)和安全套接层(Secure Sockets Layer)技术开始形成,互联网技术逐渐在经济领域全面渗透,电子银行开始浮出水面。1995年出现了第一家办理网络支付和交易业务的电子银行。自此,电子银行发展速度异常惊人。

2. 电子银行的发展模式

目前电子银行主要有三种发展模式:第一种是完全建立在互联网上的电子银行,如美国安全第一网上银行;第二种是原有的银行建立一个独立的机构经营网上业务,如花旗银行;第三种是将现有的银行业务扩展到互联网上,建立一个不独立的网上机构,配备最强的人力和财力资源,拥有特别的授权以突破原有体制开展业务。

第一种发展模式的电子银行是纯电子银行。纯电子银行起源于1995年开业的美国安全第一网上银行(SFNB-Security First Network Bank)。SFNB本身就是一家银行,是为专门提供在线银行服务而成立的。纯电子银行也可称为"只有一个站点的银行",这类银行一般只有一个办公地址,既无分支机构,也没有营业网点,几乎所有业务都通过网上进行。对于现金收付、贷款监督与调查、客户投诉与纠纷处置等需要人工处理的业务,一般采取两种办法解决,一是委托代理机构,如邮政局、咨询公司、事务所等;二是通过ATM机、数据仓库与数据挖掘、合同风险明示等技术手段解决。

第二种发展模式的电子银行,统称为网络分支银行。网络分支银行是原有的银行与网络信息技术相结合的结果,原有银行利用互联网作为新的服务手段,建立银行站点,提供在线服务。其网上站点相当于它的一个分支银行或营业部,既为其他非网上分支机构提供辅助服务,如账务查询、划转等,也单独开展业务,但其业务方式和侧重点不同,一些必须依赖于手工操作的业务需要依托于传统的分支机构。这种形式的电子银行占了电子银行总数的90%以上。

发展电子银行还可以采取实体银行与虚拟银行配合的策略。要把分行网点、自助银行与客户呼叫服务中心统一起来考虑,利用实体银行的资源优势推广电子银行业务。还可考虑采取与其他机构合作的方式,联合开展电子商务和电子银行业务。一是与金融机构合作,如费城银行与一家互联网借款人网络公司合作,成功推出在线贷款服务;二是跨行业合作,如美国第一银行与一家互联网搜索引擎公司合作,在一个门户网站上建立一个结合双方品牌、提供全方位服务的金融中心(类似招行与新浪网的合作)。

6.1.5 电子银行的发展趋势

随着信息网络技术的发展,电子金融服务逐渐成为一种新的时尚,并使银行与客户之间的传统关系开始发生动摇。银行与客户之间的交易通过电话、电脑和ATM等电子技术手段进行,"多媒体银行"成为一种发展趋势。这种所谓的"多媒体银行",既不需要分行,也不需要出纳员,并且能够给消费者提供更加广泛和便捷的金融服务,如信用卡、支付账单、保险、投资和经纪等等,所有信息都在交易发生的真实时点被记录。它与传统银行相比不仅具有极大的便利优势,还具有成本优势。传统银行在向多媒体银行的演变过程中,呈现以下几种趋势。

1. 普及ATM和电话服务

这是一种最基本的发展方向,在发达国家,大部分任务已经完成。很大数量的消费者已开始使用电话、ATM和邮件来处理他们大部分的金融事务。如美国40%以上的共同基金通过电话和邮件来分售,所有银行交易的57%发生在营业部之外,其中20%通过电话,31%通过ATM,有近20%的消费者光顾银行分支机构的次数已经平均每月不到一次。一些欧洲银行已利用ATM和电话等成立了多种远途服务的直接银行。在美国,共同基金公司正在朝"虚拟银行"的方向发展。Fidelity和Schwab提供24小时通过电话和电脑的各种金融服务,如交易账户、账单支付、支票清算、广泛的投资产品等。这两家银行公司还同时提供一些"微型分行"(Micro-branches)网络,以满足那些在远程服务基础上还寻求实实在在可触摸感受的消费者的需要。

甚至许多不通过银行账户的业务也正在被ATM吸引。例如,银行、公司和政府使用借记卡发放工资和福利。美国一家市场调研公司的数据显示,2010年,22%的未开立银行账户的家庭是通过ATM获得工资和福利的。

ATM提供附加功能的机会也不可忽视。2007年由Harris Interactive公司做的一项调查显示,美国现有ATM用户中有一半愿意使用ATM购买邮票;近48%的用户愿意用其来兑现支票;36%的用户愿意用其来购买车票或观看体育赛事的门票。

截至2005年底,美国共计布放396 000台ATM机,较2003年和1998年分别增长10%和421%,近四年年均增长率4%。2005年,平均每台ATM为749名美国人提供服务;2003年,据Green Sheet公司的统计,美国本土每台ATM可为833名美国人提供服务。美国网络机构Cirrus的ATM布点在全球达890 000台,其中,国内352 000台,受理标识卡数量在全球超过10亿张,美国本土超过5亿张。PLUS的ATM布点在全球达810 000台,受理标识卡数量超过1.5亿张。

2007年,中国的ATM保有量为13.8万台,市场规模为全球第四。2011年,中国ATM市场规模已突破20万台。

2. 提供综合性质的"在线网络金融服务"

这是一种基于互联网应用和电子商务活动发展起来的金融服务方式,它以个人电脑为管理工具中心,结合在线网络信息服务,从而具有互动性、集成性和异地性等特点,如Prodigy和America OnLine等提供的金融信息服务。这种发展趋势已进入加速阶段,从而导致传统银行业一方面面临多媒体银行的直接威胁,另一方面还经常受到来自于非金融机构利用在线方式提供金融服务的威胁,如微软公司、第一数据公司、ADP公司等都在进军金融业,信用卡公司、银行、软件商和其他信息企业等也开始结盟。一系列崭新的面孔层出不穷,例如Mondex、First Virtual、Digicash和CyberCash等,都已经出现并提供金融服务和电子支付。在线银行业务并不局限于异地转账,例如使用Intuit公司的Quicken软件程序的一千多万用户,他们除了银行业务如支付结算、开立储蓄账户外,还经常询问交易所行情,这类用户每年增加30%左右。

3. 出现网上"数字现金"和多渠道的电子金融服务方式

数字现金的使用将是最根本的一次革命,它将导致纯"电子货币"的产生和流行。数字现金的广泛使用将使分行不再必要，自动柜员机也不必塞满现金，消费者在家里便可舒适和安全地通过电话、传真、电脑或专用终端等得到数字货币。商业银行要适应这个趋势，必须迅速进行战略调整。

我国的电子银行业务滞后于西方发达国家，但是各大商业银行在各项电子银行业务的发展也非常迅速。而且在开放的金融条件下，随着金融行业竞争程度的激烈化，电子银行服务的质量和内容将直接影响着我国银行业的发展，成为影响银行业核心竞争力的重要因素。

6.2 电子银行的业务及特征

6.2.1 电子银行的业务构成

一个完整的电子商务环境包括客户、商家、认证中心、金融机构（交易双方的银行）和政府管理机构。电子银行一般包括三个要素：互联网或其他电子通信网络；基于电子通信的金融服务提供者；基于电子通信的金融服务消费者。网上交易分为交易环节和支付环节。交易环节是在客户与销售商之间完成的；而支付环节必须有银行作为中介机构提供金融服务。电子银行提供的金融服务一般有网上支付（首要的基本功能）、个人财务管理、公司会计账务管理、网上证券交易、委托投资、发布信息和咨询等。

目前电子银行的服务可归纳为三类：

1. 商业银行服务以及证券清算、外币业务、信息咨询、消费信贷等新型商业银行服务

电子银行除提供传统的商业银行服务项目，如转账结算、汇兑、代理公共收费、发放工资、查询个人账户等以外，还提供许多新增的业务，如证券清算，即完成证券公司与交易所之间、证券公司各营业部之间及保证金账户与储蓄账户之间的资金清算业务、外币业务、消费信贷如住房按揭等。

2. 在线支付

这是电子银行开展网上金融服务最重要的一部分。电子商务的交易通过电子银行进行在线支付，包括商家对客户(B2C)商务模式下的购物、订票、证券买卖等零售交易，也包括商家对商家(B2B)商务模式下的网上采购等批发交易以及金融机构间的资金融通和清算。

3. 新的业务领域

由于网上信息传递的全面、迅速和方便，电子银行还开辟了多种新业务，比如集团客户通过电子银行查询子公司的账户余额和交易信息，在签订多边协议的基础上实现集团公司内部的资金调度与划拨，提供财务信息咨询、账户管理等理财服务，还可以进行中际收支早报、发放电子信用证、开展数据统计等。

6.2.2 电子银行业务的特点

1. 安全可靠

中国工商银行电子银行业务在网络安全上采用了国际上最先进的防黑客技术，软件使用了 5 级先进的加密校验技术，企业在使用网上银行办理业务时能够看得见的防范措施还有读卡器、客户证书及其密码，个人通过注册卡号及密码登录，网上付款时还可以使用个人客户证书（个人电子签章），并且可以自主申请 e 通卡进行网上购物，中国工商银行的数百名

工程师对网站进行管理、维护和监控。客户完全可以解除资金是否安全的忧虑。

2. 方便实用

客户自己可以随时查询账户的余额、当日明细和历史明细等详细信息，查看某笔款项是否到账，不但可以根据各种情况下载有关数据，还可打印出电子回单作为临时入账的凭证。即使是非银行工作日或者是非银行工作时间都可以进行账务对账和转账结算，也就是说电子银行业务真正实现了7×24小时的银行服务。

3. 结算快捷

无论是收款还是付款，无论是本地还是全国异地，只要对方在中国工商银行开户，客户都可以在瞬间完成结算工作，对方如果在其他银行开户，客户在网上发出付款指令后，银行将由专人为客户办理，结算方便快捷。

4. 强化管理

对于大客户特别是集团客户，能够通过企业网上银行监控分支机构的账户，进行资金的双向调拨或横向调拨，提高了资金的使用效率，这是网上银行推出的优势项目。全国的一些大集团、大客户为了强化自身的财务管理，将其下属的所有分支机构全部通过网上银行进行管理，加快了资金的回笼速度，有效地降低了资金的闲置，能够做到集中资金办大事。

5. 降低费用

客户开通电子银行业务以后，不必每笔结算业务都要跑银行，可以节省大量的人工、车辆等费用；还节省了支票等票据的费用；网上银行自主理财的功能给客户提供了很好的资金调度手段，减少了一些不必要的财务损耗，客户的财务费用也相应大大降低。

6. 提高形象

客户开通电子银行还可以在自己的客户群体当中树立现代的、先进的形象，在e时代一展身手，为自身业务的开拓发展提供强有力的帮助。

电子银行业务的重点产品有两项：电话银行和网上银行。电子银行的最大特点就是客户能够实现自助服务，即客户不必每笔业务都要跑到银行来办理，可以随时随地通过电子银行提供的产品和方式，自己来进行交易、查询和控制，真正实现“足不出户，自主理财”的现代理念。

6.2.3 电子银行主要支付方式

1. 间接信用卡付款，如CYBERCASH需要客户填写姓名与信用卡号码。买主不需要在第三者那里设立账户，只需将信用卡数据输入即可。招行目前的“一网通”即是以银行卡间接支付。

2. 电子现金，又称虚拟货币。如DIGICASH使用户在网上购物时不必输入信用卡号码就能付款，即将实际货币转换成DIGICASH付款，商户收到电子货币后再转为实际货币存入银行。

3. 以电子邮件技术为基础，在网上设置虚拟POS，代企业收款。

4. IC卡，既可直接付款，又不需在网上直接输入信用卡号码。法国银行卡协会正在推出CYBER-COMM支付系统，客户在各种固定上网终端和移动电话上，都使用IC信用卡作为支付工具，达到既安全又快捷的效果。

6.2.4 电子银行的功能

电子银行的设想是通过因特网的国际互联为客户提供零售和批发的全方位银行业务。

电子银行主要包括银行业务运作和管理两个部分，再由各业务模块的子系统贯通实施：开户业务模块负责受理开、闭户档案管理；授权业务模块负责在各种情况下的支付授权、授权记录管理；支付业务模块负责客户的资金支付、控制和记录管理；清算业务模块负责辖内、外跨行的资金清算及往来账目核销，最后生成各方需求的对账单；系统管理业务模块管理各项业务参数、网上"黑名单"、安全与风险控制，还有报表管理、稽核管理。电子银行的整个业务都将突出面向监控和实时自控风险应急处置。一般来说，电子银行具有以下四大功能：

1. 访问功能

银行雇员和客户之间可以通过 E-mail 相互联络。客户可以在他们方便的任何时候——无论是 8 小时之内还是银行歇业之后，向银行咨询、查询信息。

2. 展示功能

主页提供了银行展示和被访问界面。现在全世界已有 400 家金融机构有了自己的主页，内容包括行史、业务范围、服务项目和经营理念等。

3. 综合功能

为客户提供各种服务、信息，并处理客户的报表等。

4. 超越地域限制功能

客户可以在家里享受银行的全方位服务，服务的质量与银行为你专门派设客户经理没有差别，也许更好。

电子银行没有围墙，一步到位地成为跨国银行，世界各地的居民都是电子银行的潜在客户，全世界的人都可以通过因特网向电子银行购买服务。通过计算机互联网进行金融交易的电子银行，具有费用开支少、业务市场大、服务功能全等特点。电子银行还可以使客户足不出户，在家中便可自行处理银行账务。这就大大节约了客户的时间和交通费用，也减轻了社会的交通压力，这种经济效益是巨大的。电子银行的出现，适应了当今银行业电子化的发展趋势，有利于银行由传统增设分支机构的粗放式经营转向依靠科技进步的投资效率型经营。电子银行的出现取决于计算机技术，尤其是通信技术的进步。不难想象，每一个昼夜工作的自动取款机，都是由银行总部通信网络连接的计算机终端；人们每一次取现金或查账，享受的是计算机运作和网络连接的通信服务。信息技术直接推动的电信产业化，在第一个层面上是(有线和无线)电话、有线电视、互联网和卫星通信的结合；在第二层面上是通信与计算机运作、新闻媒体和文化产业的三 C 结合；第三个层面则是通信与商业和金融产业的结合，通过有线电视或卫星电视频道或互联网买东西、上保险、交电话费、银行储蓄、结转账等。目前，世界各国都在积极推动这种结合的发展。随着电子银行的逐步成熟和推广，它也将会使根植于人们大脑中的银行概念脱胎换骨，一种全新的银行理念正在形成——坐在家中操作鼠标和键盘，银行就出现在你的眼前。

6.2.5　电子银行的特征

1. 没有分支机构

电子银行依托无边无界的因特网，不用设任何分支机构，其触角就可以伸向世界的每一个角落。如前所述，花旗银行公司总裁约翰·里德说："如果有谁认为今天存在的一切都将永远真实存在，那么他就输定了。"正是这个信条激励里德与旅行者集团公司联合组建了银行业中一个庞大的集团，该集团拥有 1 124 个分支机构，并在一百多个国家设立了代表机构。但是，电子银行不在任何国家开办任何分支机构。成立已经两年的美国一家电子银行只存在于因特网上，它的总部就是设在得克萨斯州休斯敦一间办公室的一个5.25英寸硬盘驱动器，职员们的工作地点却远在佐治亚州阿尔法雷塔的一个工业园内，在其总裁格兰姆看来，那些让里德引以为自豪的遍布全球的代表机构只不过是套在银行家脖子上的沉重负担；建楼用的砖石砂浆需要资金支出，雇用出纳员同样需要资金支出。经美国一家咨询公司计算，由银行出纳员经手的每笔交易所需费用为1.07美元；相比之下，在因特网上进行一笔交易所需要费用仅3美分至4美分。因此，电子银行的出现给传统银行业带来了剧变，过去增设分支机构曾经是银行聚集廉价存款的极富竞争力的工具，目前却正在变成耗资巨大的包袱。电子银行可以设在非黄金地段的廉价房子里，雇用极少的职员，从而大大降低了经营费用。此外，随着全球经济一体化步伐的加快，电子银行比传统银行将更容易开展跨国界业务。

2. 低廉的成本优势，高额的回报

尽管电子银行也不得不支付相当的费用在因特网上做广告，但电子银行在费用方面还是拥有优势。普通银行每年要把收益的4.1%用于无息支出项目，而电子银行可以把这项支出所占的比例降至3%以下。目前美国亚特兰大因特网银行已把此项支出所占比例降至2.7%，以后还很可能降至2%。另一方面，电子银行的储户往往是结存额较高的储户，这对电子银行的发展有所助益。美国一家咨询公司提供的数字表明，电子银行储户的家庭平均收入为8万美元，这个数字相当于其他储户平均收入的3～4倍。因此，电子银行可以将节省下来的费用部分地返还给储户。花旗银行的储户必须在活期存款账户上有6万美金的余额，才能获得1%的利息。而电子银行规定的最低限额是100美元，存款所付利息为4%。花旗银行一年定期存款的利息为4.8%，而电子银行为6%。网上的用户被高额利息吸引住了，美国电子银行的存款额正以每月19%的速度递增加。

3. “三A”服务

随着网络化时代的到来，银行的变化将更为迅速，日益自由化、全球化的经济金融环境将在强化银行业务的全能化、垄断化、竞争白热化、国际化、信息化的基础上，更加迅速地动摇传统的银行观念。一家大银行可能没有任何分支网点，没有豪华的办公大楼，没有宽大明亮、井然有序的营业大厅，更没有朝您微笑为您服务的职员，您面对的可能是马路边上的一台机器，或您家中的一部电话、一个POS机、一台电脑，借助它们，您就能办理过去您必须过马路、排长队、看服务小姐脸色才能办好的一切金融业务，这就是电子银行。这种银行与我们现在所接触的银行在形式上完全不同，它是借助网上的电子运动去完成有关的金融交易过程，由于这种电子运动的物理形态我们很难用普通的肉眼跟踪，往往看不见，摸不着，因此，我们有时也称这种银行为“虚拟银行”。但事实上，这种银行又是实实在在的银行，它与现在的银行一样，能为您办理您所需办理的一切金融业务。电子银行借助网络优势，利用网络化技术把自己与客户连接起来，在有关安全设施的保护下，客户可在任何地方(包括家中)自己办好自己的金融业务，因此，它比现在的银行提供的业务更多、更快、更好、更方便，它不受时间、地点、业务的限制，客户可以随时随地在不同的计算机终端上上网去申请和办理银行业务，它的功能和优势远远超出电话银行，也无需自助银行和无人银行的固定场所，它是一种能在任何时间(Anytime)、任何地方(Anywhere)，以任何方式(Anyhow)提供服务的银行，因此可称之为“三A银行”。

6.3 电子银行的体系结构

经过半个多世纪的努力，全球银行界推出各种电子银行系统，这些电子银行系统构成了完整的电子银行体系。无论对银行还是对整个国民经济的发展来说，电子银行体系的建设都是至关重要的。随着新技术的不断应用与银行业务的拓展，电子银行的体系结构逐渐从较为简单的形式演变为较为复杂的体系，并不断地发展完善着。

6.3.1 完善电子银行体系结构的重要性

在电子银行时代，电子银行系统是银行赖以生存和发展的基础；电子银行系统的推广应用，还促进了整个国民经济的快速健康发展，这些都已是不争的事实。但是，电子银行系统的建立和发展，也给银行业和整个国民经济带来新的巨大风险。

各种银行网络和 Internet 的发展，使银行的支付服务和信息服务深入到社会的各个领域，从而大大方便了客户，也给银行业带来了新的机遇和巨大的竞争与改革压力，还使电子银行系统的安全变得更加复杂化。如果电子银行的体系结构存在严重缺陷，在电子银行系统的设计、集成和操作运营管理中疏于风险防范的话，其负面效应所形成的破坏力是难以估量的。当一个银行连上互联网，面对无限的信息和商机的时候，也将自己暴露于竞争对手和蓄意破坏者的视线之内。电子银行体系的不完善，电子银行系统的任何缺陷和不安全因素，都会使银行面临巨大的风险，以至给银行业和整个国民经济带来巨大损失。一个重要的电子银行系统一旦崩溃，还可能使整个国家以至全球的支付体系陷于瘫痪。

发展中国家，特别是经济处于快速发展的发展中国家，在其经济快速发展的某个阶段，将处于金融风险高峰期。在这一时期，建立了一些电子支付系统，某种程度上促进了全国性和地区性的金融一体化，但还存在若干严重缺陷，如在建立电子支付系统过程中，没有适时地建立相应的金融信息系统，更没有建立完善的金融监控系统。这时，一旦出现较大的国际金融投机活动，就可能引发金融危机，1997 年出现的东南亚金融危机就同这种因素有关。因此，发展中国家在开始进行银行电子化建设的时候，就应该特别注意完善自己的电子银行体系结构。时至今日，欧美发达国家已经建立了相当完善的电子银行体系。这些国家在支付体系的基础上，不失时机地建立了各种信息管理系统、决策支持系统和完善的金融监控体系，为国民经济的健康发展提供有效的服务，并实时地监控着整个国民经济的运行情况，一旦发现国民经济运行中出现某种问题，就可及时采取对应措施，防范各种金融风险于未然。

总之，金融电子化是国民经济信息化的基础，它将有力地促进整个国民经济的健康快速发展。与此同时，电子银行体系的合理性和完整性，直接影响到电子银行的安全，它不仅直接关系到金融机构的生存和经营竞争的成败，也与国民经济健康发展息息相关。鉴于电子银行系统是银行赖以生存和发展的基础，对国民经济发展具有重大意义，包括我国在内的世界各国，一直在不断地投入巨资，旨在提高银行电子化水平和完善电子银行体系。

6.3.2 电子银行的体系结构

1. 电子银行的系统构成

电子银行是由 EFT 系统发展起来的，因此其基本结构也与 EFT 系统类似。图 6－1 为

EFT 系统的业务架构。

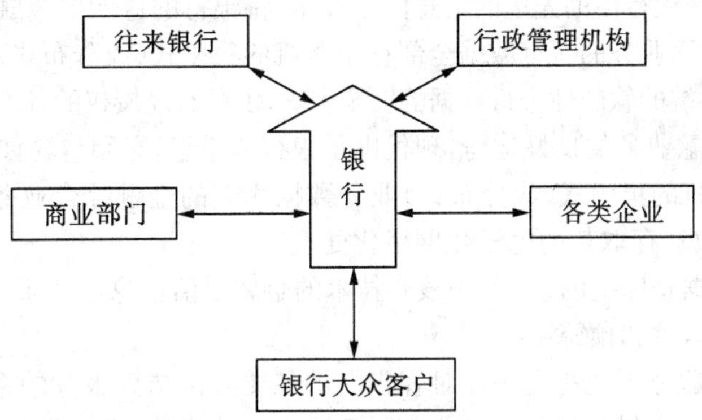

图 6-1 EFT 系统的业务架构

EFT 系统是银行与下述主要五种客户之间进行数据通信的一种电子系统。这五种客户分别为国内外的行政管理机构，国内外的往来银行和其他金融机构，包括制造业和服务业在内的各类企业，零售业和批发业的商业部门，消费者等银行大众客户。EFT 系统主要用于传输与金融交易有关的电子货币和相关的指令信息，并且借助网络为客户提供支付结算服务。

采用 EFT 系统以及银行信用卡系统后，银行如果想为客户进行资金转账或将客户的资金从一个地方转汇到另一个地方，只需采用电子处理方法，而不必用传统的纸币和票证就可以完成。比如，应用结算 POS 系统，人们可以方便地采用信用卡在商场当地付账消费，POS 就像银行的柜台一样。由于 EFT 系统能为客户提供优质服务，一经推出，它就以极快的速度获得发展。随着银行电子化和信息化的发展，EFT 系统正逐步发展完善成既能提供电子资金转账又能提供信息增值服务的电子银行系统。

在面临全球金融一体化的环境里，银行业内的竞争及银行业与其他行业的竞争也日益加剧。银行为加强竞争能力，在积极进行银行电子化建设的同时，也不断地拓展自身的业务领域，以构筑现代的电子银行体系。结合对发达国家现代银行体系的综合分析，电子银行一般应该具备如图 6-2 所示的金融信息和交易体系。

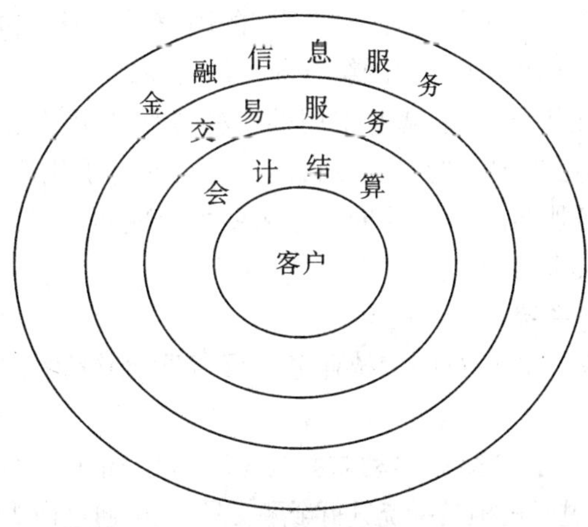

图 6-2 电子银行的金融信息和交易体系

该体系的核心是客户，第二层是会计结算，第三层是包含支付结算在内的交易服务，最外层是金融信息服务。银行借助先进的信息网络技术，将银行的这四层金融业务充分集成在一起，可把涉及四个方面业务的所有数据全部存于联机的集中式(或分布式)业务数据库和数据仓库里，通过设置尖端的软硬件进行数据的安全保护，由所有经授权的各方进行存取。

为保证上述金融业务的良好运行，现代电子银行体系里，必须包含如下三类系统。

(1) 建立在联机的集中式(或分布式)业务数据库上的金融综合业务服务系统(即银行传统业务如支付结算、存取款的电子化网络化处理)。

(2) 建立在数据仓库上的以 IT 为核心技术的金融增值信息服务系统。

(3) 金融安全监控和预警系统。

金融综合业务服务系统是金融业对客户提供各类支付结算服务的系统，是其他两类系统的基础。除向客户提供传统的金融业务服务如支付结算外，还提供新的自助银行劳务服务，如自动柜员机(ATM)，自助银行终端等金融综合业务服务系统的推广应用，极大加强了银行的信用中介作用。

金融信息增值服务是在金融综合业务服务系统基础上建立起来的金融信息服务系统。它采用 IT 和数据挖掘技术，对各种金融交易数据进行归并、统计和分析，从金融交易数据中提取各种有用的信息，既为银行的经营管理提供决策支持服务，同时向客户提供各种帮助客户理财的信息增值与个性化服务。

金融安全监控和预警系统是保障上述两类系统安全、正常运行的独立安全保障系统。电子银行系统是建立在电子网络与电子业务工具基础上的，其信息传输和处理过程，伴随资金转移，数据处理必须保证正确、完整、安全与即时，整个操作和处理过程都必须在严格的监控下进行。随着银行应用的电子信息设备越来越多，越来越复杂，银行工作人员与客户均越来越依赖这些电子信息设备，因为网络的瘫痪或电子辅助工具的故障，常常带来几乎整个银行业务系统的瘫痪，因此银行建立金融安全监控和预警系统显得日益重要与必要。

2. 电子银行的金融综合业务服务系统的体系结构设计

电子银行的金融综合业务服务系统是银行对各类客户提供包括支付结算服务在内的各种传统金融业务的系统，是其他两类系统的基础，是电子银行最重要的组成部分之一，也是目前国内商业银行正在建设完善的内容。在不同的国家，根据经济规模、经济发展水平及公民文化素质等诸多不同，可以采用不同的综合业务服务系统体系架构。

图 6 - 3 所示是目前国际银行业普遍采用的一种典型的电子银行金融综合业务服务系统的体系结构解决方案，可为中国的银行业目前正进行的电子化建设提供很好的借鉴作用。

电子银行的综合业务服务系统按面向对象主要可分成面向客户、面向往来银行、网络银行和银行内部管理四大类业务系统。

(1) 面向客户的业务系统

面向客户的业务系统负责银行的传统业务开展，又可细分为零售业务系统、商业业务系统和批发业务系统三类。

零售业务系统包括联机柜员系统、自动取款机(CD)/自动柜员机(ATM)系统和家庭银行系统。客户可到银行柜台通过联机柜员系统进行金融交易，也可通过街头的 CD 和 ATM 系统进行存取款和转账交易，也可以在家里或办公室用电话和微机通过家庭银行系统进行金融交易。

商业业务系统主要表现为销售点电子资金转账(EFT-POS)系统。消费者在特约商店

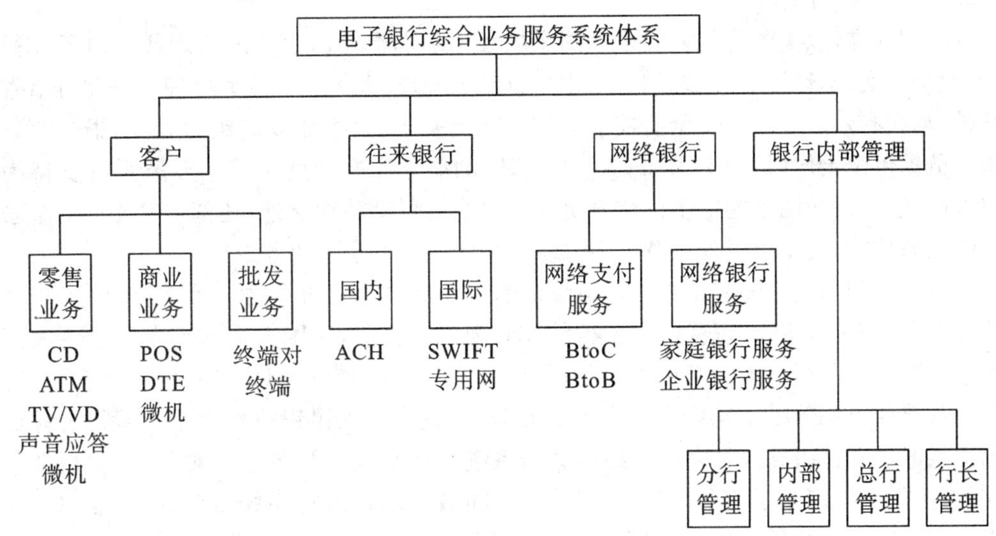

图 6-3　电子银行金融综合业务服务系统的体系结构

和其他消费场所的消费和购物，可以通过系统中的 POS 终端、数据终端或微机等设备，在销售点处实现电子转账，完成商务的支付与结算，极大地方便了消费者的消费。

批发业务系统，主要是指有较大资金业务的企事业单位与银行联机的企业银行系统，相当于银行在企业的财务办公室里专门设置了银行办事处。企事业单位通过专门的财务联网终端对终端的方式或企业的财务服务器与银行主机联机的方式进行金融交易业务处理，完成资金的转账及查询业务。

通过上述三种面向客户的电子银行系统，银行借助通信网络可把对客户的支付结算服务和金融信息增值服务从银行柜台延伸到各个企事业单位、商店、消费场所和家庭。

(2) 面向往来银行的业务系统

该系统完成国内银行之间的金融交易，例如结算业务。这个子系统主要通过 ACH(自动清算所)系统和各种国内电子汇兑系统完成，同国外往来银行的金融交易则通过 SWIFT 网络或其他专用金融网络进行。

(3) 网络银行系统

这是 20 世纪 90 年代中期基于 Internet 的普及应用才逐渐开始发展起来的网上金融交易服务系统，主要包括为电子商务提供的网络支付服务和为广大客户提供的网络银行服务，当然有的网络银行服务中也包括网络支付与结算服务。网络支付服务主要包含 B2C 和 B2B 两类支付服务。网络银行服务主要通过 Internet 为客户提供家庭银行(或个人网络银行)服务和企业银行服务。

(4) 银行内部管理系统

银行内部管理系统主要包括行长管理系统、总行管理系统、内部管理系统和分行管理系统等。设置这部分的目的是，伴随银行业务处理的电子化与信息化进程，银行的业务领域与开展规模日益庞大、复杂，这必须由高效的、科学的、现代化的银行内部管理系统来保证银行各项业务的顺利、安全、可靠运转。因此，银行内部管理系统也是现代电子银行的重要组成部分。

3. 电子银行的发展实例

发展到现在,以美国为代表的发达国家的银行基本上均已建设成为现代的电子银行系统,不但全面实现日常业务系统的电子化与自动化处理,大大提高业务处理效率并且节省大量开销,都在有效的统一的安全监控下运作。在此基础上,都能以向银行客户、银行业务与管理人员提供全天候(每周 7 天,每天 24 小时)的服务和有辅助决策的专家系统支持为特色。因此,这些发达国家的电子银行系统除了具有支付结算功能外,还都包含相应的金融信息增值服务功能,且正积极开展基于 Internet 平台的网络金融业务。

这方面美国与瑞士的电子银行体系发展水平是世界领先的,例如美国花旗银行、美洲银行等。我国也在加紧进行现代电子银行的体系建设。目前,中国人民银行在联合各大商业银行和全国电子联行系统的基础上,建立了中国国家金融通信网(CNFN)与中国国家现代化支付系统(CNAPS)。CNAPS 运行在 CNFN 上,是中国人民银行作为中央银行为各金融机构提供电子支付服务并且完成最终结算的系统。该系统主要包括大额实时支付、批量电子支付、银行卡授权电子支付、政府证券簿记、同城自动化清算系统等应用系统。CNAPS 建立后,它与各商业银行的电子银行系统一起,将构成我国电子银行体系的基础。

6.4 自助银行系统

6.4.1 自助银行的概念与特点

1. 概念

世界上一个真正的无人服务银行是 1972 年 3 月在美国俄亥俄州哥伦布市开设的亨奇顿国民银行总行。这种新型的银行自动服务的诞生,为客户提供了跨越时空限制的多功能银行服务,也为客户创造了一个良好的自我服务环境。

1997 年初,中国银行上海市分行设在虹桥开发区的中国第一家高科技、现代化水准的无人银行(Unmanned Banking)诞生了。它标志着我国无人银行的研究已从理论研究和技术准备阶段转向实现阶段。

目前,国外各大银行都已推出了不同规模层次的无人银行,客户通过银行提供的电子设备,一天 24 小时之内都可完成银行柜台作业的交易,包括基本的存现和提现、申请自动保管箱、转账、对账单打印、利率汇率查询、账户余额查询、公共服务缴费、个人支票、旅行支票、代付账款等。通过无人银行还可实现客户理财咨询、贷款咨询及试算、视讯金融咨询服务等功能。自助银行已成为衡量商业银行现代化水平的重要标志之一。

自助银行一般可描述为:能让银行以自动形式去处理传统办事处网点的柜台作业交易,它通过电子自动化设备来提供金融服务,使银行客户于一天 24 小时之内,在没有银行人员协助的情况下,随时能以自助方式来完成某些柜台业务交易。它应该是一个全功能的银行业务网点,即它不仅能处理传统办事处网点的业务,还可以提供其他传统办事处网点没有的业务。

例如,上海虹桥开发区的自助银行,客户可以凭借在上海市银行联网的信用卡,以自助的形式,通过 ATM 进行存款、取款、转账、查询余额;利用触摸式多媒体计算机了解各种汇率、利率以及其他金融信息;设有 168 只可以完全由客户自己操作的保管箱,客户凭卡打开大门,如你再按自己的密码,计算机会告诉你进入第几室,10 秒钟内客户的银箱就会循暗道来到桌旁,让客户安心理财。

目前,国外流行两种不同形式的自助银行营业网点。一种是在现有的银行分支营业大厅内划分一个无人银行服务区域,放置各种电子自动化设备,提供自助银行服务。另一种是与银行分支行或办事处网点完全分割开来的独立网点,它是银行扩张营业网点的一种办法。自助银行独立网点不仅能节省银行开设办事处网点的成本,还可以扩大其影响。

2. 特点

(1) 自助银行是全天候服务,对客户提供自动化服务。所以从系统设计、管理、运行以及账务处理等方面将其当成是一个无人值守、无人服务的储蓄网点。

(2) 利用计算机网络技术及银行业务自动化设备向客户提供自助式服务,实现银行服务的开放化、自助化、无纸化、网络化,以满足不断变化的市场及客户需求,吸引更多的客户。

(3) 客户自助服务将会推动客户理财服务,强化客户与银行的关系,使银行经营更具特色。

(4) 自助银行的所有金融交易均采用联机实时交易方式,以保证系统交易的安全性与完整性。

(5) 自助银行系统内以及与分行监控中心和分机主机之间的数据流与信息流既包括金融交易信息,也包括大量非金融交易信息,如系统监控信息、统计信息、管理信息。数据流与信息流的处理能做到及时畅通。

6.4.2 自助银行的构成与服务

1. 构成

通常,一个功能较为齐备的自助银行的配置包括:

(1) 自动柜员机(ATM)。

(2) 自动出钞机(Automatic Cash Dispenser)。

(3) 现金存款机(Cash Exchange Machine)。现金存款机的特色是能够对钞票作检验,并及时将金额记入客户账户,为客户提供很大方便。与传统的ATM要隔一天才能处理存款交易的方式不同,它能及时入账,能给客户以安全感。

(4) 外币汇兑机(Foreign Exchange Machine)。自动外币汇兑机不仅可以方便游客,还可获取一定收益。如香港每次交易收取40港币的手续费,另外从外汇的买卖差价中也可赚取利润,同时它也是吸收外汇的一种途径。

(5) 自动存折补登机(Automatic Passbook Utility Machine)。它是一种方便客户存折更新需要的自助服务终端设备。

(6) 账户查询服务终端(Account Inquiry Terminal)。

(7) 公共事务缴费服务机(Public Utility Terminal)。

(8) 电话银行系统(Telephone Banking System)。

(9) 自动保管系统(Automatic Safe Deposit Locker System)。自动保管箱由金库安全壁、整理室隔间、移载机、保管箱存储架、整理室搬送机、检修专用门、前室卡片读入器等构成。客户只需将保管箱卡片插入输入装置,并输入密码,保管箱就会自动从金库传到指定的整理室,使用完毕后又自动返回金库收藏。

(10) 夜间金库(Night Deposit)。它方便客户在夜间将钱存入银行。它提供两种存款方式:一是信封投放,这种方式无需钥匙;二是钱袋投放,客户要用钥匙打开钱袋投入口,存入钱袋。

(11) 多媒体查询系统(Multi-media Service Inquiry)。

(12) IC卡圈存圈提机。为作电子钱包和现金卡用的IC卡提供存取款服务。

2. 服务

自助银行的服务种类繁多,可以按其性质分为以下类别:

(1) 交易服务。指一般的柜员功能,包括银行各种金融卡的提现、存款、更改密码等;各类转账、账户资料查询;补登存折;对账单打印;夜间金库等服务。

(2) 销售交易。此类服务功能可以帮助银行吸纳更多的客户。此类服务包括信用卡贷款、信用卡购物消费、新开户申请、支票申请、信用卡申请、银行业务介绍及查询等。

(3) 客户服务。主要指为客户提供方便的一些辅助服务,如公用事业缴费、理财试算服务、自动保管箱服务、金融顾问服务及信用卡缴费等。

(4) 资讯服务。为客户提供金融信息,让客户享受高质量的金融附加服务,如金融市场行情、汇率、利率、股市行情、房产销售情报及热点购物信息等。

6.4.3 自助银行的发展趋势

自从自助银行应用以来,随着计算机技术、通信与网络技术的发展,提供24小时服务的自助银行出现了与各种电子银行自助服务终端融合的发展趋势。尤其从20世纪90年代开始,出现了一些利用信息技术、安全性能高的自助银行,主要发展趋势如下:

1. 开发功能更加齐全的无人自助银行

如NCR研发的一种"无人银行"的新产品,通过战略性的系统解决方案,它可以作为自助服务终端,能帮助用户进行各种银行交易,包括快速存款、取款、付账、打印月结单、IC卡业务、补登存折、兑现支票,还可以购买彩券、邮票或电话卡等。特别值得指出的是,NCR的"无人银行"在功能强大的硬件平台上,还能帮助用户构建各种极具竞争力的系统管理软件方案,为银行的发展提供决策支持。

2. 提供安全性更高的无人自助银行

如将视网膜识别系统与新颖的ATM系列终端集成无人银行与自助银行。该产品利用用户的视网膜信息取代常规密码方式,由于全球几十亿人的视网膜都不相同,从而这种设备较PIN对用户更安全、可靠。用户只需把卡插入,安装在终端上的照相机即可照出眼睛的色彩部分,即视网膜。如果张大眼睛的视网膜数据与银行的记录相符,则ATM将允许即时存取个人银行账户而无需个人识别号。

3. 提供"个性化"服务的无人自助银行

如NCR与合作伙伴挪威联合银行联合策划、设计和设置的"明日银行"。客户一旦步入这家银行,该客户便被作为特殊的个人对待。通过终端扫描其银行卡,便会给出一个特别编号的排队票,该票直接与银行的数据仓库连接,瞬时识别用户,并送出一条是谁在等待的信息,根据对用户的分析,在视频屏幕上显示出按照用户剪裁的广告。比如在数据仓库储存的交易表明,用户已申请一项抵押,屏幕上就可能出现一个家庭保险的广告。用户喜欢这种同样在柜台旁边一对一的交易关系,同时银行也随时拥有同一用户的信息。整个过程不用纸和笔,用户在电子键盘上与银行达成协议。挪威联合银行估计,仅表格一项每年就可节省1 000万美元。银行员工也不再需要在每天结束工作前,花费一两个小时填各种报表、跟踪贷款请求以及其他管理业务。“明日银行”的目标就是让一个银行成为事实上的上百万个银行,即每个银行服务一家客户。这是在传统银行再无潜力可挖运营成本太高的情况下的一项新创意。通过提供个性化的服务,区别对待客户,银行就有光明的前景,成本就会降低,从而继续保持强大的竞争力。

6.5 电话银行

电话银行是20世纪80年代末推出的一种新型银行服务系统,它采用先进的计算机技术、通信技术和数字与语言转换技术,采用预先分配用户编号和个人密码控制,充分利用电话在时间上的及时性和空间上的无限性,为客户提供诸如查询、密码修改、挂失、转账等金融服务,是当今最先进的金融服务工具之一。

以电话为介质开发的电话银行综合服务系统,集成了信用卡、储蓄、对公存款和商户四大模块,电话银行的客户只要拨通专线电话,就可以在电话语音的提示下,通过“对话”方式获得所需的金融信息,完成所需的金融服务,具有快捷、简便、高效、安全等特点。并且只要在客户的计算机内安装FAX/MODEM,通过电话线即可模拟成银行主机的终端,在权限允许的范围内,查阅其账务数据。

1. 电话银行的系统构成

电话银行是利用计算机与电话集成技术(Computer Telephony Integration, CTI),通过电话自动语音应答和人工服务等方式为客户提供金融服务的一种业务,它涉及多种技术和设备。通常,电话银行系统主要由三部分构成:处理银行业务的计算机主机处理系统、前置机和城市公用电话网与客户电话,结构如图6-4所示。电话银行系统中的银行业务处理系统与通常的电子银行业务处理系统并没有很大的变化,只是增加了一台语音机,完成数字和语音的转换。因此,电话银行中最关键的设备是前置机。

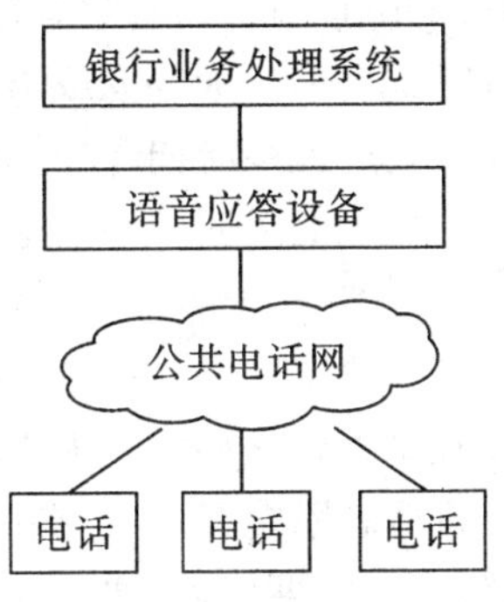

图6-4 电话银行系统结构

TBS前置机由计算机、以太网卡、语音卡和传真卡组成,主要完成电话用户的电话接入、主叫识别、按键识别、语音播放、传真处理等功能,目前,通常采用交互式语音回应设备(Interactive Voice Response, IVR)作前置机。IVR作为银行主机和客户用电话机之间的一道桥梁,一端接银行主机,另一端接电话线,客户利用按键/音频电话接通银行主机,就可进行数据查询和财务处理。

电话银行性能好坏的关键在于语音,而语音质量的好坏依赖于IVR,作为电话与计算机通信连接的中介,它一方面扮演“电话接线生”,接受客户通过电话键入的各种请求,另一方面把客户程序的执行结果以人类语言的方式回送给客户。客户用电话接通电话银行系统后,IVR用语音引导客户,然后自动到银行主机系统数据库中去找相关的数据,并将该数据转变成人的声音告诉客户,或依据客户按键输入的指令输入主机,进行指定的作业。另外,电话终端上要求的各种银行服务直接由银行主机系统完成,无需银行柜员操作,提高了效率,安全也有保障。

2. 普通电话银行系统

普通的电话银行系统(Telephone Banking System)是一个实时查询和转账交易系统，它采用先进的计算机技术、通信网络技术和数字语音转换技术，利用现实生活中广泛使用的普通音频电话同银行计算机相连接，客户通过电话机拨号发出服务请求，银行计算机系统将银行的客户数据信息转换成声音信息传给客户，满足客户的服务需要。因此，只要有电话机，客户就能方便地进行自我服务。硬件一般包括多媒体计算机(包含有声卡、录像采集卡、麦克风、扫描仪)、电话信息处理机和系统业务服务器。软件通常由两个部分组成:语音应答系统和数据管理系统。

目前，这种电话银行系统主要提供包括对公业务、储蓄业务、国际业务、信用卡业务、商户业务、利率查询、外汇牌价查询、汇价查询、公共语音信箱、个人外汇买卖、其他业务查询以及代收费、银行金融信息发布、投诉留言和证券转账等多项银行业务。实现对公业务的余额、发生额查询，修改密码，传真对账单，转账、支票挂失和到款通知;实现储蓄业务的余额、发生额查询，修改密码，代收费、转账和口头挂失;实现信用卡的卡卡转账、信用卡转储蓄账户和储蓄各储种转信用卡;实现银行、证券资金的转入、转出和转账明细查询;实现各种代缴费业务和查询各种代缴费业务;还能实现各类查询，如银行业务介绍、银行存贷款利率、外汇利率、各种费率、营业网点分布、特约商户分布、银行业务申办程序等。

3. 电话银行呼叫中心

新一代的集中式电话银行——呼叫中心(Call Center)则赋予了电话银行新的含义。它利用先进的计算机网络技术、数字语音技术和通信技术，如自动来电分配、交互式语音应答、计算机电话集成等完成语音与客户数据资料的同时转接和协同运作，由银行座席代表依托庞大的后台系统向客户提供交互服务。

传统的呼叫中心是指有几个人工座席代表集中处理呼叫业务的场所。随着分布式技术的引入、自动语音应答设备的出现以及 Internet 的迅速发展，呼叫中心有了新的发展，既包括人工座席代表，又包括自动语音设备和网络设备，通过通信网络共享资源，为客户提供交互式服务。这种呼叫中心通常由程控交换机(PBX)、号码识别系统、自动来电分配、交互式语音应答系统、计算机电话集成设备、应用服务器、应用系统网关、传真服务器、E-mail 服务器、人工座席代表、通信线路、电话终端等硬件设备和应用软件共同组成。

(1) 自动来电分配。自动来电分配(Automatic Call Distributor，ACD)是一个分配客户来电的软件系统，一般安装在交换机上并与其协同工作。它运用智能排队技术，为客户提供满意的服务。如:先来先处理，重点客户优先服务，等待时间预测和提示，按技能特长分组安排座席代表，等待时间新业务介绍或音乐播放。

(2) 交互式语音应答系统。交互式语音应答(Interactive Voice Response，IVR)系统可以实现业务处理过程的自动化，可自动播放预先设计、录制好的语音信息，并提示来电者通过音频键或语音应答(配语音识别软件)选择并执行有关业务，它还能提供语音信箱、传真收发等功能，为客户提供快速、优化的服务。

(3) 计算机电话集成。计算机电话集成技术(Computer Telephony Integration，CTI)提供计算机系统与电话系统之间的智能连接，达到语音与数据的协同传送。通过这个中间件能自动将语音资料纳入客户信息库，并集合和整理与客户来电相关的信息提供给银行座席代表，使其能有针对性地为客户提供所需的服务，实现主动营销。

(4) 人工座席代表。人工座席代表的工作设备包括数字或专用模拟话机、耳机、话筒及运行CTI应用程序的PC机或计算机终端，对于电话接听、挂断、转移和外拨等工作，座席代表只需通过鼠标和键盘就可以轻松完成。当客户拨打电话银行时，首先听到由IVR系统根据设定程序播送的问候词，同时进行号码识别与自动分配。服务器根据识别出的号码调出数据库中有关该客户的信息，自动送到值班座席代表的终端屏幕上，同时呼叫被转到该座席代表。如果数据库中没有该客户的资料，就自动记录当前可以获得的资料。如果暂时没有空闲，座席代表则把呼叫送去排队，或者请客户暂时挂断，对于重要客户可以优先处理。

呼叫中心不仅能提供传统的银行服务，如查询、咨询、转账、代缴费、挂失、催缴等，而且还可以通过呼叫中心产生的客户信息进行深入、有效的分析，了解客户行为，掌握目标市场的客户群体，以便对不同客户推出不同的营销服务品种和方式。随着呼叫中心技术的发展，银行还可以进一步利用呼叫中心的前沿技术，为客户提供诸如银行语音通知、客户留言录音和回拨、主叫号码记录和呼叫历史记录、三方会议、传真接收和自动生成发送等服务。

呼叫中心将银行为客户服务的时空延伸，使服务提供的范畴不再受制于银行网点的地理分布和办公时间的限制。随着Internet的不断发展，呼叫中心还能增加通过Internet为客户提供服务的功能，利用Internet为客户提供统一客户服务平台，拓展电话银行客户的接入渠道，使他们能方便地选择诸如语音(Voice)、传真(Fax)、电子邮件(E-mail)、因特网(Internet)、无线移动通信(WAP)等任意一种他们所喜好的方式开展业务，提升电话银行客户中心的整体效能，为客户提供全方位的服务。

6.6　金融 Call Center

随着信息技术和业务的发展，经济的竞争逐渐转变为信息的竞争，企业的发展需要满足不同用户多样化的需求，需要提供新型的个性化服务。计算机技术与通信技术的日益融合，促进了信息服务业不断向着更高的水平发展，各种新兴的信息服务方式和技术手段也随之应运而生，计算机电话集成技术(Computer Telephony Integration, CTI)的迅速发展使这种个性化的服务——Call Center的建立成为可能。

6.6.1　概述

1. 概念

呼叫中心(Call Center)又称客户服务中心或电话服务中心。它是一种新兴的信息服务形式，是一种基于CTI技术，充分利用通信网和计算机网的多项功能集成与企业连为一体的一个完整的综合信息服务系统。它通过电话系统，连接到某个信息数据库，并由计算机语音自动应答设备或人工座席将用户要检索的信息直接播报给用户。简单来说，呼叫中心就是由若干个成员组成的一个工作组，这些成员既包括普通的人工座席，也包括一些自动语音服务、话音信箱、传真服务、Web服务等，这些成员通过网络实现相互间的通信，并共享网络上的资源。

2. 类型

(1) 根据设立的规模大小，可分为大型呼叫中心、中型呼叫中心和小型呼叫中心。

① 大型呼叫中心。构建规模超过100名座席代表，配置庞大且投资很高。它至少需要

有足够容量的大型交换机、自动呼叫分配器、自动语音应答系统、CTI 系统、呼叫管理系统、业务处理系统、统计分析系统、内部管理系统、业务代表座席和终端、资料仓库或数据库、通信系统等。

② 中型呼叫中心。构建规模在 50～100 名座席代表之间。它省掉了大型交换机的投资，而利用适度规模的 PBX 和 CTI 服务器与业务代表座席直接相连，业务代表座席同时与存储着大量客户资料的应用服务器相连，可实时地将接入电话的客户信息自动在计算机屏幕上弹出。这种中型系统结构相对简单，投资也少，容易被中小型企业所接受。目前我国的一些公司开发系统多属于此种类型。

③ 小型呼叫中心。构建规模在 50 座席以下。这种系统结构与第二种类似，不过主要几个部分如 PBX（也可用板卡代替）、CTI 服务器（板卡呼叫处理能力可选择低一些的）、业务代表座席、应用服务器（数据库大小）在数量上均作相应减少，它主要适合业务量不太大的中小型企业。选择这种系统，重要的是注意可扩展性，因为随着企业发展，呼叫业务量会迅速增加，如果呼叫中心工作容量无法迅速扩展，会造成一次投资全部报废的损失。

(2) 按构建模式可分为外包型呼叫中心和独建型呼叫中心。

① 外包型呼叫中心。是一个独立的呼叫中心运营商，拥有自己较大的运营规模，可以接受各个企业的业务委托并按照各个企业的需求开展各项呼叫服务。这样，企业无需配置任何专用设备及座席人员，仅需将有关信息提供给呼叫中心运营商，即可按照约定开展营销活动并实现对自身客户的服务。这种方式的优点是节约成本，并为客户提供一个较为专业的服务。

② 独建型呼叫中心。各个行业根据自己的行业特征，结合实际需要，购入系统设备，开发程序软件，培养专业人员，呼叫中心作为本企业一个单独的分支部门，为本企业的客户提供服务。这种方式带有较大的灵活性和主动性，有利于企业对各项用户信息的归集整理和分析利用。

(3) 按功能可分为营销型呼叫中心、服务型呼叫中心和综合型呼叫中心。

① 营销型呼叫中心。主要从事呼出业务，即将电话打出去，通过电话和用户进行联络，推销本企业产品，并将各类反馈信息详细存储于计算机中。通过这类呼叫中心的运营，可以为本企业创造直接的经济效益，但同时要求座席人员具有较高的专业水平及营销技巧。

② 服务型呼叫中心。主要从事呼入业务，负责解答客户咨询，受理客户投诉，帮助用户解决疑难问题。它的运营可以为用户提供完善的售后服务，从侧面为企业树立良好的社会形象。

③ 综合型呼叫中心。是一个业务较为完整的呼叫中心，呼入与呼出并存，在为客户提供最优售后服务的同时，积极地寻找客户和维系住客户，根据用户需求设计本企业呼叫中心业务，为用户提供大量、准确、及时的信息服务并收取相应的费用，通过呼叫中心的有效运营可以促进企业整体经营水平的提高和经营利润的实现。

3. 特点

(1) 专业化服务。呼叫中心一般具有呼叫引导和呼叫提示功能，使有特定需求的客户被引导到自动语音服务或者最适合应答此类需要的业务代表或专家座席，从而使其得到符合业务标准的专业化服务。

(2) 智能化呼叫路由。采用智能呼叫分配(ACD)，由多种条件决定呼叫路由的选择，可分别根据座席员的忙闲程度、座席员的技能及其技能水平、主叫用户的所在区域以及主叫用户的号码等条件进行来话分配。

(3) 实时服务。打破了时间、空间的限制，通过呼叫中心提供的交互式服务，客户可以随时随地通过语音或人工服务获取所需信息。

(4) 语音资料同步。业务员面对大量的顾客，能否迅速地知道来话顾客的身份和背景资料，将很大程度地决定其服务质量和服务效率的高低。呼叫中心将在建立呼叫路由的同时启动与其相连的数据库系统，当电话呼入时将客户的相关信息同步地显示在业务员的计算机上，并且接通电话。

(5) 规范内部管理。规范内部管理包括将业务处理过程规范化，减少业务处理环节，节约业务成本，提高工作效率，使座席工作人员的工作更加条理化，减轻员工的工作压力，从而提高员工的工作积极性。利用呼叫中心的现有系统可以自动获取大量、准确、科学的统计分析资料，为领导者建立内部管理制度和作出各项决策提供依据。与电子商务等其他一些新型的商业模式相比，呼叫中心还具有一个很大的优点，即由电话普及所带来的使用方便。据专业公司的统计资料表明，1997 年全球的上网工具只有 7 810 万台，而仅全中国的电话装机量就在 8 000 万台以上。目前，我国已有超过 1 亿的电话用户，而互联网用户尚不够规模。因此，通过电话获取服务要比通过计算机现实得多。

4. 金融呼叫中心的发展历程

据有关资料显示，呼叫中心源于 30 年前的民航业。早期的呼叫中心应用就是今天的热线电话，由企业集中相关的业务代表处理各种咨询和投诉，例如我们大家都知道的 114 查号台、117 报时台，这些电话号码的背后就是一个呼叫中心，当我们通过电话拨打到这些呼叫中心的时候，就能够获得自己所需要的号码信息和时间信息。后来，呼叫中心逐渐发展成为各行各业公司为客户提供服务的重要方式。

(1) 人工应答阶段

呼叫中心由电话系统、公共电话交换网、业务系统、工作站、资料网组成。当客户需要帮助时，拨通特定服务号码，通过交换机连接到座席电话上，座席人员在和客户的通话中了解到客户需求，在计算机中查找相应信息并告诉客户。其功能较为单一，自动化程度偏低。

(2) 人工应答兼语音自助阶段

随着要转接的呼叫和应答数量的增多，开始建立起交互式的语音应答(IVR)系统，这种系统能把大部分常见问题的应答由机器来处理。当客户拨通电话后，可选择人工或自动语音服务，如果选择语音服务，客户可按语音提示进行操作，选择相关服务后，系统从后台业务主机取回相应资料并转换成语音播报给用户，例如目前的 114 电话号码查询台，客户拨通电话后，告知座席人员所需电话号码，在数据库中查找到相关信息后，座席员将这个呼叫转接至自动语音应答系统，通过语音将电话号码播报给客户。

在这种客户服务中心模式下，每个人遇到的都是同样的界面，每次拨入的电话都是一样的处理流程，在强调信息服务个性化的今天，这显然不能满足人们的要求，因此，客户的需求必将推动客户服务中心向更高的层次发展。

(3) 基于 CTI 技术的服务阶段

在日益追求工作高效率、服务高品质的今天，一种新型的客户服务中心应运而生，它与前两个阶段最主要的区别是加入了 CTI 技术。CTI 即语音与数据的同步，它是指由一组受过专业培训的人员来处理客户的来电，客户来电经自动语音应答系统指导，或直接选择自己关心的信息，或转接到人工座席服务系统，由最适合的业务人员接听电话。CTI中间件与交换机之间通过数据线相连，可以向交换机发送指令，并从交换机接收数据。当业务人员拿起电话时，已经在计算机屏幕上看到了客户的背景资料和服务所需信息，因此业务人员能提供最友好、最专业的服务。

(4) Web协同的服务阶段

随着竞争的异常激烈，呼叫中心的发展有待全方位开发，客户不仅需要通过电话，而且希望通过多种途径获取所需服务。特别是随着电子商务时代的到来，呼叫中心与Web的协同应用使得网络服务中加入了人的交流，从而使得整个客户服务更加完整。其除了处理传统的语音、传真服务以外，还可以为客户提供电子邮件、在线交谈、网络电话服务，采用统一的转接逻辑，统一的商业智能分析，统一的历史联系记录，统一的配置管理环境，随着国内互联网客户数目的增加，此类型呼叫中心已处于起步阶段。

5. 呼叫中心的广泛应用

由于现在的市场中，顾客就是上帝，而其需求不断变化，并且变化越来越快，哪个公司能够为用户提供更快、更好的服务，哪个公司就能够在市场中获得具有优势的竞争地位。因此，呼叫中心也正变得越来越重要。现在，呼叫中心已普遍地应用于各种行业部门中，用于提供有关的用户服务，例如，呼叫中心可以广泛地应用于银行业，建立电话银行服务中心，银行可以24小时为用户提供利率查询、转账、缴费等交互式服务；还可以应用于证券公司，进行电话委托交易；应用于航空和铁路运输公司，进行电话订票；应用于商业机构(电话购物)、跨国公司(服务中心)等。下面分述客户服务中心在下述部门的应用。

(1) 电信部门

例如，电话号码查询，故障申报，长途区号查询，电信业务的宣传及话费缴纳等项业务服务。在电信领域，客服中心被定义为以统一号码、统一接口、统一功能、统一标准为原则建立的电话呼叫中心，它将电信系统原有的114查号台、112故障台、180客户投诉受理台等客服系统集成为一个整体，为电信用户提供号码查询、故障申报、客户投诉、业务咨询以及业务受理等多种服务。

(2) 金融部门

客户服务中心结合现代通信技术和计算机技术，为银行提供了一个基于电话平台的强大客户服务环境。通过客服中心，客户可以使用电话这种最普遍的通信方式与银行联系，享受银行提供的包括余额查询、转账处理、信用卡结算、股票操作、外汇买卖在内的各项服务。银行也能够充分利用自己所拥有的客户资料信息，主动向客户提供针对性的服务。在开设新支行的成本越来越高的今天，客户服务中心将成为银行增加网点的最佳替代选择。

(3) 保险业

在保险业中，客户服务中心可起到两方面的作用，包括保户服务和业务扩展。保户服务指的是一般保全服务、保户查询、保户抱怨处理、紧急事件处理、24小时服务、理赔服务、简易型保单处理等。业务扩展包括维护客户忠诚度、新品种业务推广、新保单追踪与服务、新保户满意度调查、配合公司推广市场策略、保费逾期催缴、市场调查等。

(4) 有关的技术部门

它主要包括技术咨询、专业研讨、资料检索等。新兴的信息技术产业为了向用户提供优质的产品和优质的服务，建立客户服务中心的服务形式已悄然兴起。1998年初，IBM公司投资2 000万美元在北京建立开通了东南亚最大的电话呼叫中心400线；微软总部每天要处理2～3万个电话事务，有三四千名技术人员从事技术支持应答服务。可见，呼叫中心是当今任何上规模高技术企业所必需的业务环节之一。

(5) 卫生部门

例如：专家热线、药物查询、门诊预约等。

(6) 旅游娱乐部门

应用的例子有订票系统、游戏竞猜、明星访谈、景点介绍等。

6. 我国呼叫中心的发展现状

因为呼叫中心具有如此众多的优点，在欧美等发达国家呼叫中心已得到了广泛的应用而且发展迅速。据著名资料统计公司Gartner Group的资料表明，当今欧洲的呼叫中心市场正以每年40%的速度增长。目前，发达国家呼叫中心的主要发展表现在采用多种新技术，建立功能强大的新一代呼叫中心。

我国则与欧美国情不同，呼叫中心建立可以说刚刚开始，最先在我国开始建立呼叫中心的是电信部门和民航部门，如114，后来的117、121、160、168……以及民航中的电话售票等，但这些仍处于分散的、单一功能阶段。我国的若干大中型企业还没有建立呼叫中心。目前由于CTI技术逐渐深入人心，呼叫中心应用已被广大企业领导者和专家所认识，不仅在邮电，而且在银行、航空、铁路、航运、保险、股票、房地产、旅游、物业等许多行业获得广泛应用。当前，我国的经济正处于飞速发展时期，对信息化水平的依赖程度会越来越高，随着市场竞争层次的不断提高，企业界使用呼叫中心的热情也不断增长，我们相信在未来的几年间，呼叫中心将在我国取得很大的发展。

6.6.2 金融Call Center的产生背景

在市场经济社会中，商业企业新产品或新服务的产生最终都源于市场的需求。作为银行新的服务方式——Call Center，它的产生正是由于银行金融服务市场的改变所致。无论是一种新的金融产品还是一种新的服务形式，它的产生必然是需求与可行性的结合。金融行业经过数十年的发展，面临着前所未有的竞争方面的压力。综合分析目前国有大商业银行的外部环境因素，其周围的市场变迁可归结为以下诸多因素。

1. 全球性的竞争

20世纪80年代以来，无论是欧洲的全能型银行，还是美国分业管理限制下的商业银行，均受到证券业等的猛烈冲击，直接融资逐步取代间接融资，商业银行的传统利益受到挑战，在金融系统中的地位开始下降。

商业银行竞争不过共同基金、投资银行等非银行金融机构，主要原因是商业银行的经营成本相对较高。这在很大程度上是因为商业银行通过营业网点吸收存款和开展业务，而非银行金融机构却是通过其他相对成本较低的渠道。例如，共同基金一般通过邮寄和电话渠道来吸纳资金，经营成本不超过其资产总额0.5%，相对而言，一个以零售业务为主的商业银行的经营成本则要占到资产总额的4%～5%。

在这种情况下，商业银行被迫调整服务功能，以降低经营成本，手段之一就是将能够分解的业务予以独立，实施专业化分工，提高运作效率，增强竞争力。20世纪90年代以来，商业银行分解业务的趋势突然减缓甚至停止,全球金融业又兴起兼并之风,尤其是 1999 年 11 月,美国参众两院通过了《金融现代化法案》的最后文本,取消了商业银行、投资银行和保险业公司间的分业限制。商业银行开始合并经营以求扩张业务的动力仍然是降低成本、获取收益。国外银行在降低成本和加强服务方面积累了较丰富的经验。

对于国内银行业尤其是国有商业大银行来讲,由于我国已经加入 WTO,除了面临着证券市场、保险业和新生的、机制比较灵活的区域性及股份制银行的竞争,更要为外国银行的到来做好准备。外资商业银行进入中国后,由于我国金融体制所具有的特色,外资银行不会采取类似于西欧商业银行吞并东欧银行的收购与合并策略,也不会以己之短攻我之长来广泛铺设网点,他们提出的竞争要点将会是以下两条:一是争取能给银行带来盈利的重点公司客户和居民客户;二是注重技术手段,特别是用电子网络化手段发展业务,相应地将带来大量新的金融业务方式与创新品种。这就要求我们更注重客户服务和丰富金融品种及手段。

2. 金融政策的改变

随着国内金融业开放步伐的加快,中国人民银行乃至国家的金融监管和管理政策必然会有所改变,使国内银行与外资银行享有同等的权利和义务。政策的改变不仅仅指银行监管的放松,而且是要为国内银行从政策上给予发展的空间,制定和修改一些法律、法规以适应新的经济形式下商业银行发展的需求。

随着经济社会的发展和进步,客户对于金融服务的要求也越来越高,不仅要求银行提供更方便、更快捷、更全面的服务,而且对个性化服务的需求也逐步增长。客户要求更体贴和针对性的服务,为了满足客户这一更高层次的服务需求,这就要求银行了解自身现有客户和潜在市场的需求,要求银行能够对客户进行分类、分组分析,从而提供不同的服务和策略,逐步巩固扩大优秀的特殊客户群体。

3. 经营成本的增高

为了扩大自身的客户群体和市场份额,银行往往投入巨大资金和人力进行网点扩张,建立庞大的金融产品和服务的分销网点。而这些有形网点的开支使银行经营成本加大,甚至出现入不敷出的状况,不符合商业银行以经济效益为中心的经营原则。

由于市场的变化,银行经营产品更趋于多元化。所有这些因素要求银行在服务理念和竞争策略上必须进行调整。而近年来科技的飞速发展,尤其是通信和计算机行业尖端技术的广泛应用,使银行的服务渠道具备了革命性的扩充空间。

综合来讲,由于市场的变迁使银行的经营策略可以在销售导向、服务渠道和控制成本三方面进行变革和挖掘潜力。从销售导向上讲,银行金融产品和服务将由面向账户的管理和经营转变为面向客户的销售,强调争取客户关系和行销,采取多渠道、多媒体的交付手段,同时提供给客户更多的增值信息服务——市场信息;从服务渠道上讲,银行服务由原有的面对面和柜台服务向全方位、全天候、全功能的方向发展,更要发展为建立专职的客户经理对高层次客户进行针对性的理财顾问服务;从控制成本上讲,银行的服务将增大自动化、自助化的成分,同时由原来银行单一提供服务场所、设备等单向经营手段向银行与客户以伙伴和共享的方式共同完成金融理财操作的双向经营方式进行过渡。

与此同时,技术的飞速发展为银行在转变销售导向、拓宽服务渠道和降低经营成本方面提供了实现的可行性和可能性。这其中尤其要提到的是 CTI 技术,CTI 技术在银行业的应用既表现在银行 Call Center 的建立,它使银行与客户之间的距离大大缩短,为银行集中客户资料以进行针对性的有效行销和量化银行经营资料以及加强管理等方面带来巨大的变化，同时又有效地控制了成本支出。

6.6.3 金融 Call Center 的核心——CRM

要求更加个性化和高效化的服务，这就要求银行建立面向客户的服务体系，实现真正的客户关系管理，即 CRM(Customer Relationship Management)。尤其是对于网上银行、呼叫中心等银行新型服务渠道来讲，由于提供给客户的是一套崭新的虚拟服务系统，无论从安全性、可操作性还是从客户化方面考虑，CRM 更成为 Call Center 系统实现促进客户服务质量目标的核心理念，同时，在下面的介绍中，读者能够对 CRM 有更多的了解，它不仅指我们上面提到的服务理念，还包括 CRM 技术的解决方案。

1. 从 ERP 到 CRM

市场经济的本质是竞争，企业要想在瞬息万变的市场环境中立于不败之地，必须依托现代化的管理思想和管理手段，有效地对企业的内部资源和外部资源进行整合。如今，先进的计算机网络和管理软件在企业的内部资源整合和外部资源的整合中都已经大显身手，它们不仅改变了企业的管理和运营模式，也直接地影响到了企业的竞争能力。

在企业内部资源整合中，管理软件的发展经历了三个大的发展阶段，即 20 世纪 50 年代的物料需求计划、80 年代的制造资源计划和 90 年代初的企业资源计划。而我国的管理软件的发展则相对滞后，开始于 1979 年，经过 80 年代的发展，经过了单项型、核算型和管理型几个阶段，直到 1998 年才进入划时代的 ERP 发展阶段。

如果说在国内方兴未艾的 ERP 软件帮助企业理顺了内部的管理流程，为企业的发展打好了基础，那么 CRM 的出现才真正使企业可全面观察其外部的客户资源，使企业的管理全面走向信息化。应该说许多企业已经认识到以客户为中心是当今市场竞争的必由之路，然而由于传统企业的销售、市场、客户服务及技术支持部门的工作都是独立和垂直进行的，各部门之间沟通存在障碍，以致不同的业务功能往往很难协调一致地集中到客户身上。例如，如果客户曾经多次要求某企业提供售后服务但未得到解决，而对此毫不知情的该企业销售人员却在此时打电话向客户推销产品，可以想象推销的结果肯定会很糟糕。

CRM(Customer Relationship Management)即客户关系管理系统。目前，对此还没有十分统一的定义，但总的说来，CRM 是一种旨在改善企业与客户之间关系的新型管理机制，它应用于企业市场营销、销售、服务与技术支持等企业外部资源整合的领域。CRM 的目标是一方面通过提供快速和周到的优质服务吸引和保持更多的客户；另一方面通过对业务流程的全面管理降低企业的成本。

2. CRM 的功能

CRM 既是一种概念，也是一套管理软件和技术，利用 CRM 系统，企业可以搜集、追踪和分析每一个客户的信息，从而知道他们是谁，他们现在需要什么，他们还可能需要什么，并把客户想要的送到他们手中，以及及时跟客户联络，得到他们的潜在需求的反馈，以开拓新的业务，从而实现外部资源(客户)的循环优化管理。

CRM 的出现体现了两个重要的管理趋势的转变。首先，企业从以产品为中心的模式向以客户为中心的模式的转移，这是有着深刻的时代背景的，那就是随着各种现代生产管理和现代生产技术的发展，产品的差别越来越难以区分，产品同质化的趋势越来越明显，因此，通过产品差别来细分市场从而创造企业的竞争优势也就变得越来越困难。其次，无论从全球的市场形势还是从我国的市场态势来看，卖方市场向买方市场转变的趋势不可逆转，客户越来越成熟，期望也越来越高，研究客户的需求和提高对客户的服务水平也就变得异常重要。尤其是互联网等通信手段的发展，更加凸显了客户的重要性，这都要求管理的重心从以产品为主向以客户为主转移。再者，CRM 还表明了企业管理的视角从“内视型”向“外视型”的转换。众所周知，传统企业管理的着眼点在后台，也就是在企业内部负责生产的那一环节，而对于前台，也就是直接面对客户的那一环节，尚缺乏科学的管理。Internet 及其他各种现代交通、通信工具的出现和发展使得企业与企业之间的竞争也就几乎变成面对面的竞争，技术的进步降低了各种企业进入市场壁垒的风险和费用，这些使得企业面临的竞争态势更加复杂和严峻。尤其是我国已经加入 WTO，仅仅从依靠 ERP 的“内视型”的管理模式已难以适应激烈的竞争，企业必须转换自己的视角，从“外视型”整合自己的资源。

实际上，CRM 已经是目前全球最炙手可热的市场之一。它已不仅仅是企业管理的一种方法和手段，而是作为有着强大生命力的信息管理手段，正日益渗透到我们社会生活的方方面面，从而形成一个巨大的产业，吸引着众多系统集成商、设备商、服务商和意欲使自己的企业在激烈的市场竞争中获得竞争优势的企业管理者们，当然，还包括那些夹着钱包四处寻找目标的风险投资商。

3. CRM 的实现

在美国有一家电话信息服务公司叫马特里克斯公司，1996 年它的营业收入是 3.67 亿美元，而它的主要业务则是代表其他公司接听客户的电话。比如你打电话给日立公司(1-800-HITACHI)询问如何使用便携式计算机，而接听电话并回答你问题的可能就是马特里克斯公司的职员，因为该公司为日立公司的用户开设了一条信息热线和技术援助热线。当然，你如果给微软公司、电视直播网、美国健康保健组织等等许多单位打电话，接听电话的也可能是马特里克斯公司的职员，因为这些单位也都是该公司的客户。不过，这只是 CRM 一种实现方式，企业也可以完全自己投资组建企业的 CRM。无论采用哪种方式，我们都要考虑如何真正地以客户为中心，提供能满足客户的服务，从而提高企业的竞争能力。

CRM 能从与客户的接触中了解他们在使用产品时遇到的问题及对产品的意见和建议，并帮助他们加以解决，同时了解他们的姓名、通讯地址、个人喜好以及购买习惯，并在此基础上进行一对一的个性化服务，甚至拓展新的市场需求。比如，你在订票中心预订了机票之后，CRM 就会智能地根据通过与你“交谈”了解的信息向你提供唤醒服务以及出租车登记等增值服务。因此，我们可以看到 CRM 解决方案的核心思想就是通过跟客户的“接触”，搜集客户的意见、建议和要求，并通过挖掘分析，提供完善的个性化服务。

CRM 的构成有触发中心和挖掘中心。前者是指客户和 CRM 通过电话、传真、Web、E-mail等多种方式“触发”进行沟通；后者则是指 CRM 记录交流沟通的信息和进行智能分析并随时调入供 CRM 服务人员查阅，所以，你一点也不用惊讶为什么 CRM 服务人员在跟你通话时对你的一切了如指掌，因为你上次接受服务的信息都正在他(她)面前的屏幕上。

一个有效的 CRM 解决方案应该具备以下要素：首先是畅通有效的客户交流渠道(触发中心)。在通信手段极为丰富的今天，能否支持电话、Web、传真、E-mail 等各种触发手段进行交流，无疑是十分关键的。其次是对所获信息的有效分析(挖掘中心)和 CRM 必须能与 ERP 很好地集成。作为企业管理的前台，CRM 的销售、市场和服务的信息必须能及时传达到后台的财务、生产等部门,这是企业能否有效运营的关键。

CRM的一个典型应用是呼叫中心,呼叫中心可以定义为一个集中处理大量打入或打出电话的场所。它是运用先进的通信技术和数据库技术集成,并通过高素质的座席代表,服务于广大客户的CRM,基于先进的CTI技术的呼叫中心已经能够实现语音和资料的同步,即指由一组受过专业训练的人员来处理客户的来电。来电经过自动语音应答系统指导,或直接选择自己关心的问题,或转入人工座席,而人工座席则可以根据自己的专业知识和屏幕上显示的客户信息,提供最友好、最专业的服务。

4. CRM既是成本中心又是利润中心

在很多人看来,CRM肯定是需要大量投资和运营费用的"投资中心"和"成本中心"。在我国,CRM还是一个十分新颖的商务管理模式,许多公司兴建的呼叫中心都是"成本中心"。但是,一个系统的真正生命力,在于给企业带来真正的效益。CRM的建立,不是为了展示技术或跟随潮流,而是它不仅应该能真正促进企业的实际业务,提高企业的客户服务水平,而且能够主动地出击寻找客户和稳定客户,组织呼出业务,使其成为一个"利润中心"。从技术上看,CRM成为利润中心完全没有障碍,而其能否成为"利润中心",则主要取决于对CRM的管理。好的管理能让销售(利润中心)和服务(成本中心)相辅相成。我们可以从一个CRM的业务流程和运营实例进行分析。

正如上面我们提到的CRM的实现过程,它包括触发中心和挖掘中心两个环节,具体说来,它包含三方面的工作:首先是客户服务与支持,即通过控制服务品质以赢得顾客的忠诚度,比如对客户快速准确的技术支持、对客户投诉的快速反应、对客户提供的产品查询等,这项业务主要是提供服务的成本中心;其次是客户群维系,即通过与顾客的交流实现新的销售,比如通过交流赢得失去的客户等,这可以成为一个利润中心;第三是商机管理,即利用数据库开展销售,比如利用现有客户数据库做新产品推广测试,通过电话进行促销调查,确定目标客户群等,可以看出,这又可以成为一个利润中心。因此CRM完全可以实现"利润—服务/支持—利润"的循环,实现成本中心和利润中心的功能。

6.6.4 金融Call Center对电子银行的作用

目前,电子银行业务呈现出多样化的服务方式,但是各自都还存在不少问题。Call Center是集成电子银行各项服务的最佳手段与工具,它与电子银行服务结合,在解决其他服务方式的不足方面具有一定的优势。让我们来看看目前网上银行与电话银行存在的问题。

1. 网上银行服务存在的问题

(1) 在线客户服务不完善。由于网上银行对大多数客户来说是新生事物,在办理各种银行业务时,自然会碰到各种各样的问题,诸如网络金融交易安全、信息咨询等。虽然,网上银行大多设置了实时在线帮助,但是客户在遇到问题时,仍希望得到传统方式的人工服务。

(2) 缺乏互动接触。相关数据调研表明,缺乏金融交易前的互动接触与导购活动,将导致70%之多的客户放弃完成交易。尤其在网上购物,需要咨询的问题很多,而面对面或是语音对话的互动方式是打消客户疑虑的最有效的手段。

2. 电话银行服务存在的问题

(1) 无法对客户信息进行管理分析。电话银行不记录客户的各种信息,它只能提供简单的银行业务和账务信息查询,而且未建立完整的客户信息库,所以它根本无法完成对客户关系的系统管理。

(2) 不能对客户进行个性化的服务。电话银行对接受服务的客户不加区分地提供统一服务,无法使银行对那些为其带来更大利益的优质客户提供特别的服务,从而降低了客户对银行的满意度。

(3) 无法与客户主动联系。电话银行只能提供一些简单的呼叫功能,无法完成银行主动地为高级客户提供优质服务。

(4) 无法集成多种的联系渠道。电话银行一般只能提供电话联系方式,与其他方式的信息无法共享。

其他还有诸如开发量大、开发周期长及系统可伸缩性、可扩展性差等缺点。

3. 金融 Call Center 对电子银行的作用

金融 Call Center 利用其语音、图像、传真、邮件等多种方式的交互性,多渠道的集成性等特质很好地解决了网上银行系统与电话银行系统所存在的不足,同时,极大地扩展了对客户服务的外延。它以客户需求为目标来建立银行的金融服务体系,最终形成"以客户为中心"的银行业务运营模式。

呼叫中心实质上实现了电子银行、电话银行、移动银行等多种虚拟银行业务在统一平台上的完全融合,这也是开展电子商务的一个重要环节。呼叫中心将银行客户服务的时空延伸,使服务提供的范畴不再受制于银行网点的地理分布和办公时间限制;呼叫中心为银行提供了多种服务的便捷渠道,从最普通的电话、传真到图文电视以及网络电话、E-mail、Web、WAP、Internet 等,使客户可以方便地在任何情况下与银行进行业务联系。

呼叫中心提供的服务可以是查询、咨询导向、转账、代缴、挂失、催缴等银行传统业务,几乎包括了现金以外的绝大部分银行业务。银行还可以通过呼叫中心产生的客户信息进行客户关系管理,对客户资料进行深入、准确的分析,了解用户行为,掌握目标市场的用户群体,对不同类型的用户区别对待,有效地进行市场营销工作。银行可以通过呼叫中心了解新业务的市场需求,分析调研,推销新业务,并通过 Internet 呼叫中心的功能,图文并茂地与用户进行业务沟通,使得业务推广的效果大大加强,并通过用户满意度的分析调查对业务进行评估,不断改进业务流程,提高服务质量。

随着 Call Center 与各项电子银行业务的结合,出现了诸如电话银行 Call Center、家庭银行 Call Center 等复合发展模式。Call Center 通过先进的管理手段和管理工具,进一步降低了银行运营成本,使服务资源的利用达到最大化,树立了现代银行的品牌形象,提高了银行的竞争力。

专题: **电子银行未来趋势**

中国最早的电子银行始于 1997 年招商银行的"一网通",其最初的模式仅仅是推出一个网站。经过几年的酝酿和探索,2005 年—2010 年,网上银行大力发展,大部分银行都成立了电子银行部。

随着 2009 年电子银行向保险、票务、房产等领域的渗透,电子银行已经进入银行全面业务的渠道,理财、支付转账、购物、出行,电子银行可以解决衣食住行所有问题。

2011 年,手机银行快速发展,让电子银行渗透更为深入。银联有关人士表示,目前全国有380万台POS机，已有60万台完成手机支付的改造，计划到2013年底全部的POS机都可以手机支付。

某股份制银行电子银行部负责人向理财周报表示："2012年，网上银行的理财功能拓展将更加广泛；手机银行业务的手机支付、手机银行客户端将进入快速发展阶段。未来家庭银行的发展潜力很大。"

据统计，目前已有北京、上海、青岛等12个城市进入"三网融合"第一批试点城市。业内人士称，之前重视市民生活类的水电缴费等业务只是小的城商行，"三网融合"集电视购物、缴费等多种功能于一体，将会有很多中型、大型银行进入该领域。

思考题

1. 简介银行的主要业务。
2. 简述电子银行产生和发展的原因。
3. 试述电子银行的发展历程和发展模式。
4. 电子银行有什么特征?
5. 简述自助银行系统的概念和特点。
6. 试述电话银行的系统构成。
7. 简述金融Call Center的概念与特点。
8. 试述金融Call Center对电子银行的作用。

第7章 网上银行

【学习目标】

- 掌握网上银行的概念、特征与分类
- 了解网上银行的发展模式
- 掌握网上银行的服务品种
- 理解制约网上银行发展的因素
- 掌握网上银行与传统银行的区别与联系
- 了解网上银行对传统银行的影响
- 熟悉网上银行发展中面临的主要问题
- 熟悉网上银行主要风险
- 熟悉家庭银行的形式与功能
- 掌握企业银行的概念、特点与功能
- 了解手机银行的优势与制约因素

【案例引入】 **中信银行网上银行**

中信银行从2001年开始就进行网上银行系统的建设，从网银2.0开始历次实施网银HP平台移植、网银3.0、4.0、5.0等多个版本系统的建设。其中从2007年7月开始了网银5.0项目的实施，至2008年1月完成网银5.0大版本的上线运行，后又不断推出新的功能版本。

主要功能

整个系统具有账户管理、转账支付、投资理财、代理业务、集团账户管理、网上商户管理、关贸e点通、国际业务、票据业务、电子账单等多项大功能。个人网银5.0从客户体验角度对系统功能和流程进行了优化和改造。目前系统具有账户管理、投资理财、转账支付、缴费站、信用卡、个人贷款、出国金融、客户服务、安全中心等多项大功能。

系统特点

(1) 客户为中心原则：这里的客户是包括客户和内部员工在内的所有用户。系统始终围绕着使用者的需求不断丰富业务功能。

(2) 人性化设计理念：从体贴客户角度出发，系统对外提供的功能是服务类与交易类并存的。如何通过网上银行渠道更好地为客户服务，通过这一系列贴心的服务吸引并最终留住客户是系统设计的基本理念。

(3) 卓越超群的安全体系：安全是网上银行的关键，系统建立一套完整的安全保障体系，包括防火墙、CA认证、用户密码校验、数据库安全、实时监控等安全措施。

(4) 易用性：客户的业务操作简单、方便。

(5) 先进性：采用多层结构，业务逻辑与数据存储分离，适应当前计算机技术的发展要求。

(6) 高效率:系统采用线程、连接池、平衡负载等多种提高运行效率的方法,使整个系统高效率地运行,能够保证在访问压力较大的情况下平稳运行。

(7) 高扩展性:整体结构采用模块化设计,充分考虑到新业务的扩展。提炼了对公、对私等业务的各种成熟的业务组件,可以保证系统的快速搭建和扩展。

(8) 高可用性:均衡负载,双机互备能够确保最小的非正常宕机时间,保证业务的连续运转。

(9) 独特的多种语言支持:加入 WTO 后,与国外企业的交往大幅增加,单一语种的网上银行系统已经不能适应全球市场的需求和挑战。适时推出支持多语种版本的网上银行系统,以满足同时开展本国业务与全球业务的需要。

(10) 维护方便:系统提供了丰富的系统管理工具,大大减轻了运行管理维护的压力,系统支持远程维护及故障手机通知等手段,大大方便了用户。

业务价值

新一代网上银行系统的实施,提升了系统的稳定性、功能流程的合理性,更重要的是以提升用户体验为核心,大大增强了用户使用的便捷性和安全性。系统上线以来,客户开销户量陡增,使得中信银行网上银行业务增长量得到了快速的提升。

7.1　概述

7.1.1　网上银行的概念

从字面上来看,"网上银行"的含义并不难理解,但要解释清楚其理论内涵却并不容易。在不同的时期,人们对网上银行的认识差异较大,在同一历史阶段,不同的国家和地区对网上银行的认识也是存在差异的。即使是一些专门研究银行问题的专家和机构,他们对网上银行的概念也是不统一的。

比如,1998 年巴塞尔银行监管委员会对网上银行的定义是这样的:网上银行是指那些通过电子通道,提供零售与小额支付产品和服务的银行。这些产品和服务包括存贷、账户管理、金融顾问、电子账单支付以及其他一些诸如电子货币等电子支付的产品和服务。这个定义的最大贡献在于,它将网上银行的活动与传统银行的活动分成了两个相对独立的层面,使对网上银行的研究摆脱了具体技术和业务方面的局限性。但该定义并不完善,只是将网上银行定义为是传统银行营销业务的辅助手段,网上银行只是"提供零售与小额支付产品和服务的银行"。2000 年 10 月,巴塞尔银行监管委员会又发布了新的《电子银行集团活动白皮书》,对网上银行的定义进行了进一步的补充,指出网上银行是利用电子手段为消费者提供金融服务的银行,这种服务既包括零售业务,也包括批发和大额业务。按照该定义,网上银行具有与传统银行对等的业务职能,使网上银行具有了相对独立的地位。

美国联邦储备委员会于 2000 年提出了一个关于网上银行的内部定义:网上银行是指利用互联网作为其产品、服务和信息的业务渠道,向其零售和公司客户提供服务的银行。

我国香港特别行政区金管局于 2000 年 5 月发布了《虚拟银行的认可指南》,对"虚拟银行"的概念进行了说明。在该指南中,"虚拟银行是指主要通过互联网或其他电子传送渠道提供银行服务的公司,但不包括利用互联网或其他电子方式作为向客户提供产品或服务的另一个途径的现有持牌银行”。

网上银行的这些定义,表面上看似乎并无太大的区别,但实际上,在这些定义的背后,体现了网上银行的不同发展和管理思路。目前,大部分学者认为,网上银行也称网络银行或在线银行,是指利用互联网及相关技术,处理传统的非现金类银行业务,完成网上支付与结算等电子商务中介服务的新型银行。网上银行实现了银行与客户之间安全、便捷、实时的对接,为银行客户提供开销户、查询、转账、对账、网上证券、投资理财等全方位的银行业务服务。

7.1.2 网上银行的产生与发展

20世纪90年代中期,随着Internet的普及应用,商业银行开始驶上网络快车道,银行经营方式也呈现了网络化趋势。尽管今天距离世界上第一家网上银行即“安全第一网上银行”在1995年10月18日的诞生仅仅几年时间,但它却以几何级数的形式扩展,大有取传统银行业务方式而代之的发展趋势。

1. 网上银行的发展阶段

网上银行也不完全是新生事物,其运行模式早在20世纪50年代就有类似雏形,只是那时并没有Internet,而是在专用网络上进行,它的发展是伴随着银行的电子化与信息化的发展进程而发展的,网上银行的发展可以分为如下三个发展阶段。

(1) 计算机辅助银行管理阶段

这个阶段始于20世纪50年代至80年代中后期。20世纪50年代末,计算机逐渐在美国和日本等国家的银行业务中得到应用。但是,最初银行应用计算机的主要目的是解决手工记账速度慢、提高财务处理能力和减轻人力负担的问题。因此,早期的金融电子化基本技术是简单的计算机银行数据处理和事务处理,主要用于分支机构及各营业网点的记账和结算。商业银行的主要电子化设备是管理存款、计算本息的一般计算机,财务统计和财务运算的卡片式编目分类打孔机,由计算机控制的货币包装、清点机,鉴别假钞、劣钞的鉴别机,以及电脑打印机等。此外,也开始利用计算机分析金融市场的变化趋势供决策使用。

20世纪60年代末兴起的电子资金转账EFT技术及应用,为网上银行的发展奠定了技术基础。电子资金转账改变了传统的手工处理票据模式,可以快速有效地处理支付信息,降低处理成本及票据纸张费用等交易成本。电子资金转账还有效地降低了支付时间的不确定性,保证了款项及时转账,提高了现金管理质量和支付效率,如美国联邦储备银行支付系统FEDWIRE和环球银行金融电信网络SWIFT。

电话银行兴起于20世纪70年代末的北欧国家,到80年代中后期得到迅速发展。电话银行服务主要依靠语音识别、记录系统提供金融服务。由于客户的语音和听力都无法规范,因而在进行重大金融服务交易时存在差错、误解或矛盾的隐患。所以,对重大金融电话银行服务交易,采用了传真复核确认制度。电话银行的这些缺陷影响了它的发展范围和速度。

(2) 银行电子化或金融信息化阶段

随着个人计算机PC普及率的提高,商业银行逐渐将发展的重点从电话银行调整为PC银行,即以PC为基础的电子银行业务。20世纪80年代中后期,在世界各国的国内各银行之间的网络化金融服务系统基础上,形成了不同国家银行之间的电子信息网络,进而形成了全球金融通信网络。在此基础上,出现了各种新型的电子网络服务,如以自助方式为主的在线银行服务(PC银行)、ATM、家庭银行系统和企业银行系统等。

银行电子化使传统银行提供的金融服务变成了全天候、全方位和开放型的金融服务，电子货币成为电子化银行的依赖货币形式。例如，ATM 技术从最初只能提供少数几种交易发展到可以处理一百多种交易，如花旗银行的 ATM 已经可以处理一百五十多种交易，从现金存取到共同基金投资，从处理股票交易到处理保险业务等；利用 ATM 和计算机无线网络技术的移动，银行可将银行服务延伸到偏远乡村，它具有更高的电子化和智能化处理水平，客户通过与数据库联网的电脑终端，可以完成现金存取、转账、支付和货币兑换等交易，实现对分行的部分替代效应和提高各营业网点的业务速度；中国招商银行提供的“一卡通”金融服务业务，提供的服务包括现金、存款和贷款、信用卡、支票结算、投资、共同基金、信用和非金融服务等，不仅可以在 ATM 和 POS 上运行，而且适合于在移动电话、可视电话等各种电子设施中使用；家庭银行也成为银行电子化的重要内容，它可为家庭提供财务管理和一系列金融配套服务。

随着银行电子化的发展，电子货币转账逐渐成为银行服务中的主要业务形式。电子货币以分布在金融机构和服务网点的终端机（如 POS 或 ATM）及计算机网络为物质条件，以现金卡、信用卡、IC 卡和电子支票等形式为媒介，使货币以电子数据的形式在银行网络间进行传递，从而形成电子货币流通系统。

（3）网上银行阶段

20 世纪 90 年代中期以来，伴随 Internet 在各行各业中的广泛应用，银行为满足电子商务发展和金融行业竞争的需要，纷纷借助 Internet 及其他网络开展各种金融业务，以达到拓展业务触角、降低运营成本、满足顾客个性化需要的目的，由此直接导致了基于 Internet 平台的网上银行的出现。网上银行的出现是使银行服务完成从传统银行到现代电子银行的一次重大变革。

我国网上银行的发展大致可以分为四个阶段：第一阶段是指 2000 年前，银行网上服务单一，仅通过开通银行网站，提供账户查询等简单信息类服务，而且主要操作集中在单一账户上。网上银行更多地被作为各商业银行的一个宣传窗口。这是网上银行发展的第一阶段也被称之为“银行网站”阶段。第二阶段是“银行上网”阶段，银行将传统的柜面业务移置到互联网上，增加了转账支付、缴费、网上支付、金融产品购买等交易类功能，这个阶段的主要特征是多账户的关联操作。网上银行发展进入第三阶段后，银行的最大转变是真正以客户为中心，因客户需要而变化。如中国工商银行、华夏银行等银行使用了批量软件直接完成批量的收付业务。可同时完成向多个账户收支付款项的结算业务，大大提高了工作效率，降低了企业成本。第四代网上银行是未来的发展阶段。将来，网上银行将成为银行的主渠道，传统银行将全面融入网上银行，甚至不再单独区分网上银行。随着信息技术的不断进步，网上银行必将因其低成本、超越时空的便利而成为人们生活中不可缺少的一个组成部分。

未来网上银行的发展趋势具有三个特点：第一，交易信息更安全。随着计算机及互联网安全技术的不断进步，网上银行从客户到银行服务的整个环节将采取更加安全的加密、传输、存储、验证技术来保证交易过程的安全。第二，交易流程更加简捷。随着各家银行对网上银行应用技术的认知程度不断加深，以及开发技术的创新，银行将打破终端环境的配置水平限制，使用户更好地体验网上银行功能的简便性带来的快乐。第三，交易内容更丰富。随着人们开展的金融、经济活动日益频繁，银行的业务将不断改进和创新。网上银行的普遍使用，将促使银行整合尽可能多的银行业务供网上银行用户使用。同时银行也会在成本、质量、客户满意度和反应速度方面有所突破,集中核心力量,获得可持续竞争的优势,最终使网上银行加快向业务综合化、国际化和高科技化的方向发展。

总之,网上银行是网络时代的产物。目前,网上银行正处在迅速发展变化的进程中,其流行的发展模式和总体框架也在不断变化。

2. 网上银行的发展模式

(1) 纯网上银行的发展模式

所谓纯网上银行或直接银行,是指那些仅仅凭借互联网来开展银行业务的独立经济组织,它们一般都没有店面柜台,也没有什么分支机构。世界上第一家网上银行 SFNB 就是一家典型的纯网上银行,它的经营当初就得到了政府监管机构的认可,并且加入了美国联邦储蓄保险公司(FDIC),它通过 Internet 网络提供全球范围的金融服务。

纯网上银行遵循这样一种战略,即把从一般管理费用中节省出来的部分返还给客户。这集中体现在给储蓄账户以及大额存单支付更高的利息,而其他服务向客户收取较低的手续费。

纯网上银行的发展有两种不同的经营理念:一种是以印第安纳州第一网上银行(First Internet Bank of Indiana, FIBI)和 WingspanBank 为代表的全方位发展模式;另一种是以休斯敦的康普银行(即 CompuBank)为代表的特色化发展模式。

① 全方位发展模式。对于采用这种发展模式的网上银行而言,它们并不认为纯网上银行具有局限性。它们认为随着科技的发展和网络的进一步完善,纯网上银行完全可以取代传统银行。它们还认为纯网上银行应该提供传统银行所提供的一切服务。这些纯网上银行始终致力于中小企业,如 FIBI 通过推出所谓的"中小企业贷款服务",从而改变了纯网上银行没有企业贷款服务的历史。

WingspanBank 是美国第一银行的分部创建的纯互联网的金融服务信息媒介,它发现一些客户必须通过单独的网站进行各种交易活动,这些客户希望能在线处理一系列金融交易,例如证券抵押、贷款、投资、申请信用卡、支付账单等,从而意识到在线银行不仅能够而且应该给个人提供他们能使用的所有金融服务。因此,它提出自己作为纯网上银行的定位是"第一个大型的、包含广泛、充实且有大量不同产品的纯网上银行及金融服务网站"。WingspanBank 为了实现它的全方位发展模式,它首先建立了四个即期目标:开发新客户、交叉销售产品、维护网站一致性、提供美妙的客户体验。另外,公司通过和微软、美国在线、IBM 等公司的合作,培养并建立关系网,获得有关互联网的经验,因此它能提供一个方便、集中的地点,让客户获得所有的金融服务。

② 特色化发展模式。持有这种经营理念的纯网上银行也许更多一些。它们承认纯网上银行具有局限性,与传统型银行相比,纯网上银行提供现金服务要少得多。例如,由于没有分支机构,它们无法为中小企业提供现金管理服务,也不能为客户提供安全保管箱。纯网上银行若想在竞争中获取生存,必须提供特色化的服务。这类银行的代表就是 CompuBank,这家位于休斯敦的纯网上银行只提供在线存款服务。在 CompuBank 的高级管理人员看来,纯网上银行若想在竞争中获取生存,必须提供特色化的服务。因此,纯网上银行应该专注于具有核心竞争力的业务,其他的业务则可以让客户在别的银行获得。另一个例子是耐特银行(即 Net. Bank),它曾经是仅次于 SFNB 的纯网上银行,在 1999 年一季度末,它们的存款已经达到 3.327 亿美元,在后者被收购以后,它成为纯网上银行的领头羊。

它们服务的特色在于以较高的利息吸引更多的客户。

(2) 混合型网上银行的发展模式

由于这种银行模式是在原有银行的基础上投资建立的网上业务渠道,其目的是进一步巩固现有客户基础,降低服务成本,提高经营效率,因此,它可以充分延伸银行原有的品牌优势,并利用网络渠道优化自身形象,改善客户关系,扩大产品的市场占有率,最终实现传统业务与网上银行的协调发展。目前,它主要有收购已有纯网上银行和发展自己的网上银行两种发展模式。

① 购并模式,即收购现有的纯网上银行。加拿大皇家银行(Royal Bank of Canada, RBC)是加拿大规模最大、盈利能力最好的传统商业银行之一。一百多年来,这家银行在美国只是从事银行批发业务。1998年10月,它以20 000万美元收购了SFNB除技术部门以外的所有部分。加拿大皇家银行进行收购的战略目标有两个:一是为了扩大其在美国金融市场的业务和份额,通过收购SFNB,它可以迅速介入美国的银行零售业务市场;另外一个战略目标是,它可以利用这次收购,将银行业迅速拓展到一个新兴的、飞速发展的领域。这次收购使加拿大皇家银行立即站在网上银行发展的最前沿。

② 延伸模式,即发展自己的网上银行业务。更多的传统商业银行是凭借其原有品牌和产品服务优势,利用原有IT部门或是与计算机软件厂商合作,发展网上银行业务。如美国加利福尼亚州的Wells Fargo银行,它作为美国最著名的商业银行之一,在十个州都拥有自己的营业机构,管理着数千亿美元的资产,为了实现适应客户多变的交易偏好并降低交易成本的战略目标,早在1992年就开始建设自己的网络信息系统,为开展网上银行业务奠定了基础。它们调查发现,客户除了要求查询账户余额、交易记录、转账、支付支票、申请新账户和签发支票等基本网上银行业务外,还需要有一种有关账簿管理、税收和财务预算的服务。1995年,它们与Microsoft、Intuit建立战略联盟,发展网上银行服务,从而在稳定老客户的基础上,进一步开拓了市场份额。当前,它们是拥有网络客户最多的商业银行。

目前我国还没有一家纯网上银行。我国商业银行的网上业务多采用延伸模式,即通过构建网上银行业务部门,将现有的银行业务扩展到互联网上,但传统业务与网上业务还需要进一步整合。

3. 网上银行产生和发展的原因

网上银行毕竟是新生事物,但发展速度如此之快,有多方面的原因。

(1) 网上银行是网络经济发展的必然结果

由于电子商务活动无时间和空间的限制,国界也将在某种程度上消失,经济全球化的结果也带来金融业务的全球化,世界金融业的竞争更加激烈。同时,电子商务需要处理好信息流、商流、资金流和物流中的各个环节,才能健康运行和发展,真正体现电子商务的效率。资金流作为电子商务以及传统商务流程中的一个关键环节,其高效率、低成本、安全可靠的运作是商务发展的需求。顺应这种需求,结合信息网络技术特别是Internet技术的应用,网上银行就产生了。

在网上首先是发展信息流,进而开展网上交易,有商品或服务的交换也就必然带来资金的支付活动,由此而产生网上资金流。信息流、商流、资金流、物流四大流的相互配合构成了网络经济。网上有了资金流的需求,也就成为网上银行发展的原动力。一个高水平的电子商务系统要求商场、厂家、政府管理部门(税务、工商、海关等)、银行以及认证机构借助网络连接起来，促使信息流、商流、资金流和物流的流动通畅。而资金流是否通畅，在“四流”中至关重要，网上银行的产生和发展可以很好地解决这一问题。

(2) 网上银行是电子商务发展的需要

无论对于传统的交易，还是新兴的电子商务，资金的支付都是完成交易的重要环节，所不同的是，电子商务强调支付过程和支付手段的电子化与网络化处理。在电子商务中，作为支付中介的商业银行在电子商务中扮演着举足轻重的角色，无论网上购物还是网上交易，都需要银行借助电子手段进行资金的支付和结算。商业银行作为电子化支付和结算的最终执行者，是连接商家和消费者的纽带，也是网上银行的基础，它所提供的电子与网上支付服务是电子商务中的最关键要素和最高层次，直接关系到电子商务的发展前景。商业银行能否有效地实现支付手段的电子化和网络化是电子交易成败的关键。因此，网上银行是电子商务的必然产物和发展需要。

(3) 网上银行是银行自身发展并取得竞争优势的需要

电子商务的发展给全球经济和贸易带来重大影响，而作为经济领域中的银行业必然被波及，银行不得不重新审视自身的服务方式，为在激烈的竞争环境中取得竞争优势并适应电子商务的发展，必须利用现有条件，增加服务手段，提供更加便捷迅速、安全可靠、低成本的支付结算服务。已有多位专家预测，在未来五年里银行物理分行的开设将逐渐减少，ATM的增长率亦将减缓，而基于 Internet 平台的银行业务使用将大幅度增加。

特别是近几年，伴随着电子商务的迅猛发展，银行自身也得到了长足的发展，这也为网上银行的发展奠定了基础，创造了条件，它主要表现在如下六个方面。

① 客户获得银行电子化服务的工具发展很快。随着各种电子化、自动化金融工具的大量研制与应用，面向广大客户的电子化和自动化的银行服务工具也在不断改进、更新和发展。例如，面向网上银行服务的电子化工具主要有电子现金、电子钱包、电子支票、电子银行卡、电子资金转账系统、智能卡、智能电话、电子零钱等。

② 面向普通消费者的银行设备在不断更新和发展。目前，ATM 已经联成网络，使用也越来越普遍。POS 与银行的计算机相连，各种各样的自动点钞、自动出纳机等都得到广泛应用。这些均表明人们接受电子化、信息化的金融服务意识在增强。

③ 各种现代化的银行金融支付与清算系统等得到广泛应用。各种现代化银行支付系统、大额在线实时支付系统、各种小额批量支付系统、电子联行系统、自动化清算系统、自动化对公业务系统、银行储蓄通存通兑系统、银行卡网络支付系统和安全电子交易系统等得到广泛应用。特别是 SWIFT 与 CHIPS 系统的拓展，CNAPS 系统的研发与应用，均说明金融服务的网络化进程在加快。

④ 网上金融信息服务发展很快。银行利用自己的信息优势，借助网络特别是 Internet，越来越多地向客户提供金融信息增值服务。金融在线信息服务的特点是具有交互功能，金融在线客户能够主动接受或选取金融信息，也可主动发布金融信息，它有利于客户借助网络远程快速获取金融信息和对金融信息的及时发布。

⑤ 现代金融计算机系统发展很快且得到广泛应用。随着信息网络技术的飞速发展，在银行金融业，金融计算机信息服务系统普及推广很快，银行金融业的经营管理也全面实现了系统化、科学化和现代化，整个银行金融业正全面向数字化、网络化和信息化发展，并提供金融风险预警功能。

⑥ 银行金融业全能化和国际化趋势明显。随着国际贸易的繁荣与发展，跨国投资的迅速增加，以及银行国际业务的迅猛发展，使得银行之间的竞争加剧，各银行都在向全能化、国际化、集约化和多样化方向发展。因此，世界各银行都十分重视科学技术进步。现代高新技术的高速发展，尤其是计算机科学和信息科学的进步为银行的变革创造了有利的条件。虚拟现实信息的发展和应用、网上银行的出现与发展，满意地向人们回答了明天银行的发展方向问题，基本统一了人们的思想。

可见，网上银行的产生有其必然性，发展趋势不可逆转。虽然今天的网上银行服务给银行业并没有带来巨大的利润，但前景看好，更关键的是，不开展网上银行服务的银行正面临在产品种类、客户服务、运作成本等方面全面落后的危险。

7.1.3 网上银行的分类与特征

1. 网上银行的分类

网上银行按照不同的标准，可以分为不同的类型。如按服务对象可以分为个人银行与企业银行；按业务种类可以分为零售银行和批发银行；按经营组织方式可以分为分支型网上银行和纯网上银行等等。

目前商业银行开通的网上银行服务系统，一般为个人网上银行和企业网上银行。无论是个人网上银行或企业网上银行，都是以互联网为媒介，为客户提供金融服务的电子银行产品。各家银行为了把个人客户和企业客户区别开来，按个人结算账户和企业资金结算账户的分法，把网上银行服务系统细分为个人客户和企业客户，但实际操作流程及其产生的效果大致相同。

下面将针对按经营组织方式分类作进一步阐述。

(1) 分支型网上银行

分支型网上银行是指现有的传统银行利用互联网作为新的服务手段，建立银行站点，提供在线服务而设立的网上银行。它类似于该银行的其他物理分支机构或柜台，是原有的银行业务与网络信息技术相结合的结果，相当于银行的一个特殊分支机构或营业点，因而又被称为“网上分行”、“网上柜台”、“网上分理处”等。分支型网上银行通常是银行一个独立的事业部或者是其控股的子公司，成为其发展新客户和稳定老客户的手段。实践中，这些虚拟机构几乎总是比银行中的其他部门发展得快。分支型网上银行一般既独立开展业务，又为其他非网上分支机构提供辅助服务。早期的单独业务，主要集中在账务查询、转账、在线支付等一些不涉及资金实物转移和书面文件要求领域。但随着网络技术和电子商务的发展及客户对网上银行和电子支付工具的日渐熟悉，现在分支型网上银行已经能够独立开展除现金存取外的其他各类银行业务，包括网上开户、网上贷款、电子支付或账单提交、资产或证券交易等。可以说，目前绝大多数大中型商业银行均已经设立了分支型网上银行，其已成为网上银行的主要形式。

在这些网上银行中，大部分银行沿用了其现有银行的名称和品牌，也有部分银行从战略角度出发，使用了新的名称。如：我国的商业银行中，我国工商银行的个人网上银行“金融@家”、招商银行个人网上银行的“一网通”，平安银行的“企业网上银行 S-ebank”品牌等，均使用了新名称。特别是 2009 年 7 月平安银行推出的“企业网银 S-ebank”品牌具有安全级别高，超大批量转账，STP 直通式转账付款等特点，另外还可网上循环贷款、网上智能通知存款、零级授权等多项优势服务。平安网银使用国际标准,通过先进的IT技术和创新的服务手段,通过丰富的产品、灵活的操作、简便的手续以及高效的处理流程为企业日常经营中涉及的各项业务提供服务。

总之,分支型网上银行是建立在传统银行基础之上的,传统银行纷纷建立分支型网上银行的原因是它可以利用现有银行既有的技术、人员和客户资源,有效地帮助主体银行改善银行形象和客户服务手段,迅速开发新的金融服务产品,拓展市场空间和渠道,满足客户要求,降低成本,提高效率。

(2) 纯网上银行

纯网上银行又称虚拟银行,起源于美国1995年开业的安全第一网上银行(SFNB)。纯网上银行本身就是一家银行,是专门为提供在线银行服务而成立的,因而也被称为"只有一个站点的银行"。纯网上银行一般只设一个办公地址,既无分支机构,又无营业网点,几乎所有业务都通过网络来进行。以SFNB为例,客户进入该银行网站后,可以看到网页中显示的"开户"、"个人财务"、"咨询台"、"行长"等菜单,用鼠标点击所需服务,就可以按照提示进入自己所需的业务项目。这种银行开户与传统银行不同,客户只需在网页上填一张电子银行开户表,键入自己的姓名、住址、联系方式及开户金额等基本信息发送给银行,并用打印机打出开户表,签上名字后连同存款支票一并寄给银行即可。几天后,客户便可收到一张电子银行的银行卡,客户用它就可以在大部分银行的ATM机上进行存取款,并可进行各类投资与结算。

处于不同发展阶段的纯网上银行,其主要业务不尽相同。在初级阶段,纯网上银行一般不提供信用评定和贷款业务;在发展成熟阶段,纯网上银行几乎具有传统银行所有的产品与服务,但在现金收付上,仍需依赖现有的ATM网络或邮政系统。将来,如果电子货币普及,纯网上银行也将会是一种最佳的网上银行方式。

目前,著名的纯网上银行有:Egg,Telebank,ING Direct,NetBank,Security First Network Bank(SFNB),First Internet等。

纯网上银行的优势在于它可以树立自己的品牌,以极其低廉的交易费用实时处理各类交易,提供一系列的投资、抵押和保险综合服务。由于其客户服务成本很低,纯网上银行还可以提供更优惠的存贷款利率。

但与传统银行相比,纯网上银行也存在一些目前还难以克服的缺陷。如无法收付现金,以致加重了对第三方发展的依赖性;改变以往银行保存交易记录的方式,需要法律和客户方面的不断确认;需要培养银行客户的信任度和忠诚度等。

2. 网上银行的特征

网上银行与传统的物理银行一样,能够面向客户提供各类金融服务,而在金融信息服务、便利性方面则优势更为明显。作为信息时代的产物,网上银行具有六种明显特征。

(1) 能以客户为中心,以技术为基础,体现品牌独特性

网上银行服务并不需要直接面对面地与客户接触,它们之间的交易和沟通通过Internet进行。这就要求网上银行的营销理念从过去的注重金融产品的开发和管理,即产品注重型,转移到以客户为核心上来,即根据每个客户不同的金融和财务需求"量身定做"相应的金融产品并提供银行业务服务。网上银行应将客户作为一个有个性的个体来对待,在为客户解决金融疑问和困难的时候,使客户感到解决方案是按自己的想法和愿望而形成的,并且最适合自己的需求;同时也要使客户感到自己能够自由和灵活地控制自己的资金。这

就是“创建独特品牌”的内在含义之一，同时，也是成熟市场客户的要求。

(2) 业务信息系统的管理控制能力要求高，集成性强，追求信息管理与知识管理

网上银行的全部业务，如贷款申请、网上支付、发行信用卡、开设存款账户等，均通过 Internet 进行并由信息系统软件处理。业务信息系统是网上银行顺利运作的核心，因此它的维护和管理就显得十分重要。如果电脑系统发生故障，一切就无从谈起。所以，强有力的信息系统管理与维护能力是保障网上银行安全运作的关键。

(3) 需要良好的社会基础设施与客户的网络应用意识的支持

网上银行的平稳运作要有高度发达的跨区域通信设施支持，要有技术及开发能力强、了解银行业务的软件公司、Internet 服务提供商(ISP)及数据处理和储存公司的通力合作。社会资信咨询公司 CRA(Credit Reference Agency)则是网上银行业务运作，特别是贷款业务运作的重要保证。它不仅是网上银行，也是西方国家商业银行进行个人风险评估和控制的重要手段之一。社会资信咨询机构作为商业银行开展个人信用的重要金融基础设施，也是我国目前急需建立的机构之一。先进的工具与服务需要有先进意识的客户来应用，因循守旧、抵制变化是我国发展网上银行服务的主要问题之一。

(4) 网上银行服务无需物理的银行分支机构，它具有人员少、运作费用低、无纸化操作的特点，可实现有效成本控制，因而产品价格竞争力强，并体现了绿色银行的概念。

网上银行与其他商业银行相比，容易进行成本控制，因为只需建立基于 Internet 的客户中心和数据收集、处理及储存库。因此，其成本要比一般的传统商业银行低 1/4，而其交易成本(根据英国保诚集团旗下网上银行 Egg 的总裁 Mike Harris 的统计)仅是电话银行的 1/4，是普通银行的 1/10。

(5) 强调信息共享与团队精神

网上银行的业务操作和处理可以形象地比喻为一条生产流水线，银行内部各岗位、各部门之间需要通力密切配合和协助，以一个界面、同一 Web 页面窗口来为客户提供一致的服务。任何个人和部门因为个人或小集体的利益而出现扯皮现象都将影响网上银行服务的质量与效率。因此员工之间、员工与上司及各部门之间需要建立沟通和协调的良好渠道及机制。同时，各部门要大量收集客户及有关方面的信息，经过相关业务信息系统进行加工和处理后，通过内部网络进行信息共享(包括社会信息的共享)，以达到提高效率、提高服务水平及客户满意程度的目的。

(6) 跨区域的 24 小时服务

由于网上银行所拥有的信息技术优势，使其承诺并且保证为客户提供每天 24 小时、每周 7 天、全年 365 天的全天候跨区域服务，这也是实现个性化服务的重要保障。

7.1.4　网上银行的服务品种

网上银行的实质是为各种通过因特网进行商务活动的客户提供电子结算手段。网上银行的特点是客户只要拥有账号和密码便能在世界各地与因特网联网，进入网上银行办理各种交易。随着市场对网上银行服务需求的扩大，网上银行提供的服务也在不断地创新和丰富。

1. 网上银行的服务种类

随着因特网技术的不断发展创新，网上银行提供的服务种类、服务深度都在不断地丰

富、提高和完善。从总体上讲，网上银行提供的服务一般包括两类：一类是传统的商业银行业务品种在网络上的实现。这类业务基本上在网上银行建设的初期占据了主导地位，传统商业银行把网上银行作为自身业务品种的一个新兴的营销渠道。另一类是完全针对因特网的多媒体互动的特性来设计所提供的创新业务品种。这类业务以客户为中心、以科技为基础，真正体现了按照市场的需求“量身定做”的个性化服务特色。这类业务的开发，充分利用互联网和IT技术的优势，打破了传统商业银行的各种条条框框，成为了真正意义上的网上银行业务。

从业务品种细分的角度来讲，网上银行业务一般可以分为以下几个类别：

(1) 提供信息。网上银行通过因特网发布的公共信息，一般包括银行的历史背景、经营范围、机构设置、网点分布、业务品种、利率和外汇牌价、金融法规、经营状况以及国内外金融新闻等。通过公共信息的发布，网上银行向客户提供了有价值的金融信息，同时起到了广告宣传的作用。通过公共信息的发布，客户可以很方便地认识银行、了解银行的业务品种情况以及业务运行规则，为客户进一步办理各项业务提供了方便。

(2) 决策咨询。网上银行一般以E-mail、BBS为主要手段，向客户提供业务疑难咨询以及投诉服务，并以此为基础建立网上银行的市场动态分析反馈系统。通过收集、整理、归纳、分析客户的各式各样的问题和意见以及客户结构，及时地了解客户关注的焦点以及市场的需求走向，为决策层的判断提供依据，便于银行及时调整或设计创新出新的经营方式和业务品种，更加体贴周到地为客户服务，并进一步扩大市场份额，获取更大收益。

(3) 账务查询。网上银行可以充分利用因特网门对门服务的特点，向企事业单位和个人客户提供其账户状态、账户余额、账户一段期间内的交易明细清单等事项的查询功能。同时，为企业集团提供所属单位的跨地区多账户的账务查询功能。这类服务的特点主要是客户通过查询来获得在银行账户的信息，以及与银行业务有直接关系的金融信息，而不涉及客户的资金交易或账务变动。

(4) 申请和挂失。主要包括存款账户、信用卡的开户、电子现金、空白支票申领、企业财务报表、国际收支申报的报送、各种贷款、信用证开证的申请、预约服务的申请、账户挂失、预约服务撤销等。客户通过网上银行清楚地了解有关业务的章程条款，并在线直接填写、提交各种银行表格，简化了手续，方便了客户。

(5) 网上支付。网上支付功能主要向客户提供互联网上的资金实时结算功能，是保证电子商务正常开展的关键性的基础功能，也是网上银行的一个标志性功能，没有网上支付的银行站点，充其量只能算作一个金融信息网站，或称作为上网银行。网上支付按交易双方客户的性质分为B2B、B2C两种交易模式，目前，由于从法律环境和技术安全性方面的考虑，在B2C功能的提供上各家银行比较一致，而B2B交易功能的提供尚处在不断摸索和完善之中。

(6) 金融创新。基于因特网多媒体信息传递的全面性、迅速性和互动性，网上银行可以针对因特网特点，针对不同客户的需求开辟更多便捷的智能化、个性化的服务，提供传统商业银行在当前业务模式下难以实现的功能。比如针对企业集团客户，提供通过网上银行查询各子公司的账户余额和交易信息，并在签订多边协议的基础上实现集团内部的资金调度与划拨，提高集团整体的资金使用效益，为客户改善内部经营管理、财务管理提供有力的支持。

(7) 信息增值。在提供金融信息咨询的基础上,以资金托管、账户托管为手段,为客户的资金使用安排提供周到的专业化的理财建议和顾问方案。采取信用证等业务的操作方式,为客户间的商品交易提供信用支付的中介服务,从而在信用体制不尽完善合理的情况下,积极促进商务贸易的正常开展。建立健全企业和个人的信用等级评定制度,实现社会资源的共享,提供信息增值服务。根据存贷款的期限,向客户提前发送转存、还贷或归还信用卡透支金额等提示信息。

2. 网上银行为个人客户提供的服务品种

以下以中国工商银行为例,介绍网上个人银行的服务品种。网上个人银行为注册客户提供的服务有:

(1) 账务信息查询。客户可对自己的账务信息,如卡/存折余额、历史明细、今日明细和网上购物明细进行查询,并可下载历史明细。

(2) 卡账户转账。客户可以实现自己的人民币卡账户之间的资金互转以及向同城(本地)他人的牡丹信用卡、灵通卡、贷记卡或"理财金账户"卡账户划转资金。

(3) 第三方存管业务。是指工行为满足个人证券投资者和证券公司对于客户交易结算资金存管服务的需求而开办的一种银证业务。可以通过网上个人银行的第三方存管进行银行与证券公司之间的转账交易,以及客户交易结算资金管理账户的当日明细、历史明细和证券资金账户余额的查询。

(4) 理财服务是指工行为客户进行定额/定期转账、自动购买人民币理财产品等特殊理财需求提供金融服务的业务。可以实现对各项理财服务的设置、查询、终止、执行明细查询等操作。

(5) 基金业务。客户(基金投资人)可以在线进行基金申购、认购、赎回等交易及查询有关基金信息。

(6) 外汇买卖。客户可在互联网上根据中国工商银行提供的汇率信息进行即时和委托买卖外汇交易、撤单及查询有关外汇交易信息等活动。

(7) B2C在线支付。客户在中国工商银行的特约网站上购物时,可在线实时支付货款并获得银行反馈的有关支付信息。

(8) 异地汇款。客户可在线向国内其他任何地方的中国工商银行开户的单位和个人支付款项。

(9) 代缴学费。客户可在线向与中国工商银行签订协议的全国各个学校缴纳学费、住宿费等费用。

(10) e通卡。客户可在线申请自主选择背景图案,用于网上B2C交易的专用卡。不可透支,可设定最高限额,提高网上交易的安全性。

(11) 缴费站。目前只在北京地区试点,提供多种服务方式,客户可网上签署缴费协议,每月自动扣收,也可每月登录网上银行自助缴费。

(12) 个人自助注册。持有中国工商银行牡丹信用卡、灵通卡、贷记卡、"理财金账户"卡的客户可在网上自助注册成为中国工商银行网上银行客户,立即拥有除对外转账、个人汇款外的其他所有服务。

(13) 国债业务。个人国债投资客户可网上进行记账式国债的即时交易,并可享受查询成交明细、债券价格及债市信息等服务。

(14) 牡丹卡在线办卡、换卡申请。客户可在线提交办理或更换牡丹卡的申请，同时可在线获得申请结果。

(15) WAP手机银行。客户可以通过移动电话在线获得网上银行的各项服务。

(16) 个人抵押贷款。个人客户可在线提交抵押贷款申请并实时获得申请贷款。

(17) 个人理财。客户可在线获得预约服务、查询理财协议，同时还能利用理财计算器进行理财计算。

(18) 客户服务。客户可以在线修改登录密码、首页定制、修改信用卡信息以及修改网上银行客户信息。

(19) 账户挂失。客户的信用卡、灵通卡、贷记卡或“理财金账户”卡遗失或被偷窃时可在线对其进行本地挂失(非全国挂失)的操作。

3. 网上银行为企业客户提供的服务品种

网上企业银行为注册客户提供的服务有——

(1) 信息查询

可以为企业提供各种信息的查询：

① 账务信息查询。包括查询账户余额明细以及账户交易明细等信息。

② 子公司账务查询。集团公司能根据协议查看子公司的账务信息，方便财务监控。

③ 企业信用查询。查询企业的信用情况，查询借款借据的当前和历史状态。

④ 金融信息查询。提供实时证券行情、利率、汇率、国际金融信息等丰富多样的金融信息。

⑤ 银行信息通知。银行通过网络系统将信息通知客户，如定期存款到期通知、贷款到期通知、开办新业务通知、利率变动通知及相关账务信息等。

(2) 集团理财

集团理财可以实现集团公司对子公司账户的统筹管理。

(3) 企业财务室

为企业客户提供网上代发工资、代报销和内部资金划转业务。

① 代发工资。客户通过网上银行实现对同城/异地(含同行/他行账户)员工的工资发放业务，并实现银行工作日内本行系统同城/异地账户的实时到账。

② 代报销。在网上实现企业向其员工的报销业务。

③ 为企业办理本单位各账户之间的资金划拨以及定活期存款互转。

(4) 网上结算

企业可通过电子付款指令从其账户中把资金转出，实现与其他单位(在国内任何一家银行开户均可)之间的同城或异地资金结算。

(5) 网上购物

B2B网上购物并产生订单后，可向卖方实时支付货款，从而迅速完成整个活动。

(6) 收费站

企业可对已与银行签订《网上收费站缴款协议书》的第三方企业缴费客户或者个人缴费客户进行在线主动收费。

(7) 贵宾室

贵宾室业务可以为贵宾客户提供客户账务提醒、预约服务和网上结算服务。

(8) 电子回单

企业可在网上查询并按笔打印当日明细和历史明细的电子回单,加盖银行章的回单可到开户银行领取。

(9) 基金业务

通过网上银行系统实现基金的认购、申购以及基本信息查询等功能。

(10) 国债业务

为客户提供债券账户查询、网上交易(即时交易)、成交明细,查询债券价格及债市信息等。

(11) 票据业务

集团企业总(母)公司可获得办理票据业务需提交的有关资料、业务办理程序等介绍和咨询信息。

7.1.5　制约网上银行发展的因素分析

1. 安全性的问题

网上银行发展过程中,人们最关心的问题莫过于网上银行系统的安全性问题。主要包括如何进行用户合法身份的确认,如何保证账户资料和交易信息在保存和传输过程中不被窃取或更改,以及如何阻止非法侵入银行主机和核心资料系统等。这一切,都会随着互联网技术的不断发展而完善,比如建立权威的CA认证中心,采用数字证书技术,建设安全的网关,采用或制定特定的通信协议,完善信息加密技术等。总之,网上银行的安全性问题远没有达到闻而生畏的程度,随着技术的发展,法制的健全,网上银行的系统安全会保持在一个平稳的水平上。

根据CFCA发布的《2008中国网上银行调查报告》,关于网上银行用户行为特征的调查发现,安全问题仍是网民关注的重点。其结果显示:无论是企业网上银行用户还是个人用户,网上银行的安全性能仍然是他们选择网上银行时最看重的因素。与此同时,网上银行用户的安全意识也在迅速提升,数字证书作为成熟、有效的安全保障手段正被更多用户认可。数据显示:目前有65.1%的企业网上银行活动用户使用专业版/数字证书版网上银行,超过半数(51.7%)的个人用户使用数字证书版网上银行。

2. 技术上的问题

对于网上银行的技术标准应有一个统一的认识。网上银行的发展应该既能够继承现有的资源,保证现有资源的利用和现有网络的正常运转,同时,软件开发商、硬件提供商、系统集成商、通信商以及银行应开展广泛的技术合作,共同制定网上银行的统一标准,确保软件、硬件、通信的标准化,为网上银行将来的拓展留有余地。为避免出现画地为牢、各自为政的局面,Internet应是建立在一个统一标准下的开放式的应用网络,网上银行业同样应该是一个开放式的金融服务体系。将来的网上银行,将会是一个全球互通、联系紧密的整体。

3. 监管上的问题

网络经济的先行特质带来的另一个不利因素就是法律建设的滞后问题。商务贸易的发展必须依靠法律的强有力保障,而对于网络这个虚拟的社区,目前的立法原则、法律效力还不能完全满足需要。全球各地的人都可以按照一定的规则加入Internet,网上银行的用户也可根据既定的协议,访问世界各国的金融机构的站点;同样,网上银行也可以服务于世界上的任何用户。网上银行的这种跨国界的运作方式,也跨越了各国的法律和金融法规。而对网上银行这一新生事物,需要各国政府进行合作与谈判,根据网上银行的特点,以战略的眼光,从总体上把握网上银行的发展方向,达成监管的共识,共同制定完善的法律法规,促进网上银行的良性发展。

网上银行是现代商业银行金融业的发展方向。网上银行是虚拟现实世界中的一颗明珠,指引着银行未来的发展,也同样照耀着人类生活美好的明天。目前,世界各国都在争先恐后地创建网上银行,相对而言,我国的银行金融业还比较落后,实现银行业务无纸化和银行机构虚拟化还有很远的距离。但我们应该抓住当前的发展契机,积极创造条件,为创建我国的网上银行而努力。

7.2 网上银行与传统银行

与传统银行相比,网上银行面临的是服务、资本、技术、人才和管理水平的全面综合性的竞争,各家银行通过不断的金融创新进行市场竞争。与传统银行相比,网上银行具有一系列在信息、技术和手段等方面的竞争优势。因此,开发网上金融业务是各家银行目前的战略重点。

7.2.1 网上银行的组织结构

1. 电子化商业银行的组织架构

随着金融电子化的发展,传统的商业银行由非手工操作到内部实现电子网络信息管理,各分销层次之间实现了电子联网。它的主要进步在于改进了商业银行进入房屋分销的信息交流效率和提高了终端及客户的信息处理效率,也提高了金融服务质量。其组织架构也是对传统商业银行模式进行电子化改造的结果。

2. 国外网上银行的组织架构

商业银行推出的网上金融服务打破了传统银行的组织架构——金字塔形的组织架构。在发达国家,网上银行的基本组织架构是在银行主服务器提供虚拟金融服务柜台,客户通过PC机或其他终端方式连接因特网进入主页,以银行主页为平台进行各种金融交易。因此,网上银行与传统银行组织架构的最大区别,在于完全省却了中间分销网络。最后,通过客户平面的中介功能,形成对最终客户群的分销。这个最终客户群是建立在信用卡平台上的客户群(见图 7-1)。

3. 我国网上银行的组织架构

目前,我国的网上银行还不是完全建立在因特网上的,而是将现有商业银行提供的金融服务扩展到网上,建立虚拟服务柜台形成分销渠道的模式(见图 7-2)。这种模式满足于在原有客户群的基础上进行简单的银行卡或信用卡发行数量的增长。这是一种建立在现有银行卡平台上的最终客户群。

7.2.2 网上银行的优势

新兴的网上银行较之传统银行具有很多优势,归纳起来有以下六点。

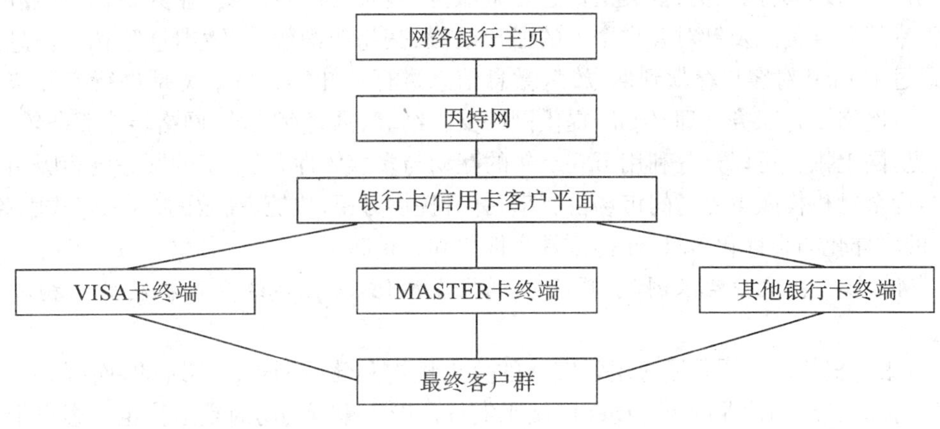

图 7 - 1　国外网上银行基本组织架构图

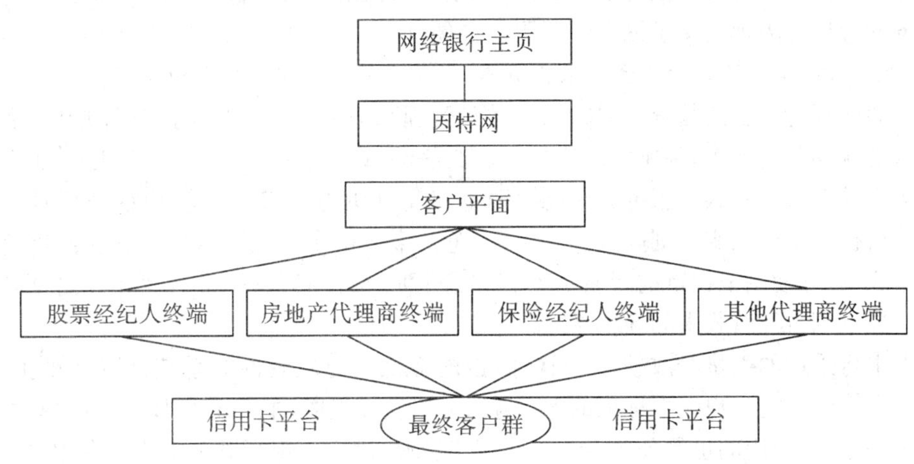

图 7 - 2　我国网上银行基本组织架构图

1. 网上银行实现了无纸化、网络化运作，大幅度提高了服务的准确性和时效性

网上银行要求一切交易、银行的各种业务和办公基本或完全实现无纸化、电子化和自动化，它是以前各种电子化银行如电话银行、家庭银行、自助银行、机器人银行、电子货币银行、自动化银行和自我服务银行的深入发展。网上银行使所有以前传统银行使用的票据和单据全面电子化；不再使用纸币，并全面改变纸币为电子货币；一切银行业务文件和办公文件完全改为电子化文件、电子化凭据，签名也用更加安全的数字签名技术；不再以邮寄的方式进行银行与客户相互之间纸面票据和各种书面文件的传送，而是利用计算机和数据通信网传送。网上银行的无纸化运作大幅度提高了银行业务的操作速度和操作水平，降低了服务成本，提高了服务的准确性和时效性，从而提高了服务质量。它使“瞬间传递”变为现实，其采用的电子手段可在几秒钟内把大批资金传送到全国各地或世界各地。

2. 网上银行通过 Internet 提供内容更加丰富的高质量金融服务

由于计算机网络具有资源共享、实时通信的特点，因此网上银行不但可以对外提供快速便捷的信息，还能向客户提供更直接、更多样化的各种服务。网上银行在 Internet 上所提供的金融服务大致分为两大类:一类是信息咨询服务,包括对银行历史、业务状况、营业网站、利率、汇率等公共信息及针对客户个人的账户余额、交易明细额、应缴本息等私人信息进行查询,通过 E-mail 对客户存款到期、放款缴息信息进行通知等。另一类是进行实际资金交易,即通过网络进行账务处理,例如,提供网络支付结算、网络存放款、网络转账服务等。

可见,网上银行可以充分利用 Internet 的互动与多媒体性,以丰富的服务内容吸引更多的客户,为金融机构赢得更高的市场占有率,并且提供方便、快捷、高效的"AAA"式服务,满足客户的多样化与个性化需求,使得更具个性化和人情味。

3. 网上银行打破时空限制,实现银行机构虚拟化,优化传统金融机构的结构和运行模式

传统银行机构的扩展是通过增设实体的分支机构和营业网点来实现的,而网上银行则只需通过扩展支行和营业的 Internet 网站来实现。网上银行的跨时空运作也为客户带来了方便。无论顾客有多少,无论业务量有多大,无论什么时间,无论什么地方,只要能够上网都可以立即根据需要跨进网上银行的"大门",到里面去漫游和接受各种所需的金融服务,无线网络服务的应用有力地支持了网上银行服务的便利。

4. 网上银行降低了银行的金融服务成本,简化了银行系统的维护升级

现代商业银行面临的是资本、技术、服务和管理水平全方位的竞争。根据英国艾伦米尔顿国际管理顾问公司调查,利用网络进行付款交易的每笔成本平均为 1~13 美分,而利用银行本身软件的个人电脑银行服务为 15 美分/笔,ATM 机为 27 美分/笔,电话银行服务为 54 美分/笔,银行分支机构服务则高达 108 美分/笔。金融电子化的引入和深化持续降低了银行的经营成本,并使网上银行的经营成本只占经营收入的 15%~20%,而相比之下传统银行的经营成本则占经营收入的 60%左右。

网上银行采用的大量开放技术和软件,也能降低银行软硬件的系统开发和维护费用。这是因为网上银行的客户端由标准的 PC 与浏览器软件组成,主要采取 B/S 应用模式,便于维护。另外,客户使用的也是公共 Internet 网络资源,因而使银行避免了建立专用通信网络所带来的成本及维护费用。而且网上银行的系统维护升级也变得相当简单,如在升级应用系统或安装新产品时只需简单地更新或升级服务器应用程序即可,而无需对客户端做任何变动。

5. 网上银行可以拓宽银行的金融服务领域

网上银行能够融合银行、证券、保险等行业经营的金融市场,减少各类金融企业针对同样客户的劳动重复,拓宽金融企业的创新空间,向客户提供更多量体裁衣式的金融服务。

6. 网上银行能够辅助企业强化金融管理,进行科学决策,降低经营风险

银行业务的电子化、网络化运作使客户的信息容易收集,也便于银行与客户间的互动,使双方更加了解。银行对各种信息进行统计、分析、挖掘的结果,有助于强化银行的金融管理,提高管理的深度、广度和科学性。

7.2.3 网上银行与传统银行的区别

1. 业务组织方式的差别

传统银行的业务,从客户角度可以分为对私业务(个人业务)和对公业务(公司业务);从资产负债角度可以分为资产业务、负债业务和中间业务;根据业务发生地的不同可以分为国

内业务、国外业务和离岸业务。无论从哪种角度来看，存贷款、支付结算和投资理财都是一般商业银行为客户提供的主要服务。

网上银行也是按个人业务和公司业务进行分类的，但是网上银行个人业务和公司业务的具体组织管理方式，已与传统银行有着明显的不同。尤其是个人业务，网上银行包含的内容要比传统银行丰富得多。同时，资产负债业务与中间业务的区别，国内业务与国际业务的区别，由于市场整体流动性的提高，网络在地理位置方面的自然延伸等因素的影响，在实际运营过程中已不再重要了。

除传统业务以外，网上银行一般还提供以下三种新的业务。

(1) 公共信息服务

为所有网络用户提供利率、汇率、股票指数等金融市场信息，以及经济、金融新闻等，同时为其客户提供所定制的专门信息。

(2) 投资理财服务

以银行客户为对象，利用电子网络的方式实时代理客户支付清算、提供投资咨询、专业理财等。其中，综合投资理财包括证券、保险、基金业务，代理企业内部财务管理业务，代理个人收支规划，提供网上金融超市等。

(3) 综合经营服务

经营服务既包括直接或间接控制网上商店，提供商品交易服务，也包括发行电子货币、提供电子钱包等服务。

在业务优势方面，网上银行也与传统银行有着显著差异。传统银行由于拥有众多的经营网点，采用人工面对面服务，容易与客户建立亲善的人际关系，对于区内客户的综合情况较为了解，现金收取与支付不需要花费额外的精力。网上银行由于采用数字化、开放式的服务方式，在财务查询、转账、代理、数据分析等方面具有传统银行无法比拟的优势，但现金收付目前需要传统金融机构协助才能完成。

业务品种和业务优势的变化，使网上银行的业务组织形式也相应地发生了转变。在20世纪90年代以前，几乎所有的银行都按照业务的自然流程和资金筹集(储蓄)、清算、应用(贷款)等不同流向和管理方式划分实际业务部门。存款部门负责存款，贷款部门负责贷款，会计部门负责清算，市场营销部门负责推广新的金融产品等，属典型的科层功能型结构(如图7-3所示)。

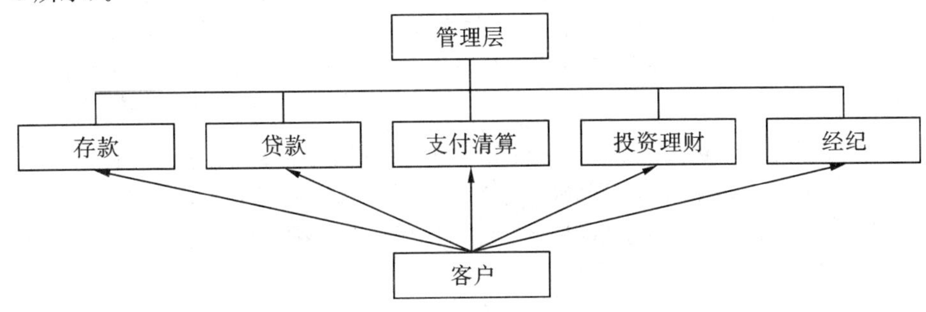

图7-3 传统银行的业务组织形式

分部门的业务组织形式不仅加大了客户的交易成本，也不利于发挥银行信息的综合优势。利用信息网络技术，再造业务流程是网上银行业组织形式的一个鲜明特点(如图7-4所示)。

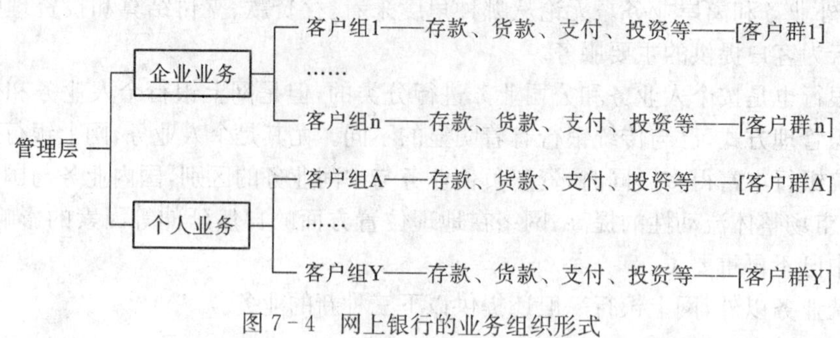

图 7－4　网上银行的业务组织形式

2. 经营管理模式的不同

20 世纪 50 年代以前，银行的经营管理侧重于研究如何运用和管理好资产，在保证资产流动性和安全性的前提下实现盈利，形成了“资产管理理论”。经济的发展、金融规模的扩大，使资产管理理论显示出了明显的缺陷。即使银行有着良好的资产管理，如果负债业规模有限，银行的发展也会受到阻碍。能否扩大负债，对银行竞争能力影响重大。随之出现了以负债为研究对象的“负债管理理论”。但是，20 世纪 70 年代以来，负债管理理论受到了越来越多的批评，负债管理虽然有利于提高银行的盈利水平，但也使银行面临外部金融环境不稳定的风险，市场的急剧波动会酿成银行的严重危机。银行的经营管理应该做到资产和负债规模与结构的相对平衡，并适时加以调整，由此产生了“资产负债管理理论”，注重资产和负债管理的统一协调。

虽然资产负债管理仍是网上银行经营管理模式的一个重要方面，但其重要性已大大下降。由于网上银行产业组织和业务种类的特点，网上银行在解决流动性、安全性和盈利性问题方面，已与传统银行明显不同(如表 7－1 所示)。

表 7－1　传统银行与网上银行的经营特点

	传统银行	网上银行
流动性	资产管理	利用对市场信息反应灵敏、交易速度快的优势，持有大量新型交易工具，比如资产化证券等
安全性	缺口管理	(1) 提高用户对网络交易的信心　(2) 保障支付清算的便捷顺畅
盈利性	负债管理	(1) 增加客户规模　(2) 开展多样化的增值服务

相反，由于网上银行技术的复杂性、信息的多样化和竞争压力加大等原因，系统安全性、效率、传输速度等因素关系到网上银行能否生存下去。因此，网上银行更注重以下三个方面的管理。

(1) 综合配套管理。网上银行除了提供一般的传统银行业务外，为了发挥网络优势，抵御非金融机构的进入，提高竞争水平，往往还介入综合投资、代理等方面的业务，因此，各个部门、各个环节及资金收、转、支的确认等方面的综合配套安排就显得十分重要，是经营网上银行首先必须考虑的问题。

(2) 技术标准管理。出于安全、高效的目的，数据传输、加密、认定及其他网络链接等的技术协议标准，需要在说明、监测、升级更新、源代码修改权限及保管等方面进行统一安排和管理。

(3) 个性化服务管理。个性化服务管理是基于数据仓库和数据挖掘等技术将每一个客户作为一个独立的个体，通过对其业务记录数据的分析、统计等，进行归纳性的推理，从而预测客户行为，从中挖掘潜在的服务模式和有价值的商业信息，这样一方面可提高对客户的服务水平，另一方面也能帮助决策者正确判断即将出现的机会，从而调整策略，减少风险。

这三个方面形成了网上银行特有的经营模式——客户主导管理模式，又称为“客户管理中心”模式。

传统银行多年来一直将“大众营销”和“市场占领”作为其经营的重点。银行推出某种新产品后，首先要做的工作是将这种产品标准化，适合于一般大众购买。由于标准化的产品容易被其他银行效仿，因此新产品的推出一般需要大量的广告宣传。网上银行的经营一改传统银行以业务或市场为核心的模式，强调以客户为中心，按照每个客户的不同需求量身定做，设计相应的产品，致力于开拓市场。

随着经营模式的改变，网上银行的管理模式也在发生变化，将传统银行以业务分部门的管理机构设置改为以客户分部门的机构设置。网上银行将客户细分为不同的类型，成立不同的客户服务中心，对客户提供“一对一”的全程服务。也就是说，客户的储蓄存款、贷款、投资和其他金融服务完全由一个部门负责。

客户主导管理模式的出现，对传统的以流动性、安全性和盈利性为主导的资产负债均衡管理模式产生了很大的影响。传统上，资产与负债间的随时匹配与均衡是银行经营管理的重点，也是保持流动性和安全性条件下增加盈利性的前提。在网上银行中，资产负债匹配的重要性已让位于客户规模，只有客户规模达到一定水平，网上银行才有可能盈利。

3. 资产负债结构的区别

贷款和存款始终是传统银行的主要资产与负债，其利息差也是银行经营利润的主要来源，一般占利润总量的85%以上。在网上银行中，银行的资产负债结构发生了较大的变化。

(1) 非存贷性资产在网上银行资产结构中所占的比重越来越大

在存款方面，虽然网上银行一般都提供较高的存款利率，但由于多数客户对网上银行需要一个适应阶段，对网络安全还存有较大疑虑，这使得网上银行在吸收个人储蓄方面不具有优势。

在贷款方面，由于网上银行(特别是纯网上银行)在发展初期，发放贷款仍需要对借款对象的资信进行人工评估或委托其他银行评估，费用仍然较高。

因而，扩大存贷款规模是大多数网上银行发展的中长期目标，而不是短期内的经营重点。从短期来看，网上银行扩大负债的主要途径，一是通过提供高效的支付清算服务，吸收大量短期结算资金；二是通过提供企业和个人财务综合投资管理服务，提高单位客户的资金集中度；三是通过代理业务，比如代收电话费、学费、各类租金等，增加短期资金来源。

在资产持有结构上，20世纪90年代后，金融交易工具的创新与多样化，尤其是资产证券化债券市场规模的急剧扩大，为网上银行以各类基金和债券作为其主要资产提供了客观条件。

(2) 非利差收入在网上银行收入结构中所占的比重也在日益增大

网上银行业务的多样化，导致了网上银行收入渠道的多样化。从目前来看，网上银行的收入来源包括：①利差收入；②代理收入；③支付清算收入；④咨询收入；⑤广告收入；⑥信息处理与出售收入；⑦其他业务经营收入。与传统银行相比，非利差收入在总收入中的比重明显上升。

(3) 利差进一步缩小,成为市场营销手段而非盈利手段

在短期内,为尽可能地吸引客户,扩大其他增值服务的市场规模,网上银行一般为存款提供较高的利率。这种做法进一步缩小了利差在银行收入中的比重,突出了利差的市场营销功能。

7.2.4 网上银行对传统银行的影响

网络技术的发展对传统银行业的经营模式和理念形成巨大冲击,网上银行对传统银行的影响主要体现在以下七个方面。

1. 网上银行改变了传统银行的经营理念

网上银行的出现改变了人们对银行经营方式的理解以及对国际金融中心的认识,一系列传统的银行经营理念将随之发生重大转变。借助网络,一个银行即使没有高楼大厦也能提供跨区域的品牌服务,因而突破了时空局限,改变了银行与客户的联系方式,从而削弱了传统银行分支机构网点的重要性,取而代之的将是支持银行业务开展的信息设备。

2. 网上银行改变了传统银行的营销方式和经营策略

网上银行能够充分利用网络与客户进行沟通,使传统银行的营销以产品为导向转变为以客户为导向,通过提供更迅捷和高效的服务,以速度赢得客户,变被动为主动。网上银行将业务重点转为向客户提供个性化服务,通过积极与客户联系,获取客户的信息,了解不同客户的不同特点,提供更为个性化的服务,同时也能处理与客户的关系,将服务转向"人际化",如咨询和个人理财业务,向客户提供更加具体全面的服务。

3. 网上银行改变了传统银行经营目标的实现方式

银行经营目标实现方式的改变主要体现在安全性、流动性上。从库存现金向电子现金的转变使安全概念也发生转变。因为电子货币的使用使银行资金的安全已经不再是传统的保险箱或者保安人员所能保障的,对银行资金最大的威胁是"黑客"的偷盗,很可能在不知不觉间资金已经丢失。因此,银行必须转变安全概念,从新的角度特别是保护信息资源的角度确保资金安全。电子货币的独特存取方式也带来流动性需求的改变,电子货币流动性强的特点取消了传统的货币层次的划分,更不可避免地导致银行的流动性需求发生改变。

4. 网上银行服务的开展促使银行更加重视信息的作用

在信息社会里,银行信用评估的标准正在发生改变,表现为银行获取信息的速度和对信息的优化配置将代表信用。在如今的电子商务时代,银行获取信息的能力将在很大程度上体现其信用,而电子商务也要求传统银行在信息配置方面起主导作用。信息配置较之传统经济学中的资源配置,将发挥同样巨大甚至更大的作用,对经济学的发展也是一个推动,这也将是银行信用的一个重要方面。

5. 网上银行加快了金融产品的创新

网上金融产品易诞生也易消亡的特点对银行的金融产品创新提出了更高的要求。在网络时代,新的金融衍生工具创造将翻倍加速,但也可能被淘汰、消失得更快。这一方面为银行突破传统的阶段性发展模式而利用技术创新进行跳跃式发展提供了可能,另一方面则对银行自身的创新能力提出更高的要求。如果银行自身没有具备创新的实力,就有可能长期处于"跟随者"的不利地位,时刻有被淘汰的危险。

6. 网上银行正改变传统银行的竞争格局

基于Internet平台的网上银行提供的全球化服务，使金融业全面自由和金融市场全球开放，银行业的竞争也不再是传统的同业竞争、国内竞争、服务质量和价格竞争，而是金融业与非金融业、国内与国外、网上银行与传统银行等的多元化竞争。

7. 网上银行将给传统的金融监管带来挑战

由于网络的广泛开放性，网上银行可在全球范围内经营，这也给金融监管带来新的课题。目前巴塞尔委员会及各国银行监管当局正密切关注网上银行的发展并进行研究，但尚未就此监管立法。因此，网上银行的监管更加需要国际合作，做到信息共享。

7.3 网上银行的发展与监管

网上银行代表着银行业未来发展的主流趋势，其发展之快，在人们尚不能给其一个统一定义的时候，就已使人们不得不面临许多现实的问题。但是，作为对银行的发展与监管，我们必须从发展的角度来看待这些问题，并给予积极的关注，从理论和实践两个方面来加以分析，以便加强管理，规范操作，进一步促进和推动网上银行的健康和快速发展。

7.3.1 网上银行发展中面临的问题

1. 安全问题

安全作为银行经营的重要原则，同样适用于网上银行，甚至更为重要。由于网上银行依靠的平台是Internet，而Internet是一个开放的网络，那么保障网上银行的安全就更是首要的问题。网上银行的安全性体现的几个方面，不仅包括客户资金的安全、客户利用网上银行进行交易的安全和客户隐私的安全，同时还包括由网上银行业务风险带来的经营安全等。

在银行网络与Internet连接起来以后，就出现了利用高科技手段入侵金融网络的科技犯罪，并且有日益增多之势，所造成的损失也越来越大。如1994年，一个名叫弗拉基米尔·列文的30岁俄罗斯人，在圣彼得堡只通过一台286计算机就从美国花旗银行窃取了1 000万美元。此案发生后，被简称为C-37的美国联邦调查局在纽约地区的办公室成立了侦缉计算机犯罪行动小组，首批电子警察不动声色地让罪犯继续作案，尔后穿越国界在全球追踪其电子踪迹，最后在列文作案时将其抓获。而此类黑客案件在国内也有发生，2003年3月，一名19岁的青年在上海用笔记本电脑侵入了某证券公司营业部的电脑系统，窃取了所有客户的账户信息及密码。

从以上两个案例可以看出，保障金融网络安全的技术仍有待提高，同时，也应该注意的是相关的法律法规保障，即如何制定安全的操作规章和技术防范措施，确保业务、通信软件、网络设计和网络交易系统配置等的安全，并利用法律法规对金融网络和计算机系统犯罪分子进行严厉打击等方面的问题。

网上银行的安全问题还包括网上银行运行风险对国家金融风险形成的影响及评估；对产生系统风险的各种环境及技术条件的监管；对公共密钥基础设施（PKI）、认证技术、加密技术和电子签名技术的监管等。

2. 客户权益问题

要保证网上银行健康发展必须维护客户的利益，包括知情权、隐私保护权和争议解决等。

(1) 知情权利

作为网上银行的用户,客户有权知道网上银行存在的技术、业务风险、信用状况,以及各方承担的权利与责任等。有关法律法规应明确网上银行、用户的职责,同时揭示网上银行的技术风险、业务风险等风险内容,要求网上银行及时披露风险信息和信用状况等内容。

(2) 隐私保护

为确保安全运营,网上银行要求用户填报大量真实信息,同时掌握客户的消费信息。虽然当前的银行法律体系规定了银行有保守用户秘密的义务,但并没有针对网上银行的专门规定。由于网络具有的脆弱性,个人隐私与商业秘密的保护受到严重威胁,因而需要制定专门法规明确网上银行的责任。

(3) 责任承担

由于网上银行物理系统、安全系统、操作失误等原因给客户造成损失后,或因用户自身原因造成损失后,在今后取证可能更加困难的情况下,如何界定各方应承担的责任,需要确定相应的法律解决机制,以保护消费者利益。此外,网上银行业务作为商事交易活动,其要约应该是可撤销的,其操作过程同样需要有法规作保证。

(4) 商业道德

应避免网上银行利用自身的隐蔽行动优势向消费者推销不合格的服务或低质量高风险的金融产品,损害消费者权益。这主要包括保护消费者的隐私权及维护知识产权在网络中不受侵犯。同时,也应广泛地保护网上交易的消费者权益。如对网上银行或金融机构站点的网上广告进行监管,以保护网上银行消费者不会被网上虚假广告所欺骗。

3. *网上银行的运营问题*

网上银行在运营当中,也会出现各种商业环境下的各种问题。因此,如何保障网上银行的运营安全,也是对网上银行进行立法和监管所需要考虑的问题之一。当前我国网上银行营运涉及的立法主要包括以下内容。

(1) 信用问题

网上银行虚拟的环境加剧了信息不对称的态势,所以更加依赖于信用体系的建设。我国的信用体系建设一直较为薄弱,各网上银行目前的客户资信标准不统一,彼此间不承认其客户资质,致使资信资源不能共享,从而限制了网上银行作用的发挥。诚信建设是网上银行发展的重要基础,中国人民银行正在牵头研究企业和个人诚信建设问题,应尽快出台信用体系建设的相关法律,以推动建立全国性的企业和个人信用系统,实现信用信息共享,保证网上银行按统一的信用标准开展业务,促进网上银行业务实现互联互通,体现网上银行的竞争优势。

(2) 网络货币问题

根据《中国人民银行法》,中国人民银行是我国唯一法定的发行人民币、管理人民币的单位,人民币是法定货币。该法同时规定任何人不得发售代币票券。由于当时的实际情况,它没有也不可能制定禁止电子货币发行的规定。现行《网上银行管理暂行办法》对该问题也没有予以明确。从网络货币目前发展现状看,其形式多样,各国网络货币政策有很大差异。网络货币是网上银行存在的基础,所以应该通过立法对其涵义、法律地位、发行主体等予以明确,同时对大额支付、电子支票、票据的证据问题进行明确。一旦网络货币获得“准法定货币”地位,网络货币的应用领域将不断拓宽,随之而来的将是需要加强立法,惩治涉及国内外的伪造网络货币、利用网络货币洗黑钱等问题。

4. 网上银行的监管问题

网上银行作为在因特网上进行的一种全新模式的商务活动,其新型运作机制无疑会对我国央行现行监管制度带来冲击。因特网技术的应用,进一步打破了银行业务经营的地域界限和行业界限。一方面,跨地区、跨国境经营将变得更加便捷,任何一个地方的客户都可以选择在传统情况下无法选择的异地银行,任何一家银行都有可能给在传统条件下无法接触的客户提供银行服务;另一方面,非金融机构,如网络公司或商贸集团,完全可以借助自身的技术优势或业务与客户优势,为其客户提供银行服务。这些将直接改变一个国家或地区金融体系结构的内容,对一些地区或小国家来说,存在着不需要拥有自己的金融体系的可能性,完全可以依靠选择大型国际性金融机构跨境提供服务。因此,对网上银行的监管就成为较为重要的问题。如网上银行电子货币的广泛使用给央行监管提出了一系列的政策问题;央行如何规范确保网上银行支付系统的效益性、安全性与稳定性;央行如何处理网上银行监管及与其他国家央行监管的协调合作,避免新的支付工具被用来逃税、洗钱等犯罪活动;央行如何公正处理银行与非银行机构的竞争等。

5. 网上银行的法律问题

(1) 网上银行的电脑犯罪问题

其主要类型有:①资料传送过程中遭到截取,内容遭到篡改或非法复制;②未经授权使用电脑等相关设施,加载不实记录或信息进入网上银行系统;③改变或破坏储存在网上银行中的信息或档案;④通过电脑打入网上银行客户之账户,窃取他人金钱。

(2) 网上银行的电子资金划拨之风险承担的问题

电子资金划拨为网上银行提供了快速、便捷的电子资金转移、清算方式。但是,由于电子资金划拨系统涉及的当事人众多,当出现某种故障,无法划拨资金进行结算时,法律关系极为复杂,同时,网上银行通过电子资金划拨系统划拨的资金非常大,一着不慎,往往造成巨额损失。

(3) 网上银行的电子签名问题

一是电子签名、数据电文是否具有法律效力无明文规定,造成了电子商务和网上银行发展的法律障碍;二是电子签名的规则不明确,对电子签名人的行为缺乏规范,发生纠纷后责任难以认定;三是认证机构(电子认证服务提供者)的法律地位和法律责任不明确,行为不规范,认证的合法性难以保证;四是电子签名的安全性、可靠性没有法律保障。网上数据、资料常被滥用,交易中的欺诈行为时有发生,消费者权益得不到保护,对电子交易的安全缺乏信心。

(4) 税收问题

目前我国网上银行全部是分支型网上银行,基本上是将传统银行业务上网处理,其纳税主体是传统银行,对税收影响还不很大。但随着网上银行应用的推广,纯网上银行的出现,网上银行金融产品的创新,网上银行业务国际化的深入,网上银行必将对税收产生重大影响。届时,必须用法律明确众多纯网上银行的纳税主体地位。为准确确定纳税人和税收额度,税收部门要能够依法获取网上银行、用户、商家的详细交易信息,合法拥有纳税人的活动记录;随着网上银行金融创新的发展,利息可能将不再是银行主要的收入来源,代之以附加值高的投资理财业务，这将影响网上银行的所得税和营业税，需要通过税法调整税种、税源等方式保证税收不致流失。由于网上银行虚拟性、国际化的特征，所以税收部门必须积极采取措施，防止单位或个人利用因行业、单位性质、注册地不同，其所适应的税收政策不同的特点，进行偷税漏税活动。

(5) 管辖权与法律逃避问题

因特网是一个开放的全球性网络，客户与世界各地只要连接上网便能进行交易，当事人所在地对于确定有管辖权的法院相应变得很难，即使确定了有管辖权的法院，在法律适用上也带来许多不确定因素。另外，一国的网上银行将服务器放在国外开展业务，也能达到逃避本国法律约束的目的。

6. 我国网上银行监管和法律的不完善之处

(1) 法律法规尚不健全

目前，我国涉及计算机和网络领域的立法工作还相对滞后。以对网络交易安全至关重要的电子签名来说，美国已公布了《电子签名法》，新加坡和韩国 1999 年就已完成了立法，中国香港地区和日本也早已制定了专门法规，我国也于 2005 年 4 月 1 日正式实施《电子签名法》。

我国网络方面的法规建设是相对较晚的，《计算机信息网络国际联网安全保护管理办法》于 1997 年 12 月 30 日才颁布实施，而针对网上金融制定的《网上银行业务管理暂行办法》直到 2001 年 6 月底才颁布施行。这一方面说明我国网上银行发展水平落后，同时也说明在推动网上银行发展的早期，缺乏必要的相关法规法律的保障。

(2) 网上跨境交易的法律适用问题尚不明确

网上银行用的电子化方式是在 Internet 网上进行业务交易，它模糊了国与国之间的自然疆界，国外客户使用银行服务的便利几乎与国内客户一样，这样就向传统的基于自然疆界和纸质合约的基础上的法律法规提出了挑战。在我国法制尚不健全的情况下，更是遇到许多新的法律问题，如网上服务和交易合约的合法性问题。网络金融服务和交易合约，一般都比商品交易合同复杂，再加上其具有虚拟化和跨境交易特征，使得传统上能够以书面形式签署和保管的合约成为不可能、不现实的事情，如何用法律形式解决这个问题？又如跨境网上交易和金融服务的管辖权、适用性问题也必须解决。跨境交易和服务适应性的法律出现问题后享受哪个国家的管辖权，网上涉及品牌和知识产权问题怎么解决，境外交易信息的有效性与法律认定怎么处理，境外业务语言选择的合法性如何明确，这一系列法律问题都有待解决。

(3) 对网上银行业务监管尚在探索之中

像传统银行业务一样，网上银行也要接受国家有关部门的监督。我国的网上银行同电子商务、商业网站的发展相似，是在相关法规几乎空白的情况下迅速出现并不断演进的，带有浓厚的自发性。管理部门面对迅速变化的情况，不得不对出台新的管理措施持慎重的态度。这就导致了目前对网上银行的管理规则仍然较少，管理体系也还不明确。2001 年颁布的《网上银行监管办法》也还只是基本的、粗线条的，离整个监管体系的建立还相差甚远。如网上银行的信息跟踪、监测和信息报告交流制度及规则都未建立，防范性的技术规则指引尚未开展等都影响着网上银行的顺利发展。

7. 网上银行产业链结构有待优化

目前网上银行在我国还处于行业发展的初级阶段，面临着监管、安全、信用体制以及用户认知等各种因素的制约。中国网上银行发展过程中问题的解决离不开产业链(图7-5)上各方的重视和合作。

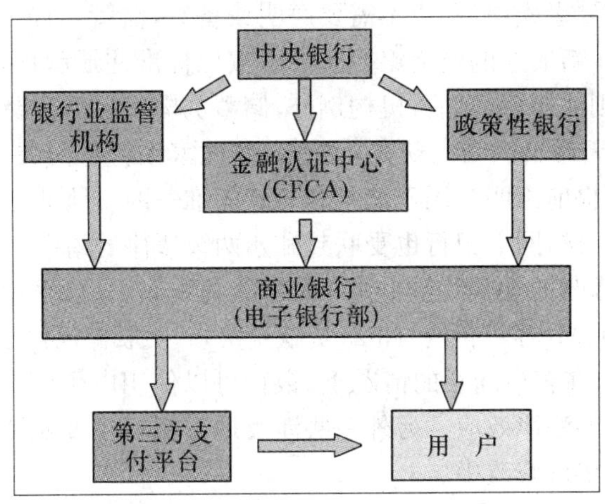

图7-5　中国网上银行产业链结构

(1) 中央银行和银行监督管理委员会主要负责网上银行相关法律法规的制定和监督实施,为中国网上银行业的健康发展保驾护航。

(2) 金融认证中心专门负责为电子商务的各种认证需求提供数字证书服务,为参与网上银行的各方提供信息安全保障,建立彼此信任的机制,实现互联网上电子交易的保密性、真实性、完整性和不可否认性。

(3) 各大商业银行在网上银行产业链结构中处于核心地位,是网上银行业务的发起者和实施者,中国网上银行业务的发展离不开各大商业银行的不断开拓与创新。

(4) 第三方支付平台主要面向支付应用层企业和较小的支付服务提供商,为其提供支付服务,它为商家或个人提供网上在线交易支付接口,是商家、银行、消费者之间的桥梁。

7.3.2　网上银行监管的难点和价值取向

由于网上银行本身仍处于不断演进之中,网上银行的监管至今仍还是一个在不断探索的领域,存在着很多难点问题,也存在着监管的取向问题。

1. 国外网上银行监管情况

(1) 美国网上银行的监管模式

美国对网上银行的监管,基本上通过补充新的法律、法规,使原有的监管规则适应网络电子环境来进行的。因而,在监管政策、执照申请、消费者保护等方面,网上银行与传统银行的要求十分相似。负责监管的部门也主要是美国货币监理署(OCC)、美联储、财政部储蓄机构监管局(OTS)、联邦储蓄保险公司(FDIC)、国民信贷联盟协会以及联邦金融机构检查委员会(FFIEC)。其中,OCC和美联储是主要监管机构,OTS负责对网上公众储蓄进行审核认定,如第一家纯网上银行SFNB的营业执照就是由OTS颁发的。它们之间的具体责任划分,以《联邦监管法案》(CFR)第十二条为根据。

总的来看,美国金融监管当局对网上银行的监管采取了审慎宽松的政策,一方面他们强调网络和交易的安全、维护银行经营的稳健和对银行客户的保护,另一方面认为网上银行是一种有益于金融机构降低成本、改善服务的创新,通过使用标准网络浏览器和协议,这种创新不仅可以大大降低技术维护成本，加快新系统和软件的发展，而且使银行间可以实现资源共享、成本分担，因而他们基本上不干预网上银行的发展。美国大多数现有金融机构在开展网上银行业务时，不需要事先申请，也不需要声明或备案，监管当局一般通过年度检查来收集网上银行业务数据。新成立的网上银行既可以按照标准注册程序申请注册，也可以申请按照银行持股公司规则注册。但储蓄机构例外，储蓄机构如果想开展网上银行业务，必须按OTS的要求，提前30天做出声明。现在，也有一些国家银行部门提出了类似的要求，按这一要求，国民银行必须提前声明其用于储蓄和贷款的唯一网站地址。

像其他银行业务一样，网上银行也受联邦和州两级法律的约束。在联邦一级，美联储针对网上银行的发展拟修改的法规主要包括：联邦储备规则B(公平信贷机会)、DD(储蓄真实)、E(电子资金转移)、M(客户租赁)和Z(贷款真实)。美联储已经公布了新的规则DD和规则E，这些规则规定，在客户同意的情况下，银行可以使用电子网络手段定期披露有关信息，并认定了电子表格的法律效应。另外一些涉及地方银行主要利用互联网开展业务的一些法规和要求，也正在审议修改中。

在州一级水平上，涉及网上银行行为的主要法规是《统一商业法典》(UCC)第3、4、4A条款。第3、4两条主要涉及协商式支付工具的应用问题，4A是有关电子资金转移的。各州执行这些条款虽有所差异，但差异并不大。

除此之外，网上银行业务在美国还受到诸如清算协会、一些银行集团等自律性机构的管理。不过，这些管理只是针对会员，而且是自愿的，其所涉及的领域也主要是技术、标准等，目的是为银行创新创造条件。

(2) 欧洲网上银行的监管模式

相比于美国的监管模式，欧洲对网上银行的监管采取的办法较新。欧洲中央银行要求其成员国采取一致性的监管原则，欧盟各国国内的监管机构负责监督统一标准的实施，欧盟对网上银行监管的主要目标有二：一是提供一个清晰、透明的法律环境，二是坚持适度审慎和保护消费者的原则。

按照EU关于协调银行、投资服务和保险服务法律体系的要求，欧盟对银行注册实行“单一执照”(Single Passport)规则，即在欧盟某一个国家内获准开办的业务，同样可以在欧盟其他国家进行。具体到网上银行业务上，ECB要求成员国在网上银行监管上，坚持一致的体系，承担认可电子交易合同的义务，并将建立在“注册国和业务发生国”基础上的监管规则，替换为“起始国”(Country of Origin)规则，以达到增强监管合作，提高监管效率，适时监控网上银行产生的新风险的目的。

按照这些要求，对网上银行的监管主要集中在以下几个方面：一是区域问题，包括银行间的合并与联合、跨境交易活动等；二是安全问题，包括错误操作和数据处理产生的风险、网络被攻击等；三是服务的技术能力；四是随着业务数量和范围的扩大而增加的信誉和法律风险，包括不同的监管当局、不同的法律体系可能造成的风险。根据网上银行的特点，必须以战略的眼光，从总体上把握网上银行的发展方向，达成对网上银行监管的共识，共同制定完善有关网上银行的合作协议，以促进网上银行的良性发展。

2. 我国对网上银行的监管及难点

总体上，我国的网上银行受到两个部门的管理：业务主管部门——中国人民银行和信息主管部门——信息产业部，对于提供新闻资讯的网上银行，2000年11月后，还需要接受公安部门和新闻出版总署的管理。在这些部门中，后三个部门主要负责的是信息技术和新闻的管理，与现有银行业务的关系不大，中国人民银行是主要的管理部门，从监管角度来看，目前还未出台针对网上银行的专门监管规则。

如何对网上银行实施适当的监管，始终是监管当局需要认真考虑的问题。从我国的实际情况来看，对网上银行进行监管，有以下几个难点：

(1) 银行竞争力与监管抑制

我国现行的分业监管体制，在一定程度上已有可能影响到我国监管的竞争力，如果再从一开始就对网上银行实施较为严格的监管，虽然有可能有效地降低网上银行乃至整个金融体系的风险，但却会对网上银行的演进与变化，以及网上银行业务的发展起到一定的抑制作用。

(2) 银行创新与标准统一

监管的公平性要求被监管者应该遵守同一规范和标准，但是由于各个网上银行本身发展方向和阶段的差异，强行执行某一规范，一方面会使一些网上银行丧失创新的主动性和热情；另一方面自然加大了竞争者的进入成本，导致市场竞争力的减弱。

(3) 社会监管成本与监管效率

确定某一规范和标准的另一个问题，是有可能造成高昂的社会监管成本或无效监管。前者是指，如果制定的规范或标准被事后证明是不适用的，不仅银行业要花费巨大的重置成本，而且会丧失千载难逢的发展机会。无效监管指的是，某些规则由于缺乏可操作性，出现“有法难依”，其效果有时比“无法可依”还要差。

(4) 国内银行保护与社会福利损失

网上银行的模糊疆界性和相对较低的转移成本，使监管也形成了一个竞争性的市场，据有关统计研究，网上银行中的资金和客户，都会向“软”规则的地区或国家迁移(Emest，1997)。侧重于保护本国的监管政策，会造成社会资源和福利的损失。

3. 网上银行监管的价值取向

上述问题的存在，迫使监管当局不得不慎重考虑监管的策略和程序，但却不等于放弃监管。从我国的情况来看，目前对网上银行进行适当的监管是非常必要的，并且应有以下明确的价值取向：

(1) 网上银行的概念、范围，今后可能的发展方向等，都需要监管当局有一个较明确的规定或表示，特别是关于是否允许非金融机构经营金融资讯服务、银行经营证券交易平台、券商和保险公司在网上开展类似于储贷的业务等问题，如果等到企业进行相关投资后再进行监管，不仅监管阻力加大，而且会使先期使用的消费者面临损失。

(2) 监管也并非对网上银行的发展没有促进作用，特别是就我国目前的情况来看，对网上银行的基本服务行为进行一些必要的规范，更有利于取得消费者的信任，以利扩大市场，避免不必要的交易摩擦。

(3) 必要的监管规则还有利于形成一个相对公平的竞争环境，为中小银行的转型和发展提供一个机会，从而降低金融体系的总体风险。

国外的经验也表明，适当的监管，不仅有利于迎接国际竞争的挑战，而且可以避免走一些不必要的弯路。问题不是要不要监管，而是如何把握适当的策略进行监管。

7.3.3 我国网上银行监管策略选择

国际上并不存在一套标准的监管规则,尽管有一些国际机构正在试图制定一个统一的范本,但多数学者认为,制定国际统一的技术标准是可行的,然而制定国际统一的制度标准却并不现实。对发展中国家而言,生搬硬套发达国家或地区的制度,只能是"害己利人"。一国在实施网上银行监管时,必须考虑本国网上银行发展的状况、互联网使用状况、发展速度等客观条件。从我国的实际情况出发,必须注意以下问题:

1. 制度框架与监管层次

传统上,我们对新机构或业务的管理,习惯于制定一个包含各个主要方面的全面条例或规则,但对于网上银行,这种做法就缺乏灵活性。尤其是我国网上银行的规模、运行平台、业务范围等差异较大,更不适合采取这种策略。较适宜的办法是,就网上银行的不同方面制定不同的规则或条例,这也是国际上较通行的做法。如美国对网上银行的监管形式,有规则、公告、劝告、警示、信函、备忘录等。

在监管层次上,网上银行的监管也不一定要与网上证券交易的监管在时间上保持一致性。根据国外有关学者的研究,从影响交易安全和消费者权益的角度出发,网络金融业较适合的监管顺序是:网上证券交易其交易频率高,交易对手杂,经常性决策信息不充分;退休基金和人寿保险交易次数少但影响大,需要较充分准确的信息;网上银行交易关系较稳定,信息获得较容易。

根据我国的国情,我国网上银行的监管框架可以由以下几部分组成:

(1) 管理条例。作为行业行政法规,管理条例的制定原则上不宜过细、过全、过准,不宜包含具体的技术细节。过细会偏离现有网上银行的发展状况,反而失去可操作性;过全必然涉及目前还根本没有定案的技术规范和标准;过准会使今后的包容能力减弱,不得不反复修改,对技术设备、系统的过准要求,还会导致人为障碍或资源浪费。条例应主要界定网上银行的概念和范围,市场进入的基本要求,交易行为的基本规范,一般的风险管理和站点管理,客户保护措施及信息报告制度等。

(2) 指引公告。对于央行目前已基本认定但仍未成熟,或者可推广的技术操作系统、标准、系统设置、风险管理手段等,或者那些如不加以适当的管理,有可能形成系统性风险的业务流程、项目和规范,以及计划的检查项目、检查手段等,应以指引公告的方式发布,并随情况的变化及时调整。

(3) 风险警示。对于一些偶然性的网络、信息安全问题,一些潜在的、央行认为有可能扩展但不确定的风险因素,宜采用警示的方式,为网上银行传达必要的信息。

2. 市场准入

大部分国家对分支型网上银行的设立,按新设分支行或营业部的管理规则进行管理,一般不要求重新注册或审批。纯网上银行按照新银行机构的程序,需要审批注册,并要满足其他特定的要求。

同国外银行结构不同,公有制银行在我国占据着主导地位,它们对风险、利润的敏感性要远低于对"创新"、政绩的追求,如果没有相对严格的审批制度,有可能导致盲目性发展。对于使用同一交易平台的银行而言,某一分支机构技术和管理上的薄弱,会立即转化为系统性隐患,进而增大整个体系的信誉风险。但反过来,审批制又有可能提高市场的进入成本,使得目前已设立的网上银行利用先发优势，形成市场垄断，影响业务创新与技术进步，最终降低本国银行业的总体竞争力。

在目前的情况下，适当的审批管理制度更有利于网上银行市场环境的形成和保护消费者利益。但是在审批标准上必须把握以下三点：

(1) 严制度，宽标准。对于网上银行公示、网上银行信息发布、交易风险揭示、系统安全机制设计等制度性安排，必须严格管理。对于设备装备、技术投入、系统应用等技术性标准，宜采用较为灵活、宽松的策略。

(2) 严风险防范，宽业务审批。网上银行应该具有较为完备的风险识别、鉴定、管理、处置的方案和计划，以及应急处理措施和辅助替代手段。在业务上，不进行过多的限制，鼓励网上银行根据自身的特点和发展战略，突出发展某一类甚至某一种业务，以形成局部优势。

(3) 严跨境业务，宽国内业务。国外网上银行无论在业务种类，还是便利程度、服务范围上，都远远超过国内银行，如果对这些银行开展的这类业务没有特殊要求，它们利用这些优势，很可能会迅速涉及国内网上银行的优秀客户。除此之外，跨境业务涉及"洗钱"问题，在我国可能还涉及逃汇、走私、转移国有资产等问题。严格跨境业务管理，既与我国目前的监管水平、外汇制度相适应，也为国内网上银行将来发展这类业务提出一个相对公平的竞争环境。

3. 日常监管

网上银行的日常监管相对要比传统银行监管容易，央行不仅容易获得相关的信息，而且其准确性、及时性和真实性都大大提高。因而，在网上银行的日常监管中，一般强调交易数据的安全性检查和统计分析、消费者保护措施和风险管理制度等。

技术的演进以及由此引起的相关风险，因无法事先预计，就成为网上银行日常监管的主要任务，国外网上银行的日常检查中 70%的基础工作是与此有关的。对于我国网上银行技术水平参差不齐的状况，对与技术相关风险的监管应成为日常检查的主要内容。

不同于传统银行，中间业务在网上银行的总体业务和盈利中所占的比重都较大，并对网上银行的生存和发展有着重要的影响。但这类业务也最易因系统故障、死机、电信中断等引起争论。加强这类业务的监管，是网上银行日常监管的另一个主要内容。

4. 市场退出

网络信息传播速度快、范围广，使得网上银行易受突发事件的影响，并有可能导致经营失败。网络经济的低变动成本、积累效应、先发优势等特点，使得将来的网上银行市场必然是几家高流量的网站主导的市场，一些网上银行也不得不放弃或退出这一领域。与传统银行不同，网上银行的市场退出，不仅涉及存贷款等金融资产的损失或转移，而且多年积累的客户交易资料、消费信息、个人理财方式、定制资讯等，也都面临着重新整理、分类和转移的命运，当出现意外时，还有可能造成损失。因此，各国对网上银行的退出设计非常谨慎，一般要求网上银行须参加储蓄保险计划，制订可靠的信息备份方案，以市场兼并作为主要的退出措施。

7.4 网上银行的风险与管理

目前，对网上银行来说，随着电子商务的发展，电子支付媒介显现出越来越重要的作用。零售电子银行服务和产品给银行带来了新的机遇。网上银行扩展了银行传统的存款和信贷业务市场，使银行能够提供新的产品和服务，提高了银行在服务中的竞争力，降低了操作成本。但是由于电子化的金融产品和信息，对于黑客及非法入侵者而言，不仅能够不留痕迹，而且其伪造、篡改、复制成本极低，真假难辨，因此网上银行对非法侵入者的吸引力很大，鉴于此，网络安全就成了事关银行生死的头等大事。因此，加强对网上银行的风险识别和风险管理显得至关重要。

7.4.1 网上银行的主要风险分析

根据巴塞尔银行监管委员会1997年9月发布的《有效银行监管的核心原则》，银行业面临的风险主要有八类。

1. 信用风险

贷款是银行的主要活动。贷款活动要求银行对借款人的信用水平作出判断。这些判断并非总是正确的，借款人的信用水平也可能会因各种原因而下降。因此，银行面临的一个主要风险就是信用风险或交易对象无力履约的风险。这些风险不仅存在于贷款中，也存在于其他表内与表外业务中，如担保、承兑和证券投资等。若银行未能及时认定发生问题的资产、建立准备金注销这部分资产并且及时停止计提利息收入，就会给自身带来严重问题。

对单个借款人或一组相关借款人的大额风险暴露反映了信用风险的集中，并且是造成银行问题的常见原因。大规模的贷款集中还可能发生在特定的行业、经济部门和地区，持有对同样的经济因素(如高杠杆交易)十分敏感的同类贷款也会造成同样的问题。此外，对关联贷款的内部控制不严也会导致重大贷款损失。

2. 国家风险

除贷款对象的信用风险外，国际信贷业务还包括国家风险，这是指与借款人所在国的经济、社会和政治环境方面有关的风险。当向外国政府或政府机构贷款时，由于这种贷款一般没有担保，国家风险可能十分突出。在向公共或私人部门发放贷款或进行投资时，将国家风险考虑在内是十分重要的。国家风险的一种表现形式是“转移风险”，即当借款人的债务不以本币计价时，不管借款人的财务状况如何，有时借款人都可能无法得到外币用以偿还。

3. 市场风险

由于市场价格的变动，银行的表内和表外头寸会面临损失的风险。按照既定的会计准则，这类风险在银行的交易活动中最为明显，不管它们是与债务和股本工具有关，还是与外汇或商品头寸有关。市场风险的一个具体表现是外汇风险，当银行持有各类币种的敞口头寸，在汇率波动剧烈时，外汇敞口头寸的风险便会增大。

4. 利率风险

利率风险是指银行的财务状况在利率出现不利的波动时产生的风险。这种风险不仅影响银行的盈利水平，也影响其资产、负债和表外金融工具的经济价值。其形式主要有重新定价风险、收益率曲线风险、基差风险和期权性风险等。

5. 流动性风险

流动性风险是指银行无力为负债的减少或资产的增加提供融资，即当银行流动性不足时，它无法以合理的成本迅速增加负债或以变现资产来获得足够的资金，从而影响了其盈利水平。在极端情形下，流动性不足会造成银行的清偿问题。

6. 操作风险

最重大的操作风险在于内部控制及公司治理机制的失效。这种失效状态可能因为失误、欺诈、未能及时做出反应而导致银行的财务损失，或使银行的利益在其他方面受到损失，如银行交易员、信贷员、其他工作人员越权或从事职业道德不允许的或风险过高的业务。操作风险的其他方面包括信息技术系统的重大失效或诸如火灾等其他灾难性事件。

7. 法律风险

银行要承受不同形式的法律风险。这包括因不完善、不正确的法律意见、文件而造成同预计情况相比资产价值下降或负债加大的风险。同时，现有法律可能无法解决与银行有关的法律问题；有关某一银行的法庭判例可能对整个银行业务产生更广泛的影响，从而增加该行本身乃至其他或所有银行的成本。影响银行和其他商业机构的法律有可能发生变化，因此，在开拓新业务时，或交易对象的法律权利未能界定时，银行尤其容易受法律风险的影响。

8. 声誉风险

声誉风险产生于操作上的失误、违反有关法规及其他问题。声誉风险对银行损害极大，因为银行的业务性质要求它能够维持存款人、贷款人和整个市场的信心。

7.4.2 网上银行的风险识别

1. 信用风险

类　型	可能的表现形式	对银行机构的潜在影响	可能的风险管理措施
通过远程银行申请信贷的借款人违约	银行同意把信贷扩展到常规市场之外的客户，而这时无法获取数据或获取数据的成本很高	有必要为违约贷款做好防备	(1) 确保对远程银行客户放款价值的评估与传统的要求相一致 (2) 对贷款决策和程序进行审计
电子货币发行者违约	银行拥有电子货币(准备再售给客户或兑现)，而其发行者破产	当电子货币发行者违约时，银行必须使用自有资金来兑现客户所持有的电子货币	(1) 在参与电子货币系统之前，必须对发行机构做出恰当的评价 (2) 监控发行者的财务状况 (3) 制定针对违约的应急计划

2. 国家风险

类　型	可能的表现形式	对银行机构的潜在影响	可能的风险管理措施
产生于外国服务提供商、电子货币或电子银行方案中的外国参与者的转移风险	出于经济、社会或政治的因素，外国服务提供商或电子货币、电子银行方案中的参与者无法履行义务	(1) 解决客户问题的成本 (2) 银行可能面临客户的诉讼	(1) 进行国家风险评估 (2) 制订应急计划，与其他可能的参与者签订合同

3. 市场风险

类　型	可能的表现形式	对银行机构的潜在影响	可能的风险管理措施
在电子货币支付中接收外币而产生的汇率风险	针对汇率的不利变化，银行必须补偿损失	对收益造成负面的影响	制定汇率风险管理方案或套利方案

4. 利率风险

类　型	可能的表现形式	对银行机构的潜在影响	可能的风险管理措施
不可预期的金融工具利率的变化	(1) 利率的不利变化降低与未偿付电子货币债务相关的资产价值 (2) 对于专门从事电子货币发行的银行来说，这可能会造成一些问题	(1) 资产价值的不可预期的减少将可能使银行违反立法要求 (2) 可能造成流动性问题	制定与银行的风险暴露相协调的利率风险管理措施

5. 流动性风险

类　型	可能的表现形式	对银行机构的潜在影响	可能的风险管理措施
电子货币发行者的流动性不足	(1) 兑现电子货币的需求突然增加 (2) 对于专门从事电子货币业务的银行来说，这可能引发一些问题	(1) 当银行寻求更高成本的资金来源时，将可能给银行造成损失 (2) 如果公众觉察到了流动性问题，将引发大范围地提取存款或兑现电子货币 (3) 没有及时地满足兑现需求会造成声誉方面的损害	(1) 投资于流动资产 (2) 开发应用监控系统 (3) 进行定期的、全面的审计

6. 操作风险

类　型	可能的表现形式	对银行机构的潜在影响	可能的风险管理措施
未经授权的系统访问	(1) 黑客进入银行内部系统 (2) 未经授权的第三方窃取机密的客户信息 (3) 在银行系统中注入病毒 (4) 故意破坏银行的系统和数据	(1) 丢失数据 (2) 窃取或篡改客户信息 (3) 使银行内部计算机系统的主要部分失效 (4) 与修复系统相关的开支 (5) 银行系统的非安全性、可能的不利宣传	(1) 针对系统的脆弱性进行侵入测试 (2) 监视系统，以发现使用中的异常情况 (3) 实施通信安全措施，比如防火墙、口令管理、加密技术、对终端用户的正确授权等 (4) 在内部系统中实施病毒检测，不间断地对安全性措施进行监控

（续　表）

类　型	可能的表现形式	对银行机构的潜在影响	可能的风险管理措施
雇员欺诈	(1) 雇员修改数据，以从银行账户提取资金，从记录中获取信息 (2) 雇员窃取智能卡	(1) 与补偿客户损失相关的开支，以及与重构客户数据相关的开支 (2) 在没有收到预付资金的情况下兑现电子货币而可能造成的损失 (3) 客户认为银行不可信 (4) 银行面临着法律的制裁和负面的宣传	(1) 制定策略，以恰当地监视新雇员 (2) 设定内部控制，其中包括义务的划分 (3) 雇员业绩的外部审计 (4) 对智能卡存放、生产的恰当控制
伪造电子货币	犯罪者篡改或复制电子货币产品，在没有进行支付的情况下获取物品或资金	(1) 银行应该为伪造的电子货币负责 (2) 与修复受损系统相关的开支	(1) 与发放者或中央操作员进行联机交互；监视并跟踪个人交易；在中央数据库中维持积累的记录；在储值卡和商户硬件中嵌入防篡改设备；实施审计跟踪 (2) 降低装载限额，从而减少伪造货币对犯罪者的吸引力
服务提供商风险	(1) 服务提供商没能提供银行所期望的服务 (2) 在系统、数据完整性或可靠性方面存在不足之处	客户认为银行应为因服务提供商而导致的问题负责	(1) 在与服务提供商签订合同之前，银行应进行必要的考查 (2) 构造服务提供商合同，以建立性能基准、论述应急和审计条款 (3) 与服务提供商一起制订备份计划；与备选的服务提供商签订合同，以制订应急计划
系统退化	(1) 交易处理过程中发生延迟或中断 (2) 在系统、数据完整性或可靠性方面存在不足之处	(1) 不利的公众反映 (2) 错误的交易可能导致法律方面的问题，比如法律诉讼 (3) 与解决客户问题相关的开支	(1) 定期审查现有硬件和软件的性能 (2) 制定会计责任制度，以指明更新系统和设备的职责
过时的职员和管理技能	快速的技术变化意味着银行管理部门和职员不能完全理解该行所采用的新技术或技术升级的特点	(1) 新技术的劣质实施 (2) 无法提供后续支持 (3) 在系统、完整性或可靠性方面存在不足之处	(1) 把培训视为一种后续过程 (2) 在计划阶段就确定对管理人员和职员的培训

（续　表）

类　型	可能的表现形式	对银行机构的潜在影响	可能的风险管理措施
客户在安全性方面的经验不足	(1) 客户在非安全的电子传输中使用个人信息(比如信用卡号码、银行账户号码) (2) 犯罪者使用本应保守机密的信息来访问客户账户	未经授权的交易而造成财务损失	(1) 向客户提供信息,以说明在非安全的交易中保护信息的重要性 (2) 在产品和服务中设定安全措施
客户对交易的否认	客户完成了某笔交易,但是否认该笔交易的发生,要求退还资金	证明客户授权了该笔交易而造成的相应开支	(1) 实施安全措施(比如 PIN),以提高对客户的鉴别能力 (2) 对交易的审计跟踪

7. 法律风险

类　型	可能的表现形式	对银行机构的潜在影响	可能的风险管理措施
不确定或不明确的法律、法规适用性	(1) 银行因疏忽违反了法律 (2) 既定的消费者守法条例、洗钱法和签名法的应用存在不确定性	银行面临着法律方面的开支,或受到法律的制裁	(1) 在开展电子货币或电子银行业务之前,确定具有法律不确定性的领域 (2) 对法律不确定性的风险承受能力做出细致的判断 (3) 定期审查守法情况 (4) 向立法机关请求解释 (5) 更新守法培训 (6) 制订应急计划
洗钱	客户滥用银行的电子银行系统或电子货币系统,试图从事犯罪活动(包括洗钱)	因没有遵从"了解客户"法而受到法律的制裁	(1) 设计客户鉴别和监视技术 (2) 实施审计跟踪 (3) 设计策略和程序,以发现并报告可疑的行为 (4) 对于电子货币来说,降低装载限额将减少对洗钱的吸引力 (5) 定期审查守法情况 (6) 更新守法培训 (7) 制订应急计划

（续 表）

类 型	可能的表现形式	对银行机构的潜在影响	可能的风险管理措施
向客户披露的信息不充分	客户没能完全理解其权利和义务，其中包括争议解决程序。因此，在使用产品或服务时，他们没有采取足够的预防措施	因损失或争议，客户将银行诉诸法庭。银行可能面临着法律的制裁	(1) 在提供电子货币或电子银行服务之前，确定恰当的信息披露 (2) 培训雇员，使之了解客户的困难 (3) 在可能产生客户风险的领域，仔细地权衡超出法律底限之外的信息披露的成本和效益 (4) 设计产品信息，并散布给公众 (5) 制订一定的程序，以定期审查立法要求
没能保护客户的隐私	未经客户授权，银行发布有关客户金融交易模式的信息	(1) 如果客户将银行告上法庭，银行面临着诉讼方面的开支 (2) 银行可能面临法律的制裁	(1) 审查隐私权保护策略 (2) 就隐私权保护程序，对雇员进行培训 (3) 实施安全性措施 (4) 定期审查守法情况 (5) 更新守法培训
与银行站点互联的站点出现问题	银行可能将其Web站点与提供互补性产品的机构的Web站点互联。与之互联的站点可能令银行客户失望或欺骗银行客户	银行面临着客户对它的诉讼	(1) 全面地理解与其他Web站点相连的法律影响和安全性风险 (2) 进行恰当的消费者信息披露，以防止消费者对银行的作用或互联站点上所提供的产品的受保情况产生困惑 (3) 对于互联站点上的产品或服务，不要在银行站点上对其质量给以说明
认证机构风险	(1) 以银行的名义发放伪造的证书，欺骗客户 (2) 在没有进行恰当的身份确认的情况下，向伪装成银行客户的个人发放证书	(1) 与撤销和重发受损证书相关的成本 (2) 某方信赖了伪造的证书或以欺骗方式获取的证书，他们可能将银行告上法庭 (3) 负面的声誉影响	实施恰当的安全措施和控制
外国司法权所带来的风险暴露	(1) 通过互联网提供服务的银行会吸引其他国家的客户，因而该银行将面临不同国家的立法要求 (2) 不同国家的司法权责任不明确 (3) 银行发行或分发的电子货币可能在本土之外不能使用	(1) 银行没有遵从本国之外的法律或法规 (2) 银行面临着不可预测的法律方面的开支	(1) 确定跨国使用电子货币和电子银行的程度，就银行对立法和司法权不确定性的反应能力做出仔细的判断 (2) 就不同国家的立法环境，对工作人员进行培训

8. 声誉风险

类 型	可能的表现形式	对银行机构的潜在影响	可能的风险管理措施
重大的、普遍的系统缺陷	妨碍客户访问其资金信息或账户信息	(1) 客户停止使用该产品或服务 (2) 客户不再与该银行打交道；如果问题被公开，其他客户也可能仿效	(1) 在实施之前测试系统 (2) 制订备份和应急计划，其中包括在系统中断期间解决客户问题的计划
安全性的重大破坏	(1) 把病毒带入银行的系统中，造成重大的系统和数据完整性问题 (2) 黑客进入银行的内部系统	(1) 客户停止使用该产品或服务 (2) 客户不再与该银行打交道，其他客户也可能仿效	(1) 侵入测试，或其他恰当的安全措施 (2) 制订应急计划 (3) 实施病毒检测
另一机构的相同或类似系统或产品中的问题或误用	由于另一银行的问题，客户以怀疑的眼光看待给定银行的电子货币	客户不再与该银行打交道	制订应急计划

7.4.3 网上银行的风险管理

从网上银行管理角度分析，网上银行并没有改变商业银行吸收存款、发放贷款、办理结算等业务的本质。因特网只是银行为客户提供产品和服务的一种途径，即使是虚拟银行，也必须有财务报告，并针对风险持有足额的资本金。一句话，无论传统的银行还是网上银行，都面临银行业普遍存在的风险，因此，风险管理是必不可少的内容。

技术创新的快速发展改变着银行在网上银行业务中面临的风险特征和范围，加大了银行管理风险的难度。因此，银行应制定恰当的风险管理制度和程序，以评估、控制和监测来自新业务的任何形式的风险。由于网上银行是基于网络而存在的金融服务形式，因而网络的技术性和管理安全性成为网上银行监管的重要内容之一。

根据巴塞尔银行监管委员会的要求，网上银行风险管理程序包括评估风险、管理及控制风险、监控风险三个基本要素。风险管理程序必须受到董事会和高级管理人员的适当监督。在开办任何新业务之前，高级管理人员都应该进行综合性的检查，以确保风险管理程序足以评估、控制、监控任何新的风险。

1. 评估风险

评估风险是管理和监控风险的前提，它通常包括三个步骤：识别风险、确定银行的风险承受能力、确定风险暴露是否在银行的承受能力范围之内。网上银行业务潜在的、与技术相关的风险及其快速变化的特征加大了银行识别风险的难度。如何正确、及时地认识与技术相关的风险，将是银行面临的一大课题。

2. 管理和控制风险

在对风险进行评估之后,银行应该采取恰当的步骤来管理和控制风险。风险管理程序应该包括如下内容:实施安全策略和措施、内部交流、系统的评估与升级、采取措施来控制和管理外包风险、信息披露和客户培训、制订应急计划等。安全性依赖于银行是否针对内部运行及与外方的关系制定并实施了恰当的安全策略和安全措施(通俗地讲,安全策略就是设定安全性目标,安全措施就是实现这些目标的手段)。安全措施通常包括加密、认证、防火墙、病毒控制、雇员监督等。如果银行自建认证机构,也应该保证该认证机构的安全性,实施有效的风险管理程序。

3. 监控风险

监控也是风险管理程序的一个重要方面,系统测试和监视、审计是其中的两个基本要素。系统测试和监视将有助于发现异常的业务活动,避免出现严重的系统故障或中断,而审计(包括内部审计和外部审计)则为发现系统缺陷和减少风险提供了一种重要的、独立的控制机制。

7.5 家庭银行系统

7.5.1 家庭银行的概念

家庭银行(Home Banking,简称 HB)是指客户通过家里的电话、电视、计算机等多媒体设备与银行主机系统联网,通过该终端,银行为其办理划拨款项、汇兑结算、查询余额、证券投资及提供金融市场信息等业务,还同商业机构、公用事业机构、信用卡发卡机构进行各种结算,使客户不出家门就能完成银行提供的 24 小时的各种服务,从而实现个性化客户"消费理财"的优质服务。

7.5.2 家庭银行的发展历程

纵观家庭银行的发展历程,它经历了电话家庭银行、视频家庭银行、PC 家庭银行以及网上家庭银行四个阶段。

1. 电话家庭银行

早在 20 世纪 70 年代,金融机构就想把家庭银行的观念变成可行的事实。许多银行深信家庭银行即将流行,所以投入数以百万美元的研究和发展费用。那时,最流行的家庭银行方式即是通过按键电话,只要接通电话,客户就能查询银行账户余额、转账并且缴付账单。因为大多数的家庭都拥有电话,所以大家都认为电话应该是家庭银行的最理想技术。但是,由于电话无法提供客户认为十分重要的画面验证,因此对于家庭银行而言,电话变成十分尴尬的技术。另外,20 世纪 70 年代,按键电话的使用也并不普遍。

2. 视频家庭银行

到了 20 世纪 80 年代,随着视频技术的发展,有线电视又被视为家庭银行的可用技术。家庭银行的服务形式,从 TBP 发展到视频家庭银行(Video Home Banking, VHB),这是一种交互系统。英国于 1979 年推出的 Prstel 系统是第一个商用的 Videotex 系统。虽然有线电视解决了电话的画面限制,可是有线电视也有缺点,因为只有少数的美国人拥有双向有线电视。

3. PC 家庭银行

20 世纪 80 年代，个人电脑已拥有画面显示和双向通信能力，顾客可利用家里的 PC 机，通过公共数据网存取银行主机系统中的数据库，并执行数据查询、转账、付款、个人理财等交易。不少银行认为它极有可能成为家庭银行的媒介，从而在家庭银行上投资了上亿美元的金钱。但是由于缺乏大量的个人电脑和习惯用电脑的人，就如同 20 世纪 70 年代和 80 年代早期的电话和有线电视系统一样，PC 上的家庭银行也尝到失败的苦果。

4. 网上家庭银行

从 20 世纪 90 年代中期开始，随着诸如 Microsoft 和 Intuit 公司的预打包程序的出现，在互联网上建立银行虚拟分支机构的障碍大大减少。尤其是电子商务的蓬勃发展，包括我国在内，世界上很多银行纷纷建立网上银行，并通过网上银行为社会大众提供家庭银行服务，从而使家庭银行在全球范围内获得实质性的大发展。个人银行业务、PC 机和 Internet 紧密结合，使客户通过互联网就可进行电子商务活动、金融交易和获取所需的信息服务。现在，家庭银行已经成为互联网上使用最广泛的一项电子商务活动。

根据 Forrester 研究中心的分析，美国从事在线金融交易的家庭数量从 1988 年年底的 430 万户增加到 1999 年 6 月的 780 万户。大部分家庭通过在线账户查询余额和账户交易明细，而剩下的那部分客户还会在线支付账单并进行账户间的转账。根据 eMarketer 的资料显示，2006 年美国成年网民中使用网上银行进行查询、投资理财等活动的用户数稳步增长；2006 年，美国成年网民中网上银行用户达 7 280 万人，2007 年增长 9.5%，达到 7 970 万人，预计该用户数量将持续稳定增长。

1998 年 5 月，香港中银集团和香港电信合作，利用互动电视科技，率先推出了全世界第一家“家庭银行”，在全球引起了轰动。近些年来，全球金融业推行的现代服务愈来愈倾注于家庭消费理财，在服务品种上致力于集存贷款业务、汇兑结算业务和保险及证券业务于一体，形成真正意义上的“金融百货公司”。

我国大陆的“家庭银行”最初发源于湖南，中国银行总行于 1999 年 1 月确定中行湖南分行为“家庭银行”项目试点行，同年 8 月正式投产，服务品种有金融信息查询、内部账务管理、银证转账、家居缴费等等。

根据中国银行业协会统计，截至 2008 年底，全国个人网上银行客户已达 1.48 亿户，比年初大幅增加了 52.81%。艾瑞研究发现，2009 年第一季度中国网上银行市场总交易额达到 86.78 万亿元。其中家庭的个人网上银行交易额达到了 8.03 万亿。艾瑞咨询预计未来几年网上银行发展将迎来稳定的增长时期，同比增速稳中有升。

目前，家庭银行产品不断创新，2006 年 6 月，我国交通银行北京分行推出一款可提供 24 小时买电、缴电话费服务的家庭银行产品——“支付通”。拥有这一产品后，客户在家就可办理除存、取款外的多项个人金融服务。其集合了电话、ATM 和 POS 机的多项功能，具有自助银行、自助缴费、自助理财等多项功能。与传统受理终端的高昂成本相比较，“支付通”的低成本优势明显，同时其体积小巧，便于维护。今后随着金融创新的深入，将不断涌现多种新颖的家庭银行产品与服务类型。

7.5.3 家庭银行的形式与功能

1. 形式

从网上家庭银行的应用来看，主要有五种存在形式：

(1) 银行专有的拨号服务。运用计算机和调制解调器的家庭银行服务，使银行成为消费者进入其账户的电子通路，这样，他们就能够直接向债权人账户上转移资金或支付账单。

(2) 现成的家庭银行软件。这种方法在巩固现有顾客与争取新客户之间的关系中，发挥着重要作用。这种软件的市场吸引了银行的兴趣，因为它通过升级、更新，以及出售相关产品和服务，能够带来稳定的收益。

(3) 以专有网上服务为基础。这种方法允许银行设立零售分支机构，主要经营以客户为基础的网上服务。

(4) 以世界性的网络为基础。这种方法使银行能够通过世界性的网络直接到达消费者的浏览器。这种模式的优势在于其后端具有灵活性，因此能够适应由电子商务所推动的网上交易运行模式，从而导致中介服务的消亡。

(5) 基于呼叫中心的家庭银行系统。它是将电话银行系统和视频银行系统结合在一起的综合性家庭银行服务系统。银行服务中心的呼叫服务器通过网络同银行业务主机通信，通过多通道集成处理设备与公共电话网、Internet 和银行内部的电话系统相连。银行用户可用电话、FAX、微机和其他数字终端同呼叫服务中心进行通信。这种服务方式可以实现多线并行处理工作，允许多个用户同时使用一个统一呼叫号码提供服务，它还具有通道之间的交换和转移功能，使外部呼叫与内部电话建立动态的、实时的连接，提供功能丰富、操作简单可靠的安全服务。

2. 功能

概而言之，家庭银行处理的业务一般有以下几种：

(1) 缴费与消费付款服务。缴纳公用事业费、信用卡付款和购物付款等。

(2) 账户管理。建立不同的个人账户之间的联系，并进行管理。如定期一本通账户、活期一本通账户、个人支票账户和银行卡等不同账户间的资金转移，查询余额和交易情况，以及更改"家居银行"密码等服务。

(3) 银证转账业务。银行借记卡和在证券公司开设的资金账户之间自助转账服务，即这两个账户的资金可以随意调拨，从而完成股票交易买卖。

(4) 外汇宝交易。汇率查询、预留订单买卖、订单撤销、美元、英镑、日元、港币、欧元等12种主要货币的外汇买卖、订单查询。

(5) 金融信息查询。查询汇率、存贷款利率等金融信息等。

(6) 其他专项服务。如手机等项目代缴费、医院预约挂号等。

在西方国家，先进的家庭银行可以提供更高级的服务，这些服务包括网上购物、购买旅行支票等第三方服务、账单支付、金融信息服务以及与债券和证券等相关的各种投资工具方面的内容等。

目前，家庭银行系统还将网上银行服务、电子商务等系统的功能有机地结合起来，这样，家庭客户利用同一设备，除了金融服务之外，还可享受到各种非金融服务。即家庭银行服务系统的情报来源，除了银行外，还包括与民生有关的各行各业。

7.6 企业银行系统

7.6.1 企业银行的概念

企业银行发展早期，银行需要在客户处安装电子银行系统的终端设备，并通过专有通信线路与银行主机连接起来。由于企业银行服务类型千差万别，不仅种类繁杂，而且频率变化快，费用成本高，因此使得企业银行的发展受到局限。直到 Internet 技术的发展，企业银行通过互联网与银行相连，能够方便、高效地完成各项金融服务活动，企业银行才得到了广泛的发展与应用。

企业银行(Firm Banking，简称 FB)是企业在经营过程中通过银行完成资金往来的电子服务系统，它的服务对象主要是大中型企业以及包括政府机构在内的具有法人身份的组织。企业银行资金往来额度大，必须与电子汇兑系统结合起来，才能完成资金转账过程。

企业银行服务是网上银行服务中最重要的部分之一。其服务品种比个人客户的服务品种更多，也更为复杂，对相关技术的要求也更高，企业银行服务一般提供账户余额查询、交易记录查询、总账户与分账户管理、转账、在线支付各种费用、透支保护、储蓄账户与支票账户资金自动划拨、商业信用卡等服务。此外，还包括投资服务网上贷款业务等。

7.6.2 企业银行的特点与功能

1. 企业银行的特点

当前，世界上企业银行系统的种类繁多，但是基本上都具有两个共同特点：第一是使用计算机网络技术；第二，业务处理的范畴多为无现金交易，即只是以账簿的更新和现金数据的流动来完成。

2. 企业银行的功能

(1) 企业终端部分的功能

① 对公查询模块。具有对公账户余额查询、对公存款利率查询、对公账户对账单查询、对公账户信息查询、对方账户信息查询、账号锁状态查询、当天交易额查询、查汇款与同城转账处理结果等功能。

② 对公转账模块。具有同城同行电子支票支付、同城跨行电子支票支付、委托银行开本票、委托银行开异地汇票、异地系统内电信汇、异地跨行电信汇、国际间电信汇、企业内部结汇、企业内部收款、还银行贷款、还银行利息等功能。

③ 储蓄模块。具有储蓄账户余额查询、查本币存款户余额、无折交易查询、查本币存款户当日发生额、储蓄代发工资、查外币存款户余额等功能。

④ 信用卡模块。具有信用卡转账、信用卡对账单查询、信用卡余额查询、信用卡代发工资、信用卡透支利率查询等功能。

⑤ 对外结算模块。具有信用证开证、信用证查询、信用证修改、结汇查询等功能。

⑥ 其他模块。具有支票挂失、凭证号注销、汇票止付、账号加锁、支票止付、购买支票申请、购买凭证申请、撤销电信汇等功能。

(2) 银行终端部分的功能

① 系统管理模块。具有柜员签到和签退、交易控制、主机命令(系统开启、系统关闭、批处理、打印)等功能。

② 客户档案管理模块。具有开户与销户、冻结与解冻及激活、企业档案查询、强制修改密码等功能。

③ 账号票据管理。具有账号增加、加锁、解锁、属性修改和支票生成与查询等功能。

④ 终端管理模块。具有企业终端加锁与解锁、企业终端增加与删除和企业终端修改功能。

⑤ 柜员和交易管理模块。具有柜员和交易员的增加、删除、加锁和属性修改功能。

⑥ 参数控制管理。具有交易码管理、返回码管理、交易剥夺方法管理、交易检查数据管理、交易累计数据管理和企业累计数据管理等功能。

7.6.3 企业银行的系统结构

通常,企业银行系统由客户机前台子系统、银行端后台业务处理子系统、支付密码管理子系统、通信子系统和保密子系统等组成。

1. 客户机前台子系统

它接受用户的查询、交易的请求,显示查询、交易的结果,进行操作员的管理以及管理客户端本地数据库。

2. 银行端后台业务处理子系统

接受客户端发来的查询和交易请求,对交易进行支付密码的校验,在通过合法性检查后,与银行主机进行通信,查询公司业务数据库或者进行公司业务的账务处理,把查询或者账务处理的结果返回客户端,并进行相应的制单操作。

3. 支付密码管理子系统

提供校验函数,根据校验要素进行支付密码合法性校验,返回校验结果;支付密码器的管理包括密码器机具和密码器账号的管理、客户密钥的管理以及日志查询及打印。

4. 通信子系统

通信子系统是指企业银行客户机与企业银行前置机之间的通信,并提供企业银行前置机的通信监控管理软件,负责显示、控制当前的通信状况及通信日志的管理。

5. 保密子系统

它提供一整套的保密通信方案,包括通信双方的身份认证、数据的加密以及通信报文的认证。尤其是在公用网络上传输和在银行外部处理必须保证不被非法篡改和不可否认。一般采用位数较高的RSA安全认证技术,对电子信息进行数字签名,保证网上企业银行系统的安全可靠。

7.6.4 企业网上银行的现状及发展前景

近几年来,中国网上银行市场发展十分迅速,各大商业银行纷纷投入大量的人力物力进行网上银行的建设,初步实现了银行系统内、同城间以及全国的联网。

2007年我国商业银行的网上交易额实现爆发式增长,达245.8万亿元,比2006年增长163.1%。2008年网上银行交易规模达到320.9万亿元,比2007年增长30.6%。全国各大商业银行及股份制银行的网上业务交易量普遍超过总业务的20%,招商银行、工商银行的网上业务占比更是达到了40%以上。资料显示,截至2009年3月底,工商银行企业网上银行客户近160万户,2008年全年的交易量突破110万亿元;网上银行市场总交易额达到86.78万亿元。其中企业网上银行交易额为78.75万亿元,在整体交易额中占比为90.1%。

艾瑞咨询预计未来3～5年网上银行发展将迎来稳定的增长时期,同比增速稳中有升。网上银行交易额的稳定增长,一方面源于网上银行自身的便捷性和功能性吸引用户;另一方面也与各大银行的大力研发及推广密不可分,特别是各商业银行分行的支持推广,直接促成了网上银行的增长。另外,多数商家在经济危机时期对成本节约、现金管理等的需求会更明显,网上银行在现金管理、网上支付、集团理财等方面的诸多优势可充分满足商家的需求,网上银行业务也因此从中受益。

网上银行是信息时代的产物,它给传统银行带来了挑战,也带来了机遇。网上银行的诞生,使原来必须到银行柜台办理业务的客户,通过互联网便可直接进入银行,随意进行账务查询、转账、外汇买卖、银行转账、网上购物、账户挂失等业务,客户真正做到足不出户办妥一切银行业务。对银行和客户来说,都将大大提高工作效率,从而降低生产经营成本。作为企业客户,还可通过网上银行,把业务延伸到商贸往来的方方面面。如中行广东省分行的网上银行“中银E点通”,是针对中行在广东地区的外向型企业特点而开发。该网上银行系统把“企业集团服务系统”和针对外向型企业的“报关即时通”进行整合,使之更具实用性。其中“企业集团服务”专门针对集团企业开发,从根本上解决了集团性企业跨地区的账户查询、资金管理和资金汇划问题。

目前,中国网上银行市场发展进入深耕期,新世纪的金融竞争,必将是科技的竞争与人才的竞争,金融信息化步伐的加快,必将给中国金融业带来新的活力和更加美好的未来。

7.7 手机银行

7.7.1 手机银行的概念

手机银行又称移动银行,是指通过移动通信网络将客户的移动电话与银行连接,实现通过手机界面直接完成诸如账户查询、账户转账等各种金融服务的一种崭新的业务产品。即银行以手机为载体,依靠移动GSM无线网络,利用移动的短信息资源,通过手机发送短信息的形式对银行账户进行操作,实现手机“金融理财”、“无线POS”、“电子钱包”等功能。简单地说,手机银行就是利用移动电话办理银行相关业务的简称,是银行实现电子化的一种渠道,它是一种将货币电子化与移动通信业务相结合的崭新的服务方式。

7.7.2 手机银行的功能与流程

1. 功能

(1) 金融理财

① 查询功能。主要对账户余额、最近账户明细账、证券保证金、外汇牌价、股票行情、黄金价格、国债行情、存款利率、银行最新金融产品等信息进行查询。

② 提醒功能。主动通知定期存款到期;贷款到期;汇款到账;挂失到期;信用卡到期;信用卡透支;电费、电话费、手机费缴费等内容。

③ 外汇买卖功能。将手机银行与个人外汇实盘买卖业务联系起来，客户可以通过手机发送信息进行包括汇率查询、外汇买入、外汇卖出、撤单、成交查询等各种外汇业务服务。

④ 黄金与国债买卖功能。

⑤ 证券服务功能。对深、沪两地证券的行情查询、实时股票买入、实时股票卖出、撤单、成交查询、股票预定价格通知、股票预定价格买卖等。

(2) 电子钱包

① 转账支付功能。包括银证转账、不同账户之间转账等。不同账户之间的转账分两种方式：一种是主动方式，由付款人发起，需事先通过网上银行或手机银行建立对应关系；一种是被动方式，由收款人发起，付款人确认，不需事先建立对应关系。

② 缴费功能。应包括用户手机充值、手机话费自缴、电视收视费、电费、水费、煤气费、固定电话费、人寿保险费等。

(3) 无线 POS

用手机代替 POS，实现银行卡的购物消费功能。用户到已与银行签订手机钱包支付协议的特约商户，可实现手机消费支付，也就是上面所说的被动转账方式，即由收款人发起，付款人确认，不需事先建立对应关系。一个无线 POS 账户可对应若干台手机。

(4) GPRS 全球定位系统

指用户向银行发送短信，经移动平台测定方位，银行向用户返还附近网点、ATM 位置，使客户可以就近到银行网点办理业务，或到 ATM 机取款。

(5) 系统设置

提供诸如密码修改、借记卡和信用卡等丢失或被盗后紧急挂失，由客户自行增加或删除使用手机银行缴费的项目等系统设置功能。

2. 流程

(1) 用户申请注册

要成为手机银行用户，其申请过程如图 7-6 所示，具体描述如下。

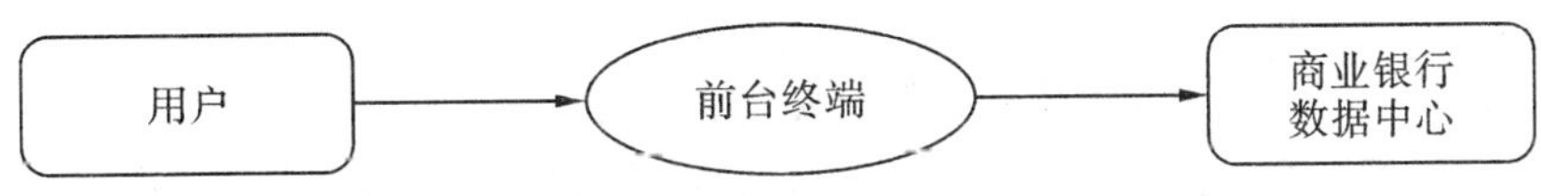

图 7-6　手机银行用户申请注册流程

① 客户在到银行申请注册手机银行业务前，应携带有效身份证件到移动通信公司指定的营业厅办理手机银行开户手续，同时将 SIM 卡更换成手机银行卡，即 STK 卡。

② 用户携带有效身份证件及复印件到商业银行指定网点办理手机银行开户手续，申请时需填写《手机银行注册申请表》。

③ 银行经办人员从前台业务菜单上按注册申请表输入客户注册资料。

④ 前台终端资料录入完毕，提交信息，发送给数据中心后台服务器处理。

(2) 用户发送业务信息

图 7-7 简要描述了手机银行客户发送金融信息的操作过程。

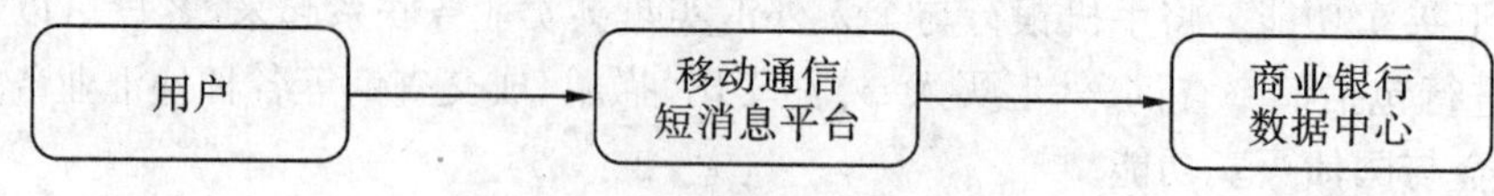

图 7-7　手机银行用户发送业务流程

① 用户通过手机银行的界面提示,选择业务种类,并输入账号、金额等信息后向移动公司发送短信息。

② 用户手机短信息经移动公司业务短信息业务平台处理后,通过专线传送到银行数据中心。

③ 银行数据中心收到移动短信指令后,实时进行处理。

④ 银行数据中心将处理的成功信息与不成功信息按 SMPP 协议,通过专线传输到移动短信息平台。

⑤ 最后通过移动短信息平台,将银行的相关信息传送到用户手机。

(3) 银行向用户发送提醒信息

通过手机银行,银行可以定时、方便地向用户发送有关业务的提醒信息,其流程正好是用户发送业务信息的逆过程,即:

① 银行数据中心每日实时处理注册用户的账户情况,并形成一定格式的文本信息。

② 银行数据中心按 SMPP 协议,通过专线向移动短信平台传送处理成功的信息。

③ 经移动公司短信息业务平台后,用户实时收到注册账户的相关信息。

7.7.3　手机银行的优势与制约因素

1. 优势

(1) 安全可靠。手机银行的信息在传输过程中全程加密,由于其解密的密钥不在通信网络中,而是保留在银行的主机里,解密的过程全部在银行主机中进行,从而能有效地保证客户资金和信息的安全,因此,它和其他方式的网上银行相比,安全了许多。

(2) 可随时随地进行资金交易。手机银行服务商能为客户提供一年 365 天、一天 24 小时的不间断服务,客户可根据自身需要随时随地使用手机银行业务,这与电话银行和网上银行相比又多了个可移动性的优势,这对于一些经常出门在外而且资金交易频繁的人士来说无疑能起到十分重要的作用,有时甚至还能帮上大忙。

(3) 操作简便、灵活。电话银行的操作和打 200 卡相似,步骤多,要不断地按一连串单调的数字,这样容易发生误操作。而手机银行则主要由菜单和人机对话框组成,其业务提示均通过移动电话网络的短消息系统来实现,既直观又方便。

2. 制约因素

(1) 资费比较昂贵。当时大多数的手机用户使用的都是 SIM 卡,由于它容量太小,要开通手机银行,就必须换成 STK 卡,从而获得本地信息处理的能力。STK 卡的价格各地都不一样,一般在 50～200 元左右,而且每月还要另交 10 元的月租费,若按每月 5 元的短信息费计,每月最少也要 15 元,而电话银行和网上银行除了电话费和上网费外无须缴纳其他任何费用。随着技术的发展,资费问题会逐渐解决。

(2) 技术还不够成熟。由于手机银行是一种新兴的技术,其功能还处于初级阶段,在此期间难免会出现一些问题，如抗干扰能力差等。再加上风险投资商普遍看好硬件提供商，而对内容提供商表现出一定的冷漠，从而造成恶性循环。因此，我国手机银行功能的发展尚需一段时期的努力和大量的资金投入，不能急于求成。

(3) 信息处理返回的时间长。手机银行从发送交易请求到获得交易结果是一个分阶段的过程，通常需要十几秒的时间，这对于对实时性要求较高的外汇和证券买卖在一定程度上会有影响。而且由于操作的时间较长，会影响手机接收电话等重要的信息。

根据 ABI Research 发布的 2007、2008 年美国手机银行用户数调查发现，2008 年美国手机银行用户规模呈快速上升趋势，短短一年，手机银行用户由 2007 年的 40 万人猛增到 310 万人。2009 年 3 月艾瑞咨询师分析认为，美国手机银行用户大幅增长并非偶然。手机银行的方便、快捷、私密性是其迅速得到用户认可的重要原因。因其方便、快捷，用户可以随时随地处理银行事务。如果能让人们生活中不可或缺的银行服务移动化，并具有良好的用户体验和高度的安全性，那么手机银行服务的普及指日可待。而 Informa Telecoms & Media 则强调，移动银行要想全面打开市场，运营商和银行必须明确市场需求和产品供应。其中供应方面，包括确定最佳的供应商及相应的技术、规章、安全、法规遵从和响应的产业联盟。需求方面主要包括价格以及服务的可用性、易用性和安全性。此外，用户体验也是影响一项业务受欢迎程度的重要因素；而对于低收入和受教育程度较低的人群来说，直观应用的用户界面则是必不可少的条件。

Juniper Research 还对移动银行业务进行了预测，2013 年前，全球将有 1 亿用户会通过手机进行相关银行服务。并可能超越其他网上服务，占领先地位。

专题：　日本“移动银行”业务分析

说到移动银行服务，日本市场最典型的要属 KDDI 与三菱东京 UFJ 银行共同成立的“我的银行”，其是日本第一家真正意义上的移动银行，成立的宗旨一方面在于更加方便用户的生活，全面展示 KDDI 自身的人性化服务实力；另一方面是希望可以将手机的最大特征——可随时移动性发挥到最大的作用。

“我的银行”主要通过移动运营商和固网运营商提供服务，但是移动运营商是占了主导地位，PC 以及固话都只是占了辅助的地位。

就目前来说，“我的银行”已经为用户提供了多彩的服务，其中包括电话存款和电话汇款等结算业务，该服务面向手机和固话用户进行服务，并且服务时间是 24 小时，全年无休地提供服务，极大地方便了用户的日常生活和工作中的资金活动，除了最基本的存、汇款之外，“我的银行”还可以进行外币存款、信用卡贷款、信用卡、金融商品中介、保险金支付等金融结算服务。另外，还为手机用户专门提供了手机汇款、手机货币结算、手机支付等服务，从实际服务上去更好地诠释移动网络银行这个概念。

“我的银行”从用户申请账号到具体的服务操作都遵循简易、便利的原则，尽量在保障用户信息真实及交易安全基础上将步骤简化，让用户可以对过程一目了然，这样也有利于新服务在市场上的全面推广。

思考题

1. 什么是网上银行?
2. 网上银行的发展有哪些模式?
3. 简述网上银行的分类与特征。
4. 网上银行有哪些服务品种?
5. 试分析制约网上银行发展的因素。
6. 试区别网上银行与传统银行。
7. 网上银行对传统银行有什么影响?
8. 网上银行发展中面临着哪些问题?
9. 试分析网上银行的主要风险。
10. 试述家庭银行的形式与功能。
11. 简述企业银行的特点与功能。
12. 试分析手机银行的优势与制约因素。

参考文献

[1] 孙森. 网络银行. 北京:中国金融出版社,2004.
[2] 李冬. 电子商务与网上交易实务手册. 北京:机械工业出版社,2003.
[3] 任映国,徐洪才. 投资银行学. 2 版. 北京:经济科学出版社,2000.
[4] 刘廷焕. 银行经营分析学. 北京:中国经济出版社,1999.
[5] 姚长辉. 商业银行信贷与投资. 北京:经济日报出版社,1997.
[6] 巴克利. 国际货币. 黄璐,译. 北京:中信出版社,1999.
[7] 卞志村. 货币银行学. 北京:中国金融出版社,2004.
[8] 英国布朗参考书出版集团编. 货币 银行 金融. 黄志龙,译. 北京:中国财政经济出版社,2004.
[9] 章和杰,阮明烽. 现代货币银行学. 北京:中国社会科学出版社,2004.
[10] 柯新生. 网络支付与结算. 北京:电子工业出版社,2004.
[11] 张卓其. 电子银行安全技术. 北京:电子工业出版社,2003.
[12] 张卓其. 电子银行. 北京:高等教育出版社,2003.
[13] 张卓其,史明坤. 网上支付与网上金融服务. 大连:东北财经大学出版社,2002.
[14] 林真真. 电子银行. 台湾:松岗电脑图书资料有限公司,1988.
[15] 中国人民银行支付与科技司. 中国国家现代化支付系统. 北京:中国金融出版社,1995.
[16] 张矢. 网上支付与结算. 2 版. 重庆:重庆大学出版社,2004.
[17] 芮廷先. 电子银行与支付手段. 上海:上海财经大学出版社,2000.
[18] 才书训. 电子支付与网上金融学. 沈阳:东北大学出版社,2002.
[19] 李兴智,丁凌波. 网上银行理论与实务. 北京:清华大学出版社,2003.
[20] 尹龙. 网络金融理论初论——网络银行与电子货币的发展及其影响. 成都:西南财经大学出版社,2003.
[21] 刘刚. 网上支付与电子银行. 武汉:华中师范大学出版社,2002.
[22] 王华庆. 网上银行风险监管——原理与实务. 北京:中国金融出版社,2003.
[23] 刘颖. 大额电子支付的法律基础. 北京:北京邮电大学出版社,2001.
[24] 杨青. 电子金融学. 上海:复旦大学出版社,2004.
[25] 梅绍祖. 电子商务金融与安全. 北京:清华大学出版社,2000.
[26] 金桂兰. 电子交易与支付. 北京:中国电力出版社,2004.
[27] 邓顺国. 网上银行与网上金融服务. 北京:清华大学出版社,北京交通大学出版社,2004.
[28] 吴以雯. 网络金融. 北京:电子工业出版社,2003.
[29] 韩宝明,杜鹏,刘华. 电子商务安全与支付. 北京:人民邮电出版社,2000.
[30] 张进,姚志国,等. 网络金融学. 北京:北京大学出版社,2002.

[31] 王维安,俞洁芳,严谷军.网络金融学.杭州:浙江大学出版社,2002.
[32] 马敏.电子金融学概论.北京:中国财政经济出版社,2001.
[33] 张成虎.金融电子化.北京:经济管理出版社,2001.
[34] 张福德.电子商务与网络银行.北京:中国城市出版社,2000.
[35] 戴学宾.网络金融.石家庄:河北人民出版社,2000.
[36] 关振胜.公钥基础设施 PKI 与认证机构 CA.北京:电子工业出版社,2002.
[37] 黄孝武.网络银行.武汉:武汉出版社,2001.
[38] 纪香清.网络金融实务.北京:电子工业出版社,2002.
[39] 王爱英.IC 卡技术入门——电子货币与电子证件.北京:清华大学出版社,1998.
[40] 张德斌,关敏,等.网络金融与风险投资.北京:中国国际广播出版社,2001.
[41] 沈伟基.货币金融学.北京:北京工业大学出版社,2001.
[42] 贺培.经济与金融体系中的支付系统.北京:中国财政经济出版社,2001.
[43] 于刃刚.网络经济.石家庄:河北人民出版社,2000.
[44] 杨高林.网络银行营销概论.北京:中国金融出版社,2001.
[45] 周平.网上银行.北京:中国财政经济出版社,2001.
[46] 张民.网上银行.北京:民族出版社,2000.
[47] 郑兰祥.现代货币银行学.北京:中国商业出版社,2001.
[48] 帅青红,夏军飞.网上支付与电子银行.大连:东北财经大学出版社,2009.